LE TRAITEMENT PSYCHOLOGIQUE
DE L'INSOMNIE

PSYCHOLOGIE ET SCIENCES HUMAINES

Colin A. Espie

le traitement psychologique de l'insomnie

Traduit de l'anglais par Stéphane Renard

MARDAGA

Edition originale anglaise « The Psychological Treatment of Insomnia »

Copyright © 1991 by John Wiley & Sons Ltd,
Baffins Lane, Chichester,
West Sussex PO19 1UD, England

© 1994, Pierre Mardaga, éditeur
Rue Saint-Vincent 12 - 4020 Liège
D. 1994-0024-4

Préface

Ce livre tente d'intégrer, à l'intérieur d'un seul et même ouvrage, la théorie et la pratique en matière d'insomnie. L'ouvrage a été écrit du point de vue d'un scientifique praticien travaillant sur le terrain de la psychologie clinique. Le but est ici de fournir des textes qui informent et qui ont eux-mêmes été rédigés sur base d'informations pertinentes ; la liste des travaux auxquels il est fait référence est aussi complète que possible, mais le clinicien trouvera néanmoins dans cet ouvrage des lignes de conduite en matière d'évaluation et de traitement. L'auteur espère que l'équilibre est respecté : l'ouvrage ne devrait être ni trop aride, trop académique, ni trop «clinique». Si ce livre répond à certaines des questions qui se posent sur le sujet, s'il en fait se poser d'autres et s'il mène à de bonnes pratiques au niveau clinique, alors l'auteur s'estimera satisfait.

L'absence de sommeil constitue un problème auquel la plupart des gens sont confrontés à un moment de leur vie. Dès lors, nous avons tous de l'insomnie une expérience relative. C'est pour cela que l'ouvrage débute par une explication des processus normaux du sommeil et des expériences en matière de sommeil, celle-ci menant à des descriptions des troubles du sommeil en tant que tels et de l'insomnie en particulier. Le chapitre 2 voit émerger, sous une forme plus phénoménologique, la problématique de l'insomniaque qui se présente à la consultation. C'est ainsi que le lecteur ne trouvera pas seulement dans cet ouvrage un exposé abstrait du problème, mais également des illustrations concrètes.

Dans le chapitre 3, on examine les concepts et modèles psychologiques qui ont été proposés pour expliquer le développement et le maintien de l'insomnie. Les preuves obtenues par les diverses études sont épluchées et on montre la voie menant à des méthodes alternatives d'évaluation et de traitement. Afin d'appréhender l'insomnie, il convient de collationner de grandes quantités de données relatives non seulement aux aspects quantitatifs et qualitatifs du sommeil, mais encore au dormeur et à l'environnement dans lequel le sommeil prend place. Le chapitre 4 examine de manière complète les méthodes et pratiques relatives à l'évaluation. On y insiste particulièrement sur l'établissement d'objectifs thérapeutiques corrects et sur la manière de les mesurer.

Une gestion réussie de l'insomnie débute souvent par une information relative au sommeil, à ses divers stades et phases, aux modifications de ses profils en fonction de l'âge, etc. Des éclaircissements relatifs aux pratiques en matière de sommeil (ce qu'on appelle l' «hygiène de sommeil») peuvent également se révéler utiles. Sous le titre des traitements non spécifiques on reprendra au chapitre 5 toutes ces composantes éducationnelles. Ensuite, les chapitres 6, 7 et 8 décriront en détail les procédures psychologiques spécifiques qu'on a appliquées aux troubles du sommeil. Chaque approche fera l'objet d'une évaluation sur base des résultats de recherches disponibles. Le chapitre 6 est consacré aux interventions basées sur les techniques de relaxation; le chapitre 7 explore les traitements cognitifs et le chapitre 8, quant à lui, examine les procédures de contrôle par stimulus telles qu'elles sont appliquées en matière d'insomnie. Il est important, pour les cliniciens, d'être en mesure de faire la différence entre les limites et pouvoirs relatifs des approches alternatives de traitement. C'est pour cela que le chapitre 9 fournit une analyse comparative détaillée des traitements abordés aux chapitres 6 à 8. On y examine en profondeur la littérature disponible en matière de résultats de traitements.

Le dernier chapitre de cet ouvrage examine de manière plus particulière la gestion des (nombreux) insomniaques pharmacodépendants aux hypnotiques qui se présentent devant le thérapeute. Dans ce cas, ce dernier se trouve confronté à un double défi : il faudra sevrer le patient et le soumettre à une thérapie psychologique de substitution qui se révèle efficace. On trouvera au chapitre 10 une information relative aux problèmes particuliers que pose la gestion de ces insomniaques, ainsi qu'une présentation de deux protocoles de traitements psychologiques et de sevrage qui peuvent s'adapter à la majorité des cas.

Sans l'aide et l'encouragement de nombreuses personnes, ce livre n'aurait pu voir le jour. Plus particulièrement, le Dr. Bill Lindsay (Tayside Health Board), le Pr. Neil Brooks (Université de Glasgow) et le Dr. Eileen Hood (Lanarkshire Health Board) sont depuis des années des collègues et amis fidèles dont la compagnie a stimulé mon intérêt pour la recherche et dont l'avis s'est toujours révélé utile. Ma gratitude va également à mes collègues actuels du Ayrshire and Arran Health Board, et en particulier aux membres de mon propre service qui, parfois, ont dû fréquenter un ours mal léché. La rédaction d'un ouvrage constitue bien sûr un travail important, mais celui-ci m'a été grandement facilité par le fait de disposer d'un dactylo capable de déchiffrer mes brouillons et mes bandes de Dictaphone, et d'en produire un texte fini. Ma reconnaissance va donc à Janette White, qui a su remettre tout cela au net sans jamais se plaindre (ou alors très rarement). Mes remerciements vont également au Dr. Fraser Watts, chef de la collection de psychologie clinique chez Wiley, qui m'a encouragé à écrire ce livre, et de nouveau à lui et à son équipe des services de correction et de production de John Wiley & Sons qui m'ont aidé à garder le bon cap. Enfin, je remercie mon épouse ainsi que mes enfants, Craig et Carolyn, de m'avoir soutenu et consenti de nombreux sacrifices.

J'espère que le lecteur trouvera cet ouvrage utile à la fois en termes de références et de pratique quotidienne dans le traitement de l'insomnie. La rédaction de ce livre m'a fait parfois me coucher aux petites heures et, de temps en temps, passer la nuit entière mais... ça va beaucoup mieux maintenant !

Colin A., Espie, Ph.D.
Décembre 1990
Ayr, Ecosse

Liste des abréviations

ASDC	Association of Sleep Disorders Centres	association des centres de traitement des troubles du sommeil
BDI	Beck Depression Inventory	inventaire des dépressions de Beck
CNS	central nervous system	système nerveux central
DIMS	disorders of initiating and maintaining sleep	troubles de la phase initiale ou de maintien du sommeil
EEG	electroencephalogram	électroencéphalogramme
EMG	electromyogram	électromyogramme
EOG	electro-oculogram	électro-oculogramme
GABA	gamma-aminobutyric acid	acide gamma-aminobutyrique
GAD	generalised anxiety disorder	angoisse généralisée
GHQ	General Health Questionnaire	questionnaire généralisé en matière de santé
HADS	Hospital Anxiety and Depression Scale	échelle hospitalière d'angoisse et de dépression
MMPI	Minnesota Multiphasic Personality Inventory	inventaire multiphasique de la personnalité (Minnesota)
MSLT	Multiple Sleep Latency Test	test multiple de latence d'endormissement
NEPI	norepinephrine	noradrénaline
NREM	non-rapid eye movement	mouvements oculaires non rapides

RAS	reticular activating system	système d'activation réticulaire
REM	rapid eye movement	mouvements oculaires rapides
SAD	Sleep Assessment Device («Somtrak»)	machine destinée à évaluer le sommeil («Somtrak»)
SDQ	Sleep Disturbance Questionnaire	questionnaire portant sur les troubles du sommeil
SMR	sensorimotor rhythm	rythme sensorimoteur
SOL	sleep-onset latency	latence d'endormissement
STAI	State-Trait Anxiety Inventory	inventaire d'anxiété-état ou d'anxiété-trait
SWS	slow-wave sleep	sommeil à ondes lentes
TMAS	Taylor Manifest Anxiety Scale	échelle d'anxiété manifeste de Taylor
WASO	wake time after sleep-onset	durée des éveils après endormissement
ZAS	Zung anxiety scale	échelle d'anxiété de Zung
ZDS	Zung depression scale	échelle de dépression de Zung

Chapitre 1
Introduction aux processus et troubles du sommeil

C'est généraliser (mais raisonnablement généraliser) de dire que l'insomnie c'est ce dont une patiente se plaint lorsqu'elle est suffisamment insatisfaite de la quantité et/ou qualité de son sommeil nocturne. **Etant donné que la majorité des personnes qui se plaignent d'insomnie sont des femmes, on aura dans le présent ouvrage recours en règle générale au genre féminin lorsqu'on parlera d'insomniaques.** Une définition populaire de l'insomnie pourrait être dès lors que c'est «quelque chose en rapport avec le fait de ne dormir ni assez, ni correctement». Il se peut que l'expérience du sommeil se révèle insatisfaisante pour l'insomniaque et qu'elle perçoive ses pouvoirs de récupération comme inadéquats par rapport à ce qu'elle doit faire pendant la journée. Il est clair qu'ici on insiste beaucoup sur le monde subjectif de la personne qui dort. Mais que doit faire le clinicien de la plainte exprimée par sa patiente? Peut-on diagnostiquer, au sens conventionnel du terme, l'insomnie en termes indépendants et objectifs, ou constitue-t-elle une déclaration individuelle, un auto-diagnostic dont la signification varie d'une personne à l'autre? Qu'est réellement l'insomnie?

Ce sont là quelques-unes des questions qui seront abordées dans ce premier chapitre d'introduction. Le chapitre 2 explore plus en détail l'expérience personnelle de l'insomniaque tandis que le chapitre suivant formule les contextes et modèles théoriques dans le cadre desquels on peut mieux comprendre les plaintes exprimées en matière de sommeil lors des consultations.

Au chapitre 4, on examinera la littérature relative aux techniques d'évaluation ainsi que la mesure dans laquelle des renseignements valables et sensibles peuvent être retirés dans un but clinique. Bien qu'il soit rare que le clinicien découvre une insomnie dont la patiente ne se rend pas compte, étant donné que ce sont généralement l'expérience subjective et les plaintes qui apparaissent en premier lieu, il est néanmoins nécessaire de recourir à l'appréciation et à l'évaluation pour diriger et jauger l'intervention de traitement. Les chapitres 5 à 9 s'intéressent aux divers traitements psychologiques présentés dans la littérature et guideront le clinicien dans sa sélection et son application des techniques les plus appropriées pour telle patiente individuelle. Enfin, le chapitre 10 traite des défis spécifiques lancés par la problématique de l'insomniaque qui a l'habitude de recourir à des médicaments pour dormir.

Toutefois, avant de nous lancer dans ces sujets, il est essentiel pour le clinicien de bien comprendre la toile de fond sur laquelle les plaintes relatives au sommeil peuvent se découper. Il convient à cette fin de connaître les fonctions du sommeil, les processus du sommeil normal, ainsi que les modifications développementales normales qui accompagnent le vieillissement. Le clinicien doit également être capable de faire la distinction entre toute une série de plaintes relatives au sommeil. Un système de classification reconnu est à sa disposition afin de l'assister dans son diagnostic différentiel. C'est pour cela que le reste de ce chapitre sera consacré à cette connaissance du background dont nous parlions plus tôt, à la présentation d'une classification des troubles du sommeil et à l'évaluation des rapports faits par les insomniaques elles-mêmes.

LES FONCTIONS DU SOMMEIL

On doit considérer le sommeil en harmonie avec l'éveil en tant que composante d'un cycle rythmique normal de 24 heures qui permet à l'individu de fonctionner efficacement aux niveaux physique, cognitif, émotionnel et interpersonnel. L'importance d'un rythme circadien harmonieux devient plus évidente lorsque des dysharmonies surviennent et que le cycle veille/sommeil se trouve déphasé. Parmi les exemples classiques de ce phénomène, citons le syndrome du «jet-lag» (décalage horaire dû aux voyages en avion) ainsi que l'impact des changements horaires dans le cas de travailleurs en équipes. Exprimé simplement, les gens dorment mieux lorsque les facteurs biologiques prescrivent le sommeil, et ils sont plus alertes lorsque ces mêmes facteurs prescrivent l'éveil. On trouvera vraisemblablement pour chaque individu une période optimale de sommeil.

Prendre en considération le fonctionnement d'une personne dans une perspective de 24 heures semble important dans la mesure où on s'est aperçu qu'avancer, postposer, allonger ou réduire les périodes de sommeil établies appauvrit de manière significative les comportements en période d'éveil. On a également mis en évidence que les dormeurs irréguliers chroniques présentent des niveaux d'éveil physiologique moins élevés, que leurs performances psychomotrices sont plus faibles et qu'ils font état d'une plus grande fréquence d'humeurs négatives que les dormeurs qui maintiennent des cycles veille/sommeil réguliers (Johnson, 1973; Taub et Berger, 1973, 1976; Taub et Hawkins, 1979; Webb et Agnew, 1974, 1978). C'est pour cela qu'il ne faudrait pas simplement poser la question de savoir pourquoi nous dormons, mais qu'il faudrait plutôt se demander quelle est la fonction du sommeil à l'intérieur du système veille/sommeil. Nous allons maintenant passer rapidement en revue plusieurs hypothèses en rapport avec la fonction du sommeil.

L'idée la plus répandue à propos du sommeil, est que le corps a besoin de sommeil pour récupérer de la fatigue physique. De ce point de vue, on peut considérer le sommeil comme un processus de récupération permettant de redynamiser muscles et membres et de faire le plein d'énergie pour la journée qui s'annonce. Il n'est pas rare de voir des gens qui souffrent d'insomnie s'«épuiser» par des exercices physiques afin de s'assurer une bonne nuit de sommeil. Depuis quelque temps on dispose de résultats de recherche concernant la fonction de restauration physique du sommeil (Oswald, 1980). Le sommeil facilite la synthèse protéinique (Adam et Oswald, 1977) et il exerce des effets sur la sécrétion de l'hormone de croissance (Sassin et coll., 1969). Etant donné que les protéines constituent les fondements du développement, on pense également que la restauration tissulaire progresse plus rapidement en période de sommeil (Adam, 1980a). Il semble bien, et la recherche le prouve, que ce soit le cas pour les tissus du cerveau, mais la généralisation du processus à d'autres tissus soulève certains doutes (Horne, 1983). Il semble dès lors que le sommeil exerce bien diverses fonctions sur la restauration physique.

En ce qui concerne le fonctionnement psychologique, des études portant sur la privation totale de sommeil ont démontré qu'on peut provoquer, lors de la privation totale de sommeil pendant plusieurs jours, des troubles de la perception et de la pensée s'apparentant à ceux relevés dans les cas de schizophrénie (Johnson, 1969). On a également observé de la fatigue et une diminution des performances (p. ex. du temps de réaction) en cas d'éveil prolongé, en particulier au cours des heures matinales pendant lesquelles les individus seraient en temps normal en train de dormir, c.à.d. pendant lesquelles les rythmes biologiques prescrivent la désactivation, le sommeil. On a dit que la privation sélective du sommeil paradoxal pouvait produire un état d'«hyperréaction» qui se caractérise par une irritabilité accrue et un risque émotionnel (Agnew, Webb et Williams, 1967), et il se peut que la récupération obtenue par le sommeil paradoxal soit particulièrement importante pour le fonctionnement mental dans la mesure où ce sommeil paradoxal réapparaît bien au-delà de ses proportions classiques lors des nuits de récupération qui suivent la privation (Dement, 1960). Ceci reflète l'idée bien établie selon laquelle le sommeil paradoxal joue un rôle critique dans les processus de mémorisation et d'apprentissage (Dewan, 1970). Une seconde théorie apparaît dès lors, qui concerne la fonction du sommeil, à savoir celle du rôle central qu'il joue dans la capacité que l'homme a d'apprendre, de désapprendre et de se souvenir. Il se peut que, pendant le sommeil, l'information soit programmée et la mémoire consolidée, et que le sommeil paradoxal en particulier soit responsable du processus d'intégration.

Il est clair que la fonction de restauration physique et celle de développement cognitif ne s'excluent pas l'une l'autre, et les études montrent que vraisemblablement le sommeil est important à la fois pour les processus physiques et psychologiques. Un ouvrage récent (Horne, 1988) fournit une excellente analyse détaillée de ces questions. Il semble que les gens sont très conscients de la valeur d'une «bonne nuit de sommeil» pour un bon fonctionnement physique, mental et émotionnel correct. Très souvent, les insomniaques craignent par-dessus tout de voir diminuer leurs performances intellectuelles diurnes et leur capacité de résolution de problèmes à la suite d'un sommeil nocturne inadéquat, et de voir leur efficacité réduite par la fatigue physique en raison d'une limitation de leurs réserves d'énergie.

PROCESSUS NORMAUX DU SOMMEIL

Il est beaucoup trop simple d'imaginer qu'un individu est soit éveillé soit endormi, comme d'ailleurs de dire que le sommeil constitue un état relativement inerte. En effet, ce n'est pas un état, et il n'est pas inerte; il s'agit plutôt d'un processus actif qui suit des cycles électrophysiologiques complexes mais très réguliers. Dement (1986), lorsqu'il aborde l'idée fausse selon laquelle le sommeil constitue une sorte de «mise en congé», fait une analogie intéressante avec le moteur d'une voiture. Selon lui, le sommeil s'apparente plutôt à une voiture dont le moteur tourne mais qui se trouve au point mort qu'à une voiture garée pour la nuit. Cette analogie met en lumière l'activité du processus du sommeil. C'est pour cela qu'il est important de considérer les études polygraphiques du sommeil nocturne, études dont on dispose depuis quelque temps. Elles apportent les preuves selon lesquelles il existe plusieurs stades et cycles du sommeil bien distincts (Loomis, Harvey et Hobart, 1937; Aserinsky et Kleitman, 1953; Rechtschaffen et Kales, 1968).

Le tracé EEG d'un individu éveillé révèle une activité électrique cérébrale de faible amplitude mais de fréquence élevée. Cette onde caractéristique voit sa fréquence diminuer lors de la période d'éveil modéré qui précède le début du sommeil, période pendant laquelle on note la présence d'ondes alpha (voir fig. 1). Au début du sommeil, il y a un nouveau ralentissement de la fréquence EEG, tandis qu'aux stades 1 et 2 du sommeil orthodoxe ou NREM (mouvements oculaires non rapides) les ondes thêta plus lentes sont prédominantes. On peut distinguer le sommeil de stade 2 par la présence sur l'EEG de fuseaux (spindles, brefs accès d'ondes de fréquence élevée et d'amplitude uniforme) et de complexes K (pointes et creux très marqués dans le modèle de l'onde). Il semble correct de penser que le sommeil devient encore plus profond lorsque les ondes delta plus grandes et encore plus lentes apparaissent dans les stades 3 et 4 du sommeil, stades qu'on regroupe sous le nom de sommeil à ondes lentes. Il y a, pour cette raison, une «descente» caractéristique vers un sommeil plus profond (en termes d'activité électrique cérébrale) qui s'associe également à des modifications physiologiques observables dans d'autres parties du corps (Kales et Kales, 1984). Ces dernières sont en général similaires à celles qui accompagnent la relaxation, p. ex. une réduction de la consommation d'oxygène, du débit cardiaque et de l'activité musculaire.

Cependant, tout au long de la nuit, le sommeil orthodoxe est interrompu de manière intermittente par le sommeil paradoxal. Lors de ces périodes REM, le tracé EEG se modifie clairement et semble plus s'apparenter à celui qu'on associe à un cerveau en éveil plutôt qu'à un cerveau endormi. Des ondes régulières, en dents de scie, apparaissent, accompagnées de preuves indiquant une réduction considérable de l'activité musculaire (enregistrements EMG). Les mesures EOG indiquent quant à elles une activité considérable caractéristique de ce stade du sommeil et qui lui donne son nom. Chez le jeune adulte normal, les sommeils orthodoxe et paradoxal se succèdent de manière cyclique quatre ou cinq fois par nuit (voir fig. 2). On peut également distinguer le sommeil paradoxal par ses corrélats physiologiques, parmi lesquels l'augmentation de la pres-

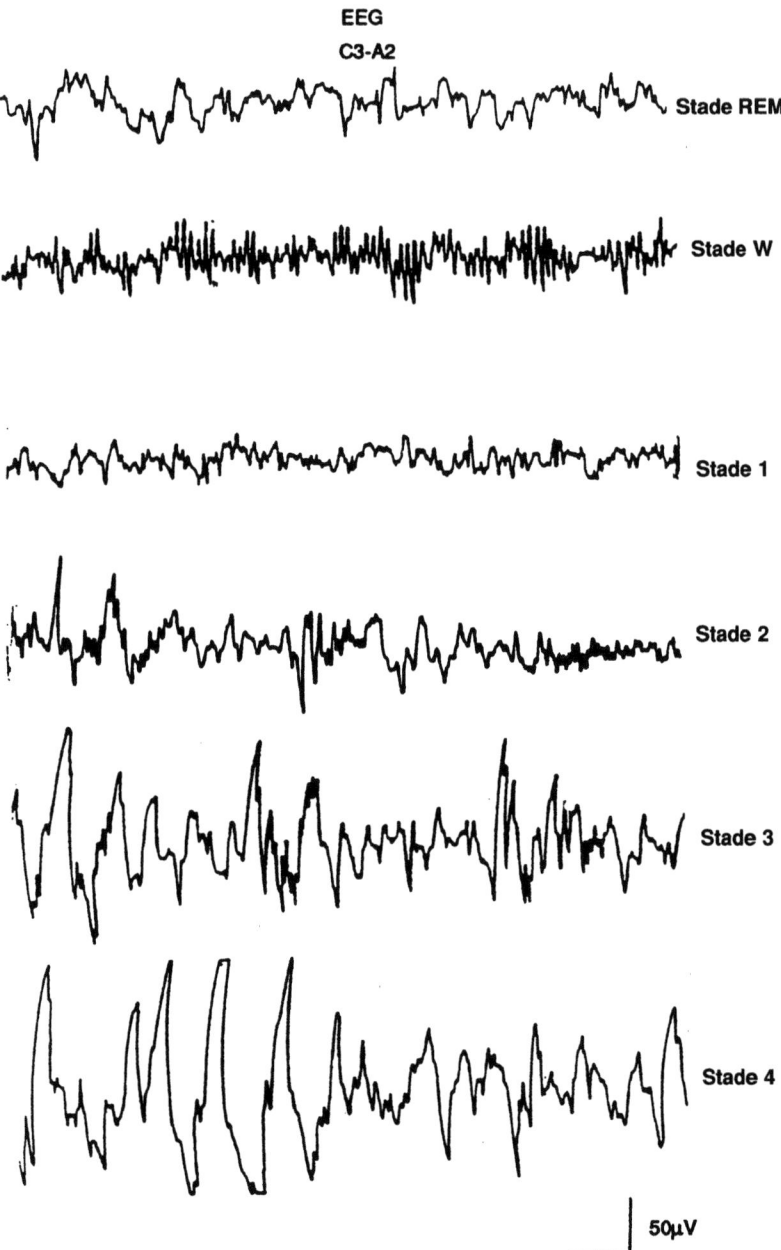

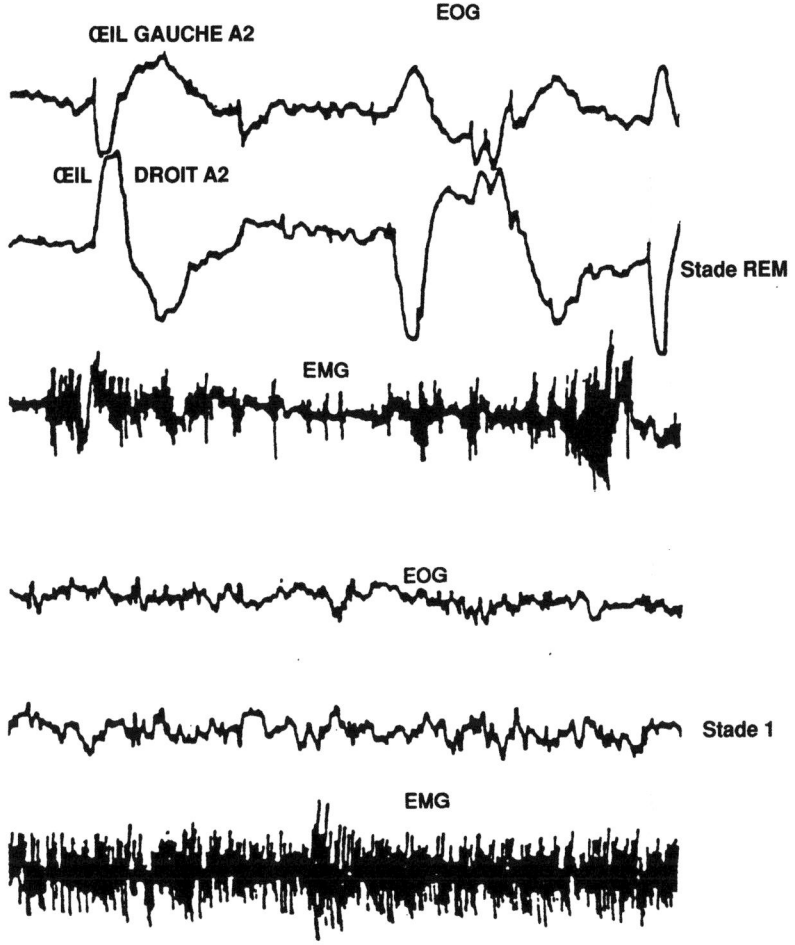

Fig. 1 — *Caractéristiques polygraphiques du sommeil normal. Les phases du sommeil sont caractérisées par les tracés des électrodes sur C3-A2, et les tracés EMG permettent les comparaisons entre les sommeils REM et NREM* (reproduit grâce à l'autorisation de la Janssen Research Foundation, Oxon, OX12 0DQ, Royaume-Uni).

sion sanguine, des rythmes cardiaque et respiratoire et de la température corporelle. Des érections surviennent également en conjonction avec les périodes REM (Kales et Kales, 1984). On donne parfois au sommeil paradoxal le nom de «sommeil du rêve», car les sujets qu'on réveille à ce stade de leur sommeil font souvent un compte rendu très détaillé et vivant de leurs rêves (Dement et Kleitman, 1957).

Du point de vue neurologique, on peut considérer le sommeil comme l'inhibition active du système central d'activation cérébrale, à savoir la formation réticulaire du tronc cérébral associée aux noyaux thalamiques intrinsèques et à l'hypothalamus postérieur (Moruzzi, 1964; Van Oot, Lane et Borkovec, 1982; Mancio et Mariotti, 1985). Posé en termes simples, le sommeil est la «déconnexion» de ce système central d'éveil. Au niveau neurochimique, l'induction du sommeil et le maintien du sommeil à ondes lentes semblent être dirigés par le neurotransmetteur 5HT (sérotonine)(Mendelson, Gillin et Wyatt, 1977; Van Oot, Lane et Borkovec, 1982), tandis que l'attention et les réactions d'éveil sont, elles, associées aux niveaux de dopamine et de noradrénaline; l'acide gamma amino-butyrique semble également être impliqué dans les manifestations du sommeil paradoxal (Jalfre et coll., 1972).

Ces descriptions montrent bien la complexité et la diversité des processus, épisodes, phases et stades de ce que nous appelons simplement «sommeil». D'une certaine manière, l'individu associe ou attribue à ce sommeil des concepts qualitatifs et en tire des conclusions relatives à ce qui a — ou n'a pas — été «une bonne nuit de sommeil». Dans la mesure où nos jugements se basent — en partie du moins — sur l'expérience et les attentes, il semble logique à présent de nous intéresser à ce qu'on connaît des modifications du profil du sommeil survenant avec l'âge.

ÂGE ET MODIFICATIONS DU PROFIL DU SOMMEIL

Dans notre culture on considère généralement que dormir pendant huit heures constitue la norme pour un adulte. Des études descriptives de grande envergure révèlent en fait qu'on n'est pas loin de la vérité (McGhie et Russell, 1962; Tune, 1969). La figure 3 reprend des données provenant de l'étude de McGhie et Russell, et selon celles-ci 62% de la population adulte dort entre sept et huit heures par nuit. Les données respectent une distribution normale autour de ce pourcentage moyen.

Il existe cependant de nombreuses études qui indiquent que les profils de sommeil se modifient considérablement avec l'âge, en particulier avec

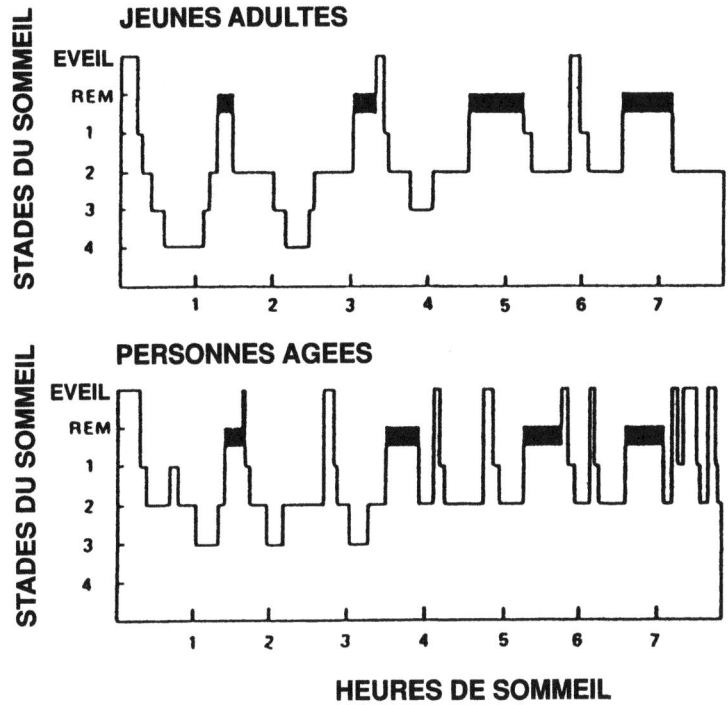

Fig. 2 — *Cycles du sommeil chez l'adulte jeune et âgé. Le sommeil REM (zones noircies) apparaît de manière cyclique, à intervalles d'à peu près 90 minutes* (tiré de Kales et Kales, 1984; reproduit grâce à l'autorisation d'Oxford Press).

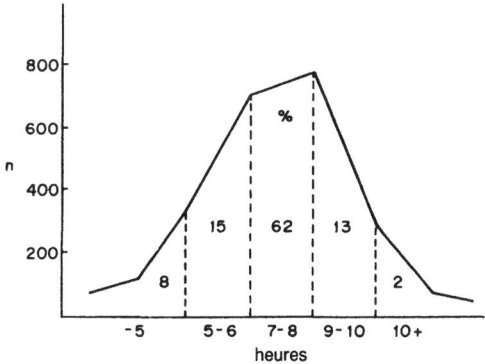

Fig. 3 — *Répartition des heures de sommeil par nuit dans la population adulte* (reproduit grâce à l'autorisation du Royal College of Psychiatrists sur base de l'enquête de grande envergure menée par McGhie et Russell, 1962).

la vieillesse. On observe en effet une diminution de la durée du sommeil nocturne en rapport avec l'âge, ce qui s'explique surtout par l'accroissement de la fréquence des réveils intermittents pendant la nuit (Webb et Campbell, 1980; Webb, 1982; Spiegel, 1981; Reynolds et coll., 1985) (voir fig. 2). Ces réveils ont tendance à se concentrer dans la seconde partie de la nuit et posent relativement plus de problèmes aux femmes d'âge moyen ou plus élevé (McGhie et Russell, 1962).

Dans une étude consacrée aux personnes âgées non insomniaques (âge moyen : 70 ans), on a relevé une forte corrélation positive entre la durée des éveils après endormissement et les évaluations subjectives de l'agitation pendant le sommeil, mais cela seulement chez les femmes interviewées (Hoch et coll., 1987). On a également observé des modifications des stades du sommeil, avec une proportion plus importante des stades 1 et 2 (sommeil NREM plus «léger») et une diminution du sommeil plus «profond», c.à.d. le sommeil à ondes lentes (stades 3 et 4) au fur et à mesure du vieillissement (Coates et Thoresen, 1980; Dement, Miles et Carskadon, 1982). La fig. 4 illustre ces modifications.

Etant donné qu'on s'est aperçu que le sommeil à ondes lentes présente une corrélation significative avec la «profondeur» du sommeil dans le groupe des femmes observées par Hoch et coll. (1987), on peut se dire

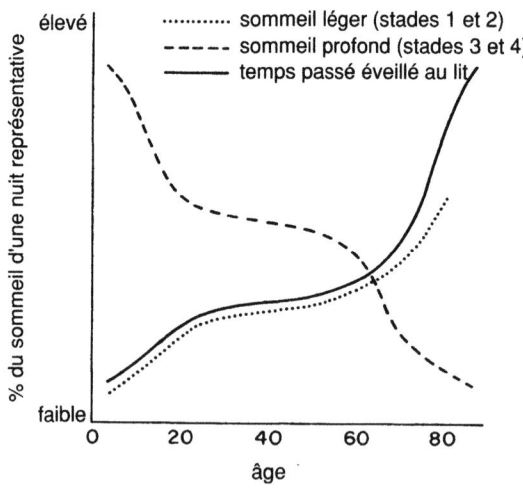

Fig. 4 — *Représentation des modifications dans les phases du sommeil et dans le profil de sommeil en fonction de l'âge* (tiré de Lichstein et Fischer, 1985; reproduit grâce à l'autorisation de la Plenum Publishing Corp.).

que le sommeil devient, au fur et à mesure que l'âge avance, une expérience moins agréable. Toutefois, Webb et Schneider-Helmert (1984) ont fait état d'une tendance chez les hommes à l'allongement des périodes d'éveil au fur et à mesure du vieillissement, tandis que chez les femmes les latences d'endormissement étaient beaucoup plus grandes. Les études, on le voit, ne présentent pas une image uniforme des effets différentiels amenés par l'âge chez les hommes et chez les femmes. Il convient également de noter que la perte de sommeil chez les insomniaques plus âgés n'est pas associée à des taux de récupération plus bas que chez les non insomniaques de la même tranche d'âge, ce qui suggère à nouveau que les effets que l'âge exerce sur le sommeil sont plutôt de nature développementale que dégénérative (Bonnet et Rosa, 1987).

Néanmoins, il semble qu'une cohérence suffisante se dégage des études consacrées aux rapports entre le sommeil et le processus de vieillissement pour considérer que les modifications du sommeil en rapport avec l'âge constituent un type d'«insomnie développementale» qu'on peut plutôt considérer comme un trouble non pathologique du sommeil. On dispose de peu de preuves selon lesquelles l'âge affecte la latence d'endormissement; toutefois il se peut que les délais de retour au sommeil pendant la nuit s'allongent avec l'âge (Kales et coll., 1984). Ces conclusions n'impliquent pas que tous les troubles du sommeil intermittent chez les personnes âgées n'ont aucune cause pathologique. Morin et Gramling (1989) rapportent par exemple que, dans leur étude, le temps passé éveillé pendant la nuit était plus long chez les insomniaques âgés que dans un groupe-témoin présentant les mêmes caractéristiques démographiques.

Il est nécessaire d'étudier plus en détail le rapport existant entre l'âge et la qualité perçue du sommeil, dans la mesure où cette dernière peut constituer un facteur important de modération du comportement de plainte. La prépondérance des périodes d'éveil nocturne plus fréquentes et plus longues chez les sujets d'âge moyen ou avancé suggère la nécessité d'une éducation de ces patients qui se présentent à la consultation pour des troubles du sommeil, bien que des interventions comportementales puissent également s'avérer nécessaires.

COMPARAISONS ENTRE INSOMNIAQUES ET DORMEURS «NORMAUX»

Un certain nombre d'études ont comparé les profils de sommeil de sujets dormant normalement et d'insomniaques, et elles ont eu à cet effet recours à des échantillons de patients allant de 10 à 18 par groupe (Monroe, 1967; Karacan et coll., 1971, 1973; Frankel et coll., 1976; Gillin et coll., 1979; Galliard, 1978; Schneider-Helmert, 1987). L'étude la plus importante reste jusqu'à présent celle de Kales et coll. (1984), qui a évalué le sommeil de 150 insomniaques (âge : entre 19 et 90 ans) et comparé les caractéristiques de leur sommeil avec celles d'un groupe-témoin constitué de 100 personnes. Les auteurs de l'étude se sont aperçus que les insomniaques présentaient des latences d'endormissement beaucoup plus longues, quelle que soit la tranche d'âge envisagée, ce qui confirme les rapports d'études antérieures de moins grande ampleur. Cet allongement de la latence d'endormissement expliquait la « durée totale de l'éveil » plus longue présentée par le groupe des insomniaques. Toutefois, les auteurs n'ont pas relevé de différence significative en ce qui concerne l'importance de la durée des éveils après endormissement, résultat qui se démarque de la plupart des conclusions d'autres recherches (Monroe, 1967; Galliard, 1978; Schneider-Helmert, 1987; Morin et Gramling, 1989). Kales et coll. se sont également intéressés à la durée des éveils nocturnes et se sont aperçus que les éveils les plus prolongés étaient cependant typiques du groupe des insomniaques. En d'autres termes, les insomniaques éprouvaient plus de difficultés à retrouver le sommeil. En concordance avec la littérature de recherche consacrée aux modifications du profil du sommeil en rapport avec l'âge, les éveils après endormissement s'amplifiaient avec l'âge dans les deux groupes de l'étude, ce qui suggère que ce type d'insomnie développementale (l'insomnie de maintien du sommeil) est en fait non pathologique. Kales et coll. concluent en écrivant que « le problème principal de l'insomniaque est de s'endormir, que ce soit lors de la phase initiale du sommeil ou après des réveils nocturnes ». Il est intéressant de constater que Haynes et coll. (1985) ont conclu que la latence d'endormissement mesurée lors de sessions de siestes en laboratoire permettait également de faire la différence entre sujets insomniaques et non insomniaques.

Lors d'une étude polysomnographique récente, Schneider-Helmert (1987) a comparé 16 insomniaques et 16 personnes dormant normalement (groupe-témoin). L'auteur s'est aperçu que toutes les mesures relatives au sommeil, à part le moment du réveil, différaient de manière significative entre les groupes. Les scores relatifs aux éveils après endormissement étaient, chez les insomniaques, deux fois plus élevés que dans le groupe-témoin, et la latence d'endormissement était, en moyenne et pour les groupes respectifs, de 54 minutes et de 21 minutes. Les insomniaques passaient également une portion significativement plus courte de la nuit en sommeil de stade 4, et ils considéraient que leur sommeil était de plus mauvaise qualité que celui des non insomniaques.

PRÉSENCE DE L'INSOMNIE

On a déjà dit que plus de 50 % des adultes font état de troubles du sommeil actuels ou passés, et que 38 % éprouvent actuellement des difficultés en rapport avec leur sommeil (Bixler et coll., 1979). Dans cette dernière étude, l'insomnie était de loin le problème le plus souvent cité (32 % des troubles actuels du sommeil); cette conclusion correspond grosso modo à celles d'autres rapports, dans lesquels 10 à 15 % des sujets se plaignent d'insomnie légère, tandis que 10-15 autres % font état d'insomnies graves ou fréquentes (Kales et coll., 1974a; Montgomery, Perkin et Wise, 1975). Dans une étude prospective nationale menée aux Etats-Unis et portant sur plus d'un million d'hommes et de femmes, Hammond (1964) a rapporté que 13 % des hommes et 26,4 % des femmes se plaignaient d'insomnie, et au Royaume-Uni des échantillons ont généré des taux de 18 à 25 % (Shepherd et coll., 1966; Dunnell et Cartwright, 1972), et jusqu'à 38 % dans les populations âgées (Morgan et coll., 1988). De plus, on a relevé que plus de 15 % d'un échantillon écossais souffraient d'insomnie chronique (McGhie et Russell, 1962). Une étude épidémiologique récente menée à San Marin (nord-est de l'Italie) a révélé que 10 % des hommes et 17 % des femmes ne dormaient jamais bien, ou alors rarement, avec des taux atteignant 40 % chez les femmes de la tranche d'âge 50-54 ans (Cirignotta et coll., 1985). Toutefois, les difficultés relatives au sommeil ne se limitent pas à la population adulte. Une étude relève que 13 % des étudiants voient leur sommeil perturbé au moins quatre fois par semaine, et que 33 % de ces étudiants se plaignent de troubles occasionnels du sommeil (Price et coll., 1978).

Des taux élevés reflètent évidemment les critères utilisés afin de définir inclusion et exclusion. Une autre étude récente menée en Suède par Liljenberg et coll. (1988) faisait intervenir des critères très rigoureux afin de définir le trouble du sommeil de manière opérationnelle. Les travailleurs qui étaient les sujets de l'enquête faisaient état de taux d'apparition très faibles : seulement 1,7 % chez les femmes et 1,4 % chez les hommes. Ce qui, toutefois, était particulièrement intéressant dans cette étude, c'est que, lorsqu'on excluait des analyses le critère de somnolence diurne, les taux d'apparition étaient multipliés par trois. La nécessité ou non d'inclure les effets diurnes dans une définition de l'insomnie sera examinée plus loin.

Ces chiffres d'apparition mis à part, les preuves de l'importance des problèmes posés par les troubles du sommeil peuvent être tirées d'études consacrées aux prescriptions de somnifères. Aux USA, des études ont montré que jusqu'à 82 % des patients en consultation pour des troubles du sommeil prennent régulièrement ce type de médicaments (Roth, Kramer et Lutz, 1976). On a exprimé des inquiétudes au sujet de taux aussi inacceptablement élevés de prescriptions (Cooper, 1977; Institute of Medicine, 1979). Selon d'autres rapports, il est possible que les personnes recevant les patients rédigent jusqu'à 70 % de toutes les prescriptions d'hypnotiques, ce qui n'est le cas que de 22 % des autres types de médicaments (Freed, 1976). Des statistiques récentes indiquent que les benzodiazépines constituent toujours 10 % de l'ensemble des médicaments prescrits en Ecosse, et que les benzodiazépines hypnotiques constituent une proportion plus grande de ces prescriptions que les tranquillisants moins puissants (Health Service Statistics, 1989).

CLASSIFICATION DE L'INSOMNIE

L'ASDC (Association of Sleep Disorders Centers) (1979) a publié une « classification diagnostique du sommeil et des troubles de l'activation » qu'on trouve résumée dans le Diagnostic and Statistical Manual of Mental Disorders (DSM III-R) de l'American Psychiatric Association (1987). Ce système sépare les insomnies définies comme des « troubles de la phase initiale et du maintien du sommeil » (DIMS, Disorders of Initiating and Maintaining Sleep) de trois autres catégories de troubles du sommeil. Ces dernières sont (a) les troubles relatifs à une somnolence excessive (y compris la narcolepsie et l'hypersomnolence), (b) les troubles du cycle veille-sommeil (exemple : les troubles causés par le décalage horaire ou le travail en équipe) et (c) les parasomnies (groupe hétérogène qui comprend le somnambulisme, les terreurs nocturnes et l'énurésie nocturne). Il n'est pas possible, dans les limites de cet ouvrage, de nous intéresser à ces trois autres catégories des troubles du sommeil. Toutefois, il est important de définir les sous-catégories reprises dans le système de classification DIMS.

Dans la fig. 5, la classification DIMS représente le troisième niveau d'analyse, le plus détaillé dans la hiérarchie. Au deuxième niveau, on a regroupé ces troubles en séries de troubles « primaires », « secondaires » et « spécifiques », étant donné que c'est ce type de terminologie qu'on retrouve fréquemment dans la littérature concernée. Au premier niveau de la hiérarchie on trouve le terme générique d' « insomnie » pour décrire les troubles de la phase initiale et/ou de maintien du sommeil, et cela par rapport à trois termes souvent utilisés (de début de nuit, de maintien du sommeil, de fin de nuit), ces derniers reflétant la portion de la période de sommeil la plus affectée par l'état d'éveil. Le texte qui suit s'intéressera tour à tour à chacun des niveaux de cette analyse.

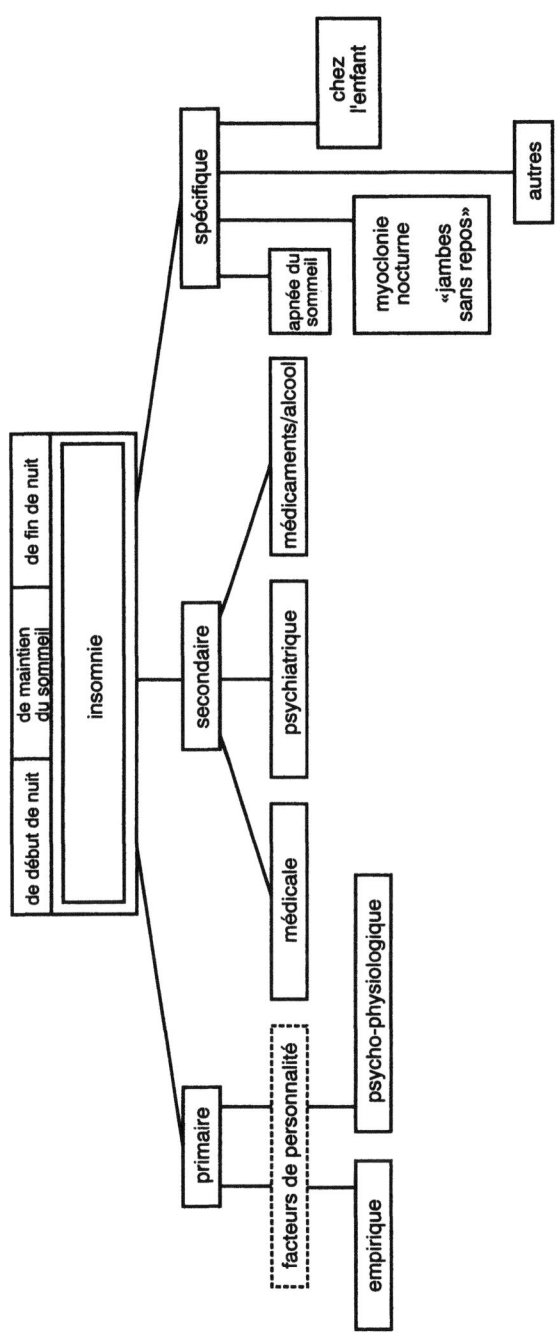

Fig. 5 — *Classification de l'insomnie. La classification DIMS constitue le niveau le plus détaillé de la hiérarchie.*

Insomnie de la phase initiale du sommeil

Comme ce terme le suggère, l'insomnie de la phase initiale du sommeil décrit un problème d'endormissement, d'où les termes d'insomnie de début de nuit et d'insomnie d'endormissement. Dans la population normale, la latence d'endormissement semble se situer entre 0 et 15 minutes, sans beaucoup de variation d'une nuit à l'autre (Carskadon et coll., 1975; Coates et coll., 1982a; Birrell, 1983). La plupart des «bonnes dormeuses» estiment qu'elles s'endorment dans la demi-heure qui suit le coucher. Par comparaison, des sujets souffrant d'insomnie de la phase initiale du sommeil ont, lors d'études, fait état de délais de l'ordre de 60 à 90 minutes (p. ex. Turner et Ascher, 1979a; Lacks et coll., 1983a; Espie et coll., 1989). C'est pour cela qu'on a déterminé comme critère minimum de classification dans le groupe des insomnies de la phase initiale du sommeil une latence d'endormissement de 30 minutes quatre nuits sur sept. Un critère plus sûr serait une période de 45 minutes; il serait susceptible de faire de manière plus fiable la différence entre, d'une part, les personnes qui dorment normalement, qui ne se plaignent pas de troubles mais qui présentent néanmoins une légère latence d'endormissement et, d'autre part, la frange peu atteinte du groupe des insomniaques de la phase initiale du sommeil (Espie et coll., 1988).

Insomnie de maintien du sommeil

Il n'est pas rare que des sujets qui éprouvent des difficultés à s'endormir rencontrent également des problèmes lorsqu'il s'agit de rester endormis. Toutefois ce dernier problème peut également survenir de manière indépendante. L'insomnie de maintien (qu'on qualifie parfois d'«intermédiaire» ou d'«intermittente») se réfère à des problèmes nocturnes qui surviennent après que le sujet se soit endormi. On a déjà fait référence aux modifications du profil du sommeil en rapport avec l'âge ou de nature développementale, modifications qui induisent des augmentations de fréquence et de durée des éveils nocturnes, principalement au cours de la seconde moitié de la nuit chez les sujets plus âgés.

L'évaluation de l'insomnie de maintien du sommeil va vraisemblablement impliquer l'enregistrement de la fréquence des réveils par nuit, le délai au terme duquel le sujet se rendort après chaque réveil, mais également une certaine indication de l'«efficacité» du sommeil nocturne. On sait que, pour ces données, l'auto-évaluation se révèle moins fiable qu'en ce qui concerne la latence d'endormissement (Baekeland et Hoy,

1971; Espie et coll., 1988), ce qui est dû en partie à l'imperceptibilité subjective des réveils brefs et fréquents en tant qu'épisodes discrets, bien que ces derniers puissent être identifiés par EEG. Les patients font plutôt état de plaintes qualitatives; ils parlent de « nuits agitées » ou disent qu'ils se sont « retournés sans arrêt ». Il n'est pas étonnant de constater qu'on se souvient mieux des réveils longs et dérangeants. L'efficacité du sommeil, qui est le ratio existant entre d'une part le temps passé à dormir et d'autre part le temps passé au lit (exprimé en pourcentage), peut constituer une mesure clinique et de recherche particulièrement intéressante dans la mesure où elle quantifie le dérangement général induit par les réveils lorsqu'on se trouve au lit. On a recommandé une charnière de 85 à 88 % d'efficacité du sommeil comme critère d'un dérangement important du sommeil (Frankel et coll., 1976; Coates et coll., 1982a).

Insomnie de la phase terminale du sommeil

L'insomnie de la phase terminale du sommeil est parfois appelée insomnie «de fin de nuit» ou «réveil aux petites heures». Elle fait référence à un réveil final et parfois subit, qui a lieu pendant la nuit et est suivi d'une incapacité de se rendormir, tout cela avant le moment considéré comme l'heure de réveil habituelle de l'individu en question. Bien qu'on considère l'éveil aux petites heures comme un symptôme courant (surtout en psychiatrie des adultes), en fait il se présente plus rarement que l'insomnie de la phase initiale du sommeil ou de maintien du sommeil (Roth, Kramer et Lutz, 1976; Bixler et coll., 1979).

On a considéré l'insomnie de la phase terminale du sommeil comme un signe biologique de la dépression. Il semble toutefois qu'on puisse associer tout trouble du sommeil (quel que soit son type : phase initiale, maintien ou phase terminale) à des symptômes qui correspondent aux critères DSM III des dépressions graves (Mellinger, Balter et Uhlenhuth, 1985). C'est la gravité de l'insomnie qui prescrit l'association plutôt que la période nocturne pendant laquelle le sommeil est le plus contrarié. De plus, les anomalies du profil du sommeil (quelles qu'elles soient) sont particulièrement évidentes chez les dépressifs les plus âgés (50 ans et plus)(Gillin et coll., 1981; Mellinger, Balter et Uhlenhuth, 1985). Les éveils précoces peuvent également apparaître en tant qu'effets secondaires de la prise de médicaments ou de son sevrage, en particulier dans les cas où les médicaments prescrits sont des benzodiazépines d'action courte (Kales et coll., 1983b).

L'insomnie, trouble primaire

L'insomnie primaire constitue un trouble du sommeil d'un des types évoqués plus haut qui ne présente pas d'étiologie apparente physique ou mentale. On pense que dans ce cas c'est l'insomnie qui constitue à elle seule le problème. En d'autres termes, on pense pouvoir résoudre le problème du patient en traitant avec succès le trouble du sommeil en tant que tel. Bien que la plupart des chercheurs en psychologie se soient employés à exclure des groupes qu'ils étudient les sujets présentant des troubles physiques ou mentaux connus susceptibles d'affecter le processus du sommeil, on ne peut exclure du groupe des «insomniaques primaires» le grand nombre d'insomniaques qui présentent certaines caractéristiques d'anxiété-trait ou d'anxiété-état (voir chapitre 2). Celles-ci peuvent, en termes de santé mentale, constituer des caractéristiques sous-cliniques; elles présentent néanmoins des corrélations constantes avec les plaintes exprimées en matière de sommeil. C'est pour cette raison qu'on considérera ici de telles caractéristiques en tant que «variables modératrices» (voir fig. 5).

L'insomnie, trouble secondaire

Dans ce cas, on peut considérer l'insomnie comme symptomatique d'un état médical ou psychiatrique sous-jacent. Les drogues (prescrites ou non) et l'alcool peuvent également être la cause de l'insomnie, que ce soit lors de la consommation ou du sevrage. Le traitement efficace d'une insomnie secondaire exige qu'on se centre sur le processus étiologique connu, et qu'on traite directement cette cause sous-jacente ou au minimum qu'on la gère efficacement au niveau symptomatique (p. ex. au niveau de l'inconfort physique ou de la douleur). C'est pour cela que l'insomnie secondaire (sauf dans les cas de maladie chronique ou de handicap) va vraisemblablement être de courte durée et sera résolue rapidement. Même dans les cas où elle tend à persister, la possibilité d'une détermination correcte de sa cause peut répondre aux questions que le patient se pose à propos de sa perte de sommeil et encourager les attitudes d'adaptation. Dans la mesure où le caractère ambigu des plaintes relatives aux insomnies primaires est plus accentué, ce sont ces plaintes qui constituent le défi thérapeutique le plus grand.

Les insomnies spécifiques

Le deuxième niveau de la structure hiérarchique présentée à la fig. 5 est doté d'une «catégorie» supplémentaire d'insomnies qui ne peuvent que difficilement être reprises dans la dichotomie primaire/secondaire. Chacun de ces types d'insomnie nécessite un bref examen séparé dans le cadre du système de classification DIMS et du troisième niveau de son analyse hiérarchique.

L'insomnie empirique

L'insomnie empirique, ou subjective, constitue le point de départ de la grande majorité des plaintes cliniques relatives aux troubles du sommeil. Les craintes personnelles au sujet de la quantité et/ou de la qualité de sommeil constituent une condition sine qua non et, dans la pratique clinique, les décisions pratiques concernant l'approche de traitement et la mesure des résultats se basent sur les rapports faits par l'insomniaque de ses expériences de sommeil. En conséquence, on peut considérer l'insomnie empirique comme recouvrant l'ensemble des insomnies psychophysiologiques. C'est le fait de ne pouvoir considérer le contraire comme vrai qui a mené à ces deux classifications DIMS différentes. L'insomnie empirique devient alors l'incapacité persistante de jouir d'un sommeil adéquat (Williams, Karacan et Hursch, 1974; Bootzin et Nicassio, 1978), incapacité qui n'est toutefois pas mise en évidence par les mesures polygraphiques. On a beaucoup étudié la validité de telles plaintes subjectives relatives à l'insomnie, et on trouvera plus loin une section consacrée plus précisément aux mesures EEG et aux rapports faits par les patientes elles-mêmes. Il vaut toutefois la peine de relever qu'un examen critique récent de cette classification DIMS a suggéré qu'il n'existe pas assez de preuves pour conclure à l'existence d'une classe séparée de patients présentant une insomnie subjective sans déficiences objectives de sommeil (Trinder, 1988).

L'insomnie psychophysiologique

Dans ce cas, on relève que l'EEG corrobore l'insomnie empirique, c'est-à-dire que l'insomnie subjective devient une insomnie objective. Certains chercheurs ont postulé qu'il peut exister des différences fondamentales dans l'étiologie de ces deux «types» d'insomnie. Selon Borkovec (1979), il se pourrait que l'insomnie psychophysiologique soit en rapport avec un trouble «central» du système nerveux : soit un système réticulé gouvernant l'éveil est trop actif et ne s'arrête pas, soit un système de sommeil dépendant d'un neurotransmetteur ne s'enclenche pas, soit encore il y a combinaison des deux situations. Par contre, Borkovec suggère que l'insomnie empirique sans preuve par EEG constitue l'effet d'un traitement cognitif trop actif de pensées chargées d'anxiété. Nous pouvons donc avoir besoin d'un examen critique des relations existant entre d'une part les données rapportées par la patiente elle-même et, d'autre part, celles présentées par l'examen EEG.

EEG et auto-évaluation

Ces vingt dernières années, les chercheurs ont tenté d'établir la validité des auto-évaluations par rapport aux critères EEG, en partant de l'idée selon laquelle l'EEG constitue la mesure-critère qui identifie la «vraie insomnie». On a cependant reconnu assez récemment qu'il est possible que l'EEG ne soit pas sensible à certaines variables cruciales qui prescrivent une consultation clinique.

Au cours des années 70, un certain nombre d'études ont suggéré que les insomniaques ne sont pas fiables dans leurs estimations des paramètres du sommeil. En particulier, elles surestimaient leurs latences d'endormissement tandis qu'elles sous-estimaient la durée totale de leur sommeil ainsi que son efficacité (Frankel et coll., 1976; Carskadon et coll., 1976; Borkovec et coll., 1979). En comparaison, les rapports faits par les sujets d'un groupe-témoin n'étaient pas significativement différents des mesures EEG, mais ces sujets tendaient à faire des estimations allant dans la direction opposée de celle des erreurs des insomniaques (Frankel et coll., 1976). Tous les rapports, qu'ils soient anciens ou plus récents, concluaient à l'existence d'une corrélation significative entre les auto-évaluations des insomniaques et les mesures EEG; ils indiquaient que bien que les sujets ne soient pas fiables dans leurs estimations, ces dernières tendaient dans la même direction que les mesures objectives (Baekeland et Hoy, 1971; Johns, 1975; Carskadon et coll., 1976; Haynes et coll., 1982, 1985). Néanmoins, les problèmes de discrimination sujets normaux/sujets insomniaques sur la base unique de l'évaluation EEG (dans une étude, notamment, la moitié des insomniaques n'avait pu être identifiée sur cette base — Frankel et coll., 1976) ont mené à l'idée selon laquelle il est raisonnable de diviser les insomniaques primaires en deux sous-catégories distinctes, à savoir les «objectifs» et les «empiriques» ou, suivant en cela la classification DIMS, les «psychophysiologiques» et les «subjectifs».

Toutefois, la mise en parallèle de l'EEG et de l'auto-évaluation en termes de «cohérence» suppose qu'on pose la même question aux mêmes mesures. A savoir que, si la patiente est éveillée selon les critères EEG alors elle devrait rapporter cette auto-perception. Et inversement si, selon des critères objectifs, elle est endormie, alors elle devrait corroborer cet état lorsqu'elle se réveille. C'est seulement dans le cas où ces deux cohérences sont d'application que le rapport verbal peut être considéré comme « non fiable » par rapport au standard EEG. C'est pour cela qu'il est intéressant de constater que, lors d'une étude, 25 sujets insomniaques ont été réveillés alors qu'ils se trouvaient dans un sommeil de stade 2 et que seuls 12 % d'entre eux ont dit qu'ils étaient endormis. Seuls 30 % des membres du groupe-témoin (personnes dormant normalement) disaient qu'ils étaient endormis lorsqu'on les avait « réveillés » (Borkovec, Lane et Van Oot, 1981). On a relevé des effets similaires dans d'autres études, où entre 40 et 80 % des sujets disaient qu'ils étaient éveillés lorsqu'on les réveillait au début du stade 2 de leur sommeil (Agnew et Webb, 1972; Slama, 1979; Campbell et Webb, 1981). Ces conclusions amènent la question de savoir sur quels indices la personne se base afin de déterminer si oui ou non elle est endormie, et également de connaître la mesure dans laquelle ces indices diffèrent de ceux auxquels les personnes dormant normalement ont recours.

Une étude réalisée par Coates et coll. (1982a) s'est intéressée à la relation existant entre l'EEG et les rapports subjectifs en faisant intervenir divers critères EEG dans la détermination de l'endormissement. Ces chercheurs ont conclu que les mesures qui étaient évidentes lorsqu'on avait recours au critère de sommeil NREM de stade 1 disparaissaient lorsque la comparaison s'effectuait au début du stade 2 du sommeil défini par mesure EEG. Coates et coll. en tirent la conclusion que « s'il faut considérer la mesure EEG comme critère de sommeil, alors les auto-évaluations des minutes avant l'endormissement et des minutes passées éveillées après le début du sommeil constituent un index relatif fiable et valable pour les insomniaques ». D'autres chercheurs considèrent également qu'il est correct d'avoir recours au début du stade 2 comme équivalent du sommeil perçu chez les insomniaques. Hauri et Olmstead (1983) ont relevé que les insomniaques étaient à peu près aussi fiables, dans leurs évaluations des latences d'endormissement en recourant à ce critère, que les personnes dormant normalement lorsqu'elles recouraient, comme critère, à un début de sommeil antérieur. Leur conclusion était qu'il n'y avait pas d'avantage à accepter en tant que fait l'idée selon laquelle les insomniaques surestiment habituellement leur latence d'endormissement; selon eux, le problème important est l'établissement de critères appropriés leur convenant. Il se peut que les quinze premières minutes de sommeil ininterrompu, de stade 2 ou mieux, constituent un critère valable (Hauri et Olmstead, 1983; Birrell, 1983). En fait, Schneider-Helmert (1987), en ayant recours au critère de sommeil ininterrompu de stade 2 pendant au moins cinq minutes, a relevé que la latence d'endormissement était surestimée à la fois par les insomniaques et par le groupe-témoin, les membres de ce dernier surestimant d'ailleurs proportionnellement plus.

Ogilvie et Wilkinson (1988) ont mené une étude expérimentale destinée à évaluer la capacité des sujets de percevoir et de réagir à des tonalités de faible puissance lors de divers stades EEG. On demandait aux sujets de presser à l'aide de leur paume un bouton destiné à couper le son chaque fois qu'ils l'entendaient. Il est intéressant de constater que ces chercheurs ont relevé qu'au stade 1, la réaction comportementale de «sommeil» risquait autant de se produire que de ne pas se produire et que, même au stade 2, en particulier pendant les cinq premières minutes, il y avait encore des réactions. Pour cette raison, Ogilvie et Wilkinson recommandaient le recours à l'idée de «période de début du sommeil», période correspondant à ce moment peu précis entre veille et sommeil. Ils ont suggéré de faire une analogie entre, d'une part, les définitions EEG du début du sommeil, à savoir la réduction de l'alpha (stade 1) et les fuseaux (stade 2) et, d'autre part, la décision de l'expérimentateur au sujet des erreurs de type 1 et 2 (Ogilvie et Wilkinson, 1984).

Notre propre travail de recherche sur le sujet va dans le sens de l'idée selon laquelle les insomniaques tendent effectivement à surestimer leurs latences d'endormissement, mais la corrélation est uniformément élevée entre les mesures subjectives et objectives (Sleep Assessment Device, «Somtrak», de Kelley et Lichstein, 1980). Une conclusion intéressante est que cette surestimation s'expliquait par les nuits au cours desquelles la latence d'endormissement était plus longue (que ce soit au niveau subjectif ou objectif) et que dès lors cette imprécision était en rapport direct avec la difficulté de la tâche (Espie, Lindsay et Espie, 1989)(voir tableau 1). Il est tout simplement plus difficile d'estimer une latence d'endormissement de 60 minutes qu'une latence de 10 minutes. L'insomniaque (tout comme la dormeuse normale) va vraisemblablement exécuter correctement une tâche aisée mais, en cas de tâche plus difficile, elle peut néanmoins fournir une auto-évaluation valable en termes de corrélation.

Trinder (1988) a opéré un remaniement détaillé des critères DIMS relatifs à l'insomnie subjective, et il a mis en lumière des faiblesses méthodologiques importantes dans la procédure de diagnostic différentiel. Il insiste en particulier sur de possibles déficiences d'échantillonnage de certaines études. Etant donné que la variabilité du sommeil d'une nuit à l'autre est la norme chez les insomniaques, il faudrait s'attendre à ce qu'une bonne proportion de celles-ci présente un sommeil normal, ou presque normal, sur base d'une investigation EEG menée sur un échantillon de seulement une ou deux nuits d'évaluation du sommeil en laboratoire.

C'est clair, d'autres études sont nécessaires avant de pouvoir formuler des vérités définitives au sujet du rapport précis existant entre, d'une part, l'expérience du sommeil et de l'éveil et, d'autre part, ses concomitants mesurables objectivement. Il est très possible que certaines études antérieures qui mettaient en doute la fiabilité des auto-évaluations auraient produit des résultats moins critiquables si elles avaient fait intervenir des critères alternatifs pour l'évaluation des tracés EEG. En tout cas, une conclusion constante est qu'il existe une corrélation significative entre rapport objectif et rapport verbal, et il est fort probable que cette concordance se trouvera renforcée si on établit finalement des indices EEG appropriés.

En conclusion, il convient de noter qu'une plainte subjective incorpore normalement un élément d'insatisfaction vis-à-vis de variables relatives à la qualité du sommeil, comme l'«état de repos après le sommeil». L'absence de preuves EEG d'un dérangement du profil du sommeil ne peut enlever leur valeur à ce type de plaintes. En effet, le manque de sensibilité de l'évaluation polygraphique vis-à-vis de variables aussi potentiellement critiques déforce le rôle de l'EEG en tant que mesure de critère.

Insomnie associée à la maladie ou à d'autres états

Le système de classification de l'ASDC (Association of Sleep Disorders Centres) reconnaît un groupe d'insomnies secondaires qui sont des «troubles de l'endormissement et de maintien du sommeil associés à des conditions médicales, toxiques et environnementales». Kales et Kales (1984) commentent utilement toute une série de conditions médicales pouvant être associées au dérangement du sommeil. La douleur et l'inconfort physiques peuvent affecter directement le sommeil, p. ex. l'angina nocturnis ou l'ulcère du duodénum. Toutefois, les états morbides évoquent généralement une réaction émotionnelle et il peut ne pas être aisé de séparer, d'une part, les effets de l'appréhension, de l'anxiété et de la dépression et, d'autre part, l'impact de la maladie elle-même. On sait que toute une série de problèmes cardio-vasculaires, pulmonaires, gastro-intestinaux, rénaux, endocriniens et neurologiques affectent l'entrée dans le sommeil et/ou son maintien, et que certaines maladies exercent leurs effets sur des stades spécifiques du sommeil. Par exemple, on associe les migraines au sommeil REM, tandis que l'hypothyroïdisme peut réduire la quantité de sommeil de stades 3 et 4. Les soins post-opératoires, les troubles de la circulation et les problèmes rhumatismaux étaient les états

Variable	Gamme	Mesure	n	Moyenne (E.T.)	Erreur standard	T-test T	df	prob.	Corrélation de Pearson r	prob.
Latence d'endormissement	≤ 40	SAD	51	23,6 (13,7)	1,43	0,15	50	0,881	0,665	< 0,001
		DSQ		23,4 (9,5)						
Latence d'endormissement	> 40	SAD	59	89,9 (61,7)	5,71	-3,56	58	0,001	0,761	< 0,001
		DSQ		110,2 (64,8)						

Tableau 1 — *Comparaisons entre le SAD (Sleep Assessment Device, mesure objective) et le DSQ (Daily Sleep Questionnaire, rapports faits par les patientes elles-mêmes) au niveau des estimations des latences d'endormissement. Les données provenant de 110 sujets/nuits sont réparties en deux séries (latences inférieures ou égales à 40 minutes, ou supérieures à 40 minutes) définies par mesure objective. Ceci permet la comparaison à l'intérieur des groupes de latences «plus» ou «moins» longues (adapté d'Espie, Lindsay et Espie, 1989; reproduit grâce à l'autorisation de la Plenum Publishing Corp.).*

le plus souvent à la base de prescriptions d'hypnotiques dans l'étude de grande ampleur menée par Mellinger, Balter et Uhlenhuth (1985).

En tant que causes d'insomnie, les effets toxiques sont relativement rares, si on excepte l'influence des drogues et de l'alcool qui, elle, constitue une classification distincte. Les facteurs environnementaux spécifiques, comme le bruit extrême ou le fait d'être entouré de trop de monde, peuvent contribuer aux troubles du sommeil. Dans la plupart des cas, cependant, cette situation est temporaire et il y a adaptation même dans le cas où les déclencheurs externes sont toujours présents. Dans les chapitres 3 à 8, nous examinerons en détail le rapport qui existe entre l'environnement-stimulus et le sommeil.

Insomnie associée à des troubles de nature psychiatrique

On a souvent étudié le rapport existant entre l'humeur et le sommeil, et il est reconnu que le rapport de causalité n'est pas facile à établir. Pour des raisons pratiques, il est utile de faire la distinction entre, d'une part, les affections psychiatriques formelles diagnostiquées et, d'autre part, les aspects du fonctionnement de la personnalité et de l'angoisse-état si on désire considérer leurs effets sur le sommeil (l'angoisse-état sera considérée au chapitre 2 en tant que composante de la phénoménologie typique de l'insomnie). Les troubles de nature psychiatrique comme la schizophrénie, la dépression et l'anorexie peuvent comprendre, parmi leurs symptômes, un dérangement du sommeil (DSM III-R). Dans un sous-chapitre précédent, nous avons parlé du rapport existant entre le sommeil et la dépression. En ce qui concerne les maladies mentales, on considère de nouveau l'insomnie comme secondaire, et on peut s'attendre à ce qu'un traitement efficace du trouble psychiatrique contribue à une amélioration du profil du sommeil. Les gens qui souffrent de schizophrénie, par exemple, peuvent être confrontés à d'importantes angoisses nocturnes, avoir des problèmes d'endormissement et faire état de rêves très vivants et effrayants. Toutefois, il est clair qu'il faut donner la priorité à l'état schizophrénique sous-jacent.

L'étude consacrée par Reynolds (1987) aux rapports existant entre le sommeil et les troubles affectifs se révèle très utile en la matière. Les modifications EEG apparaissent plus vraisemblablement chez les patientes atteintes de dépression endogène. On a constamment relevé, au cours de la première période REM, une latence d'endormissement REM raccourcie, ainsi qu'une augmentation de la densité des mouvements oculaires rapides. Que ce soit dans la dépression ou la schizophrénie, une diminution de la continuité du sommeil (prolongation de la latence d'endormissement et réveils plus fréquents) est observée et s'amplifie avec l'âge de la patiente et la gravité de sa maladie (Reynolds, 1987; Ganguli, Reynolds et Kupfer, 1987). Les patientes qui présentent des troubles d'anxiété généralisée (GAD) peuvent également présenter un allongement des latences d'endormissement et des problèmes de maintien du sommeil, mais il semble que de telles patientes peuvent se distinguer des dépressives par une diminution du pourcentage de sommeil paradoxal et une absence de latence REM restreinte. L'article de Gierz, Campbell et Gillin (1987) constitue une source intéressante pour les lecteurs intéressés par le sujet.

Insomnie associée à la toxicomanie et à l'alcoolisme

Les stimulants et les dépresseurs du système nerveux central peuvent tous deux interférer dans le profil classique du sommeil lors de leur administration, et dans certains cas la tolérance vis-à-vis de la drogue peut se marquer, de même que les effets de sevrage. Depuis longtemps on associe aux problèmes de sommeil la caféine contenue dans le café, le thé et les boissons au cola, mais également dans certains analgésiques ou agents amaigrissants. On a relevé l'apparition de pensées fugaces (Goodman et Gilman, 1969), une augmentation de la latence d'endormissement, et des éveils nocturnes plus fréquents et plus longs (Karacan et coll., 1976; Levy et Zilber-Katz, 1983). Il se peut que les stéroïdes et les bronchodilatateurs soient à l'origine de graves insomnies, tandis que les effets secondaires des hypotenseurs peuvent également causer des troubles du sommeil (Kales et Kales, 1984). Parmi les autres causes iatrogènes de l'insomnie, citons les effets des antidépresseurs psychoactifs (Schoonover, 1983) et des benzodiazépines. Cette dernière catégorie mérite qu'on l'examine en détail.

Bien que les benzodiazépines soient souvent divisées sur base de leurs effets anxiolytiques ou sédatifs, cette distinction se révèle quelque peu arbitraire, étant donné que ces effets apparaissent comme dépendants de la dose administrée (Greenblatt et coll., 1982) et que l'administration régulière amène, dans le cas de bon nombre de ces préparations, une tolérance après quelques semaines (Kales et coll., 1974b, 1975). Des effets secondaires (maux de tête, somnolence matinale) peuvent également apparaître (Oswald, 1968; Greenblatt et Koch-Weser, 1975; Dement, Seidel et Carskadon, 1984) en particulier dans le cas de médicaments d'action prolongée. On sait que les hypnotiques modifient le sommeil normal en supprimant le sommeil REM et le sommeil NREM de stade 4. Assez paradoxalement, les médicaments destinés à amener le sommeil peuvent également être responsables d'un type spécifique de trouble du sommeil, trouble auquel on donne généralement le nom d'insomnie de rebond (Kales, Scharf et Kales, 1978 ; Kales et coll., 1983b). Ces effets surviennent particulièrement avec les médicaments dont la demi-vie est courte, et parmi ceux-ci on peut citer la difficulté d'endormissement et une fragmentation du profil du sommeil associée à une augmentation marquée du sommeil paradoxal au-dessus de son niveau habituel. Le problème clinique posé par ces phénomènes est encore plus apparent lorsqu'on prend deux autres facteurs en considération. Tout d'abord, les effets de sevrage peuvent durer jusqu'à cinq semaines après l'arrêt total de la prise du médicament (Oswald et Priest, 1965 ; Nicholson, 1980) ; ces effets de rebond ont été associés à des niveaux plus élevés d'anxiété diurne (Kales, Scharf et Kales, 1978 ; Kales et coll., 1983b). Nous renvoyons le lecteur au chapitre 10 pour un examen plus approfondi des effets des médicaments et de la gestion des patientes pharmacodépendantes.

L'alcool est également un dépresseur du système nerveux central et un somnifère auto-administré très répandu. Il existe des effets globalement similaires entre l'alcool et les médicaments prescrits, et le syndrome de sevrage inclut en général les nausées, l'excitation, l'agitation, l'insomnie et les cauchemars (Pokorny, 1978).

Apnée du sommeil

Classer dans les « insomnies » le handicap respiratoire généré par le sommeil peut nous induire en erreur. Kales et Kales (1984) ont passé en revue toute une série d'études comparant insomniaques et sujets d'un groupe-témoin constitué de personnes dormant normalement. Ces études indiquent que les fréquences d'apparition sont similaires dans les deux groupes. Ces chercheurs concluent que l'apnée du sommeil et la myoclonie nocturne constituent rarement des facteurs causaux de l'insomnie. Néanmoins, on considère l'apnée comme un trouble de maintien du sommeil, et elle constitue un élément spécifique de la classification DIMS. L'apnée a trait à des irrégularités respiratoires durant le sommeil, lorsque la respiration devient peu profonde ou cesse complètement. Les critères minimaux du diagnostic sont 30 épisodes par nuit, chacun d'une durée d'au moins 10 secondes, ou au moins 5 périodes d'apnée chaque heure de sommeil. Dans les cas extrêmes, la respiration peut s'arrêter pendant plus d'une minute et/ou on peut dénombrer plusieurs centaines d'épisodes (Guilleminault et Dement, 1978). En général, les apnées surviennent aux stades 1 et 2 du sommeil et pendant le sommeil paradoxal et, surtout dans le cas des apnées obstructives, le sommeil profond se trouve réduit en raison d'un modèle continuel d'éveil et de réveil (Van Oot, Lane et Borkovec, 1982).

Certains sujets se plaignent d'éveils intermittents pendant la nuit, mais on a souvent besoin des rapports d'une personne présente dans la même chambre afin d'établir d'autres signes cliniques de l'apnée du sommeil, comme des ronflements bruyants, une respiration apparemment courte (recherche de l'air), le retour soudain de la respiration normale ou une forte transpiration nocturne. Il se peut que la personne qui souffre d'apnée ne soit pas consciente du problème, et il semble que de nombreux cas d'apnée ne soient pas détectés. Un autre indice important est constitué par la somnolence diurne excessive, et on peut dans presque la moitié de ce type de cas diagnostiquer une apnée du sommeil (Coleman, Roffwarg et Kennedy, 1982). Parmi les autres symptômes, citons les maux de tête matinaux et l'obésité. Craske et Barlow (1989) ont fait une présentation intéressante de la différenciation entre les accès de panique nocturne, l'apnée, les terreurs nocturnes et l'angoisse induite par le rêve.

Une étude clinique récente consacrée au syndrome de l'apnée obstructive fournit des descriptions détaillées des symptômes de l'apnée survenant pendant le sommeil et de ses symptômes diurnes, ainsi que de la fréquence d'apparition de chacun de ces symptômes (Guilleminault, 1987). L'auteur note que l'apnée du sommeil constitue un syndrome courant dont l'apparition augmente avec l'âge; elle touche peut-être plus de 50 % des hommes de plus de 60 ans mais, dans les groupes d'âge moins élevé, les taux sont de l'ordre de 1 à 10 %. C'est pour cette raison que l'étude de Kapuniai et coll. (1988) se révèle fort utile; ces auteurs ont fait l'évaluation de rapports rédigés par les sujets eux-mêmes à propos de leur apnée. Cette évaluation se basait sur des questions relatives aux interruptions de la respiration et aux ronflements. L'équipe de recherche s'est aperçue que leur ciblage des cas d'apnée identifiait correctement 80 à 88 % de ceux-ci, bien qu'il y ait également eu des taux élevés de « faux positifs ».

Myoclonie nocturne et syndrome des « jambes sans repos »

Ces deux troubles de l'endormissement et du maintien du sommeil constituent des états identifiés médicalement et n'ont pas été sujets à des interventions d'ordre psychologique. La myoclonie nocturne inclut des épisodes périodiques de décharges musculaires involontaires au niveau de la jambe (flexion partielle de la cheville, du genou et de la hanche) pouvant déranger le sommeil de la personne atteinte ou de son conjoint.

Ces mouvements durent plusieurs secondes et sont suivis d'un relâchement qui lui-même précède le mouvement suivant, quelque 30 secondes plus tard. Ce sont sa périodicité et son caractère stéréotypé qui caractérisent cet état. Il existe certaines preuves qui indiquent que la myoclonie nocturne est un état dépendant de l'âge ; il se présente plus couramment dans la seconde moitié de la vie.

Le syndrome des « jambes sans repos » se caractérise par des symptômes déplaisants au niveau sensoriel et moteur, surtout dans les jambes mais également dans les bras, tout cela apparaissant lors de la relaxation. Les sujets font souvent état de sensations insidieuses au plus profond des muscles, sensations qui ne sont soulagées que par les exercices (Frankel, Patten et Gillin, 1974). Il se peut que la personne qui souffre de cette affection soit incapable de rester au lit, éprouve le besoin de marcher, et rencontre vraisemblablement des difficultés de se rendormir. De nouveau, les conjoints peuvent être conscients de ce problème, et les deux états (myoclonie et jambes sans repos) vont souvent de pair.

Insomnie trouvant ses racines dans l'enfance

Les difficultés d'endormissement et de maintien du sommeil trouvant leurs racines dans l'enfance sont définies, dans la classification de l'ASDC, comme des insomnies caractérisées par une histoire de trouble inexpliqué du sommeil ayant débuté bien avant la puberté. Cette forme de trouble du sommeil sera sans doute associée à d'autres problèmes de l'éveil central, comme les troubles de l'attention, et on postule qu'il existe une déficience neurologique du système de base veille-sommeil.

Autres conditions

Dans cette dernière catégorie nous trouvons un certain nombre de troubles du sommeil qui ne peuvent être diagnostiqués que par le monitoring polygraphique. Citons les interruptions répétées du sommeil paradoxal, le patient étant réveillé presque à chaque période REM, ainsi que le sommeil alpha-delta, ou sommeil non restaurateur, dans lequel les ondes alpha surviennent pendant le sommeil à ondes lentes, ce qui donne au patient l'impression de ne pas être frais et dispos et d'avoir eu un sommeil de mauvaise qualité.

Chapitre 2
L'insomniaque en consultation

Le chapitre précédent décrivait brièvement le processus du sommeil et ses fonctions; on y trouvait également une définition de l'insomnie, ainsi qu'un système de classification. Cependant, si on désire mieux comprendre le phénomène, il convient de considérer la dormeuse autant que le profil de son sommeil. Les critères descriptifs et la catégorisation constituaient le squelette; il est important maintenant de l'habiller quelque peu. C'est pour cela que ce deuxième chapitre parle de l'insomniaque en tant que personne. Nous allons tenter de faire saisir la richesse et la diversité des symptômes, les perspectives et les traits pouvant caractériser la personne qui se présente à la consultation dans l'attente d'une évaluation et d'un traitement. L'objectif est ici d'identifier et d'illustrer les caractéristiques de la plainte exprimée et de la personne qui l'exprime, en nous basant sur les études publiées et sur l'expérience clinique. En procédant ainsi, l'auteur reconnaît le danger de caricature — ce qui n'est pas du tout le but poursuivi. On demande plutôt au lecteur de considérer le monde phénoménologique de l'insomniaque, qui est toujours particulier; toutefois, certaines choses se retrouvent dans la plupart des cas.

Etant donné que c'est surtout la perspective personnelle de l'insomniaque qui sous-tend l'importance de la plainte qu'elle exprime en consultation au sujet de son sommeil, le praticien doit comprendre l'insomnie du point de vue de la patiente. Il doit apprécier la signification personnelle que l'insomniaque attribue au sommeil (ou au manque de sommeil) et d'où cette signification provient. Tout comme l'évaluation de la plainte implique une appréciation de trois systèmes (comportemental, physiologique et subjectif) ainsi que de la synchronisation ou de la désynchronisation existant entre ces systèmes (Lang, Rice et Sternbach, 1972; Rachman et Hodgson, 1974; Hugdahl, 1981), l'évaluation de l'insomnie implique une étude qualitative et quantitative par rapport à des variables nocturnes et diurnes. Les méthodes d'évaluation elles-mêmes seront examinées en détail au chapitre 4; à ce stade, il importe de comprendre la manière dont l'insomniaque attache de l'importance à son sommeil. Un certain nombre de facteurs peuvent intervenir en tant que variables modératrices et influencer la plainte exprimée par l'insomniaque.

EXPÉRIENCE PERSONNELLE

Très souvent, l'insomniaque fera référence à des modifications de son profil de sommeil survenues avec le temps. C'est notamment le cas lorsque à une époque elle considérait son sommeil comme satisfaisant et qu'elle ne peut trouver de raison réelle ou acceptable pour laquelle ce n'est plus le cas. Il est possible que la patiente invoque son ancien profil de sommeil comme preuve de ce qui est — encore — possible et considère comme pathologique la différence entre cet ancien profil et le profil actuel. On peut donc faire une mauvaise interprétation de modifications parfaitement normales et liées à l'âge, des exigences en sommeil, du profil du sommeil ou encore de sa qualité; il peut en découler des interrogations injustifiées par rapport à la propre capacité de la patiente de contrôler les processus du sommeil. Dans d'autres cas, bien sûr, la comparaison avec le passé confirmera simplement la nature chronique de l'insomnie. Ces patientes croiront, par exemple, qu'elles ne se souviennent pas d'avoir jamais eu un profil de sommeil normal ou satisfaisant. Elles ne disposent pas, dans leur expérience personnelle, du point de référence qui constitue la «norme» antérieure en tant qu'objectif thérapeutique. Ces patientes se souviennent parfois de brefs épisodes de sommeil de meilleure qualité, mais ces souvenirs s'accompagnent généralement de la frustration générée par le fait de ne pas savoir comment ou pourquoi le sommeil était meilleur à cette époque, ce qui ne permet pas d'en recréer les conditions.

Pour de nombreuses patientes, ces deux scénarios se téléscopent en l'expérience d'un profil de sommeil variable. Les «bonnes» nuits apparaissent de temps en temps sans déterminants évidents et elles sont entrecoupées de «mauvaises» nuits tout aussi imprévisibles. L'insomniaque a donc souvent à sa disposition des preuves (amenées par son expérience personnelle) de son incapacité de ramener ou maintenir un profil de sommeil raisonnable. L'insomniaque manque de confiance dans son rapport avec le sommeil et se sent menacée par le problème plutôt qu'elle ne le maîtrise ou ne le contrôle. Afin de mieux comprendre le point de vue de l'insomniaque, il convient de se référer au travail que Bandura (1977, 1986) a réalisé sur l'efficacité personnelle, ainsi qu'à son examen du rapport existant entre pensées, croyances et comportements. Généralement, l'insomniaque présente un état mental négatif par rapport au sommeil. Nous développerons brièvement ces points plus bas.

PERCEPTIONS DE LA MANIÈRE DONT LES AUTRES DORMENT

Pour l'insomniaque, un point de référence alternatif est constitué par le profil de sommeil des personnes qu'elle connaît, ou des gens en général. L'insomniaque a parfois (et même souvent) un conjoint qui «dort comme une souche» et qui, apparemment, réussit à s'endormir rapidement et à rester profondément endormi. Les observations qu'elle fait nuit après nuit ne servent qu'à la convaincre que A) son propre profil de sommeil est, par comparaison, anormal et que B) il semble facile de s'endormir. De nouveau, ce sont les conflits et la confusion qui surgissent et l'efficacité propre de la personne s'en trouve de nouveau mise en doute. Etant donné que les facteurs situationnels sont les mêmes pour l'insomniaque et son conjoint, la source du problème sera vraisemblablement considérée comme personnelle et non environnementale. L'apparente simplicité du processus de sommeil chez le dormeur normal peut être difficile à accepter pour l'insomniaque. De même, les individus qui dorment sans efforts particuliers n'auront pas envers l'insomniaque de compréhension empathique. Etant donné qu'une dormeuse normale ne «fait» rien de spécial pour s'endormir, un avis en ce sens donné à l'insomniaque pourrait sembler banal et critique.

Il se peut que l'insomniaque trouve un certain réconfort dans l'examen d'un échantillon plus grand de l'expérience humaine du sommeil. D'habitude, elle connaîtra une ou deux personnes qui, elles aussi, dorment mal, et il se peut qu'elle s'aperçoive que les besoins en sommeil varient considérablement d'une personne à l'autre, ce qui fait qu'il est déraisonnable de penser qu'elle devrait dormir autant que les autres. Cependant, savoir cela n'amène pas toujours directement à accepter le profil de sommeil tel qu'il se présente, et il se peut que l'expérience réelle du sommeil continue à être insatisfaisante ou même pénible. Il est vraisemblable que l'insomniaque va plutôt ruminer le fait que d'autres personnes dans la maison ou le voisinage sont endormies que celui qu'il y en a d'autres qui, comme elle, dorment mal ou sont probablement éveillées actuellement.

VARIABILITÉ DU MODÈLE DE SOMMEIL

Bien qu'il puisse sembler raisonnable de demander à l'insomniaque de décrire une nuit de sommeil «typique», ceci peut se révéler plus difficile que prévu. L'expérience suggère que les insomniaques ne présentent pas de profil de sommeil prévisible, mais plutôt un mélange de «bonnes» nuits et de «mauvaises» nuits. Les valeurs moyennes, dès lors, ne quantifient pas de manière adéquate le problème de sommeil.

Certaines recherches indiquent que les insomniaques, sur la plupart des paramètres du sommeil et par rapport aux dormeuses normales, présentent une plus grande variabilité d'une nuit à l'autre (Coates et coll., 1978, 1982a). En effet, au niveau de la latence d'endormissement, les différences d'une nuit à l'autre chez le même sujet allaient, chez certains patients, jusqu'à deux heures dans une des études (Roth, Kramer et Lutz, 1976). Il semble possible que le caractère imprévisible de ce que sera le sommeil une nuit donnée présentera un rapport étroit avec le souci propre de la personne vis-à-vis du sommeil. L'individu qui, *en général*, a besoin d'une heure et demie pour s'endormir n'est confronté à aucune ambiguïté et peut se faire à cette habitude de sommeil sans angoisse ou frustration excessive. Dans ce cas, il n'y a pas d'incertitude. Cependant, l'individu qui, *de temps en temps*, a besoin de ce laps de temps pour s'endormir et qui, à d'autres moments, s'endort rapidement ne sait pas à quoi il doit s'attendre une nuit donnée. Dans ces circonstances, le sommeil peut être perçu comme quelque chose d'incontrôlable. Selon Killen et Coates (1979), l'incertitude générée par un profil de sommeil variable pourrait exercer une interaction avec d'autres soucis et problèmes, ce qui gênerait encore plus le sommeil. Dans une étude qui tentait d'identifier les caractéristiques de l'efficacité du sommeil que les personnes dormant mal trouvent importantes, le facteur «contrôle volontaire du sommeil» ressortait dans la mesure où il expliquait la proportion la plus forte de variabilité (Evans, 1977). Des perceptions de ce type, relatives à l'efficacité personnelle, vont vraisemblablement être réduites dans les cas où le caractère variable du sommeil est évident.

Les insomniaques traitées dans le cadre de notre propre programme de recherche présentaient également des variations du sommeil d'une nuit à l'autre. L'examen minutieux d'un sous-groupe de 14 patientes au niveau des scores qu'elles obtenaient par rapport à leurs latences d'endormissement (niveaux de base) révélait que seules quatre d'entre elles présentaient des latences d'endormissement qu'on pouvait considérer comme stables. Les dix autres patientes présentaient une variabilité marquée : en général, elles s'endormaient rapidement pendant trois ou quatre nuits, et plus difficilement trois ou quatre autres nuits. Les scores moyens des latences d'endormissement étaient, pour le groupe complet (n = 14), de l'ordre de 125 minutes. Chez un sujet, la différence entre les nuits les moins bonnes et les nuits les meilleures était de 3 heures et demie, et chez un autre elle était de l'ordre de 4 heures et demie. Afin de soumettre à un examen plus systématique les scores de variabilité, on a opéré une analyse du modèle de variance. Cette étude séparait les composantes de variance dues aux différences existant entre les sujets, entre les nuits, et entre les nuits d'un même sujet. Selon les résultats obtenus, 70 % de la variance entre les scores s'expliquaient par la variabilité des latences d'endormissement chez un même sujet. Toutefois, et indépendamment de ce facteur, la variabilité d'une nuit à l'autre en tant que telle n'expliquait que 2 % de la variance (Espie, Lindsay et Hood, 1987). C'est pour ces raisons que nous avons inclu un score brut de variance (écart-type) dans nos investigations de résultats comparatifs de traitement (Espie et coll., 1989).

Comment pourrait-on dès lors caractériser l'insomniaque qui se présente à la consultation ? Elle va vraisemblablement mal dormir... mais pas dans tous les cas. Il va sans doute y avoir des nuits correctes, ou au moins de meilleures nuits, pendant lesquelles le sommeil est plus acceptable ; mais celles-ci apparaîtront indépendamment des efforts individuels visant à les prédire ou à les contrôler. Dès lors, est-il raisonnable de s'attendre à ce que l'insomniaque en consultation présente des symptômes de troubles émotionnels associés à l'insatisfaction qu'elle éprouve par rapport à son sommeil ? C'est cette possibilité que nous examinerons au sous-chapitre suivant.

VARIABLES DE PERSONNALITÉ

De nombreuses études se sont intéressées aux différences existant entre les personnes qui dorment normalement et celles qui dorment mal en ce qui concerne les mesures de psychopathologie et de personnalité.

Chez les personnes qui dorment mal, l'angoisse flottante, l'anxiété phobique, les concomitants physiques de l'anxiété ainsi que la dépression nerveuse étaient plus souvent relevées (Kumar et Vaidya, 1984) et plusieurs études ont conclu qu'une évaluation formelle des niveaux d'anxiété discriminait les insomniaques et les non insomniaques (Haynes, Follingstad et McGowan, 1974 ; Hicks et Pellegrini, 1977 ; Kumar et Vaidya, 1984). La mesure à laquelle on a le plus souvent recours est le MMPI (Minnesota Multiphasic Personality Inventory) : les résultats des recherches se révèlent cohérents sur une gamme étendue d'insomniaques en termes d'âge, de chronicité, de présence ou d'absence de médicaments ou encore de source de l'échantillon étudié. Toutefois, il existe certaines preuves selon lesquelles la psychopathologie ressort plus chez les insomniaques les plus jeunes (Roehrs et coll., 1982). Peut-être ce type d'association va-t-il, dans les groupes d'âge plus avancés, aller dans le sens du processus naturel de vieillissement.

En général, les insomniaques présentent des profils névrosés sur le MMPI, avec des pointes en ce qui concerne les échelles de la dépression, de l'hypochondrie, de la déviance psychopathique, de la psychasthénie et de l'hystérie (Monroe, 1967 ; Johns et coll., 1971 ; Coursey, Buchsbaum et Frankel, 1975 ; Frankel et coll., 1976 ; Freedman, 1976 ; Kales et coll., 1976 ; Monroe et Marks, 1977 ; Shealy, Lowe et Ritzler, 1980 ; Kales et coll., 1983a ; Levin, Bertelson et Lacks, 1984). Ces scores sur le MMPI ont été corroborés par les résultats d'autres études faisant état de taux plus élevés d'humeur dysphorique (Beutler, Thornby et Karacan, 1978 ; Johnson et coll., 1979), de dépression (Coursey, Buchsbaum et Frankel, 1975) et de plaintes générales de nature médicale (Monroe, 1967 ; Roth, Kramer et Lutz, 1976). Donc, on peut caractériser l'insomniaque comme une personne légèrement dépressive, angoissée, hypochondriaque et trop soucieuse.

Borkovec (1982) a fait remarquer qu'il existe des problèmes d'interprétation par rapport aux résultats des études de personnalité, étant donné que ces caractéristiques psychologiques ne peuvent être mises en rapport causal avec la perturbation du sommeil, et que peu de corrélations significatives ont été relevées entre les variables de personnalité et les paramètres objectifs du sommeil. Cet auteur fait également référence à des études qui n'ont pu établir de différences de personnalité entre insomniaques et dormeuses normales (Rechtschaffen, 1968 ; Gering et Mahrer, 1972). Toutefois, Kales et coll. (1983a) suggèrent que l'homogénéité des profils MMPI chez les insomniaques chroniques qu'ils ont étudiés devrait être interprétée comme la preuve évidente d'une psychopathologie antérieure au trouble du sommeil. Selon eux, pendant la journée, l'insomniaque va en général inhiber, nier ou réprimer des conflits qui réapparaissent pendant la nuit, en l'absence relative de stimulation externe (ce qui a pour résultat une focalisation intériorisée de l'attention). On pense que ce processus d'intériorisation amène un éveil émotionnel chronique qui, à son tour, provoque un éveil physiologique et rend le sujet incapable de dormir.

Edinger, Stout et Hoelscher (1988) ont récemment mené une étude destinée à explorer l'utilité du MMPI dans la définition des types de personnalité homogènes chez les insomniaques. Lors de cette étude, 101 insomniaques hospitalisées le jour ont dû remplir un questionnaire consacré au sommeil, ainsi que le MMPI. Les auteurs ont pu faire ressortir deux «types» principaux de personnalité de l'analyse des données MMPI (qui entraient pour 88 % dans leur échantillon). Les insomniaques de type 1 semblaient avoir de moins bonnes défenses psychologiques et étaient plus en éveil que les patientes de type 2. On pouvait dire que les insomniaques de type 1 étaient plus jeunes et avaient souffert plus tôt de troubles du sommeil, troubles souvent associés à des angoisses éprouvées au lit et à des cognitions intrusives. Les auteurs ont relevé que ces patientes réagissaient relativement peu au traitement comportemental. Toutefois, les insomniaques de type 2, en général, avaient présenté des problèmes de sommeil pour la première fois lorsqu'elles étaient adultes. Elles semblaient moins gênées par ce problème de sommeil (qui était peut-être moins grave) et réagissaient mieux au traitement psychologique.

Il convient d'étudier encore la validité de prédiction des renseignements relatifs à la personnalité, de même que d'autres variables potentielles pouvant servir cet objectif, telles que la gravité de l'insomnie, le style cognitif et la physiologie du sommeil. Cependant, qu'il s'avère ou non que les caractéristiques de personnalité constituent bien une cause d'insomnie ou sont de simples corrélats d'un sommeil perturbé, les preuves disponibles amènent à considérer qu'il est approprié d'évaluer et de traiter l'insomnie dans une perspective psychologique.

Il peut être également important de considérer le rôle des événements vécus par rapport à l'insomnie. Dans l'étude de Healey et coll. (1981), bien que l'apparition de l'insomnie se soit faite graduellement selon la majorité des patientes dormant mal, il y avait eu dans 70 % des cas des événements importants l'année de l'apparition de l'insomnie. On notait (ce qui allait dans le sens des études MMPI antérieures) de mauvaises images du moi et des plaintes répétées relatives à la santé; selon les auteurs, ces personnes dormant mal semblaient particulièrement susceptibles d'intérioriser les réactions au stress. Il est possible que si ces insomniaques sont effectivement plus susceptibles de ruminer leurs soucis, elles soient particulièrement susceptibles de réagir mal aux modifications importantes survenant dans leur vie.

FONCTIONNEMENT DIURNE

Il se peut que, dans le diagnostic de l'insomnie, la présence de séquelles diurnes occupe une place importante (Dement, Seidel et Carskadon, 1984; Morin et Kwentus, 1988). Les effets mesurables sur la performance ou l'humeur diurne peuvent constituer des preuves sensibles de l'insuffisance de sommeil, que cette insuffisance soit quantitative ou qualitative. Un groupe de chercheurs a donné le nom d' « état insomnoïde » à l'insatisfaction vis-à-vis de l'expérience du sommeil en soi sans impact évident sur la vie éveillée, ceci afin de faire la différence entre cet état et l'insomnie (Lichstein, 1984). Bien qu'il puisse être prématuré à ce stade de présenter un modèle catégoriel simple de l'insomnie (c.à.d. insomnie avec ou sans effets diurnes), l'expérience clinique fait bien ressortir d'importantes variations de sujet à sujet si l'on examine le problème des plaintes diurnes.

Chez certains, les objectifs de traitement se focalisent sur les résultats fonctionnels (p. ex. les patientes sont-elles alertes, fraîches, énergiques?). Pour d'autres, l'accent mis sur les paramètres réels du sommeil revêt plus d'importance, et certains de ces sujets ne font effectivement pas état de fatigue diurne ou d'irritabilité associée à la mauvaise qualité du sommeil. C'est pour cela qu'il semblerait à la fois prudent et correct de considérer que les plaintes des insomniaques varient selon deux axes, un en rapport avec la période de sommeil et un autre avec la période d'éveil. On peut dire que ces deux dimensions vont s'influencer l'une l'autre chez la majorité des insomniaques. Il est clair que la corrélation sera plus élevée chez certains sujets par rapport à d'autres, mais elle ne sera jamais nulle ni complète. Le sommeil n'entre pas pour 100 % de la variance du fonctionnement diurne même chez l'insomniaque la plus gravement atteinte. Il convient également de noter que l'existence d'une corrélation, même très forte, n'implique pas de rapport de causalité. On peut très bien concevoir qu'une mauvaise adaptation diurne affectera en mal le sommeil par une élévation des niveaux d'anxiété et par le développement d'un désir « névrotique » de sommeil pouvant mener à un échec de performance, à savoir l'état d'éveil.

En gardant à l'esprit ces remarques concernant la covariation des mesures nocturnes et diurnes, il peut être utile à ce stade de décrire les domaines de fonctionnement diurne sur lesquels la littérature consacrée à l'insomnie s'est le plus souvent penchée. On a identifié trois groupes principaux d'«effets du lendemain».

Tout d'abord, Bootzin et Engle-Friedman (1981) ont passé en revue les «mesures de performance» qui paraissent être sensibles aux effets de la perte du sommeil. Les études consacrées à la privation de sommeil et menées auprès d'échantillons normaux ont montré que les sujets réalisent de médiocres performances dans les domaines de la vigilance, du temps de réaction et des tâches relatives à l'arithmétique, font plus d'erreurs de détection en raison d'un fonctionnement amoindri de l'attention, présentent des temps de réaction plus longs par rapport à des stimuli visuels et auditifs, et donnent moins de réponses correctes lors d'exercices de calcul mental (Williams et Lubin, 1967; Poulton, Edwards et Colquhoun, 1974; Glenville et coll., 1978). Des travaux plus récents consacrés à des insomniaques en traitement ont également mis en lumière des déficits similaires dans toute une série de tâches psychomotrices et cognitives, et cela parallèlement à des difficultés spécifiques relatives à la mémoire sémantique (Mendelson, Garnett et Linnoila, 1984; Mendelson et coll., 1984). C'est pour cela qu'on associe l'inadéquation du sommeil à l'amoindrissement de certains aspects de la fonction cognitive.

Un second domaine est celui de la fatigue diurne. Dement, Seidel et Carskadon (1984) ont passé en revue les preuves disponibles relatives à l'association pouvant exister entre ce type de fatigue et l'éveil nocturne. Ils ont présenté les résultats de certains de leurs travaux qui démontrent l'existence d'un rapport linéaire entre la somnolence diurne et le sommeil, dans le sens où la fatigue augmentait parallèlement à la réduction systématique du sommeil chez les sujets de leur expérience. Ces auteurs recommandent le recours au Multiple Sleep Latency Test (MSLT) en tant que mesure objective de la fatigue diurne, car ce test tient compte des effets de réduction relativement faibles du sommeil pouvant produire de substantielles et très significatives augmentations de la somnolence diurne (Carskadon et Dement, 1982; Roehrs et coll., 1983).

Malgré les rapports subjectifs faits par les insomniaques au sujet de leurs problèmes diurnes, on n'a pu relever de différences cohérentes entre insomniaques et sujets normaux d'un groupe-témoin en ce qui concerne le fonctionnement diurne. Par exemple, Seidel et coll. (1984) ont comparé des échantillons importants d'insomniaques chroniques et de personnes dormant bien, et n'ont pas relevé de différences importantes sur le MSLT. D'autres études font état de conclusions similaires, et elles étaient consacrées à des groupes plus restreints (Mendelson et coll., 1984 ; Sugarman, Stern et Walsh, 1985).

Stepansky et coll. (1988) ont comparé 70 insomniaques en consultation et 45 personnes qualifiées de dormeuses asymptomatiques sur des mesures EEG du sommeil et MSLT du lendemain. Alors que les insomniaques bénéficiaient de beaucoup moins de sommeil nocturne, elles étaient le lendemain également beaucoup *plus* alertes que les membres du groupe-témoin. Stepansky et coll. ont interprété ces résultats comme reflétant un modèle d'hyperactivation physiologique de l'insomnie dans lequel soit l'augmentation de l'alerte génère un besoin réduit de sommeil, soit l'état de «suractivation» persiste à travers le cycle veille-sommeil. Schneider-Helmert (1987) a également relevé que la performance diurne n'était, en général, pas amoindrie chez les insomniaques. En recourant au Multiple Relaxation Test (analogue au MSLT), il a observé une tendance spontanée au sommeil plus marquée chez les personnes dormant normalement. Toutefois, lors de tests de vigilance auditive, la performance matinale était moins bonne chez les insomniaques, ce qui suggère un problème de «démarrage» par rapport aux personnes dormant bien. Il est intéressant de constater que Haynes et coll. (1985) ont également démontré, à l'aide du MSLT, des latences d'endormissement plus grandes chez les insomniaques que chez les personnes dormant normalement. Cependant, ces chercheurs ne considèrent pas cela comme la preuve d'un manque de fatigue diurne chez les insomniaques. Ils suggèrent plutôt que cette conclusion est cohérente par rapport à un problème initial d'insomnie qui apparaît lorsque la personne se met au lit et/ou à un problème de maintien du sommeil qui inclut la difficulté de se rendormir.

Un troisième groupe d'études fait état de troubles de l'humeur diurne chez les personnes dormant mal. On a eu recours à des évaluations de l'irritabilité diurne en tant que mesure de résultats, et il s'est avéré que ces mesures étaient réduites à la suite d'une psychothérapie (Nicassio et Bootzin, 1974). Dans une autre étude, les auteurs se sont aperçus que les insomniaques se démarquaient des sujets normaux d'un groupe-témoin en ce sens qu'elles se considéraient comme beaucoup plus anxieuses, émotives, insatisfaites par rapport à elles-mêmes, hostiles et déprimées (Marchini et coll., 1983). Ces insomniaques étaient également beaucoup moins énergiques, moins actives physiquement et elles considéraient qu'elles «s'appréciaient moins». Il est bien sûr possible que de telles caractéristiques de l'état d'esprit de l'insomniaque soient le reflet d'une prédisposition à la névrose, comme on l'a décrit précédemment. Si effectivement la norme est bien constituée par la variabilité nocturne du profil du sommeil, il faudrait s'attendre à trouver des variations similaires et correspondantes dans les mesures diurnes. Par exemple, Seidel et coll. (1984) ont relevé que les troubles de l'humeur au réveil (mesurés à l'aide du Profile of Mood States) font partie du tableau clinique. Afin de clarifier ce sujet, il convient de mener d'autres recherches sur un modèle interne aux sujets.

Il y a donc de bonnes raisons pour adopter une perspective individualisée sur base d'un cycle de 24 heures afin d'évaluer les plaintes cliniques relatives à l'insomnie. Il convient de prendre en compte les variables diurnes au même titre que les variables du sommeil. Cependant, une autre facette de cette perspective sur 24 heures est constituée par le caractère prévisible du sommeil et du réveil, basé sur le cycle circadien de l'individu. Il se peut qu'éveil nocturne et fatigue diurne résultent d'un modèle veille/sommeil désynchronisé par rapport au style de vie de l'individu. Il est classique, par exemple, que les ouvriers travaillant en équipe, ou les membres du personnel navigant, éprouvent des problèmes de sommeil lorsqu'ils sont forcés de dormir à des moments où leur rythme circadien favorise l'éveil (voir p. ex. Rutenfranz et coll., 1977). Parallèlement à cela, on s'est aperçu que des modèles irréguliers, non répartis sur 24 heures, au cours desquels les moments de veille et de sommeil subissent de fréquents glissements, réduisent l'efficacité du sommeil ainsi que sa durée totale tandis qu'ils augmentent la durée de l'éveil nocturne et de la somnolence diurne.

Il convient de noter ici que le DSM-III (révisé) (1987) fournit des critères de diagnostic pour les troubles du modèle veille/sommeil; parmi ceux-ci, il y a l' «inadaptation entre d'une part le modèle normal veille/sommeil pour l'environnement d'une personne et d'autre part le modèle de son rythme circadien de veille/sommeil, ce qui amène à une plainte relative à l'insomnie... ou à l'hypersomnie (la personne est incapable de rester alerte à des moments où on attend de sa part un certain éveil)». Bien sûr, les troubles du modèle veille/sommeil font référence à un modèle établi de handicap et pas à des interruptions temporaires de ce modèle. On pense que la différence entre ce trouble et l'insomnie primaire réside dans l'amélioration typique de ces troubles du modèle de veille/sommeil lorsque la personne concernée peut de nouveau suivre pendant un certain temps son propre modèle. Evidemment, il va y avoir pour chaque individu un modèle optimal de veille/sommeil. Toutefois, l'expérience suggère que peut-être les insomniaques ne sont pas conscientes de leur propension naturelle à dormir et sont incapables de la maîtriser à leur profit.

ATTRIBUTIONS ET EFFICACITÉ

L'objectif principal de ce chapitre est d'introduire le lecteur au monde privé et empirique de l'insomniaque, et de cerner les problèmes et caractéristiques qu'elle présente en consultation. Cette présentation ne serait pas complète si on ne considérait pas les attributions causales en matière d'insomnie.

Quand on parle d'«attributions», on fait référence à la mesure dans laquelle un individu considère un comportement comme déterminé par des sources internes ou externes. Le comportement en question (ici le sommeil ou l'insomnie) peut être considéré comme extérieur au contrôle personnel. Cette extériorité peut d'un côté augmenter l'éveil émotionnel et le souci subjectif, étant donné que la personne ne dispose pas du sens de la maîtrise et se considère comme impuissante à amener le changement. D'un autre côté, la possibilité d'extérioriser la responsabilité de son problème de sommeil peut dégager l'insomniaque de reproches qu'elle pourrait se faire et mener au relâchement des efforts destinés à contrôler directement le sommeil. De même, on peut considérer l'attribution interne comme favorisant l'activation (être responsable de l'accès au contrôle et du maintien de ce contrôle) ou la désactivation (sentir qu'on contrôle et qu'on est capable d'agir).

Les études menées au cours des années 70 au sujet de l'attribution et de l'insomnie ont généré des résultats contradictoires. L'étude menée par les pionniers Storms et Nisbett (1970) a montré qu'une manipulation des attributions partant des sentiments personnels chargés d'affectivité vis-à-vis de stimuli externes (pilules placebo) amenait les sujets à expérimenter une émotion moins intense par rapport au sommeil, et à s'endormir plus rapidement. Toutefois, des études ultérieures qui reproduisaient partiellement celle-ci n'ont pu conclure aux mêmes effets (Kellogg et Baron, 1975; Bootzin, Herman et Nicassio, 1976; Heffler et Lisman, 1978). Selon Brockner et Swap (1983), il se pourrait qu'une perspective de différences individuelles soit nécessaire afin de résoudre la contradiction existant entre ces résultats. Leurs propres travaux étayent l'idée d'un effet médiateur de facteurs de personnalité tels que l'estime de soi. Les sujets présentant une haute estime de soi sont moins susceptibles d'être manipulés par des indicateurs externes, et sont plus attentifs aux réactions internes. Toutefois, les sujets dont l'estime de soi est faible peuvent être plus sensibles aux suggestions.

Quelles sont, pour la consultation du praticien, les implications de ces résultats? Plusieurs points se dégagent très clairement. Tout d'abord, l'insomniaque qui se présente à la consultation réagira d'une manière émotionnelle à son problème (dans le cas contraire, on ne la verra probablement pas à la consultation). Ensuite, l'attribution, en ce qui concerne la source et la solution potentielle du problème, peut varier sur la dimension interne/externe. Enfin, les dimensions «estime de soi» et «efficacité personnelle» sont très significatives et devraient être considérées non seulement comme des caractéristiques de trait (stables et relativement persistantes) mais encore comme des caractéristiques spécifiques de l'insomnie en tant que telle. On peut concevoir qu'un individu qui présente une grande efficacité personnelle puisse, par rapport à son sommeil, considérer que son efficacité est faible. Cette anomalie peut augmenter considérablement la réaction émotionnelle et soit confirmer soit modifier les croyances antérieures en matière d'attributions.

Le recours à des somnifères constitue une source particulière d'attribution externe qui mérite une attention particulière. On a suggéré que l'insomniaque qui prend régulièrement des somnifères attribuera au médicament le sommeil dont elle bénéficie et à elle-même sa faible capacité de s'endormir (Ribordy et Denney, 1977). De plus, on sait que la suppression des somnifères introduit des effets physiques de rebond (Kales et coll., 1974b) et ceux-ci peuvent mener à l'intensification des craintes relatives à la capacité de s'endormir par ses propres moyens. L'insomniaque peut considérer que ces craintes sont confirmées par le syndrome de sevrage en tant que tel.

Il est clair que l'attribution constitue un phénomène subjectif et qu'il peut ne présenter aucune validité. L'attribution correcte répartit des sources de variation sur la base de renseignements objectifs ou du moins d'estimations de probabilité. Malheureusement, de nombreuses insomniaques pharmacodépendantes continuent d'être mal informées des conséquences du sevrage qui suit l'arrêt de la consommation de somnifères. Ceci peut être partiellement dû à un désir, de la part des médecins comme des patientes, de considérer ces médicaments comme «légers» ou «ne générant pas de dépendance». Les caractéristiques des demandes exprimées en consultation sont telles que le traitement de la plainte, ainsi peut-être que l'exploration des effets secondaires pendant l'administration du médicament, prennent le pas sur les discussions concernant les effets de sevrage. Si on met de côté l'impossibilité de disposer de tels renseignements visant à guider les croyances en matière d'attributions, il reste cependant l'effet potentiellement trompeur de la tolérance vis-à-vis du médicament (voir égal. le chapitre 10). De nombreuses insomniaques perçoivent rapidement que le somnifère se révèle inefficace dans sa mission d'amener le sommeil, et ceci peut renforcer l'attribution interne d'un sommeil de qualité encore plus faible lors du sevrage, étant donné que le médicament n'était apparemment pas efficace.

Une étude expérimentale assez ancienne s'est intéressée aux attributions causales exprimées par des insomniaques qui avaient été soumises à un ensemble de traitements comprenant l'administration d'un somnifère, une procédure de relaxation et une préparation de comportements relatifs au coucher (Davison, Tsujimoto et Glaros, 1973). Les personnes soumises à ce traitement avaient été réparties en deux groupes; on disait à la première moitié de ces personnes qu'elles avaient reçu un dosage optimal du médicament, et à l'autre moitié qu'elles avaient reçu une dose minimale inefficace. A ce moment, on arrêtait le médicament pendant que les sujets étaient soumis aux autres éléments du programme. On s'est aperçu que les personnes auxquelles on avait dit qu'elles avaient reçu un dosage minimal et qu'on avait amenées à attribuer l'amélioration relevée à leurs propres ressources continuaient de bénéficier d'une amélioration de leur sommeil, tandis que l'autre groupe revenait aux latences d'endormissement observées avant le traitement. Donc, il est clair que les effets d'attribution de la prise de médicaments (dépendance psychologique) ont pu interagir avec les effets de sevrage physiques dans la production d'un syndrome de dépendance encore renforcé.

On dispose actuellement d'un nombre considérable d'études qui ont examiné l'importance de la manière dont une personne se considère et dont elle considère ses capacités d'amener et de maintenir les modifications de son comportement. Bandura considère que ces croyances relatives à l'efficacité personnelle dépendent : (1) des expériences directes de succès ou d'échec, (2) de l'observation des autres et de leurs compétences, (3) de la persuasion et de la correction de commentateurs compétents et (4) de l'expérience et de l'interprétation des symptômes physiologiques (Bandura, 1986, 1989). Bien que l'expérience de la maîtrise réelle soit peut-être la plus efficace, chacune de ces quatre pistes est susceptible de modifier les croyances relatives à l'efficacité personnelle. Le fait qu'un individu pense maîtriser un problème pourrait bien en soi revêtir un aspect thérapeutique et être réducteur d'anxiété, et pas nécessairement l'exercice réel de ce contrôle (Bandura, 1989; Kent et Gibbons, 1987).

Depuis quelque temps on reconnaît la pertinence des croyances relatives à l'efficacité personnelle dans le cas des personnes qui se plaignent d'insomnie (Killen et Coates, 1979) et on a associé la réussite du traitement comportemental de l'insomnie aux rapports d'une maîtrise accrue faits par les sujets de nos propres études (Espie et Lindsay, 1985). De même, Lacks et coll. ont observé de nettes améliorations des scores d'efficacité personnelle après traitement, et conseillent de tenir compte de l'efficacité personnelle en tant que mesure de résultats de traitement (Lacks, 1987). Un trait commun qui ressort des rapports d'études ou cliniques est, pour cette raison, celui de l'importance qu'il y a de surmonter le sentiment d'une incapacité de la patiente qui se trouve face à une situation menaçante ou antagoniste.

L'INSOMNIAQUE EN CONSULTATION

Ce chapitre était destiné à donner quelque consistance à la condition définie et décrite au chapitre 1 comme étant l' «insomnie». Pour cela, il est utile de conclure ce deuxième chapitre par les présentations concises de deux cas. Nous espérons que ces descriptions de cas refléteront le contenu du chapitre et dépeindront fidèlement l'insomniaque en consultation.

Cas 1

L., femme mariée et âgée de 56 ans, souffre depuis six ans d'une insomnie persistante qui l'empêche à la fois de s'endormir rapidement et de rester endormie. Son médecin généraliste note cependant «une longue histoire de problèmes relatifs à l'insomnie, à l'anxiété et à une dépression légère» remontant à l'époque où L. avait entre 30 et 40 ans. Elle avait pris à divers moments des anxiolytiques et des hypnotiques mais préférait ne plus y avoir recours. L. commençait son travail de femme de charge à 8 h du matin.

Lors de l'interview, L. a reconnu qu'elle tendait à être nerveuse, «comme sa mère». Selon elle, elle n'avait pas de véritable raison d'être angoissée, mais elle semblait affairée, débordée, passant sans arrêt d'une chose à l'autre, et toujours prête à faire passer ses occupations en second lieu pour plaire aux autres. Elle se plaignait d'être tenue éveillée par des pensés répétitives lorsqu'elle se trouvait au lit, et d'être facilement réveillée par le moindre bruit pendant la nuit. L. était fatiguée pendant la journée mais elle évitait de faire des siestes. Bien qu'elle ait souvent été très fatiguée au moment de se mettre au lit, L. se sentait fréquemment «tout à fait réveillée dès que sa tête touchait l'oreiller». Ceci pouvait amener une frustration considérable. Elle était consciente du fait qu'elle ne désirait pas déranger le sommeil de son mari. Ce dernier s'endormait toujours avant L. et semblait dormir profondément. L. et son mari étaient très proches l'un de l'autre. Leur fils unique vivait en face de chez eux avec son épouse et ses enfants.

Pendant trois semaines on a relevé les niveaux de sommeil de base, et ceux-ci ont révélé une latence moyenne d'endormissement de 104 minutes, mais cette dernière pouvait varier de 30 à 160 minutes. Neuf nuits sur vingt et une, la latence d'endormissement était supérieure à deux heures. La durée totale du sommeil allait de 3 h 40 à 8 heures, avec une moyenne de 5 heures 55 minutes. L. se réveillait souvent deux ou trois fois par nuit, avait des difficultés de se rendormir et considérait qu'elle était «mal reposée après avoir dormi». Elle se plaignait de ne pas avoir de «sommeil assez profond».

Cas 2

T., un célibataire de 41 ans, avait été envoyé en consultation par son généraliste en raison de la nature chronique de ses plaintes en matière de sommeil et des difficultés de sevrage qu'il éprouvait par rapport aux benzodiazépines qui lui avaient été prescrites. A l'époque, il prenait du Triazolam chaque soir, mais il admettait y substituer régulièrement deux/trois whiskies afin d'essayer de faciliter son sommeil. T. était un ingénieur-conseil compétent. Il n'avait rien contre le fait de prester des heures supplémentaires si nécessaire, bien qu'il ait d'autres intérêts de nature sociale, surtout associative. Il aimait le sport et participait à des «fun-runs». C'est lui qui avait demandé à son généraliste de l'envoyer à notre consultation, car il percevait que sa performance diurne (surtout au niveau de sa concentration) était bien moins bonne qu'avant. Il s'inquiétait également du fait que l'usage qu'il faisait des médicaments et de l'alcool devenait habituel, sans toutefois que cela améliore son sommeil ou sa capacité générale de faire face aux problèmes.

T. ne s'était jamais considéré comme quelqu'un qui dormait bien. On lui avait d'abord prescrit des somnifères à peu près dix ans avant qu'il ne se présente en consultation, et il en avait changé à plusieurs reprises. Bien qu'il ait considéré comme aussi inefficace la prescription de Triazolam qui lui avait été faite, il avait souffert d'importants symptômes de sevrage et avait été incapable de supporter le programme prévu à cet effet. Il était furieux de cet échec et interprétait comme des preuves de son inefficacité personnelle non seulement son échec de l'abandon des médicaments mais également les symptômes mêmes de l'effet de rebond. T. était quelqu'un qui aimait se fixer des objectifs et les atteindre. Il se plaignait de tensions au niveau des bras et du cou, ainsi que d'une incapacité de «se déconnecter mentalement» une fois qu'il était au lit.

T. avait spontanément reconnu la variabilité de son profil de sommeil, ce qui a été confirmé par un monitoring (agenda de sommeil). Après que les médicaments aient été arrêtés avec succès et que la consommation d'alcool ait été contrôlée, une détermination des niveaux de base répartie sur deux semaines a révélé une latence moyenne d'endormissement de 54 minutes. Toutefois, les scores relevés nuit par nuit comprenaient dix nuits avec une latence d'endormissement de moins de 20 minutes, une nuit avec une latence d'endormissement de 60 minutes, et trois nuits avec des latences allant de 2 h 15 à presque 3 h 30. La durée du sommeil variait dans la même mesure. En fait, T. était *à la fois* un dormeur normal et un mauvais dormeur. Son irritabilité diurne était plus susceptible de se produire après une mauvaise nuit. Cependant, des stress diurnes apparaissaient qui, eux, ne pouvaient pas être valablement attribués à la perte de sommeil. T. avait besoin qu'on l'aide à développer les stratégies visant à résoudre ses problèmes diurnes, mais également qu'on l'aide dans la gestion comportementale de son profil de sommeil.

Chapitre 3
Modèles théoriques de l'insomnie

Un certain nombre d'auteurs ont passé en revue les mécanismes étiologiques possibles de l'insomnie (Coates et Thoresen, 1980; Turner et Di Tomasso, 1980; Borkovec, 1982; Lichstein et Fischer, 1985; Lacks, 1987). On a conceptualisé les insomniaques de diverses manières : on les a dit tendues somatiquement, très éveillées mentalement, surangoissées dans leurs attitudes et exerçant un contrôle trop grand sur le processus du sommeil. Selon certains autres points de vue, le profil de sommeil présenté par les insomniaques est le résultat d'un apprentissage erroné, d'un système peu affirmé de l'endormissement, ou d'un équilibre défectueux du cycle de 24 heures veille/sommeil. Il est clair que ces perspectives étiologiques varient énormément et ne peuvent s'exclure mutuellement. De plus, certaines d'entre elles peuvent constituer de meilleures explications du maintien du problème de sommeil plutôt que de sa cause. Le but de ce chapitre est de présenter et de décrire les plus importants de ces profils de l'insomnie, en particulier ceux qui mènent aux méthodes de traitement psychologique qu'on présentera aux chapitres 6 et suivants.

Le concept d'«éveil» joue un rôle important dans la plupart des (sinon dans toutes les) manières d'appréhender l'étiologie et le maintien de l'insomnie. La figure 6 présente donc une analyse de la manière dont les divers mécanismes de l'éveil peuvent contribuer au dérangement du sommeil. Un examen de cette figure 6 révèle que trois pistes possibles vont influencer l'éveil.

Tout d'abord, dans le système nerveux, l'éveil peut être direct ou indirect. L'échec des processus du système nerveux central dans leurs ten-

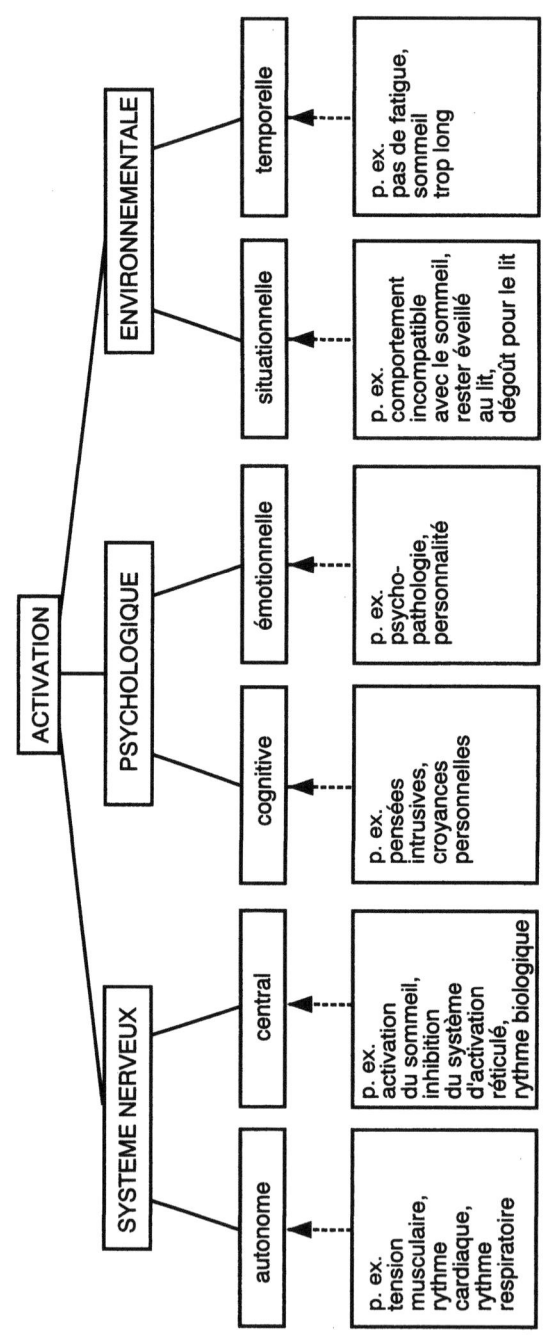

Fig. 6 — *Représentation schématique des modèles entrant en ligne de compte dans l'étiologie et le maintien de l'insomnie.*

tatives de favoriser le sommeil et/ou d'inhiber la veille constitue une forme directe de maintien de l'éveil. Cependant, des niveaux élevés d'activité autonome associés à de la tension et à des problèmes de relaxation physiologique représentent une autre forme d'éveil, toutefois moins directe, susceptible d'inhiber le sommeil.

En deuxième lieu, les processus psychologiques peuvent contribuer à un éveil trop affirmé. Dans ce cas, on pense que le problème présente au départ une nature cognitive ou émotionnelle, plutôt que somatique. L'alerte mentale, qui comprend la pensée, la répétition et la projection peut devenir le sujet d'une telle mentalisation, et il y aura des effets importants sur l'auto-perception. Bien sûr, l'éveil cognitif n'implique pas en soi une pensée irrationnelle ou névrotique.

C'est pour cela que l'éveil émotionnel mérite qu'on l'examine de manière séparée; il fait référence à la présence de caractéristiques de trait chez un individu pouvant prédisposer à l'instabilité psychologique et à l'éveil, ou encore à la présence de caractéristiques d'état qui mettent en évidence la rumination et les tracas.

En troisième lieu, l'éveil peut trouver sa source non pas dans les processus physiologiques ou mentaux, mais bien dans l'environnement, c.à.d. dans l'endroit et non dans la personne. Des déclencheurs situationnels peuvent amener des réactions d'éveil qui vont soit empêcher l'arrivée du sommeil chez un individu, soit faire survenir l'état de veille. On peut également considérer la réaction de désactivation comme fonctionnant sur le principe comportemental du contrôle par stimulus. De plus, on peut associer par erreur des indices temporels à des modèles de veille-sommeil. Citons comme exemples les petites siestes qui vont contribuer à l'état de veille nocturne, ainsi que le fait d'avoir une heure de coucher immuable, non dépendante du degré de fatigue.

Le reste de ce chapitre fournit une description plus détaillée de chacun des systèmes et sous-systèmes étiologiques proposés. Nous considérerons également les preuves à l'appui de chaque mécanisme pris en considération, et celles qui vont à leur encontre.

ACTIVATION DU SYSTÈME NERVEUX ET INSOMNIE

Eveil central

Bien que les dysfonctionnements directs du système nerveux central puissent ne pas constituer une cause majeure d'insomnie chez les personnes se présentant en consultation, il importe néanmoins de considérer le rôle des processus de contrôle de l'éveil du système nerveux central et de l'induction du sommeil. On sait que l'insomnie résulte d'une lésion au niveau du thalamus, c'est-à-dire de dégâts aux zones cérébrales d'activation du sommeil (Puca, Bricolla et Turella, 1973) ainsi que de l'inhibition de la synthèse d'un neurotransmetteur, la sérotonine (5HT) (Kales et Kales, 1984). Par comparaison, la réticulée ascendante activatrice semble gouverner le comportement d'alerte (Moruzzi et Magoun, 1949). On a relevé que des lésions du locus coeruleus produisent une diminution de l'éveil cortical en rapport avec une diminution de l'apport de noradrénaline aux terminaisons thalamiques et corticales. Cependant, les lésions de l'hypothalamus postérieur produisent les cas d'hypersomnie les plus typiques (Kales et Kales, 1984). Donc, des preuves dégagées par la recherche neurochimique et les études consacrées aux états neuropathologiques font qu'il convient de considérer le sommeil comme dépendant de l'action d'un système d'induction du sommeil et de l'inhibition d'un système d'éveil. Il se peut que l'insomnie soit le résultat d'une incapacité de déconnecter le système d'alerte ou d'activer le système du sommeil.

Nous allons d'abord nous intéresser aux problèmes possibles de la désactivation centrale. Selon Coursey, Buchsbaum et Frankel (1975), les insomniaques pourraient être dotées de systèmes sensoriels particulièrement sensibles qui réagissent fortement aux stimuli externes. Si c'était le cas, on s'attendrait à ce que chez les insomniaques la désactivation prenne plus de temps. Bohlin a mené une série d'enquêtes sur les effets de la stimulation monotone (1971, 1972, 1973), et celles-ci ont indiqué un rapport entre, d'une part, le fait d'orienter l'habituation à la réaction et, d'autre part, le développement du début du sommeil. Dans chacune de ces expériences, les sujets atteignaient plus vite le début du sommeil après une stimulation monotone (la répétition d'un son audible toutes les 20/40 secondes) par rapport à des procédures-témoins dans lesquelles il n'y avait pas de stimulation, ce qui suggère que le fait d'orienter l'habituation à la réaction constitue un processus de désactivation. Bohlin a suggéré que le taux de cette habituation et le développement du sommeil qui la suit interagit avec le niveau d'éveil initial de telle sorte qu'une habituation rapide survient lorsque le sujet se trouve en état d'éveil faible, tandis qu'une habituation plus lente accompagne les niveaux élevés d'éveil. On a pensé que l'insomnie se rattachait à cette dernière hypothèse. Borkovec (1979) a envisagé la possibilité que ces conclusions aient des implications pour les approches psychologiques traditionnelles de la gestion de l'insomnie ainsi que pour leurs modèles théoriques sous-jacents. Il est par exemple possible que les cycles de tension/relâchement tels qu'on les trouve en thérapie de relaxation, ou encore la répétition d'un mantra en méditation, fonctionnent comme des stimuli soporifiques à l'intérieur de ce modèle d'habituation. De même, les techniques destinées à bloquer la stimulation externe ainsi que l'exclusion de la pensée intrusive pourraient réduire de manière significative les niveaux initiaux de l'éveil afin de faciliter l'habituation. Etant donné que les processus de l'attention ont une grande importance dans cette analyse théorique, toute procédure thérapeutique qui surmonte le problème de la déshabituation par rapport aux stimuli pourrait se révéler d'un grand intérêt et valoir la peine qu'on l'étudie plus en détail.

Au niveau du système nerveux central, une explication alternative de l'insomnie est constituée par l'existence de déficiences éventuelles du système sérotoninergique du sommeil (Hauri, 1975). Une étude expérimentale menée sur des animaux (Sterman, Howe et McDonald, 1970) a démontré que les niveaux du rythme sensorimoteur trouvant leur origine dans le cortex sensoriel moteur pouvaient être raffermis et que le sommeil pouvait être amélioré par des modèles de renforcement. Sur cette base, on a tenté d'appliquer le biofeedback du rythme sensorimoteur au traitement de l'insomnie. Hauri et ses collègues rapportent toute une série d'enquêtes qui suggèrent que le rythme sensorimoteur est peut-être plus faible chez les insomniaques que chez les personnes dormant normalement, et que le biofeedback du rythme sensorimoteur est susceptible de réduire de manière efficace la latence d'endormissement et d'augmenter l'efficacité du sommeil (Jordan, Hauri et Phelps, 1976; Hauri, 1981; Hauri et coll., 1982). Cependant, les effets thérapeutiques étaient, dans ces études, associés à des sujets insomniaques dont on pouvait considérer qu'ils étaient faiblement angoissés et non tendus (en d'autres termes ils présentaient des niveaux peu élevés d'éveil autonome). Le biofeedback du rythme sensorimoteur n'avait pas d'efficacité pour les insomniaques tendus; ces derniers n'obtenaient de meilleurs résultats que par un entraînement au biofeedback électromyographique. C'est pour cette raison qu'il faut examiner plus en détail le rôle étiologique de l'éveil cortical par rapport à celui de l'éveil autonome.

Dans la figure 6, on fait référence à une troisième composante de l'éveil du système nerveux central associée à l'insomnie, à savoir le rythme biologique typique qui régule le niveau d'éveil et de désactivation (ainsi que d'autres processus comme la température corporelle, la faim et le métabolisme) chez tout individu sur un cycle circadien de 24 heures (Aschoff, 1965; Czeisler et coll., 1980; Johnson et coll., 1981). La question n'est pas tellement celle de l'éveil en soi, mais plutôt celle du timing. Il peut y avoir synchronisation ou désynchronisation entre la disposition biologique d'un individu à avoir une réaction alerte ou à s'endormir. «Etre prêt pour le sommeil» semble revêtir une grande importance au niveau du système nerveux central. Il se peut que les insomniaques n'arrivent pas à opérer un monitoring correct de leur disposition au sommeil et développent ainsi un profil habituel de sommeil miné par des rythmes biologiques conflictuels. Il convient d'examiner séparément les questions comportementales du contrôle situationnel et temporel en ce qui concerne l'étiologie de l'éveil dans les cas d'insomnie.

Eveil autonome

Ces vingt dernières années, la conceptualisation d'une insomnie résultant d'une hyperactivation physiologique a eu beaucoup de succès. En 1967, Monroe a mené une étude comparant 16 personnes dormant normalement et 16 personnes qui dormaient mal, cela sur toute une série de variables psychologiques et physiologiques; cette étude a exercé une influence considérable. Les résultats que Monroe a recueillis mènent à l'idée selon laquelle les personnes dormant mal présentent un éveil autonome plus affirmé (température rectale plus élevée, augmentation du nombre de vasoconstrictions par minute, du taux de transpiration et de la conductivité de la peau, ainsi que du nombre de mouvements du corps par heure) à la fois avant de s'endormir et pendant le sommeil. Ces résultats n'ont pu être reproduits que partiellement, et plusieurs études n'ont pu mettre en évidence de différentiel d'éveil entre insomniaques et échantillon-témoin.

Certains auteurs sont d'avis que les personnes qui dorment mal présentent des niveaux hormonaux plus élevés indiquant une activité adrénocorticale plus intense (Johns et coll., 1971); d'autres pensent que ce n'est pas le cas (Frankel et coll., 1973). Il faut considérer un rapport faisant état d'une baisse moins rapide du rythme cardiaque associée au sommeil chez les insomniaques (West et coll., 1977) par rapport à d'autres rapports dans lesquels on n'a pu démontrer de rapport significatif entre début du sommeil et rythme cardiaque ou électromyogramme du frontalis (Haynes, Follingstad et McGowan, 1974; Good, 1975; Browman et Tepas, 1976). Dans d'autres ouvrages, on a soigneusement passé en revue ces études (ainsi que d'autres études, certaines non publiées), et la conclusion générale est qu'on ne dispose pas de preuves adéquates d'une hyperactivation autonome chez les insomniaques (Bootzin et Nicassio, 1978; Coates et Thoresen, 1980; Borkovec, 1982).

Récemment, Freedman (1987) a rappelé à la mémoire des chercheurs le travail de son propre groupe de recherche qui reprenait certaines des conclusions de Monroe. Freedman et Sattler (1982) ont mené une étude comparative portant sur 12 insomniaques chroniques et 12 personnes dormant normalement. A cet effet, ils ont eu recours à de nombreuses mesures physiologiques. Avant le début du sommeil, les insomniaques présentaient des rythmes cardiaques plus élevés. Les niveaux EMG (mesurés au frontalis et à la nuque) étaient également plus élevés, tandis que les températures relevées au niveau de la peau étaient, elles, plus basses que chez les non insomniaques. Stepansky et coll. (1988) considèrent que les conclusions de leur étude vont également dans le sens de l'hypothèse d'une hyperactivation physiologique. Ces chercheurs ont constaté que les insomniaques auxquels ils s'étaient intéressés présentaient, parallèlement à une tendance à la veille nocturne, des niveaux d'alerte diurne plus élevés que ceux des membres d'un groupe-témoin (ils prenaient plus de temps à s'endormir selon l'évaluation MSLT). Toutefois, ceci prête à interprétation car Haynes et coll. (1985), qui ont relevé des différences similaires sur le MSLT, n'ont considéré ces dernières que comme des données parallèles aux différentiels de latences d'endormissement observables pendant la nuit, à savoir qu'habituellement les insomniaques s'endorment en plus de temps.

Etant donné la nature équivoque de la littérature consacrée à l'hyperactivation physiologique, pour quelle raison ce modèle théorique a-t-il atteint un tel niveau d'approbation ? La réponse se trouve dans trois thèmes qui présentent une interrelation. Tout d'abord, l'ascendant exercé au cours des années 60 et 70 par les approches de traitement comportementales (en particulier les méthodes de relaxation) des problèmes psychologiques ; en second lieu, la présentation de preuves (à la fois objectives et intuitives) selon lesquelles on relève chez les insomniaques des niveaux d'anxiété et de stress plus élevés que la normale (voir chapitre 2). Enfin, une prise de conscience de plus en plus affirmée du fait que les benzodiazépines hypnotiques ne fourniraient pas de solution durable aux problèmes de l'insomnie chronique. La synthèse de ces trois thèmes se trouve bien illustrée dans une communication de Ribordy et Denney (1977), communication qui a exercé une profonde influence mais qui reste néanmoins largement pragmatique. Ces chercheurs ont présenté les traitements comportementaux comme une alternative à l'administration de médicaments dans la gestion de l'insomnie. Ils ont récolté des preuves allant à l'encontre de l'efficacité à long terme des hypnotiques et (sur base de résultats de traitements psychologiques) ont fourni les preuves de l'efficacité de traitements tels que la désensibilisation systématique, la relaxation appliquée, la thérapie attributionnelle et le conditionnement classique. L'utilité clinique de techniques telles que le training à la relaxation (dont on présumait qu'elles constituaient des procédures de désactivation) ont donné à la théorie de l'hyperactivation une validité que l'étude empirique directe ne justifiait pas.

Il vaut également la peine de noter qu'un grand nombre d'études qui ont fait état d'un traitement comportemental efficace de l'insomnie de la phase initiale du sommeil (en recourant à un training à la relaxation et/ou à des méthodes de biofeedback, c'est-à-dire sans doute à des procédures visant à affaiblir l'éveil) n'ont pu faire la preuve, après le traitement, de modifications de mesures physiologiques telles que le rythme cardiaque, la respiration ou encore la mesure EMG relevée au niveau de l'avant-bras et du frontalis (Borkovec et Fowles, 1973; Freedman et Papsdorf, 1976; Haynes, Sides et Lockwood, 1977; Lick et Heffler, 1977; Borkovec et coll., 1979; Coursey et coll., 1980; Hauri, 1981).

En raison d'un certain nombre de difficultés méthodologiques présentées par les rapports de recherches, il est également compliqué d'interpréter les preuves allant oui ou non dans le sens de la théorie de l'éveil autonome. Tout d'abord, comme Borkovec l'a fait remarquer, la plupart des rapports n'ont pas su différencier correctement les personnes dormant bien et celles qui dorment mal, afin de faire des comparaisons convaincantes de deux groupes distincts. Même le groupe de départ constitué par Monroe et présenté comme des «personnes dormant mal» n'était pas composé d'insomniaques se présentant en consultation, et aucune de ces personnes ne recevait de médicaments pour combattre l'insomnie. Ensuite, des études ont approché l'insomnie comme un phénomène unitaire et n'ont pas considéré la possibilité d'existence de sous-groupes d'insomniaques. Il est par exemple possible que sur base du Modèle des Trois Systèmes (Lang, Rice et Sternbach, 1972) certains insomniaques soient des «réacteurs physiologiques» plus typiques que d'autres. Dans toute étude de groupe, on a tendance à accentuer les traits communs reliant les individus, parfois aux dépens d'une variabilité importante inter-sujets. On pourrait appliquer avec fruit le Modèle des Trois Systèmes à l'analyse des troubles du sommeil en considérant avec attention les réactions caractéristiques de chaque individu au niveau comportemental, cognitif et physiologique. Nos propres investigations préalables en ce domaine indiquent qu'il faut faire preuve de précautions dans l'interprétation des réponses données par les insomniaques aux questions relatives à l'étiologie du problème. Par exemple, dans leur interprétation de l'affirmation «je trouve difficile de me relaxer et de me laisser aller» figurant dans le Sleep Disturbance Questionnaire (Espie, Brooks et Lindsay, 1989), les insomniaques attribuaient cet état de choses à la tension soit mentale soit physique, alors que notre intention initiale portait uniquement sur ce deuxième type de tension. Néanmoins, 45 % des membres de notre échantillon citaient la tension corporelle en tant que facteur contribuant à l'insomnie soit «souvent» soit «très souvent» (voir tableau 2). Les facteurs cognitifs semblaient cependant jouer un rôle encore plus important dans l'étiologie de l'insomnie de ces sujets (voir plus loin).

En conclusion, il est bon de réaffirmer que l'usage répandu de techniques basées sur la relaxation dans la gestion de l'insomnie (entre autres) ne constitue pas en soi un argument en faveur du modèle de désactivation autonome, ou de tout autre modèle relatif à ce problème. Il faudra attendre de nouvelles études innovatrices afin d'établir le rôle d'un mécanisme physiologique dans l'étiologie et le maintien d'un certain nombre de cas d'insomnie.

ÉVEIL PSYCHOLOGIQUE ET INSOMNIE

Le rival principal de ce modèle d'une hyperactivation physiologique en matière d'insomnie est celui de l'hyperactivation mentale. Dans ce cas, l'intérêt porte sur la pensée, les styles de pensée ou d'humeur, et sur la manière dont ceux-ci sont en rapport avec le profil et la qualité du sommeil. Tout d'abord, le traitement de l'information dans le cerveau peut être associé à un éveil strictement cognitif, c'est-à-dire l'acuité mentale. Toutefois, en second lieu, il se peut qu'il existe un éveil émotionnel résultant des (ou causant directement les) processus mentaux. Dans ce cas, les cognitions sont chargées affectivement. Dès lors, il semble raisonnable de considérer deux modèles supplémentaires de l'éveil en matière d'insomnie, à savoir l'éveil cognitif et l'éveil émotionnel, ces deux modèles faisant partie d'un modèle «parent», celui de l'éveil psychologique (voir figure 6).

Eveil cognitif

On dispose de nombreuses preuves provenant de recherches qui indiquent que les insomniaques présentent, cognitivement, des niveaux d'éveil élevés. Au chapitre 1 on a fait référence à des études au cours desquelles on réveillait des insomniaques (sur base d'un sommeil défini par des critères EEG) juste pour qu'ils disent qu'ils se trouvaient éveillés (Agnew et Webb, 1972; Slama, 1979; Borkovec, Lane et Van Oot, 1981; Campbell et Webb, 1981). Une explication possible de cette phénoménologie est que l'activité mentale continue, même à l'intérieur du sommeil

	A	B	C	D	E
(1) Je n'arrive pas à trouver une position confortable au lit.	24	37	34	5	0
(2) Je ressasse des choses sans arrêt.	2	5	24	31	38
(3) Je n'arrive pas à installer une routine correcte dans mon profil de sommeil.	14	15	20	22	29
(4) Je me fais trop de souci parce que je n'arrive pas à m'endormir.	12	21	36	14	17
(5) Je trouve difficile de me «laisser aller» et de relaxer mon corps.	7	14	31	12	36
(6) Mes pensées prennent du temps à s'évanouir.	5	12	28	26	29
(7) Au moment du coucher, je ne me sens pas assez fatigué.	19	17	29	20	15
(8) Je fais trop d'efforts pour m'endormir.	25	22	32	8	13
(9) Mon corps est plein de tension.	7	19	29	12	33
(10) Je suis incapable de vider mon esprit.	2	12	19	36	31
(11) Je passe du temps à lire/regarder la TV alors que je devrais être en train de dormir.	32	17	17	12	22
(12) Je me fais du souci en pensant que je ne pourrai faire face à ma journée du lendemain si je ne dors pas bien.	33	19	17	7	24

A = jamais vrai, B = rarement vrai, C = parfois vrai, D = souvent vrai, E = très souvent vrai.

Tableau 2 — *Résumé des réponses faites par des insomniaques (n = 42) aux items du Sleep Disturbance Questionnaire. Les chiffres représentent le pourcentage de sujets qualifiant un item donné sur une échelle allant de «jamais vrai» à «très souvent vrai»* (tiré de Espie, Brooks et Lindsay, 1989; reproduit avec l'autorisation de Pergamon Press PLC).

de stade 2, est interprétée par les insomniaques comme un état de veille. Un modèle de l'insomnie basé sur la notion d'éveil cognitif est cohérent par rapport à ces conclusions.

Des preuves récoltées lors d'une étude expérimentale menée par Gross et Borkovec (1982), il ressort que l'éveil mental peut affecter le processus du sommeil chez les personnes dormant normalement. Ces chercheurs ont manipulé la mentalisation précédant le sommeil en disant à un groupe de sujets qu'ils devraient présenter une communication sur une matière donnée lorsque, de jour, on les réveillerait après un petit somme. On s'est aperçu par la suite que ce groupe de sujets avait besoin de presque deux fois plus de temps que les membres de l'autre groupe pour s'endormir; à ces derniers on avait également dit qu'ils devraient prendre la parole, sans toutefois préciser le sujet de l'allocution. Dans ce cas on peut dire très clairement que l'intrusion cognitive a eu lieu lorsque l'ensemble des instructions a favorisé la planification active. Une étude menée par Haynes, Adams et Franzen (1981) a toutefois généré des résultats qui ne vont pas dans le sens d'un rôle hypothétique du stress mental dans l'insomnie de la phase initiale du sommeil. Ces chercheurs ont relevé qu'une tâche mentale modérément compliquée et de nature arithmétique menait à des réductions importantes des latences d'endormissement établies subjectivement et objectivement par rapport aux niveaux relevés au cours des nuits sans stress chez les insomniaques. Selon eux, ce sont peut-être des facteurs d'attribution qui sont responsables de cette conclusion. Lorsqu'on peut trouver une cause rationnelle pour tout état de veille, il est possible de réduire le souci qu'on se fait au sujet de cet état, et le sommeil peut s'en trouver facilité.

Lorsqu'on a demandé aux insomniaques d'identifier ce qu'ils perçoivent être la source du dérangement de leur sommeil, ils se sont clairement prononcés en faveur de déterminants cognitifs. Lichstein et Rosenthal (1980) ont demandé à 300 insomniaques chroniques de jauger les éléments somatiques (comme le fait de ne pas tenir en place ou autres symptômes autonomes) et cognitifs (planification, soucis) de leur éveil. Ils ont relevé que 55 % des membres de leur échantillon attribuaient la mauvaise qualité de leur sommeil à l'éveil cognitif, et d'autre part 35 % de ce groupe déclaraient que l'éveil cognitif constituait un facteur d'importance au moins égale à celle de l'éveil somatique. Des facteurs manifestement cognitifs étaient perçus comme revêtant une importance générale beaucoup plus large.

Nos propres études (Espie, Brooks et Lindsay, 1989) vont dans le sens de ces conclusions. Dans le tableau 2 nous avons présenté quelques données relatives aux facteurs perçus comme contribuant à l'insomnie. Les rapports sur le Sleep Disturbance Questionnaire ont révélé que des plaintes telles que « Mon esprit ressasse les choses sans arrêt » (item n° 2) et « Je suis incapable de vider mon esprit » (item n° 10) étaient les items du questionnaire qui obtenaient les scores les plus élevés. Plus de deux tiers des insomniaques considéraient qu'une telle intrusion cognitive constituait une source fréquente de leur problème de sommeil. De plus, l'analyse des composantes principales du Sleep Disturbance Questionnaire a mené à l'extraction d'un premier facteur d' « anxiété mentale » entrant pour 40 % dans la variance totale.

Nicassio et coll. (1985) ont développé une échelle de l'éveil avant sommeil (Pre-Sleep Arousal Scale) et ont rapporté que la sous-échelle cognitive présentait une corrélation étroite avec les mesures de latences d'endormissement dans leur échantillon d'étudiants, d'insomniaques adultes et de personnes adultes dormant normalement. Van Egeren et coll. (1983) ont obtenu des « rapports cognitifs » échantillonnés de la période précédant le sommeil chez 34 étudiants qui se plaignaient d'insomnie de la phase initiale du sommeil. Parmi les données recueillies figurait l'enregistrement audio des pensées qui leur étaient venues avant une tonalité envoyée dans l'unité de sommeil par l'intermédiaire d'un interphone. On a obtenu ainsi un total de 255 rapports, et trois juges les ont évalués indépendamment au niveau de leur contenu. Les analyses de régression allaient modérément dans le sens d'un rapport existant entre les facteurs cognitifs et l'expérience subjective du début du sommeil, en particulier lorsque le contenu des pensées était négatif et relatif à des sensations physiques ou au bruit environnemental.

Shute et coll. (1986), par leur travail expérimental, apportent de l'eau au moulin de cette théorie du rapport existant entre latence d'endormissement et facteurs cognitifs. Ces auteurs ont demandé à 26 adultes, représentant une gamme de problèmes d'endormissement (5 à 75 min.) de se soumettre à trois siestes de deux heures pendant l'après-midi dans le cadre d'un laboratoire du sommeil. Les mesures du contrôle interne de l'attention (c'est-à-dire la capacité de gérer sélectivement des indications internes) étaient mises en rapport avec les données relatives aux latences d'endormissement évaluées subjectivement et objectivement. Les résultats obtenus indiquaient que le contrôle interne de l'attention présentait une association significative avec les mesures de latences d'endormissement, ce qui suggère donc qu'un tel traitement cognitif constituait un indicateur de latence d'endormissement.

Toutefois, ces conclusions n'ont pas été reproduites par Sanavio (1988), qui a fait état d'une corrélation très faible entre les mesures de cognitions avant sommeil et les latences d'endormissement rapportées par les sujets eux-mêmes. Sanavio s'est aperçu que le fait de soumettre à un traitement cognitif des sujets présentant des niveaux d'éveil cognitif élevés n'amenait pas de résultats supérieurs à ceux qu'on obtenait après traitement par biofeedback. Borkovec (1982) note également un exemple d'incapacité d'influencer les paramètres du sommeil après qu'une tâche mentale difficile, de nature arithmétique, ait été proposée afin d'induire des intrusions cognitives.

Il est nécessaire d'étudier le rapport existant entre d'une part la mentalisation antérieure au sommeil et d'autre part le fonctionnement diurne pendant la journée (et la soirée) précédente. En particulier il semble possible que la répétition et la planification surviennent pendant la période du coucher à défaut d'un autre moment, par manque d'occasions planifiées de « remettre ses idées en place » à d'autres moments plus tôt dans la soirée (cf. Espie et Lindsay, 1987). Dans de tels cas on peut facilement éviter l'interruption des processus du sommeil. Toutefois, il vaut la peine de noter qu'alors qu'on pourrait croire que ces intrusions sont négatives et chargées d'affectivité, notre expérience nous a montré que, pour une bonne proportion d'insomniaques, cette routine habituelle de répétition et de planification venant avant le sommeil présente en fait une certaine valeur et est appréciée. Il existe donc des contingences de renforcement qui entrent en action et qu'il est également nécessaire de considérer.

Au chapitre 2 nous discutions déjà du concept de l'efficacité personnelle et du rapport probable que cette efficacité présente avec les processus du sommeil chez l'insomniaque. Il vaut néanmoins la peine de reconnaître à ce stade qu'une personne qui éprouve habituellement des problèmes de pensées intrusives aura vraisemblablement un système de croyances dysfonctionnelles dans lequel elle considère qu'« elle a perdu le contrôle de la situation ». L'interaction régulière d'intrusions cognitives (qui au début sont éventuellement dénuées d'affectivité) et de croyances relatives à une faible efficacité personnelle peut être responsable de l'apparition de pensées plus chargées affectivement qui contribuent non seulement à l'éveil cognitif mais également à l'éveil émotionnel.

Eveil émotionnel

Nous avons passé en revue au chapitre 2, en particulier dans le sous-chapitre consacré aux variables de personnalité (p. 45-48), la plus grosse partie de la littérature traitant du sujet. Nous avons également inclus des renseignements dans les discussions présentées au sujet de l'attribution et de l'efficacité, ainsi que de la variabilité du profil de sommeil. Il n'est donc nécessaire que de fournir ici un bref résumé du matériel déjà présenté, ainsi qu'une discussion un peu plus fouillée d'un certain nombre de points que, jusqu'à présent, on n'a examinés que de manière superficielle.

On a qualifié les insomniaques de penseurs «ruminants», dont la personnalité présente un profil de fonctionnement qui témoigne d'un certain degré de psychopathologie. Les symptômes d'anxiété et de dépression ressortent particulièrement. Le moment du coucher est peut-être un moment où, en l'absence de stimulation externe pouvant entrer en compétition, l'attention sélective va se focaliser sur les problèmes. On a suggéré que les insomniaques intériorisent le stress pendant la journée, et que ce stress émerge avant et pendant le sommeil. De telles réactions affectives peuvent alors se combiner avec l'alerte cognitive, ce qui produit un cercle vicieux. L'insomniaque peut chercher à le rompre sans toutefois y parvenir, ce qui augmente d'autant son anxiété.

Une observation clinique courante est que les insomniaques éprouvent une anxiété anticipative considérable au fur et à mesure que l'heure du coucher approche. On a formulé un modèle d'angoisse de performance aux termes duquel il est possible que les réactions à l'anxiété soient conditionnées non seulement par des indicateurs externes situationnels, mais encore par le comportement ou la performance propre de l'individu (Ascher et Efran, 1978; Ascher et Turner, 1979; Espie et Lindsay, 1985). On décrit comme angoisse de performance la crainte d'un échec de performance et des conséquences négatives anticipées de cet échec.

Comme on peut s'y attendre, la personne victime de l'angoisse de performance tente de contrôler et de corriger immédiatement la performance déviante par des efforts d'adaptation appropriés, mais à leur tour ces efforts ne peuvent en fait que contribuer à une exacerbation à plus long terme du problème de base. Le développement d'un cercle vicieux de craintes et d'échecs relatifs à la performance est particulièrement évident lorsqu'il est en rapport avec le maintien du contrôle exercé sur des processus physiologiques. Ascher (1980) passe en revue ce sujet de manière particulièrement utile et présente une procédure thérapeutique connue sous le nom d' «injonction paradoxale» qui a été avancée afin de contrer l'angoisse de performance. Nous renvoyons également le lecteur au chapitre 7, où nous discutons en détail des traitements cognitifs destinés aux insomniaques.

Selon une recherche récente menée par Coren (1988), les insomniaques semblent prédisposés à atteindre plus vite des états d'éveil et d'alerte. Coren a mis au point et validé une échelle de la prédisposition à l'activation (Arousability Predisposition Scale) afin de quantifier la probabilité qu'un individu réagisse mal à une mauvaise expérience de sommeil. Il semble probable que cette mesure présente une forte corrélation avec les mesures d'anxiété-trait et peut-être aussi avec d'autres mesures de la psychopathologie. Il semble que les insomniaques ont un style réactif face aux difficultés qui se présentent par rapport au sommeil. L'examen des données reprises au tableau 2 va dans ce sens. L'augmentation de l'agitation parce qu'on ne dort pas, l'effort associé directement afin de contrôler le sommeil, ainsi que les soucis relatifs aux conséquences diurnes sont considérés comme des éléments importants du problème de sommeil chez 20 à 30 % des insomniaques reprises dans cette étude (Espie, Brooks et Lindsay, 1989).

Donc, l'idée exprimée au départ par Monroe (1967) que les insomniaques se caractérisent par des niveaux élevés d'éveil s'est développée au cours des dernières années pour devenir un modèle principal d'hyperactivation mentale plutôt que physiologique. Cette modification d'intérêt est confortée depuis la fin des années 70 par les études cliniques et expérimentales (p. ex. Mitchell et White, 1977; Lichstein et Rosenthal, 1980; Gross et Borkovec, 1982) mais est également associée, en termes plus généraux, à la primauté des théories et thérapies cognitives sur le spectre des processus et troubles de nature psychologique (p. ex. Mahoney, 1974; Beck, 1976; Meichenbaum, 1977). En concluant ce sous-chapitre consacré à l'activation psychologique des insomniaques, nous insistons sur la nécessité de recherches supplémentaires aux évaluations plus rigoureuses. Un certain nombre de points spécifiques méritent qu'on se penche sur eux.

Tout d'abord, les contingences du renforcement ne sont pas toujours négatives. La pensée, la planification et la visualisation peuvent avoir une nature intrusive, mais on peut également les considérer comme valables et les apprécier. Lorsque de telles contingences positives sont à l'œuvre, il sera vraisemblablement plus difficile de s'empêcher de penser au moment du coucher. En deuxième lieu, il convient de faire la distinction entre d'une part les cognitions responsables de l'endormissement retardé et, d'autre part, celles qui constituent une conséquence inévitable de l'état de veille. Après tout, il est presque impossible de rester éveillé l'esprit vide. Il reste difficile de distinguer les causes des effets. En troisième lieu, il faut étudier la nature qualitative et l'impact des pensées intrusives amenant des dysfonctionnements (et généralement chargées d'affectivité) et les comparer aux pensées apparemment fortuites qui peuvent n'être en rapport qu'avec la simple acuité mentale. Enfin, les rapports entre modèles mentaux et traitements cognitifs sont loin d'être clairs. On peut considérer comme «cognitives» des techniques telles que la distraction, la restructuration, le paradoxe et la suppression, mais chacune d'entre elles s'intéresse à une solution différente du problème mental. Elles représentent des variantes d'un modèle psychologique de l'insomnie. La distraction s'occupe du *transfert* de la pensée vers un sujet différent, la restructuration cognitive de l'*appréciation rationnelle* du contenu de la pensée ; le paradoxe *amplifie* ce contenu de pensée ; l'arrêt de la pensée et la suppression articulatoire s'intéressent au *blocage* du contenu de la pensée. Il semble donc que divers modèles cognitifs soient disponibles ; chacun d'entre eux requiert élucidation et évaluation. Nous reviendrons sur ces questions au chapitre 7 lorsque nous discuterons des traitements cognitifs.

FACTEURS ENVIRONNEMENTAUX ASSOCIÉS À L'ÉVEIL ET À L'INSOMNIE

Les modèles théoriques basés sur le fonctionnement du système nerveux et le fonctionnement psychologique impliquent qu'éveil et insomnie surviennent au départ et surtout *à l'intérieur* de la personne (dans son corps, son esprit, ou dans les deux à la fois). Il convient de considérer séparément l'idée selon laquelle l'insomnie peut provenir d'une réaction à des événements environnementaux (situationnels ou temporels) ou, à tout le moins, constituer un sous-produit de l'interaction entre la dormeuse et son environnement. C'est pour cela que dans la figure 6 le troisième modèle-parent de l'insomnie concerne les influences *environnementales* sur le sommeil et sur la personne qui dort. A l'intérieur de ce cadre, les indicateurs extérieurs à l'individu sont considérés comme des médiateurs importants de l'activation et de la désactivation : on ne considère pas l'insomniaque comme hyper-éveillée au niveau physiologique ou cognitif, mais bien comme prédisposée par le lieu et l'instant à l'état de veille.

Bien que, dans la pratique clinique, on ait pris ensemble les corrélats « lieu » et « temps » du modèle du sommeil en tant que composantes de l'ensemble de l'avis relatif au traitement (qui contient une thérapie par « contrôle du stimulus », voir chapitre 8), il convient, d'un point de vue théorique, de considérer ces composantes de manière séparée. C'est pour cette raison que les sous-chapitres suivants seront consacrés aux facteurs situationnels et temporels. Toutefois, pour rester dans la tendance qui fait que ces deux thèmes sont intimement liés dans la littérature consacrée au sujet, le premier de ces sous-chapitres reprendra la majeure partie de la littérature en question, tandis que le second se bornera à dégager les preuves allant oui ou non dans le sens de l'influence des facteurs temporels.

Facteurs situationnels

Bootzin (1972) a été le premier à présenter une analyse opérante de l'insomnie. Selon lui, s'endormir constitue un acte instrumental émis afin de produire un renforcement (c'est-à-dire le sommeil). Les stimuli associés au sommeil deviennent donc des stimuli discriminatifs de l'apparition de ce renforcement. Toujours selon Bootzin, la difficulté de s'endormir peut résulter soit de l'incapacité d'établir des stimuli discriminatifs du sommeil, soit de la présence de stimuli discriminatifs de comportements incompatibles avec le sommeil. Exemples de stimuli discriminatifs appropriés de l'apparition du sommeil : se mettre au lit, éteindre, se coucher afin de s'endormir. Exemples d'activités incompatibles avec le sommeil : lire, regarder la télévision ou résoudre des problèmes mentaux.

Bootzin a mené toute une série d'études de résultats par rapport aux procédures de contrôle par stimulus définies par lui (voir Bootzin et Nicassio, 1978, ainsi que le chapitre 8), ce qui a confirmé très nettement leur efficacité : la latence d'endormissement se trouvait réduite de 50 à 80 % par rapport aux valeurs d'avant le traitement. Toutefois, en dépit des résultats obtenus ces dix dernières années et qui vont dans le sens de l'efficacité clinique du contrôle par stimulus (Turner et Ascher, 1979a ; Lacks et coll., 1983a,b), y compris ceux relevés lors de nos propres travaux de recherche (Espie, Brooks et Lindsay, 1989), il subsiste certains doutes au sujet des mécanismes par lesquels les procédures de contrôle par stimulus obtiennent leurs effets.

Haynes et coll. (1982) ont fait remarquer que ces études portant sur les résultats de traitement ne peuvent suffire à valider une construction telle que le contrôle par stimulus, dans la mesure où on ne peut exclure des explications alternatives d'effets thérapeutiques observés. Dans leur propre explication du modèle du contrôle par stimulus, Haynes et coll. ont comparé des échantillons d'insomniaques et de non insomniaques sur base de comportements incompatibles avec le sommeil et rapportés par les sujets eux-mêmes. Il est intéressant de constater que seul un comportement sur douze (à savoir écouter de la musique) permettait de dégager une différence significative entre les groupes d'insomniaques et de non-insomniaques, tandis que la durée du comportement incompatible avec le sommeil ne présentait pas de rapport significatif avec les mesures de latences d'endormissement. Ces résultats confirment certaines autres conclusions de travaux antérieurs dus aux mêmes auteurs, travaux dans lesquels ils n'avaient pu observer de rapport significatif entre, d'une part, le nombre de comportements incompatibles avec le sommeil rapportés par les sujets eux-mêmes, que ce soit au lit ou dans la chambre à coucher, et, d'autre part, les latences d'endormissement ou les problèmes de sommeil (Haynes, Follingstad et McGowan, 1974). Haynes et coll. ont cependant reconnu que leur échantillon n'était pas, au niveau clinique, représentatif des insomniaques (il s'agissait d'étudiants présentant un âge moyen de 23 ans) et qu'ils ne pouvaient assurer la généralisation à des groupes constitués d'adultes plus âgés et envoyés en consultation par leur médecin. Néanmoins, la similarité existant entre personnes dormant bien et personnes dormant mal en ce qui concerne leur comportement avant le sommeil soulève des problèmes pour le modèle des facteurs situationnels.

Par référence aux données du Sleep Disturbance Questionnaire, nous avons relevé que 34 % de notre échantillon constitué de personnes s'étant présentées à la consultation lisent souvent au lit ou y regardent la télévision (voir tableau 2). Ces individus semblaient persister dans leurs « mauvaises habitudes » à des moments où ils sentaient qu'ils auraient dû être endormis. On a donc la preuve ici qu'au moins dans une partie des cas cliniques il reste un faible contrôle du stimulus par rapport au sommeil. Cependant, il y avait plus de personnes interviewées (51 %) pour se plaindre de ne pas suivre de routine de sommeil correcte, ce qui peut être attribué à des facteurs situationnels ou temporels ou à une combinaison des deux, tandis qu'un tiers des membres du groupe n'étaient tout simplement pas fatigués au moment de se coucher (c.à.d. éveil temporel).

Deux études ont tenté d'analyser les composantes du traitement par contrôle du stimulus. Tokarz et Lawrence (1974) ont séparé les composantes du contrôle par stimulus (instructions destinées à rendre plus discriminatifs du sommeil le lit et la chambre à coucher) des composantes du contrôle temporel (celles qui régulent le profil de sommeil). Ils se sont aperçus que les deux ensembles de procédures réduisaient de manière importante (et égale) les latences d'endormissement rapportées par les sujets eux-mêmes dans leur échantillon constitué d'étudiants. Zwart et Lisman (1979) ont mené une étude plus complète consacrée à 47 étudiants qu'ils ont divisés en sous-groupes : contrôle par stimulus (toutes instructions), contrôle temporel (se coucher pour dormir seulement quand on sent qu'on somnole, se lever chaque jour à la même heure, ne pas faire de sieste pendant la journée), contrôle non-contingent (nombre fixe de réveils au cours des vingt minutes qui suivent le coucher), contre-contrôle (rester assis au lit, regarder la TV, etc. si on n'arrive pas à s'endormir) et enfin pas de traitement du tout. Selon Zwart et Lisman, la stratégie de contre-contrôle se révélait aussi efficace que le set complet des instructions de contrôle du stimulus. Une explication fournie par les auteurs de l'efficacité surprenante de la procédure de contre-contrôle est que cette dernière assure la déconnexion contingente du lit et du moment du coucher en tant qu'indicateurs de l'activation mentale. Une étude due à Turner et Ascher (1979b) va également dans le sens de la suppression des indicateurs cognitifs de la chambre à coucher et de la période qui précède immédiatement le sommeil. Ces auteurs rapportent que les sujets de leur étude ont trouvé que les instructions de contrôle par stimulus servaient à «séparer d'une part le fait de se trouver au lit et d'autre part le comportement de pensée». La procédure de contre-contrôle peut donc agir en tant que technique de distraction, en occupant à dessein chez l'insomniaque la période se situant avant le sommeil. Il vaut la peine de noter ici qu'il existe peut-être des parallèles à tracer avec les méthodes de traitement paradoxales dans lesquelles l'attention est volontairement détournée des efforts faits pour s'endormir (Ascher, 1980).

En résumé, les preuves de l'activation situationnelle dans l'étiologie de l'insomnie sont, au mieux, équivoques. On peut avancer d'autres explications de l'efficacité des techniques de contrôle par stimulus. En effet, Lacks (1987), qui a construit un manuel de traitement sur le principe du contrôle par stimulus, accepte l'idée selon laquelle l'éveil conditionné au moment du coucher constitue un facteur de maintien de l'insomnie lorsque les causes de départ du problème de sommeil (p. ex. le stress ou la maladie) ont disparu. De l'examen des rapports de recherche mentionnés ci-dessus, il ressort également qu'il faut encore examiner de manière adéquate les facteurs opérant dans l'insomnie chez les sujets qui se présentent à la consultation en se plaignant d'insomnie chronique.

Certains insomniaques font état d'une aversion à l'encontre du lit; ils témoignent notamment d'un éveil anticipatif et répugnent à se mettre au lit même lorsqu'ils sont fatigués. Ceci ne nous surprendra pas, étant donné que l'expérience du sommeil, chez de nombreuses personnes dormant mal, est à la fois déplaisante et frustrante. Les rapports entre stimuli situationnels et réactions émotionnelles méritent qu'on leur consacre d'autres études, et il reste la possibilité que la désensibilisation à l'environnement de la chambre à coucher constitue une composante efficace des traitements de certains individus (voir le chapitre 6 pour une présentation des premières études ayant recours aux méthodes de désensibilisation). Nous avons également souligné, dans un petit rapport clinique (Espie et Lindsay, 1987), la relation existant entre le «contrôle cognitif» et les stratégies de contrôle par stimulus. Il est probable que la piste la plus prometteuse soit, dans les recherches futures, celle des cognitions survenant au lit et incompatibles avec le sommeil, cognitions qui relient le modèle de l'éveil psychologique et celui de l'éveil situationnel.

Facteurs temporels

Lacks (1987) fait le commentaire suivant : les facteurs temporels «ne trouvent pas vraiment leur place dans un modèle opérant, ... néanmoins, l'établissement d'un horaire de coucher régulier se retrouve également dans les méthodes de contrôle par stimulus définies par Bootzin». Il est donc important de faire la distinction entre d'une part le contrôle par stimulus en tant que construction comportementale dotée d'une signification technique et d'autre part la même expression appliquée de manière plus souple afin de définir un ensemble de procédures cliniques. De ce point de vue conceptuel, l'étude de composantes menée par Zwart et Lisman et décrite plus haut se révèle fort utile. Le fait de considérer séparément dans ce chapitre les aspects situationnels et temporels de l'environnement semble dès lors justifié.

A ce stade, il peut être utile de présenter une analyse résumée de ces facteurs (tableau 3).

Influences situationnelles sur le sommeil	*Influences temporelles sur le sommeil*
(1) être couchée lumières éteintes	(1) synchroniser le sommeil avec l'«état de fatigue»
(2) avoir un lit confortable et un environnement de chambre à coucher propice au sommeil	(2) établir un timing de l'éveil et du lever chaque jour
(3) éviter, dans la chambre à coucher, les activités incompatibles avec le sommeil	(3) éviter les siestes hors de la période de sommeil
(4) se lever du lit si on s'éveille et quitter la chambre à coucher	

Tableau 3 — *Comparaison des facteurs situationnels et temporels associés au sommeil et à son environnement.*

Il existe des preuves qui viennent à l'appui d'un modèle temporel et qui suggèrent que les insomniaques n'ont pas toujours envie de dormir lorsqu'elles se couchent, ou ne sont pas en tout cas dans l'état optimal pour le faire. Le premier patient de Bootzin traité à l'aide d'une thérapie de contrôle par stimulus pourrait très bien en être un exemple typique : «Son profil de sommeil avant traitement était d'essayer de s'endormir vers minuit, mais d'être incapable de dormir avant trois, parfois quatre heures du matin» (Bootzin, 1972; Bootzin et Nicassio, 1978). Une des explications évidentes de cette inefficacité du sommeil est le trop grand laps de temps passé au lit plutôt que l'insuffisance de la quantité de sommeil en soi (Dement, Seidel et Carskadon, 1984). Il se peut que de tels individus tentent de se coucher trop tôt, sans tenir compte de leur « disposition » au sommeil. A ce point de vue, les réponses à l'item 7 du Sleep Disturbance Questionnaire (tableau 2) sont très révélatrices. Seules un tiers des insomniaques de notre enquête étaient vraiment fatiguées au moment de se coucher, et jusqu'à 15 % d'entre elles se couchaient sans être fatiguées.

Donc, le coucher peut être déclenché par des facteurs tels que de mauvaises habitudes ou conventions, par l'absence d'activité préalable qui justifierait de rester éveillé ainsi que par l'angoisse de voir réapparaître les pertes de sommeil des nuits précédentes. Synchroniser le coucher avec la disposition biologique peut dans ce cas se révéler un traitement approprié. En effet, Zwart et Lisman (1979) ont vérifié que les instructions de contrôle temporel constituaient un traitement efficace et suffisant de l'insomnie, surtout lorsqu'une attente positive a été induite. Ces améliorations, atteintes par le seul recours aux instructions de contrôle temporel, sont à mettre en rapport avec celles obtenues par Tokarz et Lawrence (1974) et suggèrent que la thérapie par contrôle du stimulus fonctionne peut-être par l'amélioration de l'harmonisation du cycle circadien de l'individu plutôt que par le reconditionnement des réactions à l'environnement.

Nous renvoyons le lecteur aux preuves présentées au chapitre 2 d'une variabilité considérable du profil de sommeil d'une nuit à l'autre chez l'insomniaque. Le modèle de l'éveil temporel va dans ce sens en soulignant le besoin de voir se développer un rythme de sommeil cohérent qui s'insère harmonieusement dans le cycle veille/sommeil de l'individu réparti sur 24 heures. Le fait de fixer le moment du réveil et de se lever peu de temps après permet d'assurer le caractère prévisible de la période de sommeil nuit après nuit. De plus, cette instruction (parallèlement à l'interdiction des siestes pendant la journée) permet également d'assurer que le sommeil restaurateur ne peut s'obtenir en dehors de la période optimale de sommeil (tableau 3). On sait que les siestes de l'après-midi et du début de soirée sont associées à des latences d'endormissement plus longues et à une réduction significative du sommeil de stade 4 pendant la nuit (Karacan et coll., 1970; Lichstein et Fischer, 1985). Les siestes de l'après-midi et les petits sommes peuvent également mener à un renversement partiel du cycle veille/sommeil (Kamgar-Parsi, Wehr et Gillin, 1983).

LES MODÈLES DE L'ÉVEIL - RÉSUMÉ

Ce chapitre a présenté une description des trois modèles principaux de l'insomnie chronique, à savoir l'activation du système nerveux, l'éveil psychologique et l'éveil dépendant de l'environnement. On a vu que chacun de ces modèles-parents comprenait deux sous-modèles. Chacun d'entre eux a été décrit et discuté en détail.

Un problème qui survient lorsqu'on passe en revue la littérature existant dans ces domaines est que la plupart des études se sont attachées à identifier les points communs existant chez les insomniaques, c'est-à-dire à rechercher les preuves à l'appui d'un modèle unique ou allant à l'encontre de ce modèle unique. Dans la mesure où des preuves existent en faveur des six modèles présentés et que quelques-unes de ces preuves sont très solides, il semblerait raisonnable de conclure que plus d'un modèle puisse être d'application. Ceci à son tour suggère qu'il faut faire attention aux différences existant entre les insomniaques qui se présentent à la consultation et reconnaître la possibilité que l'insomnie survienne pour diverses raisons à l'intérieur de tout échantillon d'insomniaques constitué au hasard. En effet, plus d'un modèle peut se révéler valable chez un individu donné. De plus, un modèle valable pour expliquer l'apparition de l'insomnie n'expliquera pas le maintien de cette insomnie, et inversement.

S'il faut sélectionner un seul modèle, alors il semble qu'au moment où nous écrivons ces lignes ce soit le modèle de l'éveil cognitif qui recueille le plus de suffrages. Néanmoins, dans l'évaluation et le traitement de l'insomniaque qui se présente à la consultation, une telle généralisation peut présenter une valeur pratique limitée. En fait, elle pourrait même amener des malentendus. Il serait plutôt utile, pour le praticien, de considérer la phase d'évaluation comme une période de testing d'hypothèses. La formulation des problèmes de sommeil de l'insomniaque devrait alors déterminer le traitement, et on espère que cela augmentera au maximum le bénéfice qui en est retiré. Dans le chapitre qui va suivre, nous allons nous intéresser à cette évaluation de l'insomnie.

# Chapitre 4
L'évaluation de l'insomnie

Les chapitres précédents l'ont clairement montré, l'insomnie n'est pas un état clinique simple. Sa présentation peut comporter plusieurs facettes; ses paramètres peuvent être à définir, son étiologie peut être complexe et dans tous ces aspects il peut y avoir une grande variabilité individuelle. Toutefois il est maintenant important de voir la manière dont le clinicien peut évaluer l'insomnie. Etant donné les déclarations que nous venons de faire, cela peut paraître une tâche ardue. Au cours de ce chapitre, nous partons cependant du principe que le clinicien en question n'est pas un spécialiste du sommeil (c'est d'ailleurs le cas dans la majeure partie de la pratique clinique).

Ce chapitre est construit de manière à mener le clinicien à travers un protocole d'évaluation complet et qui, en même temps, permet d'évaluer les (et de se consacrer aux) aspects du problème qui revêtent une importance cruciale pour l'individu en question. Le but de l'évaluation devrait non seulement être la production d'une information correcte et fiable dans ses descriptions, mais également la formulation du problème de sommeil de l'individu, ce qui va déterminer la forme de l'intervention. C'est seulement de cette manière qu'on peut déboucher sur le succès du traitement. Evaluation, formulation et détermination doivent être intimement liées à la sélection des objectifs et stratégies de traitement. On ne pourra trop insister sur l'importance de ce point, et on retrouvera ces sujets en détail à divers endroits du présent chapitre.

ÉVALUATION GÉNÉRALE
  Historique
  Etat actuel

ÉVALUATION SPÉCIFIQUE DU SOMMEIL
  Profil de sommeil
  Qualité du sommeil
  Fonctionnement diurne

ÉVALUATION PRÉVISIONNELLE
  Détermination des objectifs de traitement
  Evaluation des objectifs de traitement
  Accord sur les objectifs de traitement
  Réalisation des objectifs de traitement

Tableau 4 — *Domaines d'évaluation constituant la structure générale du contenu du chapitre 4.*

Le tableau 4 reprend le contenu du chapitre. L'évaluation clinique de l'insomnie se développe sur trois dimensions. Tout d'abord, il y a le besoin de ce qu'on peut appeler une «évaluation générale»; celle-ci permet au clinicien de replacer le problème de sommeil dans le contexte de la santé personnelle et du fonctionnement général, au moment même et dans une perspective historique. Ensuite, il y a une «évaluation plus spécifique» du sommeil en soi, de l'expérience du sommeil chez l'individu, ainsi que des effets diurnes associés. En troisième lieu, et c'est très important, il y a une «évaluation prévisionnelle» où on met l'accent sur le testing d'hypothèses et sur la mise au point d'une intervention efficace. Nous considérerons tour à tour ces trois domaines.

ÉVALUATION GÉNÉRALE

Renseignements d'ordre historique

Il convient de rassembler une information de fond dans les domaines cités au tableau 5. Les trois sources principales de cette information sont (1) l'entrevue clinique fouillée, (2) l'examen des dossiers médicaux pertinents et (3) la discussion de ce matériel avec tout clinicien possédant une connaissance plus détaillée des renseignements à obtenir.

Il devrait être possible de récolter les renseignements cités ci-dessus dans le cadre d'une entrevue initiale dont la durée n'excède pas une heure. En effet, dans la pratique, il est généralement possible de récolter des renseignements à la fois d'ordre historique ou actuel lors de l'entrevue de contact et de passer en revue toute information nécessaire à peu près au même moment si cela n'a pas été fait avant. Il n'est pas utile ici de fournir des instructions spécifiques quant à la manière de dresser un historique clinique de routine. Les skills sont similaires d'une discipline à l'autre et nous renvoyons le lecteur à tout ouvrage majeur consacré à la pratique de la médecine, de la psychiatrie ou de la psychologie clinique. Les lecteurs qui ont besoin d'une guidance plus spécifique se réfèreront au protocole préparé par Lacks (1987) (tableau 5, 1 à 4).

INFORMATION HISTORIQUE
    Historique du profil de sommeil
    Historique des plaintes en matière de sommeil
    Historique médical
    Historique du fonctionnement psychologique / des troubles psychiatriques
    Historique du traitement, médicaments et autres

Sources : entrevues, examens de cas, discussions avec les autres praticiens.

Tableau 5 — *Evaluation générale de l'insomnie. Partie 1 : récolte de renseignements d'ordre historique.*

Historique du profil de sommeil

Il est utile de se représenter la manière dont le profil de sommeil d'un individu s'est présenté et a évolué à travers le temps, la manière dont ce profil a résisté ou non aux changements et à la pression ainsi que la perspective diachronique qu'un individu peut avoir par rapport à son sommeil et par rapport à lui-même en tant que personne dormant bien/ mal/normalement. La plupart des insomniaques peuvent faire état d'une durée approximative de leur problème de sommeil. Il est donc important d'établir des comparaisons critiques de l'état du sommeil avant et après cette modification «pathologique» et d'enregistrer toutes les attributions et/ou explications pouvant être fournies par la personne qui souffre d'insomnie.

Historique de la (des) plainte(s) relative(s) au sommeil

Logiquement, ceci constitue le stade suivant dans la prise de renseignements de nature historique. Il faut identifier les périodes pendant lesquelles le sommeil a été meilleur ou moins bon et s'intéresser à la manière dont la plainte relative au sommeil est différente par rapport aux épisodes précédents de recherche d'aide (s'il y en a eu). Il faut soigneusement récolter des renseignements sur les craintes de la patiente par rapport à la perte de son sommeil, ainsi que sur l'intrusion que le problème a, en pratique, généré au fil du temps; il convient également de récolter des données quantitatives.

Historique médical

Nous renvoyons à ce sujet le lecteur au chapitre 1, lorsque nous parlions des troubles de l'endormissement et du maintien du sommeil (l'insomnie associée à des conditions médicales). Un grand nombre de troubles sont susceptibles d'affecter le sommeil, soit directement soit indirectement parce qu'ils génèrent de la douleur ou de l'inconfort. Il faut noter l'association des problèmes de sommeil et de la présence de tels états dans l'historique médical de la patiente, et rechercher les avis médicaux appropriés.

Historique du fonctionnement psychologique

Il convient de demander à la personne s'il y a eu au cours de sa vie des épisodes de troubles psychiatriques formels ou de traitement de problèmes de santé mentale. En particulier, il est possible qu'il y ait eu des épisodes de dépression, certains d'entre eux n'ayant jamais été communiqués au médecin de famille. Un historique du fonctionnement psychologique devrait également prendre en compte les niveaux d'anxiété (tant de l'anxiété-trait que de l'anxiété-état), des paniques, ainsi que les fluctuations des profils de sommeil en rapport avec les pointes normales des niveaux d'anxiété (p. ex. examens, pression professionnelle). Il est important de récolter une information indépendante auprès des médecins ou autres praticiens qui ont pu être impliqués dans la problématique.

Historique du traitement

Ce point est très simple. Il faut noter toutes les prescriptions de médicaments ainsi que les modalités de leur administration. Chaque fois que c'est possible, il faut consulter les dossiers du médecin de famille. Lors de l'entrevue, il faut également évoquer les médecines et traitements alternatifs ainsi que les approches autonomes. Il est possible qu'on ait eu recours à des hypnotiques en vente libre et, bien sûr, à l'alcool, le somnifère que les gens s'auto-administrent le plus couramment.

Les perceptions par la patiente de l'utilité de ces diverses approches de traitement sont importantes. Parfois, les patientes absorbent des médicaments en combinaisons non prescrites, et il est courant d'en voir conserver des médicaments prescrits à un certain moment, afin d'y recourir en cas de besoin. Pour toutes ces raisons, il ne suffit pas de tirer les renseignements relatifs à la consommation de médicaments sur la base unique des dossiers cliniques.

Parallèlement à ces traitements formels, les insomniaques vont invariablement tester diverses solutions comportementales, cognitives ou environnementales à leur problème de sommeil. Il est donc utile de se renseigner sur ce qui a déjà été essayé, sur la durée de cet essai et sur la mesure dans laquelle cela a constitué une aide. Parmi les exemples courants, citons l'achat d'un matelas orthopédique, le fait d'aller se coucher tard, celui d'essayer de penser à des choses agréables, de changer ses habitudes alimentaires et de faire de l'exercice.

Renseignements relatifs à l'état actuel

Le tableau 6 résume la série de renseignements à inclure dans l'évaluation du fonctionnement actuel de la patiente.

RENSEIGNEMENTS RELATIFS À L'ÉTAT ACTUEL DE LA PATIENTE

Etat de santé général
Fonctionnement psychologique actuel
Traitement(s) en cours

Sources : interview de la patiente, examen des dossiers, discussion avec les autres cliniciens impliqués, examen médical, questionnaire/évaluations sur une échelle de scores

Tableau 6 — *Evaluation générale de l'insomnie. Partie 2 : renseignements relatifs à l'état actuel de la patiente.*

Etat de santé général

Les commentaires faits précédemment par rapport à l'historique médical sont pertinents en ce qui concerne l'évaluation de l'état de santé actuel, et il n'est pas utile d'y revenir. Il ne faudrait pas, toutefois, sous-estimer la valeur d'un examen médical approfondi. Il est prouvé qu'un examen physique classique allié à une série de questions prudentes convient pour poser un diagnostic différentiel parmi les diverses sous-catégories de l'insomnie. Guilleminault et Dement (1977) ont rapporté que 85 % des cas de narcolepsie, apnée du sommeil, myoclonie nocturne et syndrome des «jambes sans repos» étaient diagnostiquables en recourant à un examen physique normal réalisé par un médecin. Etant donné la rareté probable de ces troubles spécifiques (du moins par comparaison avec l'insomnie), il est vraisemblable que moins de 2 % de patientes atteintes de troubles du sommeil se trouveront mal classées. D'autres auteurs partagent cette opinion (Coates et Thoresen, 1980).

De plus, une réaction s'est développée ces dernières années à ce que certains pensent avoir constitué une importance trop marquée accordée aux facteurs physiologiques dans les études consacrées à l'insomnie et menées en laboratoires de sommeil. Par exemple, Kales et Kales (1984), cités dans un éditorial très à propos, écrivent qu' «il est temps de redéfinir la valeur du jugement clinique. Il est temps que la balance penche dans l'autre sens, non seulement à cause de la pression économique, mais en raison d'une autre discipline qui s'est perdue, le bon sens» (Scott, 1979). Kales et Kales disent d'autre part que c'est le généraliste, dans le contexte de son bureau, qui est le mieux à même d'évaluer tous les aspects du fonctionnement d'une patiente afin de considérer l'influence de tous les facteurs contributifs et, par là, de comprendre les problèmes de cette patiente. De même, Oswald (1981) conclut que le généraliste est le plus capable de diagnostiquer et de gérer la plupart des troubles du sommeil.

De nouveau, nous renvoyons le lecteur aux sections du chapitre 1 qui décrivent les problèmes d'insomnie associés au trouble médical et/ou physiologique; ces sections reprennent assez de renseignements pour permettre au clinicien de construire une check-list de symptômes utilisable lors de la consultation clinique. Par exemple, la check-list concernant l'apnée du sommeil comprendrait les réveils intermittents, les ronflements bruyants, le souffle court et la réapparition soudaine de la respiration normale. De tels épisodes devraient survenir régulièrement pendant la nuit (questionner le conjoint se révèle souvent très utile dans l'établissement du diagnostic). Parmi les symptômes diurnes, on pourra trouver la somnolence excessive, les maux de tête matinaux ainsi que la prise de poids.

Fonctionnement psychologique actuel

La prise en compte des symptômes relevés couramment dans les troubles de l'anxiété et de la dépression constitue un élément important de l'évaluation du fonctionnement psychologique. Les recherches et études cliniques ont fréquemment rapporté des niveaux élevés d'une telle symptomatologie (voir chapitre 2, p. 45-48). Il convient toutefois de noter que des symptômes de dépression peuvent se présenter en l'absence d'un trouble dépressif formellement identifiable. Sur ce point, nous renvoyons le lecteur au chapitre 1, à la section consacrée aux insomnies associées aux états psychiatriques (p. 35-36). On dispose de toute une série d'instruments (échelles d'évaluation, questionnaires) afin de mesurer l'anxiété et les symptômes dépressifs. Les lignes de conduite décrites ci-dessous aideront le clinicien à décider du choix des évaluations les plus à même de servir un but particulier relevant du domaine clinique ou de la recherche.

Il serait bon que le clinicien sélectionne un outil d'évaluation auquel il est habitué. Bien que les propriétés psychométriques telles que la fiabilité et la validité revêtent une grande importance, toutes les procédures d'évaluation couramment utilisées possèdent leurs forces et leurs faiblesses. C'est le fait qu'un praticien est familiarisé avec une mesure particulière, allié à la connaissance qu'il a de la puissance et des limites de cette procédure appliquée dans le cadre d'un groupe de références particulier qui assureront le meilleur usage de l'information recueillie. L'objectif poursuivi devrait être d'arriver à une approche congruente et prudente de l'évaluation qui dose correctement le jugement clinique et l'évaluation «indépendante» offerte par l'échelle sélectionnée. Il semble raisonnable de considérer un jugement clinique comme une hypothèse à vérifier par l'application d'une telle mesure; de même, une hypothèse formulée à la suite d'une série de scores réalisés sur une échelle d'évaluation devrait être confortée par des entrevues soigneusement réalisées.

Lorsqu'il s'agit de passer au crible la symptomatologie psychologique significative, le General Health Questionnaire (Goldberg, 1978) et le Hospital Anxiety and Depression Scale (Zigmond et Snaith, 1983) comptent parmi les outils les plus utiles. Ils sont tous deux couverts d'éloges par la littérature de recherche et proposent des points-charnières déterminant la présence ou l'absence de morbidité psychologique significative. Un inconvénient du GHQ est qu'il insiste trop sur la dépression grave, ce qui crée une réaction «tout ou rien» à ce facteur. Le HADS permet une évaluation séparée de l'anxiété et de la symptomatologie dépressive sur base de critères-charnières. Un autre avantage de cet outil est qu'il exclut les symptômes somatiques; en effet, ceux-ci compliquent l'évaluation, en particulier pour les populations de médecins ou les personnes âgées.

Parmi les mesures utiles de l'anxiété généralisée, citons le Taylor Manifest Anxiety Scale (1953), le State-Trait Anxiety Inventory (Spielberger, Gorsuch et Lushene, 1970) et le Zung Anxiety Scale (Zung, 1971). Le TMAS est cliniquement sensible; toutefois, ses scores s'obtiennent uniquement sur une base vrai/faux, tandis que les autres instruments ont recours à l'échelle Likert, plus discriminante. On a très souvent recours au ZAS en recherche et en pratique clinique; cet outil offre l'avantage de présenter une évaluation brève (20 items) qui couvre une grande partie de la symptomatologie somatique et affective. Le ZAS semble avoir raisonnablement fait la preuve de sa validité et de sa fiabilité. Le STAI, comme son nom l'indique, fournit des scores comparatifs relatifs à l'anxiété-état et à l'anxiété-trait, scores qui peuvent se révéler utiles lorsqu'il s'agit de considérer le mode de réaction actuel et habituel de l'insomniaque. Le Minnesota Multiphasic Personality Inventory peut également faire ressortir les aspects de la réaction dépressive qu'on peut considérer comme des aspects stables et persistants de la personnalité.

La gamme des mesures d'évaluation de la dépression est également très complète. Similaire au ZAS, le Zung Depression Scale est également bien implanté et comprend 20 items présentés sur une échelle en quatre points (Zung, 1965). Ces propriétés identiques d'échelonnement des deux échelles de Zung facilitent leur utilisation et elles peuvent ainsi constituer un ensemble d'évaluation utile. Le ZDS représente une des premières tentatives de quantification de l'état dépressif, et on a vu qu'il était suffisamment sensible aux changements d'humeur pour se révéler utile en tant que mesure de résultats de traitement. En fait, on préfère le ZDS aux autres échelles, notamment au Beck Depression Inventory (Beck et coll., 1961) et à l'échelle de dépression MMPI (Hathaway et McKinlay, 1942). Schaefer et coll. (1983) ont comparé les validités de ces trois moyens de mesure par rapport à toute une série d'évaluations cliniques, y compris le diagnostic psychiatrique basé sur les critères DSM III. C'est le ZDS qui est ressorti de cette comparaison avec les plus hauts coefficients de validité (de 0.71 à 0.79); les corrélations avec les critères DSM III étaient beaucoup plus élevées que dans le cas des deux autres échelles ($p<0.005$ dans chacun des cas). Il convient toutefois de tempérer ces comparaisons en reconnaissant que tous les inventaires basés sur des rapports établis par les sujets eux-mêmes comportent des limitations. Effectivement, Boyle (1985) a critiqué la fiabilité et la validité de sept mesures de la dépression communément utilisées et basées sur des rapports faits par les sujets eux-mêmes (y compris le ZDS). La plupart des mesures les plus courantes peuvent être considérées comme correctes au niveau psychométrique; c'est dans le cas où cette adéquation se combine à l'habitude d'utilisation qu'on obtient les renseignements cliniques les plus saillants.

Parallèlement à ces échelles qui ont fait l'objet de publications, et avant de quitter le domaine de l'évaluation psychologique, il vaut la peine de noter que les échelles « maison » ont également leur place dans une évaluation, surtout en tant que mesures de traitement « avant/après » relatives aux plaintes et symptômes dont on pense qu'ils revêtent une importance clinique. Par exemple, lorsqu'une patiente se plaint de pensées anxieuses intrusives, une description du contenu spécifique de la pensée, ainsi que de sa fréquence et de sa durée, peut se révéler plus pertinente qu'une mesure générale du trouble de l'anxiété. Il est pour cette raison intéressant que le clinicien et la patiente mettent sur pied une évaluation pertinente des caractéristiques psychologiques qui présentent des corrélations avec l'insomnie. Cette approche augmente la validité écologique et prévisionnelle.

Traitements actuels

Nous avons mentionné les traitements précédents et les méthodes autonomes comme faisant partie de l'anamnèse. Il faut également s'intéresser à l'évaluation des stratégies auxquelles on a recours *actuellement*. Les implications cliniques des interventions pharmacologiques requièrent une considération particulière étant donné que le recours simultané aux stimulants et aux hypnotiques peut mener à la tolérance, à la dépendance et au sommeil de mauvaise qualité (Kales et coll., 1983b). Il se peut que les patientes doivent être stabilisées par rapport à la médication, qu'on doive les sevrer ou les protéger des effets nuisibles de certaines interactions de médicaments. Il convient de discuter avec un médecin compétent de l'impact que les médicaments prescrits, les médicaments en vente libre et ceux que se prescrivent les patientes elles-mêmes peuvent avoir sur le sommeil et sur les aspects généraux du fonctionnement. Nous renvoyons le lecteur au chapitre 10, où il trouvera une description et une discussion détaillées des traitements pharmacologiques. Parallèlement à la prise de médicaments en tant que traitement de fond, la plupart des insomniaques suivront déjà (ou tenteront de suivre) un programme de gestion personnelle. Ceci peut être le résultat d'une longue expérience qui suggère que certaines routines ou comportements améliorent le sommeil, ou encore d'avis recueillis à partir d'autres sources et relatifs à la manière de favoriser le sommeil. C'est au clinicien d'établir, dès le départ, quelles actions personnelles doivent être entreprises. Il peut se révéler utile de demander à la patiente de se remémorer les routines d'une nuit typique, à l'aide de questions du type «et que s'est-il passé après cela?», de manière à obtenir une image détaillée. Les souvenirs évoqués librement par une patiente peuvent être moins fiables et moins complets.

ÉVALUATION SPÉCIFIQUE DU SOMMEIL

Après avoir considéré les aspects généraux de la plainte d'une patiente par rapport à son sommeil, le stade suivant de l'évaluation implique une analyse plus détaillée du profil de sommeil en soi, ainsi que des fonctions diurnes pouvant varier selon ce profil. On trouvera au tableau 7 les éléments cruciaux de cette évaluation. Les données relatives au profil de sommeil, à la qualité du sommeil et au fonctionnement diurne sont essentielles. Il y aura donc trois *types* de données. Celles-ci trouvent trois *origines* différentes : les rapports faits par les patientes elles-mêmes, l'examen objectif et les rapports faits par un informateur/observateur.

	1	2	3
Profil de sommeil	✓	?	✓
Qualité du sommeil	✓	X	X
Fonctionneent diurne	✓	?	?

Tableau 7 — *Comparaison des utilités des rapports faits par les patientes elles-mêmes (1), de ceux faits par un informateur (2) et de l'évaluation objective (3) sur base des trois principaux domaines de l'évaluation du sommeil.*

Le tableau 7 tente de résumer l'utilité de chaque source d'information par rapport à chaque type d'information. Un ✓ représente une source de renseignements «souvent utile», tandis qu'une croix indique une source de renseignements «rarement utile». Le point d'interrogation, quant à lui, apparaît lorsque l'origine des données est «parfois ou partiellement utile». Un rapide coup d'œil au tableau nous montre que dans cette analyse les mesures provenant de rapports faits par les patientes elles-mêmes sont constamment invoquées, ce qui n'est pas le cas des mesures objectives et de celles provenant de rapports faits par des informateurs. Ceci, bien sûr, reflète la prééminence de l'insatisfaction subjective par rapport à certains aspects du sommeil en tant que condition sine qua non de la consultation et du traitement.

La structure du reste de ce sous-chapitre consacré aux aspects spécifiques de l'évaluation du sommeil reprend les éléments présentés dans le tableau 7 et analyse les interactions de ces éléments. Tout d'abord on examinera tour à tour chacune de ces sources d'information et on identifiera leurs forces et leurs faiblesses. Ensuite, le lecteur trouvera une description et une discussion des méthodes d'évaluation auxquelles on peut avoir recours pour recueillir chacun de ces types de données.

Rapports faits par les patientes elles-mêmes

Les deux types de mesures les plus couramment utilisées, en ce qui concerne les rapports faits par les patientes elles-mêmes, sont constitués par les questionnaires relatifs au sommeil et les agendas dans lesquels les patientes consignent les événements en rapport avec leur sommeil. Les questionnaires se révèlent surtout utiles lorsqu'il s'agit d'étudier ou de cibler un grand nombre de sujets. Parmi ceux-ci, citons une des premières études descriptives, celle menée par McGhie et Russell (1962), étude dans laquelle les auteurs avaient recueilli des renseignements relatifs au profil de sommeil de plusieurs centaines de sujets. Plus récemment, Buysse et coll. (1989) ont développé le Pittsburgh Sleep Quality Index et en ont fait un instrument discriminant destiné à être utilisé dans les études cliniques. On s'est aperçu que cette mesure présentait une sensibilité de diagnostic correcte dans la mesure où elle fait bien la distinction entre personnes dormant normalement et personnes dormant mal; sa fiabilité test/retest est quant à elle satisfaisante. L'intérêt principal du questionnaire consacré au sommeil est qu'il est rapide, simple d'utilisation et que sa mise en œuvre est peu onéreuse. Il existe des analyses factorielles ainsi que des données normatives relatives aux questionnaires sur le sommeil (Johns, 1975; Evans, 1977); toutefois, les mesures des paramètres du sommeil présentent généralement de faibles corrélations avec d'une part les agendas de sommeil dont nous parlions plus haut, et d'autre part les enregistrements objectifs du profil de sommeil (Carskadon et coll., 1976; Freedman et Papsdorf, 1976).

Il existe toute une série d'autres limitations aux données fournies par les questionnaires. Les estimations constituent inévitablement une moyenne rétrospective de l'expérience d'un individu. Elles ne font pas partie d'un processus de monitoring dynamique spécifique; les données sont plutôt globales et artificielles. Les rapports sont également susceptibles d'être très dépendants de l'état d'esprit de la personne au moment où elle remplit le questionnaire et/ou de l'expérience du sommeil vécue juste auparavant par cette personne. Il se peut que l'attention de la personne interviewée soit très sélective, et qu'elle se souvienne très bien de nuits où elle a mal dormi ou pendant lesquelles son sommeil a été dérangé, en oubliant de replacer cela dans le contexte plus général du sommeil normal et plus acceptable des autres nuits. De plus, on peut mettre en cause la validité d'un chiffre moyen lorsque la variabilité d'une nuit à l'autre est tellement élevée. Enfin, lorsque l'insomniaque espère un traitement suite à cette évaluation, on va vraisemblablement se trouver face à des rapports biaisés dans le sens d'une exagération du trouble du sommeil. En dépit de leurs inconvénients, les questionnaires en rapport avec le sommeil peuvent générer des données qui s'ajoutent à celles obtenues par les enregistrements continus du sommeil; Bootzin et Engle-Friedman (1981), dans leur étude des méthodes d'évaluation, considèrent que le questionnaire relatif au sommeil joue encore un rôle utile.

Toutefois, la plupart des études de traitements les plus influentes ont préféré, à la méthode du questionnaire, le recours à l'agenda de sommeil. Le recours généralisé à ces «sleep logs» quotidiens, basés sur les travaux de Monroe (1967), a amené Bootzin et Nicassio (1978) à les décrire comme «le produit principal des procédures d'évaluation dans la recherche en matière de résultats de traitement de l'insomnie». Le dossier est complété chaque matin au réveil et reprend des variables telles que : nombre de minutes avant endormissement, durée totale du sommeil (en heures et minutes), fréquence des réveils intermittents et proportion de temps passé endormi au lit. On peut également incorporer dans ce journal des évaluations qualitatives relatives p. ex. à la «satisfaction par rapport au sommeil», et à l'«état de repos». Pour cette raison, l'agenda de sommeil rend la tâche du patient plus spécifique et moins ambiguë que le questionnaire, tandis qu'il réduit le problème des réponses biaisées, mais pas entièrement. Certains chercheurs ont demandé aux patients de renvoyer leurs relevés chaque jour par la poste, afin de contrer la tendance de certains à remplir rétrospectivement leur agenda de sommeil un jour avant le rendez-vous suivant (p. ex. Lick et Heffler, 1977; Lacks et coll., 1983a). Steinmark et Borkovec (1974) ont également mis sur pied un modèle expérimental qui contrôle les effets d'attente induits par la thérapie ainsi que les caractéristiques de la demande, ce qui améliore la fiabilité des rapports faits par les patientes elles-mêmes. Plus loin (chapitre 6, p. 158-159), nous décrivons cette manipulation de type «attente négative». On peut corriger d'autres inexactitudes des rapports obtenus par le biais de l'agenda de sommeil en mettant en œuvre des procédures de training qui assurent la réalisation de certains critères de rapport avant qu'on accepte comme valables les données présentées dans le journal. On trouvera plus loin (sous-chapitre consacré à l' «évaluation du profil de sommeil») une description de ces procédures de training.

On a cité à l'appui de la fiabilité des mesures présentées par les agendas de sommeil une enquête menée par Coates et coll. (voir Bootzin et Engle-Friedman, 1981). En ce qui concerne les latences d'endormissement, ces chercheurs ont obtenu une corrélation moyenne test/retest de 0.93 chez les personnes dormant mal et de 0.58 chez les personnes dormant normalement. Les chiffres comparables de l'évaluation EEG test/retest étaient respectivement de 0.70 et 0.58. La fiabilité moyenne de l'agenda de sommeil était de 0.69 et 0.35, tandis que celle de la mesure EEG était de 0.66 et 0.60 (les premiers coefficients se rapportent aux personnes dormant mal, et les seconds aux personnes dormant bien). Sur base de ce travail, il semble dès lors raisonnable de conclure que le rapport fait par l'insomniaque dans son agenda est, au niveau de la fiabilité, au moins comparable à l'évaluation EEG. Les mesures relatives à la validité de cette démarche se sont également révélées encourageantes. On s'est aperçu que les mesures relevées dans les agendas des patients présentaient une corrélation élevée avec les estimations réalisées par des observateurs et relatives à la même nuit de sommeil (r = 0.84; Turner et Ascher, 1979a). Nous renvoyons le lecteur au chapitre 1 (p. 30-33) s'il désire une description et une discussion plus approfondies de la validité des données rapportées par les patientes elles-mêmes.

Si l'on excepte les raisons de facilité, et indépendamment de la fiabilité et de la validité attestées, il existe pour le clinicien une autre raison impérieuse d'avoir recours aux données présentées par les patientes elles-mêmes : ces dernières sont tout simplement indispensables, étant donné que c'est immanquablement la plainte verbale de l'insomnie qui fait qu'une personne demande de l'aide. Les affirmations orales et écrites, qu'elles se présentent sous la forme d'un questionnaire ou d'un agenda de sommeil tenu nuit après nuit, doivent revêtir une importance primordiale en ce qui concerne l'évaluation. Si cela se vérifie au niveau des paramètres effectifs du sommeil (tels que la latence d'endormissement ou le nombre d'heures passées à dormir), c'est encore plus vrai en ce qui concerne les aspects qualitatifs et d'attribution du sommeil. Les rapports indépendants du sujet (que ce soit ceux provenant d'un observateur ou d'unités objectives de monitoring) n'ont rien à apporter à l'évaluation de la qualité du sommeil. La qualité du sommeil est quelque chose qu'on «ressent», quelque chose d'empirique, de non tangible, et cette qualité du sommeil est souvent ce qui se trouve au cœur de la plainte clinique. De même, bien qu'on puisse concevoir que la performance diurne soit mesurable (p. ex. tests de temps de réaction, attention sélective, efficacité du travail), ce sont souvent les perceptions que le sujet peut avoir de sa performance diurne qui vont déterminer sa préoccupation vis-à-vis d'elle. De plus, on expérimente souvent des variations de l'humeur, en particulier des humeurs négatives, mais elles ne sont que rarement observables. C'est de nouveau l'agenda de sommeil qui se révèle le mode de rapport autonome le plus utile en ce qui concerne l'obtention de renseignements relatifs à la qualité du sommeil.

En résumé, les données fournies par les patientes elles-mêmes sont essentielles dans toute évaluation adéquate de l'insomnie. Il n'y a que l'insomniaque qui puisse fournir des renseignements à la fois sur son profil de sommeil, sur l'expérience de ce sommeil et ses effets. Pour cette raison, il semble raisonnable de considérer les rapports faits par les patientes elles-mêmes comme une source principale d'information ; les mesures objectives et celles réalisées par un observateur corroboreront plutôt qu'elles ne constitueront des mesures/critères. Ces mesures obtenues sur base d'un agenda de sommeil tenu par la patiente sont à préférer, et elles prennent leur véritable valeur lorsqu'on les relève de manière continue, nuit après nuit, à la suite d'un training satisfaisant.

Rapports d'informateurs/observateurs

Un certain nombre de chercheurs ont eu recours aux observations faites par les infirmières (Erwin et Zung, 1970; Kupfer, Wyatt et Snyder,

1970) et par les conjoints ou compagnes de chambre (Nicassio et Bootzin, 1974; Turner et Ascher, 1979a; Lacks et coll., 1983b) pour mesurer le profil de sommeil indépendamment des rapports faits par la patiente elle-même. On demande à l'observateur de tenir compte de critères tels que le fait que la patiente a les yeux fermés, l'absence de mouvements volontaires, la profondeur de la respiration et l'incapacité de répondre à des questions-tests du style «Tu dors?». Sur base de ces renseignements, on demande à l'observateur de décider si la patiente était éveillée ou endormie.

Dans le contexte du service hospitalier on a eu recours à des procédures d'échantillonnage desquelles on a tiré des estimations relatives à la latence d'endormissement, à la durée du sommeil et à la fréquence des réveils; toutefois, les données générées par les études disponibles ont produit des résultats très différents en ce qui concerne la fiabilité de ces observations. Erwin et Zung (1970) ont régulièrement dégagé des coefficients de fiabilité supérieurs à 0.90, tandis que selon Kupfer, Wyatt et Snyder (1970), moins de 25% des estimations étaient «déterminées correctement» par comparaison avec les critères EEG. Il convient toutefois de noter que les sujets de cette dernière étude étaient des personnes hospitalisées en service psychiatrique; bon nombre d'entre elles souffraient de dépression, et on ne peut les considérer comme nécessairement comparables aux insomniaques primaires. De plus, dans l'étude de Kupfer et coll., près d'un tiers des observations elles-mêmes ont précipité des modifications des phases du sommeil, ce qui suggère que le processus de monitoring en lui-même pourrait jouer un rôle d'intrusion inacceptable. Une autre limitation importante de ces observations réalisées par des infirmières est constituée par le fait qu'il faut hospitaliser les patientes, ce qui soulève la question de savoir si on peut considérer les données récoltées dans un environnement contrôlé comme représentatives du sommeil insomniaque qui, lui, survient surtout à la maison.

Bien que la collaboration des conjoints ou des compagnes de chambre en tant qu'observateurs constitue une solution au dernier problème évoqué, cette approche n'en comporte pas moins d'importantes limitations. De tels observateurs sont rarement capables de fournir des données cohérentes, à moins qu'ils ne dorment mal également ou ne désirent (et soient surtout capables de) rester éveillés et vigilants. En ce qui concerne l'évaluation de l'insomnie modérée à grave, les rapports faits par des observateurs semblent ne pas avoir d'autre utilité que de corroborer les données rapportées au sujet de leur profil de sommeil par les patientes elles-mêmes.

Les rapports dus aux observateurs n'ont donc pas grand-chose à offrir en ce qui concerne la mesure des indices de la réalité du sommeil; intéressons-nous maintenant aux autres types de données nécessaires pour l'évaluation du sommeil (voir tableau 7). Il est clair qu'on ne peut mesurer la qualité du sommeil indépendamment de l'expérience du sommeil en elle-même. Pour cette raison, le rapport fait par un observateur ne peut se faire qu'à travers des déductions se basant sur l'observation de la performance diurne, de l'état d'alerte, de la fatigue, de l'humeur, etc. Toutefois, les données récoltées par un observateur au sujet de telles fonctions diurnes peuvent revêtir une valeur considérable en tant que preuves plus directes de l'impact de l'insomnie sur le cycle de 24 heures. Jusqu'à présent on a gravement négligé ce domaine d'intérêt, que ce soit dans les recherches ou les rapports cliniques. Le sous-chapitre consacré à l'évaluation du fonctionnement diurne, qu'on trouvera plus loin dans ce chapitre (p. 114-118), donne des exemples d'échelles et d'items auxquels peuvent répondre à la fois l'insomniaque et un témoin indépendant. Il faut prendre soin de réduire au minimum la collaboration et, de ce point de vue, des coups de sonde téléphoniques intermittents sont susceptibles de fournir des renseignements plus fiables que des tableaux remplis de manière continue. De nouveau, c'est le rapport fait par la patiente elle-même qui va inévitablement constituer le noyau des données, et on tentera de le soumettre à la vérification d'une évaluation indépendante. Il est également possible d'imaginer une évaluation sur base d'une entrevue structurée réalisée avec le témoin indépendant avant et après le traitement. L'entrevue permettrait au clinicien de tester la force et l'importance clinique des modifications rapportées au niveau du fonctionnement diurne.

En résumé, le rapport fait par un observateur comporte d'importantes limitations, et on ne peut le considérer comme source principale de données. Il peut cependant fournir une corroboration utile au sujet du sommeil lui-même ou des renseignements en rapport avec le sommeil. En particulier, on pourrait approcher la performance et le fonctionnement diurnes de manière plus utile, plus «imaginative» en faisant plus souvent appel aux observateurs. Il est clair que la sélection et l'entraînement d'observateurs appropriés revêtiront une importance fondamentale, et qu'il faudra s'efforcer de faire en sorte que les données recueillies s'appuient sur certains critères et soient véritablement indépendantes de celles fournies par les patientes elles-mêmes.

Evaluation objective

La plus connue et la plus utilisée des méthodes objectives d'évaluation du sommeil est sans nul doute l'électroencéphalographie. Toutefois, d'autres moyens objectifs de mesure sont à notre disposition et, ces dernières années, on les a vu apparaître dans la littérature comportementale. Il vaut mieux considérer séparément ces diverses approches de l'évaluation objective.

Evaluation par EEG

On s'est intéressé à l'enregistrement polygraphique du sommeil sur la nuit complète à la suite de la découverte des modifications neurophysiologiques qui séparent l'état de veille de celui de sommeil (Loomis, Harvey et Hobart, 1937) et de celle, fondamentale, du sommeil REM (Aserinsky et Kleitman, 1953). On en est arrivé à une définition complète des divers stades du sommeil (Rechtschaffen et Kales, 1968). Au cours de ces trente dernières années s'est développée une importante littérature consacrée à la recherche et qui a décrit les profils de sommeil, les stades du sommeil et ses troubles sur base des définitions objectives de l'EEG. Une bonne partie de ce travail est le produit des nombreux Sleep Disorders Centres qui se sont créés depuis 1975 surtout aux Etats-Unis. On doit à Sassin et Mitler (1987) un compte-rendu intéressant et très lisible du développement historique de ces centres et de l'évolution de la « médecine relative aux troubles du sommeil» en général.

Bien que l'abréviation «EEG» fasse uniquement référence à l'enregistrement électrophysiologique de l'activité cérébrale, et cela par des positionnements-types d'électrodes, l'EEG s'enregistre en pratique par l'intermédiaire d'un polygraphe, dont les divers canaux servent également à mesurer les mouvements oculaires (EOG) et l'activité musculaire (EMG). L'enregistrement combiné de l'EEG, de l'EOG et de l'EMG génère des tracés polygraphiques envoyés à une imprimante et qui peuvent être rendus visuellement en segments de 20 ou 30 secondes. On peut assigner ces segments à des stades du sommeil selon les critères reconnus énoncés par Rechtschaffen et Kales (1968). Des données objectives sont ainsi recueillies au cours des diverses phases de la période de sommeil, et l'EEG ne convient que pour l'analyse descriptive détaillée et pour le diagnostic définitif des troubles du sommeil peu courants.

Les avis divergent quant au rôle de la polysomnographie dans l'évaluation et la gestion de l'*insomnie chronique*. Jacobs et coll. (1988) rapportent les résultats d'une étude consacrée à 123 patientes d'une même série qui avaient été soumises à des évaluations complètes par entrevues cliniques, à qui on avait demandé de faire un rapport sur leurs périodes de sommeil et qui avaient subi deux nuits d'évaluation polysomnographique en laboratoire. Les chercheurs ont passé en revue de manière indépendante l'évaluation de chacune des patientes afin de déterminer en particulier si les conclusions obtenues par les mesures en laboratoire confirmaient l'impression clinique de départ, la réfutaient ou ne la confortaient pas. Jacobs et coll. rapportent que dans 49 % des cas, la polysomnographie s'ajoutait à l'impression clinique, la réfutait ou ne la confortait pas. Toutefois, Regestein (1988) a vivement critiqué la méthodologie à laquelle Jacobs et coll. ont eu recours. Selon cet auteur, certains cas ont été inclus dans l'étude de manière inappropriée (p. ex. des études relatives au sommeil des dépressifs) tandis que d'autres présentaient des troubles du sommeil pouvant difficilement constituer des causes d'insomnie. Regestein considère qu'il est possible que Jacobs et coll. aient considérablement exagéré l'importance, au niveau du diagnostic, de l'évaluation du sommeil. Néanmoins, il semble qu'on s'accorde pour dire qu'il convient d'appliquer la polysomnographie à la suite d'une évaluation clinique minutieuse, et après qu'on ait eu recours sans succès à un traitement éducatif et comportemental approprié, ou alors dans les cas où l'on soupçonne dès le départ l'existence de troubles spécifiques tels que l'apnée du sommeil (Billiard, Besset et Passouant, 1981; Jacobs et coll., 1988; Regestein, 1988).

On a fait au chapitre 1 une présentation complète du rapport existant entre d'une part les renseignements donnés par les patientes elles-mêmes au sujet de leur sommeil et d'autre part les données provenant de l'EEG, cela dans le contexte des catégories DIMS des insomnies psychophysiologiques et empiriques (p. 30-33). On y a évoqué la fiabilité et la validité relatives des renseignements obtenus par agendas de sommeil. Il peut être intéressant pour le lecteur d'y retourner maintenant. Il convient cependant de noter qu'il existe toute une série de problèmes pratiques et méthodologiques associés au recours à l'évaluation par EEG.

Tout d'abord, l'enregistrement EEG constitue une procédure hautement technique, et il est rarement possible que le clinicien puisse y avoir accès dans le cadre de la routine de la consultation. Etant donné les taux élevés de présentation de l'insomnie dans la pratique générale, le recours à l'évaluation EEG en tant que mesure de résultats de traitement semble hors de question. Même dans le cadre de recherches visant à évaluer le traitement psychologique et pharmacologique, on a rarement relevé des mesures en laboratoire de sommeil pendant plus de trois nuits consécutives à l'intérieur d'une phase de traitement. De plus, l'enregistrement EEG est très onéreux, et le coût des rouleaux de papier nécessaires n'y est pas étranger (il en faut entre 300 et 700 mètres par nuit et par sujet). La logistique (services techniques et surveillance) présente également un coût élevé.

En deuxième lieu, pendant leur première nuit passée en laboratoire, on sait que les patientes ont besoin de plus de temps pour s'endormir, qu'elles se réveillent plus souvent et qu'elles passent au total plus de temps éveillées que les nuits suivantes, au moment où elles se sont adaptées à leur nouvel environnement de sommeil (Agnew, Webb et Williams, 1967; Rechtschaffen et Verdone, 1964). Pour cette raison, il est maintenant courant qu'on inclue dans les études consacrées au sommeil une nuit permettant l'adaptation, afin de contourner cet «effet de la première nuit». Bien qu'il puisse y avoir moins de réactions au cours des nuits suivantes, il faut se souvenir que selon l'hypothèse du contrôle par stimulus on devrait s'attendre à un caractère moins transitoire des altérations du profil de sommeil des insomniaques chroniques; la direction de ces changements est également variable : le profil de sommeil peut s'améliorer plutôt que de se détériorer. Le fait de retirer le sujet de son environnement constitue, à cet égard, une variable susceptible d'amener la confusion, en particulier si l'on reconnaît que l'étude de l'insomnie n'est pas uniquement de nature biologique mais également de nature socio-comportementale. De ce point de vue, il conviendrait également de noter que les modifications de la relaxation physique et mentale sont susceptibles d'influencer le problème qu'on est en train d'observer. Le fait de se voir placer de nombreuses électrodes, ainsi que la nouveauté constituée par l'environnement du laboratoire, peuvent occuper la pensée du sujet et amener des soucis intrusifs ou produire de l'angoisse chez un sujet naïf et peu au courant des procédures et objectifs visés.

En troisième lieu survient un autre problème méthodologique lorsque les chercheurs demandent aux sujets de ne dormir que dans les limites de périodes d'enregistrement prédéterminées. Cela s'est déjà fait afin de tenter de réaliser des comparaisons entre divers groupes ou encore afin de tenir compte des impératifs de tranches horaires du personnel technique. Ce type de manipulation expérimentale exerce certainement des effets sur le processus du sommeil lui-même pendant les nuits d'enregistrement, mais est également susceptible de modifier le profil de sommeil les nuits suivantes en raison du rééchelonnement des heures de réveil. Il convient de préférer un schéma de fonctionnement «ad libitum», ce qui présente l'avantage de permettre aux sujets de rester au lit aussi longtemps qu'ils le désirent.

Le développement de la polysomnographie réalisée à domicile et par laquelle les données polygraphiques sont transmises par ligne téléphonique (Coates et coll., 1982a) permet de surmonter partiellement les contraintes méthodologiques exposées plus haut. L'enregistrement à domicile permet de réaliser l'évaluation dans le cadre naturel de la patiente, mais reste onéreux et dérangeant ; d'autre part, les problèmes techniques éventuels peuvent amener la perte d'importantes quantités de données (Ancoli-Israel et coll., 1981). Bien sûr, les progrès techniques continueront d'aplanir ces difficultés. Par exemple, on a dès à présent mis au point et testé avec succès des systèmes de monitoring EEG portables destinés à l'évaluation du sommeil et à l'analyse de ses divers stades ; ces unités enregistrent les signaux sur cassettes audio destinées à subir un décodage ultérieur.

En résumé, donc, l'évaluation EEG permet un diagnostic et des renseignements descriptifs très valables. Lorsque ce type de matériel est disponible, il faut y recourir. Toutefois, l'évaluation EEG n'est indispensable ni dans l'évaluation de routine ni dans le traitement de l'insomnie primaire. Elle n'est pas capable de prédire de futures plaintes relatives au profil du sommeil et n'offre rien en ce qui concerne l'évaluation de sa qualité. L'évaluation EEG continuera de jouer un rôle important dans la recherche, mais il n'est pas réaliste d'inclure l'évaluation polygraphique dans la pratique clinique de routine.

Autres techniques d'enregistrement

Les scientifiques comportementaux ont également reconnu l'intérêt qu'il y a d'obtenir des preuves indépendantes et objectives du profil de sommeil, et cette réflexion a mené à la présentation, dans la littérature consacrée à la recherche, de toute une série de techniques d'enregistrement. La plupart d'entre elles partent du principe selon lequel la réaction de la dormeuse aux stimuli extérieurs diminuera au fur et à mesure que la veille décroît et que le sommeil devient plus profond. Autrement dit, le seuil d'éveil devient plus élevé, et il faut une stimulation de plus forte intensité pour produire l'éveil. La détection (ou l'absence de détection) d'un stimulus-signal devrait être révélatrice de la présence ou de l'absence de sommeil. Bien sûr il convient, dans le but d'atteindre les objectifs de l'évaluation, que le signal sélectionné soit perceptible mais non dérangeant.

Un des appareils les plus utiles disponibles actuellement (et que la littérature consacrée à la recherche cite le plus) est l'unité d'évaluation du sommeil (Sleep Assessment Device (SAD) - «Somtrak»). Il s'agit de l'appareil de mesure objective que nous avons utilisé dans notre propre travail de recherche. Il a été présenté en 1980 par Kelley et Lichstein dans un article traitant de leurs recherches. Le SAD génère un son bref, non agressif, à intervalles présélectionnés tout au long de la nuit, et enregistre les réactions verbales à ces signaux. A cet effet, le générateur de sons est relié à un enregistreur à cassettes. Si le sujet est éveillé, le son sera entendu, et il y a enregistrement de la réponse-critère «Je suis éveillé(e)». Si par contre la réponse ne se trouve pas enregistrée, on interprète cela comme une preuve que le sujet dormait. On peut régler le volume et la hauteur du son en fonction de chaque individu afin de s'assurer que ce son reste perceptible lorsque le sujet est éveillé, sans qu'il dérange le sommeil. L'intervalle classique entre les sons est de 10 minutes ; ces sons ne sont donc pas assez fréquents pour être soporifiques ou pour causer l'habituation (Lichstein et coll., 1983), et des comparaisons avec des enregistrements EEG ont prouvé des taux de concordance de plus de 90 % : il n'y avait donc pas de différence significative en ce qui concerne la latence d'endormissement, la durée totale du sommeil et son efficacité (Lichstein et coll., 1982). Toutefois, la mesure des réveils intermittents s'est révélée moins valable (Lichstein et coll., 1982 ; Espie, Lindsay et Espie, 1989). Ceci est dû au fait que la procédure de répartition dans le temps à laquelle le SAD recourt fait inévitablement perdre des données. Nous renvoyons le lecteur au tableau 1 et au texte qui s'y rapporte (chapitre 1, p. 34), dans lequel nous présentons certains des résultats obtenus dans notre propre travail de recherche en utilisant le SAD.

Dans un des documents qu'ils ont présentés, Lichstein et Kelley (1979) identifient de manière utile les critères les plus importants par rapport auxquels il convient de jauger une méthode d'évaluation objective. Ces critères sont que la méthode doit être (a) transférable dans un environnement naturel, (b) auto-administrée, (c) non dérangeante, (d) relativement peu onéreuse et (e) très précise. Si on excepte le SAD, la littérature consacrée au sujet a cité d'autres matériels d'enregistrement qui répondent à certains de ces critères. Webster et coll. (1982) ont fait usage d'un système basé sur l'activité et qui détectait les mouvements du poignet. Dans une étude expérimentale, Ogilvie et Wilkinson (1988) ont programmé un ordinateur afin qu'il génère des sons de faible intensité et qu'il enregistre le temps de réaction (ou l'absence de réaction) des sujets tout au long de la nuit. Les réponses comportementales se faisaient à l'aide d'un micro-interrupteur cousu dans une balle de squash, elle-même attachée par une lanière à la paume de la main du sujet. Morin, dans une étude de résultats de traitement (Morin et Azrin, 1988) a eu recours à un engin de ce type, mis au point par Franklin (1981). L'engin conçu par Franklin comprend une horloge activée par un micro-interrupteur sur lequel le sujet presse le pouce. Lors de l'endormissement, cette pression se relâche et l'horloge est automatiquement désactivée. Morin et Schoen (1986) font état d'un coefficient de concordance de 86 % entre les mesures relevées à l'aide de cet engin et l'endormissement défini par EEG.

Holborn, Hiebert et Bell (1987) ont eu recours à un engin mécanique similaire, mais avec intervention de l'ordinateur, ce qui permet l'évaluation continue du sommeil.

L'évaluation du profil du sommeil

Nous avons passé en revue les mérites de trois *sources* potentielles de données : patientes, informateurs, mesures objectives ; il faut maintenant considérer en détail le reste des éléments de la matrice présentée au tableau 7, à savoir les trois *types* de données à recueillir en tant que parties constituantes d'une évaluation complète du sommeil : données relatives au profil de sommeil, à la qualité de ce sommeil et au fonctionnement diurne. Nous considérerons tout d'abord l'évaluation du profil de sommeil, et cela en trois sections : description de l'agenda de sommeil lui-même, ensuite procédures de training destinées à améliorer son application ; enfin, avis sur l'interprétation des données recueillies à l'aide de ce type de questionnaire.

Questionnaire quotidien relatif au sommeil (agenda de sommeil)

La grande majorité des études relatives au traitement psychologique s'appuient en grande partie (ou exclusivement) sur des rapports relatifs au profil de sommeil tel que défini à l'aide d'un agenda de sommeil. Ce «sleep log» est une mesure relevée par le sujet lui-même au moment du lever et consiste en un rapport résumé des paramètres du profil de sommeil de la nuit écoulée. On dispose de diverses versions de cet agenda de sommeil, dont les contenus sont identiques ou très semblables. On trouvera résumés au tableau 8 les renseignements à reprendre dans un tel questionnaire.

La latence d'endormissement (sleep-onset latency - SOL) est le laps de temps nécessaire à un sujet pour qu'il s'endorme à partir du moment où il se met au lit. Chez la plupart des sujets, le moment de l' «extinction des feux» marque l'intention de s'endormir et représente le meilleur point de départ du calcul. Selon les habitudes de l'individu considéré, il peut se révéler utile de prendre en compte la période qui s'écoule entre le moment où on se met au lit et celui où on éteint, en particulier si on s'intéresse à la formulation d'un contrôle par stimulus. Il convient de demander aux sujets d'estimer la latence d'endormissement à cinq minutes près, afin d'obtenir des données correctes. Si l'on n'attire pas l'attention sur ce point, les sujets tendent à donner des indications approximatives et à être moins attentifs lors de leurs jugements rétrospectifs.

Item	*Commentaire*
Latence d'endormissement (min.)	à 5 min. près
Durée totale du sommeil (heures/min.)	à 15 min. près
Fréquence des réveils	au total sur la nuit
Temps nécessaire pour se rendormir	à 5 min. près
Durée des éveils après endormissement	à 5 min. près, au total sur la nuit
Moment du coucher	au lit, lumières éteintes
Moment du réveil	réveil final
Moment du lever	si différent du point précédent
Durée des siestes (heures/min.)	en dehors de la période de sommeil
Efficacité du sommeil	calcul : $\dfrac{\text{durée totale du sommeil}}{\text{temps passé au lit}} \times 100$

Tableau 8 — *Items contenus dans un agenda de sommeil quotidien.*

La durée totale du sommeil est la quantité de sommeil dont on a bénéficié au cours de la nuit. On obtient cette donnée en additionnant le temps passé endormi entre les réveils (s'il y en a eu). Il convient d'évaluer au quart d'heure près cette durée du sommeil. Parallèlement à la mesure de la durée totale du sommeil, une analyse plus détaillée des épisodes du sommeil au cours de la nuit peut se révéler utile. Par exemple, les sujets rapportent souvent qu'ils dorment mieux au cours du premier tiers de la nuit. Le questionnaire doit donc être adapté afin de fournir les renseignements les plus saillants relatifs à chaque cas individuel. On peut également avoir recours à une autre mesure de la durée du sommeil, à savoir celle de la période la plus longue de sommeil continu au cours d'une nuit donnée, étant donné que celle-ci semble en rapport avec l'expérience subjective de la patiente d'avoir «bien» ou «profondément» dormi.

L'enregistrement de la fréquence des réveils est moins simple que celui de la latence d'endormissement ou de la durée du sommeil. Ceci est dû au fait qu'il est difficile de donner une définition précise du réveil et/ou au fait que l'individu peut être incapable de discerner les éveils discrets pris à l'intérieur d'une période de sommeil agité. Knab et Engel (1988) ont comparé les perceptions de la veille et du sommeil chez 14 insomniaques par rapport à un groupe-témoin adapté. Ces chercheurs ont relevé qu'il y avait de nombreux réveils non perçus au cours du premier cycle REM/NREM. Les insomniaques avaient également des difficultés à détecter les éveils survenant en dehors des périodes de sommeil consolidé ; elles avaient tendance à percevoir un état de veille continue, tandis que les membres du groupe-témoin avaient, eux, tendance à ne pas du tout percevoir d'état de veille. Les sujets insomniaques font souvent état d'un sommeil « morcelé » ou rapportent qu'ils « se tournent et se retournent » sans cesse. Néanmoins, une estimation du nombre total de réveils fournit un indice de la mesure dans laquelle le sommeil a été interrompu. Le questionnaire peut également comprendre d'autres items. Par exemple, une question comme « Combien parmi ces réveils ont-ils duré plus de 10 minutes ? » facilite l'identification des réveils dérangeants. Le temps qu'il a fallu pour se rendormir peut se mesurer dans le cas où il y a un modèle régulier de réveils dérangeants. Ceci constitue en quelque sorte une mesure supplémentaire de la latence d'endormissement.

Il est souvent utile d'associer d'une part des items relatifs aux aspects quantitatifs du dérangement généré par le sommeil intermittent et d'autre part des appréciations qualitatives d'items tels que l'agitation nocturne (voir p. 109-114). Dans les études de résultats les plus récentes, la mesure de la durée des réveils après endormissement a gagné en popularité. Ceci peut constituer une approche alternative de l'évaluation de l'état de veille intermittent, en particulier dans les cas où la quantité globale de sommeil dérangé constitue une composante importante de la plainte, et pas tellement les épisodes discrets de veille en tant que tels. Il convient également d'évaluer avec précision le temps passé éveillé après endormissement (à cinq minutes près).

Les items cités précédemment reprennent les aspects du profil de sommeil les plus souvent enregistrés pour le monitoring du processus de traitement et l'évaluation de ses résultats. On recommande néanmoins une autre mesure, à savoir celle de l'efficacité du sommeil. Comme son nom le suggère, l'efficacité du sommeil représente la proportion de temps que le sujet passe au lit à dormir, exprimée en pourcentage. En soi, l'efficacité du sommeil ne sera pas reprise dans le questionnaire consacré au sommeil, mais elle sera calculée par le clinicien sur base de renseignements relatifs aux paramètres du sommeil tels que fournis par le sujet. Sur base du tableau 8, on peut voir qu'il est bon d'inclure dans l'agenda de sommeil quotidien les rapports relatifs au moment du coucher, au moment du réveil final et à celui du lever. Le dénominateur de l'équation d'efficacité du sommeil (c'est-à-dire le temps passé au lit) se calcule en soustrayant le moment du réveil final de celui du coucher. (L'inclusion séparée de l'heure du lever peut se révéler utile afin d'identifier les moments au cours desquels le sujet est couché sur son lit sans dormir.)

Enfin, le questionnaire devrait inclure une mesure des petits sommes faits pendant la journée. Au niveau le plus simple, ceci peut se réduire à la mesure du temps passé endormi en dehors de la période de sommeil désignée (siestes pendant la journée et/ou en soirée). De nouveau, et selon les habitudes de chaque individu, des rapports plus détaillés relatifs aux périodes de siestes peuvent avoir de l'importance.

Nous insistons ici sur l'importance qu'il y a d'adapter l'évaluation du profil du sommeil afin de quantifier ses aspects les plus descriptifs du problème de sommeil du point de vue de l'individu.

Procédures de training

Il ne suffit pas de fournir un agenda de sommeil à l'insomniaque et d'espérer qu'elle le remplira correctement. Notre expérience nous a montré qu'il faut passer chaque item en revue avec elle ET qu'il faut lui donner une semaine afin de lui permettre de se familiariser avec la procédure, cela avant d'accepter toute donnée relative au profil de sommeil. Cette première semaine permet au clinicien d'examiner les premiers rapports que le sujet a rédigés et de continuer la procédure de training jusqu'à ce que certains critères d'enregistrement soient respectés (voir tableau 8). De cette manière, la personne a également la possibilité de discuter des problèmes éventuellement survenus lors du monitoring. On retrouvera résumés au tableau 9 les éléments du processus de mise sur pied et de vérification de cette procédure.

Explication du but de l'enregistrement des données par cette méthode
Discussion du contenu des items, examen en détail
Discussion des critères d'enregistrement et de la procédure d'enregistrement
Entraînement d'une semaine à domicile, puis évaluation

Check-list pour cette évaluation : tous les items ont-ils été complétés, les critères de correction ont-ils été respectés, la cohérence existe-t-elle dans le cadre d'une même nuit ? ; vérification si le praticien soupçonne des «inventions» de la part du sujet.

Tableau 9 — *Composantes de la procédure de training «agenda de sommeil».*

Le clinicien doit être prêt à prendre le temps nécessaire pour expliquer à la patiente l'importance de l'enregistrement des données par ce système d'agenda de sommeil. Il vaut la peine d'insister sur le fait que cet agenda de sommeil fournira des renseignements de base qu'on ne peut obtenir lors d'une entrevue, et que cette manière de procéder contribuera à identifier précisément où les problèmes se situent. Ceci amènera vraisemblablement une efficacité accrue du traitement. La patiente devrait savoir que ces enregistrements seront utilisés afin d'évaluer les modifications survenues en tant que résultats de traitement. Un questionnaire de démonstration déjà rempli peut avoir une certaine utilité afin de montrer à l'insomniaque ce qui est nécessaire, et d'illustrer le type de renseignements qu'on retirera de ses réponses.

Lors de l'entrevue de feed-back, le clinicien doit vérifier soigneusement le questionnaire rempli et doit être prêt à «tester» le sujet. Parallèlement à l'intérêt qu'il y a de récolter des données exactes sur lesquelles on pourra baser une intervention de traitement, il existe un problème de crédibilité si on ne consacre pas assez de temps au stade du training. Illustrons ce point par un exemple simple. Si une patiente a rempli à la va-vite, ou trop tard (ou à un autre niveau de manière insatisfaisante) son questionnaire quotidien, elle sera consciente des limitations des données présentées au clinicien. Les caractéristiques des exigences opérant dans le cabinet de consultation sont toutefois susceptibles d'amener la patiente à dire qu'elle s'est conformée aux règles de l'auto-monitoring. Si le clinicien accepte les données de manière non critique et s'en sert comme base de la formulation du problème de sommeil, l'insomniaque peut se retrouver dans la position peu agréable d'être d'une part incertaine de la valeur de cette formulation et de tout traitement en résultant mais d'autre part incapable de commenter autrement son problème. C'est pour cela qu'à tous les stades il convient d'insister sur le fait que les procédures d'entraînement peuvent faire apparaître des malentendus et des erreurs. En effet, il faudrait dégager des attentes sur base desquelles, lors du rendez-vous récapitulatif, il sera nécessaire de résoudre les problèmes aigus qui auront sans nul doute surgi.

Les éléments de la procédure récapitulative se trouvent notés au tableau 9. Tout d'abord, le clinicien devrait vérifier que tous les points du questionnaire ont été bien remplis et établir clairement quels items ont été faciles à remplir et lesquels ont amené le plus de problèmes. Une discussion peut suivre, qui visera à résoudre ces problèmes. En deuxième lieu, il faut vérifier si les réponses données aux divers items respectent bien les critères d'exactitude définis au tableau 8 et qu'il faudra avoir expliqués aux sujets avant la semaine d'entraînement. Certaines personnes peuvent trouver difficile de respecter ces critères d'exactitude. Cependant, il faut que le praticien se souvienne que l'exactitude relative nuit après nuit et d'une phase de traitement à l'autre peut être aussi importante que l'exactitude absolue. Dans tout événement, avoir des critères stricts d'exactitude rappellera au sujet la valeur accordée par le clinicien aux renseignements repris dans le questionnaire et va vraisemblablement optimiser l'exactitude et la crédibilité du rapport. En troisième lieu, le clinicien devrait vérifier la valeur des données enregistrées chaque nuit. En d'autres termes, les diverses mesures du profil de sommeil devraient plus ou moins correspondre lorsqu'on les considère de manière arithmétique. Les données, par nuit et par sujet, sont complémentaires. Enfin, le clinicien devrait détecter certains signes de «mensonge» susceptibles d'indiquer l'inexactitude des données rapportées par la patiente elle-même. Par exemple, les questionnaires qui reviennent en parfait état, qui ne sont pas froissés, qui ont été remplis avec une propreté uniforme à l'aide du même stylo à bille, peuvent avoir été remplis rétrospectivement, juste avant le rendez-vous. En général, ces questionnaires témoignent d'une cohérence peu probable dans le profil de sommeil décrit nuit après nuit et/ou d'une tendance à «arrondir» généreusement les données par rapport aux critères d'exactitude. Il faut recourir à des questions-tests afin de vérifier que les questionnaires ont bien été remplis aux moments prévus, peu de temps après le lever, et il peut se révéler utile d'identifier avec le sujet un moment exact qui peut s'insérer dans la routine du matin.

Notre propre expérience (Espie et coll., 1989) a bien mis en lumière l'importance d'un entraînement adéquat à l'utilisation de ce type de questionnaire. Nous avons relevé que les données récoltées lors de la première semaine (celle de l'entraînement) après mise à disposition du questionnaire étaient souvent insatisfaisantes (jusqu'à 40% des cas). Toutefois, l'entrevue récapitulative s'est révélée fort précieuse dans la mesure où elle a permis de corriger le tir dans la grande majorité des cas. Certains chercheurs ont demandé aux sujets de leur renvoyer leurs questionnaires immédiatement par la poste afin de s'assurer que les «devinettes rétrospectives» ne deviennent pas un problème. Cette manière de procéder apparaît comme une stratégie utile de recherche, mais elle peut se révéler moins pratique dans un contexte clinique. Le contact régulier avec les patientes dans les premiers temps de l'évaluation ainsi que lors de la thérapie elle-même peut déboucher sur des remises hebdomadaires de questionnaires, ce qui convient dans la plupart des cas.

Interprétation des scores

Lorsque des données dont on pense qu'elles sont raisonnablement fiables sont présentées, la tâche qui attend alors le clinicien est celle de leur interprétation. Jusqu'il y a peu de temps, toute étude de résultats de traitement évaluait les bénéfices de ce traitement par comparaison avec des *scores moyens* relevés avant ou après l'intervention, ou encore tout au long des phases du traitement. Toutefois, dans notre propre travail, nous avons souligné l'importance qu'il y a de considérer également des résumés de statistiques descriptives alternatives en tant que mesures de résultats. Il est fondé d'agir ainsi, étant donné le rôle que la variabilité du profil de sommeil peut jouer dans la plainte relative à l'insomnie. La description résumée d'un problème ainsi que l'analyse des modifications qu'il a subies peuvent être incomplètes lorsqu'une valeur moyenne unique est prise comme statistique descriptive représentative d'un profil de sommeil « typique ». Par exemple, pour une patiente donnée, une latence moyenne d'endormissement de 60 minutes suggère que cette personne met à peu près une heure par nuit à s'endormir, mais la *variance* des scores bruts, c'est-à-dire la variabilité des latences d'une nuit à l'autre, sera vraisemblablement importante (voir chapitre 2). Certaines nuits, la patiente s'endormira rapidement ; d'autres nuits, la latence d'endormissement sera fort longue. C'est souvent le caractère imprévisible de son sommeil qui pose un problème à l'insomniaque. Il semble dès lors qu'une mesure de la gamme des possibilités, qu'un calcul de l'écart type, ait son utilité en tant qu'index de variabilité permettant de prendre en considération des modifications cliniques potentiellement importantes. Nous renvoyons le lecteur à Espie et coll. (1989) pour de plus amples renseignements en la matière. Le fait de reconnaître qu'une mesure de la variance peut revêtir une certaine importance ne constitue toutefois qu'un aspect d'une question plus vaste : comment le clinicien peut-il mesurer de manière efficace les *modifications cliniques*?

Ces dernières années (depuis Bergin et Strupp, 1972), une littérature considérable est apparue, qui reflète la crainte exprimée par certains praticiens que les analyses strictement « scientifiques » n'arrivent pas à appréhender un matériel important au niveau clinique. Comme Barlow (1981) le présente, « actuellement, la recherche clinique n'exerce pratiquement pas d'influence sur la pratique clinique ». Jacobsen, Follette et Revenstorf (1984) se sont intéressés à ce problème de signification statistique par rapport à la pertinence clinique ; ils formulent deux critiques majeures par rapport aux données provenant de résultats de psychothérapies. Tout d'abord, ces auteurs regrettent que les comparaisons statistiques entre les conditions expérimentales se basent généralement sur des scores généraux d'amélioration qui ne fournissent aucun renseignement sur les changements apparus chez un individu particulier grâce à la thérapie ; en second lieu, ils commentent le fait que « les tests de signification imposent des critères destinés à déterminer des effets de traitement qui souvent ne présentent pas de pertinence clinique établie ». Les études peuvent donc surestimer ou sous-estimer l'importance clinique des résultats obtenus. Selon Kazdin (1977), une modification pendant la thérapie est cliniquement significative lorsque la patiente passe du stade dysfonctionnel au stade fonctionnel par rapport à toute variable utilisée afin de quantifier le problème clinique. Avec un tel modèle « distributionnel », il devrait être possible de déduire la proportion relative de sujets qui reviennent à un fonctionnement normal après l'intervention. Cette approche présuppose bien sûr que des données normatives soient disponibles pour établir des charnières entre la distribution fonctionnelle et la distribution dysfonctionnelle.

Si l'on reconsidère, à la lumière de ces commentaires, la variabilité qui se présente chez un même sujet et dont nous avons parlé précédemment, il semble probable qu'une certaine proportion de nuits passées par l'insomniaque se trouvera à l'intérieur de limites normales, c'est-à-dire que la latence d'endormissement fera dans ce cas déjà partie de la gamme-cible (gamme normale). La tâche clinique, dès lors, sera d'affecter la latence d'endormissement (ou toute autre variable) de manière que les nuits résiduelles se conforment aux valeurs normales. C'est pour cela que le clinicien qui examine l'agenda de sommeil d'une insomniaque devrait, avec cette patiente, identifier les résultats qui reflètent la plainte exprimée par rapport au sommeil, c'est-à-dire ceux des nuits à problèmes, et définir la gamme fonctionnelle dans laquelle on peut considérer le sommeil comme acceptable. De cette manière, les objectifs thérapeutiques peuvent devenir plus spécifiques et l'évaluation des résultats plus significative au niveau clinique.

Parallèlement à l'établissement de charnières correctes pour les distributions fonctionnelle et dysfonctionnelle, la littérature de recherche a dégagé une approche alternative qui consiste à déterminer la proportion de patientes dont l'état s'est amélioré après le traitement par rapport à celle des patientes dont l'état ne s'est pas amélioré. Cette approche permet de prendre en compte la variabilité individuelle. Une troisième approche consiste à définir en tant qu'améliorations significatives les modifications de plus de 50 % par rapport à la situation de base (p. ex. Lichstein et Fischer, 1985).

Dans notre propre travail de recherche, nous avons mis en œuvre trois critères pour l'évaluation de l'importance clinique des résultats au niveau de la latence d'endormissement. Ces critères sont repris au tableau 10 et sont susceptibles de se révéler utiles non seulement dans l'évaluation des cas individuels, mais également dans les recherches au cours desquelles on compare des groupes.

(1) réduction absolue (c'est-à-dire n'importe quelle réduction) des latences d'endormissement relevées après le traitement

(2) réduction de 50 % de ces latences

(3) latence finale après traitement inférieure ou égale à 30 minutes

Tableau 10 — *Critères pour l'évaluation des modifications cliniquement significatives subies par la latence d'endormissement* (Espie, Brooks et Lindsay, 1989).

Il est donc clair qu'une interprétation valide des renseignements fournis par l'agenda de sommeil dépend de l'analyse précise de la «forme» des données à travers le temps. Il ne faut pas réduire trop vite les scores bruts aux scores moyens, car on risque de sacrifier de précieux renseignements descriptifs. Il se peut que l'insomniaque soit au sens général mécontente de son sommeil mais il est probable que les bonnes nuits alternent avec les mauvaises nuits. C'est à cause de ces dernières que le sujet se plaint. Un des objectifs de l'évaluation serait d'identifier les limites des plages fonctionnelle et dysfonctionnelle des variables du profil de sommeil, de manière que le traitement puisse être correctement ciblé et son efficacité valablement mesurée. Les chercheurs, tout comme les cliniciens, feraient bien de se souvenir que les analyses de données peuvent être statistiquement solides et significatives sans pour cela revêtir une grande importance clinique.

L'évaluation de la qualité du sommeil

La prise en compte de la qualité du sommeil constitue certainement l'élément le plus subjectif de l'évaluation du sommeil. Ici, la mesure objective n'a que peu de pertinence directe (voir tableau 7). Par exemple, bien que les enregistrements EEG soient à même de fournir des données sur la nature du sommeil qui permettent peut-être de comparer les sommeils «léger» (phases 1 et 2) et «profond» (phases 3 et 4), le rapport qui peut exister entre ce type de renseignement et le sentiment de repos et de satisfaction vis-à-vis du sommeil exprimé par l'insomniaque n'est pas très clair. En effet, de nombreuses études qui ont comparé insomniaques et personnes dormant normalement ont produit des résultats ambigus : parfois on relevait des déficiences au niveau du sommeil à ondes lentes dans le groupe d'insomniaques (Coursey, Buchsbaum et Frankel, 1975; Frankel et coll., 1973; Galliard, 1978), mais dans d'autres études on ne relevait pas ce type de déficience (Monroe, 1967; Karacan et coll., 1971). Il est clair que l'électroencéphalogramme ne fait pas de distinction correcte entre d'une part les insomniaques qui se plaignent et d'autre part ceux qui ne se plaignent pas, même en ce qui concerne le profil de sommeil. Certains auteurs se sont aventurés à établir des connexions entre d'une part le profil objectif du sommeil et d'autre part la qualité subjective du sommeil, mais cela fait toujours partie du domaine des spéculations. De même, lorsqu'on considère le rapport indépendant d'un informateur, on ne peut tenter de dégager la qualité du sommeil que par des déductions basées sur l'observation. Par exemple, l'observateur va remarquer une fatigue diurne, une concentration appauvrie ou encore une modification de l'humeur; il reste que ce sont là des observations du fonctionnement et de la performance diurnes. Il ne s'agit en aucun cas de mesures valables de la qualité du sommeil de la personne en train de dormir.

Il est donc évident que la qualité du sommeil ne peut se mesurer que par les rapports faits par les sujets eux-mêmes. En dépit de l'importance reconnue de ces perceptions de la qualité du sommeil, la grande majorité des études de résultats de traitement psychologique ne parlent pas des effets du traitement sur de telles variables. Un certain nombre d'études ont eu recours à des mesures des aspects qualitatifs du sommeil (échelles d'évaluation) et leurs auteurs en ont parlé dans l'explication de la méthodologie des études concernées, mais la présentation des résultats de ces mêmes études s'est presque toujours concentrée sur les modifications du profil de sommeil, en particulier sur la latence d'endormissement. Les articles les plus importants qui ont passé en revue les traitements psychologiques reflètent également cet accent mis sur la mesure quantitative (p. ex. Bootzin et Nicassio, 1978; Lichstein et Fischer, 1985); toutefois, Morin et Kwentus, dans un article récent (1988), font tout à fait à propos le commentaire suivant : «... des variables comme la qualité du sommeil, l'humeur, l'efficacité au niveau de la performance ou encore l'état d'alerte interviennent lorsqu'un sujet se plaint d'insomnie. Ces paramètres tendent à faire, entre les personnes dormant mal et celles qui dorment normalement, une distinction plus valable que sur la base unique de la latence d'endormissement; ils constituent dès lors des variables principales lorsqu'il s'agit d'évaluer des résultats de traitement».

Avant d'examiner plus en détail les manières dont on peut mieux juger la qualité du sommeil, il convient de noter qu'on manque de littérature consacrée à l'évaluation de la qualité du sommeil dans les populations normales. Bien sûr de nombreuses études ont requis de leurs participants qu'ils se qualifient de personnes dormant «bien» ou «mal» afin de pouvoir réaliser des comparaisons entre les groupes. Ce n'est toutefois pas la même chose de demander à des sujets de faire des commentaires sur la qualité de leur sommeil nuit après nuit. Il semble possible, et même probable selon plusieurs rapports, que certaines personnes non insomniaques (c'est-à-dire les personnes dormant «bien») s'attribuent des scores peu élevés sur des variables telles que la «sensation d'être reposé(e) après le sommeil» si on leur demande de porter un jugement moins d'une heure après qu'elles se soient levées. Nous reviendrons plus loin sur ces questions de manière plus détaillée.

Le tableau 11 propose quelques items qui peuvent se révéler utiles pour l'évaluation de la qualité du sommeil.

«sommeil reposant»
«frais (fraîche) après le sommeil»
«satisfait(e) de votre sommeil»
«sommeil profond»
«bien dormi»

Tableau 11 — *Items-types destinés à l'évaluation de la qualité du sommeil.*

Bien que la qualité du sommeil soit un concept difficile à définir, l'expérience clinique suggère que trois composantes principales entrent dans un sommeil de bonne qualité. Tout d'abord, il y a l'association de la qualité du sommeil à l'idée de «suffisance» pour la journée qui s'annonce. Cela veut dire que les sujets attendent de leur sommeil qu'il ait des vertus réparatrices; ils désirent être «frais et dispos» et «satisfaits» d'avoir dormi «assez». En deuxième lieu, le sommeil de bonne qualité peut être associé à l'*expérience du sommeil* en elle-même : les sujets attendent du sommeil qu'il soit «agréable», qu'il constitue une expérience plutôt positive que négative. L'«agitation» est souvent associée à un sommeil de mauvaise qualité, tandis qu'un sommeil «profond» (ou que l'expression «bien dormir») indique une expérience positive. En troisième lieu, pour certains sujets, «qualité du sommeil» et «sommeil normal», c'est la même chose. De nouveau, il s'agit là de quelque chose de très subjectif, et les individus vont énoncer des critères différents afin de définir ce qui, pour eux, constitue un sommeil «satisfaisant»; toutefois, ces distinctions catégorielles sont faites par des insomniaques, et la qualité qu'elles désirent est souvent en rapport avec un «retour à la normale». En résumé, le concept de sommeil de bonne qualité semble être en rapport avec la perception que l'individu a de son sommeil : est-il agréable, réparateur, non pathologique ?

Les commentaires que nous venons de faire ne sont pas destinés à rester vagues pour le plaisir. Ils constituent plutôt le reflet réel de l'expérience du clinicien qui tente de définir quels sont les jugements qualitatifs critiques faits par l'individu lors de l'entrevue clinique. L'ambiguïté de la terminologie ne sert qu'à souligner l'importance qu'il y a de définir des mesures d'évaluation destinées à répondre de manière spécifique aux besoins de l'individu. Une bonne partie des termes repris au tableau 11, ainsi que d'autres termes mentionnés dans le corps du texte, sembleront synonymes pour le lecteur, mais peut-être pas pour l'insomniaque. Il est dès lors important que le praticien ait recours, dans son évaluation de la qualité du sommeil, aux termes qui recouvrent chez l'insomniaque une signification personnelle immédiate et qui, chez cette insomniaque, décrivent l'aspect (ou les aspects) le(s) plus saillant(s) de la qualité de son sommeil. Donc, par exemple, si une patiente fait régulièrement référence au fait de dormir oui ou non «profondément», alors il convient d'utiliser cette construction sémantique. Il incombe alors au praticien de définir ce terme aussi clairement que possible, de manière que patiente et clinicien se comprennent bien. Parallèlement au fait d'accepter la sphère sémantique de la patiente, il existe une autre alternative qui est d'enseigner à cette patiente l'équivalence d'une autre terminologie. Il est vraisemblable que, dans la plupart des cas, cette procédure se révèle moins valable. L'évaluation complète de la qualité du sommeil *du point de vue de la patiente* revêt une importance capitale. Ce n'est pas parce qu'un concept est vague et semble moins scientifique qu'on doit le rejeter, surtout lorsqu'il possède une valeur clinique fondamentale.

Après s'être mis d'accord sur une (des) description(s) correcte(s) de la qualité du sommeil, il s'agit de sélectionner un format de réponse correct. La plupart des études incorporent les items relatifs à la qualité du sommeil dans l'agenda de sommeil. C'est l'approche que nous avons adoptée dans notre propre travail de recherche (p. ex. Espie et coll., 1989). L'avantage évident qu'offre cette démarche est que la personne donne des réponses relatives aux aspects à la fois quantitatifs et qualitatifs de l'évaluation de manière simultanée, et en réaction immédiate au sommeil de la nuit précédente (en général moins d'une heure après s'être levée). La figure 7 illustre un certain nombre d'exemples d'échelles auxquelles le clinicien pourrait avoir recours ou qui pourraient servir de modèles utiles.

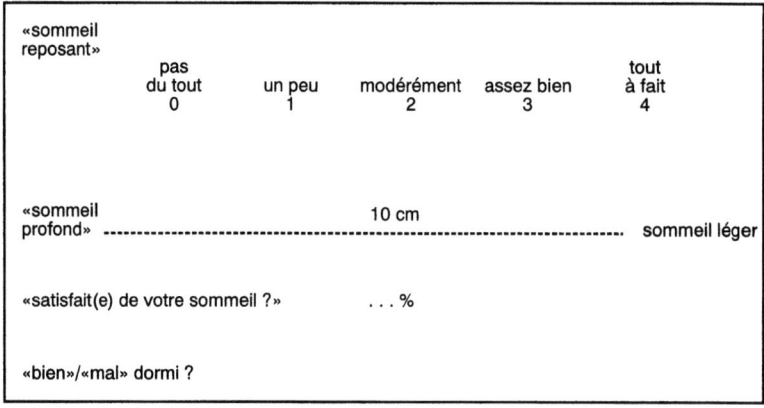

Fig. 7 — *Echantillon de formats de réponses en vue de l'évaluation de la qualité du sommeil.*

Les échelles de Likert ont été conçues afin que le sujet ait à faire un choix parmi un petit nombre de réponses graduées (de l'extrêmement négatif à l'extrêmement positif). Comme c'est le cas dans le premier exemple que nous donnons, il n'est pas nécessaire que ces échelles soient ouvertement chiffrées; elles peuvent incorporer une description verbale. Il est toujours possible, plus tard, d'assigner des valeurs à ce type d'échelles ordinales. Le deuxième exemple reprend une échelle analogique linéaire (10 cm de long) et qui identifie, dans notre cas, deux pôles : celui du «sommeil léger» et celui du «sommeil profond». On demande au sujet d'inscrire une croix à un endroit compris entre ces deux extrêmes. Les échelles analogiques fonctionnent de la même manière qu'un thermomètre, et elles sont susceptibles de réagir à des augmentations ou diminutions relativement faibles tout au long de la période de traitement. D'une veine similaire, le troisième exemple requiert du sujet qu'il assigne un score (exprimé en%) par rapport (toujours dans notre exemple) au prompt «satisfait(e) de votre sommeil?». Une telle valeur exprimée en % peut également se révéler utile dans la mesure où elle aide le sujet à juger de la distance qui sépare cette nuit précise de l' «objectif» assigné. Le dernier exemple présente un choix dichotomique. Dans ce cas, les catégories sont simplement «bien dormi?» et «mal dormi?», et on demande au sujet de faire rentrer la nuit qu'il vient de passer dans l'une ou l'autre des deux catégories. Comme on l'a mentionné précédemment, de nombreux sujets semblent penser en termes de catégories simples plutôt qu'en termes d'échelles linéaires. De tels choix dichotomiques forcés contournent peut-être la tendance de certaines patientes à rester dans la partie médiane des échelles linéaires et donc à ne pas utiliser toute la gamme des appréciations possibles.

Pour résumer les points abordés jusqu'à présent, on attend du clinicien d'une part qu'il sélectionne, pour une évaluation de la qualité du sommeil, les items directement pertinents pour la personne qui se présente à la consultation, items qui recouvriront correctement les trois aspects de la qualité du sommeil évoqués précédemment (valeur réparatrice perçue, acceptabilité de l'expérience du sommeil, perception du caractère normal du sommeil), et d'autre part qu'il recoure aux formats de réponses accessibles à l'individu et interprétables par le clinicien.

Le point suivant concerne le timing de ces évaluations. On a mentionné plus haut que dans la plupart des études on demandait aux sujets d'évaluer la qualité de leur sommeil peu de temps après qu'ils se soient levés. On a exprimé certains doutes quant à la capacité des évaluations réalisées à ce moment d'identifier correctement insomniaques et personnes dormant normalement. Il se peut qu'on obtienne des évaluations plus valables de la qualité du sommeil en les réalisant un peu plus tard dans la journée, par exemple vers 10 h du matin, à un moment où les gens sont plus à même de juger de la valeur de leur sommeil de la nuit précédente par rapport à leurs performances. C'est particulièrement le cas lorsqu'on en arrive à des évaluations qualitatives se référant à la dimension «suffisance du sommeil» ou adéquation du sommeil (à des objectifs diurnes). D'un autre côté, il y aurait moins de raisons de retarder l'évaluation de la qualité du sommeil exprimée en termes tels que «avez-vous apprécié votre sommeil?».

On peut également mesurer la satisfaction vis-à-vis du processus du sommeil en incluant des items concernant au premier chef la période qui *précède* le sommeil. Par exemple, on peut demander aux individus qui expérimentent régulièrement des pensées intrusives lorsqu'ils se couchent et/ou se réveillent pendant la nuit de donner des scores sur des items tels que «vous faites-vous du souci lorsque vous êtes au lit?» ou «avez-vous des difficultés à faire le vide?». Certaines études ont également demandé aux sujets de donner des scores relatifs à la «difficulté de s'endormir». Cette difficulté peut être considérée à la fois comme un corrélat quantitatif de la latence d'endormissement et comme un corrélat qualitatif en termes d'expérience d'avant sommeil.

Evaluation du fonctionnement diurne

Dement, Seidel et Carskadon (1984) ont souligné la nécessité d'une «enquête approfondie consacrée aux symptômes diurnes et aux rapports qu'ils présentent avec le sommeil nocturne». Ces chercheurs craignent à raison que dans la pratique clinique on considère comme allant de soi que les symptômes diurnes apparaissent suite à un sommeil de mauvaise qualité. Ce n'est certainement pas toujours le cas. Certaines insomniaques ne font pas état de dysfonctionnements diurnes importants mais se plaignent pourtant d'un sommeil peu satisfaisant. De plus, il est clair que lorsqu'on identifie des séquelles diurnes, elles peuvent se présenter différemment d'une insomniaque à l'autre. Dès lors il convient d'évaluer à la fois l'intensité et la gamme des effets diurnes. Enfin, la coexistence d'un problème de sommeil et d'une forme quelconque de dysfonctionnement diurne ne peut être considérée comme une preuve de causalité. Par exemple, un individu qui souffre d'irritation pendant la journée peut l'attribuer à tort à une quantité insuffisante de sommeil. C'est pour cela qu'une évaluation du fonctionnement diurne doit tenir compte de la gamme des symptômes, de leur intensité, de leur caractère intrusif ainsi que des attributions faites par le sujet à propos de ces symptômes par comparaison avec les hypothèses contraires formulées au sujet de l'existence de ces symptômes.

Propension au sommeil/à la fatigue
Etendue de l'attention - acquisition de l'information
Performances au niveau de la réalisation des tâches - traitement de l'information
- puissance de travail
Humeur

Tableau 12 — *Aspects du fonctionnement diurne à incorporer dans l'évaluation du sommeil.*

Quatre grandes catégories de fonctionnements diurnes devraient trouver leur place dans toute évaluation complète de l'insomnie (voir tableau 12). Tout d'abord, on peut s'attendre à de la *fatigue* diurne lorsque le sommeil se trouve perturbé. Il se peut qu'il y ait des périodes de sommeil restaurateur (p. ex. les petits sommes) ou que la personne se sente somnolente, prête à s'endormir. En deuxième lieu, la capacité d'un individu de gérer les signaux significatifs et d'y réagir de manière appropriée peut se trouver diminuée. C'est-à-dire qu'il peut y avoir certains problèmes d'*attention* sélective et/ou de concentration ultérieure. En troisième lieu, il peut y avoir des effets sur la *performance* relative au travail diurne. Le raisonnement, la capacité de prendre des décisions peuvent se trouver affectés, et la productivité et l'efficacité réduites. En quatrième lieu, des modifications peuvent apparaître dans certains aspects du contrôle émotionnel (p. ex. une augmentation de l'anxiété) ou il peut y avoir une fluctuation plus importante de l'*humeur* diurne. Chacune de ces catégories mérite qu'on s'y intéresse plus en détail.

Le tableau 7 suggérait ceci : c'est une personne souffrant elle-même d'insomnie qui constitue la meilleure source de renseignements relatifs à ces fonctions diurnes. Les mesures objectives et les rapports d'informateurs ont toutefois un rôle à jouer dans la pratique clinique quotidienne, mais pas un rôle principal. En ce qui concerne l'évaluation de la propension au sommeil, le Multiple Sleep Latency Test (MSLT) a été développé afin de mesurer objectivement la fatigue diurne (Richardson et coll., 1978). Le MSLT part du principe selon lequel la vitesse à laquelle un sujet s'endormira pendant la journée (s'il en a l'occasion) constitue une mesure directe de la propension à s'endormir, c'est-à-dire de la fatigue. On a eu recours au MSLT dans la plupart des études qui disposaient d'un laboratoire de sommeil, et il est considéré comme suffisamment sensible pour détecter les augmentations de la somnolence diurne associées à des diminutions relativement faibles de la durée du sommeil au cours de la nuit précédente (Carskadon et Dement, 1981 ; Roehrs et coll., 1983). On trouvera au chapitre 2 (p. 49-50) une présentation détaillée des données récoltées à l'aide du MSLT. Cependant, pour la plupart des applications cliniques classiques, il faut trouver une mesure plus accessible de la propension à dormir. Heureusement, on peut y arriver simplement en demandant au sujet d'enregistrer quotidiennement la durée de son (ses) petit(s) somme(s). Ceci devrait se faire tant au niveau de la fréquence qu'à celui de la durée des périodes de sieste. On peut récolter ces renseignements en incluant dans l'agenda de sommeil un item relatif aux siestes. Il faut demander aux sujets d'estimer la durée de ces petits sommes à cinq minutes près. De plus, et contrairement à ce qui se passe pour la mesure des paramètres du sommeil nocturne, des observateurs indépendants sont souvent capables de fournir des renseignements corroborants relatifs au temps que les insomniaques passent à dormir pendant la journée et en soirée avant de se mettre au lit. D'autres mesures de la fatigue diurne peuvent se révéler utiles, comme les échelles d'évaluation de Likert ou des mesures analogiques (voir tableau 7). Celles-ci s'avèrent essentielles lorsque les sujets ne s'accordent pas de sieste pendant la journée mais se plaignent néanmoins d'être très fatigués. La Stanford Sleepiness Scale est, par exemple, une méthode d'auto-évaluation destinée à quantifier le sommeil et par laquelle le sujet peut réaliser des auto-évaluations sur une échelle simple en sept points, à des intervalles pouvant être aussi courts que 15 minutes (Hoddes, Dement et Zarcone, 1972; Hoddes et coll., 1973).

Les insomniaques se plaignent souvent de difficultés de concentration et d'une performance et d'une efficacité amoindries dans leurs tâches quotidiennes. Au chapitre 2 (p. 49-50), on trouve une illustration de ces déficits de traitement de l'information. De nouveau, la source principale de ces données doit être la personne insomniaque elle-même, étant donné qu'une évaluation indépendante (réalisée de manière objective ou par l'intermédiaire d'un observateur) sera rarement disponible et qu'elle ne fera, au mieux, que corroborer les dires de l'insomniaque. L'attention sélective fait référence à la capacité d'un individu de détecter un stimulus-cible dans le contexte d'une distraction générale par son arrière-plan, tandis que l'étendue de l'attention fait référence à la période de temps pendant laquelle cette attention est capable de se maintenir. Une conséquence du manque de sommeil sera peut-être un handicap au niveau du stade de l'acquisition dans la chaîne de traitement de l'information. Les sujets se plaignent souvent d'être distraits, disent qu'ils ont du mal à s'atteler à une tâche ou qu'ils ont des difficultés de se concentrer. Tout comme dans le cas de la mesure de la qualité du sommeil, de telles constructions peuvent devenir des labels qui trouveront leur place dans une évaluation mettant en œuvre une échelle à compléter quotidiennement. Si le besoin d'une mesure objective se fait sentir, en particulier dans le contexte de la recherche plutôt que dans des buts de nature clinique, cette mesure pourrait se baser sur les tâches classiques de la psychologie expérimentale, à savoir la vigilance, la capacité de balayage ou encore le temps de réaction.

Les preuves indépendantes de la déficience de la performance au niveau du travail peuvent être plus directes. Il est souvent possible de quantifier le rythme de travail d'un individu en tant que mesure d'un processus de traitement et des résultats de ce traitement. Par exemple, le rapport existant entre le nombre d'heures prestées et une mesure appropriée de la quantité de travail fournie pourra produire un index de la productivité. La secrétaire pourrait calculer le nombre de mots encodés à la minute, ou le nombre de lettres qu'elle produit en un laps de temps donné ; l'ouvrier récoltera des renseignements sur le nombre de pièces qu'il usine ou assemble ; l'enseignant s'intéressera au nombre d'examens qu'il a pu corriger en un certain temps, ou encore au temps requis pour la préparation d'un matériel de cours. La mesure la plus pertinente sera celle qui décrit valablement la plainte exprimée par l'individu au sujet du déficit de sa performance diurne. Nous avons trouvé utile d'avoir recours à des échelles d'auto-évaluation de type analogique pour couvrir les variables ayant trait à la fatigue, l'attention, la performance et l'humeur. Une série de 10 items auto-évalués permet de brosser un profil descriptif sur une base quotidienne. Cette évaluation de base du fonctionnement diurne peut être complétée selon les nécessités, en faisant par exemple intervenir une mesure objective de la performance.

Au début de ce chapitre, le sous-chapitre « Evaluation générale » présentait la pratique qui consiste à évaluer les insomniaques au niveau des symptômes de l'anxiété et de la dépression ; il décrivait également certaines des mesures les plus utiles disponibles actuellement. Toutefois, seules quelques-unes d'entre elles conviennent au monitoring quotidien de l'humeur, procédure nécessaire pour examiner le rapport existant entre le sommeil nocturne et ses conséquences diurnes, d'où l'utilité de l' « amalgame », dans l'échelle d'évaluation, d'items couvrant les fonctions diurnes, y compris les aspects de l'humeur diurne qui paraissent les plus significatives. Comme exemples courants de tels items, citons les adjectifs « irritable », « agité(e) », « tendu(e) », ou l'expression « se sentir à plat ». A ce niveau il vaut la peine de noter que les médicaments les plus souvent prescrits contre l'insomnie, à savoir les benzodiazépines, sont, parallèlement à leur fonction hypnotique, également des tranquillisants. Ce sont au départ des dépresseurs du système nerveux central. L'évaluation de l'humeur diurne peut donc également contribuer à jauger l'impact de l'administration d'un médicament, du changement de médicament, ou encore du sevrage. On a, par exemple, associé l'arrêt des benzodiazépines hypnotiques à des augmentations significatives de l'anxiété diurne (Kales et coll., 1983b).

Parallèlement au fait de construire avec l'insomniaque une évaluation appropriée des fonctions diurnes pertinentes, le clinicien devrait également s'efforcer de tester des *hypothèses alternatives* en rapport avec l'apparition des symptômes diurnes. La conviction avec laquelle une insomniaque peut considérer des symptômes diurnes comme des séquelles de son sommeil ne devrait pas être considérée comme une preuve suffisante d'un lien causal. Le chapitre 2 (p. 45-48) montrait bien que les insomniaques tendent à souffrir d'anxiété et de troubles liés au stress, et qu'elles peuvent présenter des traits de personnalité légèrement obsessionnels. Il s'ensuit donc que chez certains individus, une gestion de l'anxiété en tant que telle doive être envisagée *en plus* du traitement du problème de sommeil. En d'autres termes, la gestion de l'insomnie peut constituer un traitement nécessaire, mais non suffisant, des symptômes diurnes chez certains individus. Chez d'autres personnes, ce qui sera surtout nécessaire pour l'amélioration des facteurs diurnes, ce sera un changement de style de vie, une bonne gestion du temps ou encore un programme de réduction du stress. L'habileté et les skills de résolution de problèmes que l'individu applique à des tâches en rapport avec le travail ne sont dès lors pas entièrement, ou même principalement, fonction de l'adéquation du sommeil. Il peut toutefois être plus pratique et moins inquiétant d'attribuer de telles difficultés à une source «extérieure» (c'est-à-dire au sommeil) que de reconnaître des limites à ses ressources et capacités personnelles. Pour prendre un dernier exemple, l'attention sélective sera compromise à partir du moment où un individu appréhende le travail de manière non structurée et indisciplinée. Les principes du contrôle par stimulus s'appliquent également à l'environnement diurne. Le clinicien ne devrait pas être tenté d'accepter des causes peut-être éloignées (que ce soit au niveau du temps ou de l'espace) d'un effet diurne observé alors que des facteurs précipitants plus immédiats et parfois plus probables sont évidents.

ÉVALUATION PRÉVISIONNELLE

Au début de ce chapitre, le tableau 4 identifiait trois grands domaines d'évaluation : l'évaluation *générale* de l'insomniaque, l'évaluation *spécifique* du sommeil et de ses corrélats, et l'évaluation *prévisionnelle* des objectifs et traitements appropriés. Nous conclurons donc le chapitre 4 en considérant ce troisième aspect d'évaluation.

Nous avons déjà suggéré qu'il existe quatre stades d'évaluation prévisionnelle et d'élaboration de programme qui, si on les traite correctement, sont susceptibles de produire les résultats de traitement les plus effectifs du point de vue de la patiente *et* du thérapeute (Espie, 1989; Espie et coll., 1989). Tout au long de ce chapitre consacré aux procédures d'évaluation, ces stades ont été implicites, mais ils méritent maintenant qu'on les considère de manière explicite. L'expression «évaluation prévisionnelle» constitue le moyen par lequel on est arrivé à une formulation du problème de sommeil qui satisfait à la fois patiente et praticien, identifie les variables qui devraient se modifier à la suite d'un traitement réussi, et prévoit les composantes critiques de l'intervention de traitement les plus susceptibles de contribuer à ces résultats. Ces quatre stades-clés sont repris au tableau 13.

Contenu	*Tâche*	*Fonction*
(1) Définition que la patiente donne de l'insomnie et de ce qu'elle espère gagner par la thérapie	Choisir les objectifs de traitement	Evaluation
(2) Validité et accessibilité des objectifs de la patiente	Evaluer les objectifs de traitement	Evaluation
(3) Information et besoins de renseignements de la patiente	Se mettre d'accord sur les objectifs de traitement	Education
(4) Traitement(s) psychologique(s) spécifiques à mettre en œuvre	Atteindre les objectifs de traitement	Traitement

Tableau 13 — *Les quatre stades-clés de l'évaluation prévisionnelle et de l'élaboration du programme de traitement.*

Choisir les objectifs de traitement

La question principale est ici de savoir «ce qui constitue une amélioration dans le cas de cette patiente». Le praticien doit établir ce que l'individu espère gagner suite à sa thérapie, et à quelle(s) différence(s) on arrivera après un traitement efficace. Il n'est pas rare, dans la pratique clinique où on se trouve confronté à une grande variété de problèmes exposés lors des consultations, de s'apercevoir que les patientes sont satisfaites des progrès réalisés lors de la thérapie alors que leurs thérapeutes ne peuvent en toute honnêteté détecter que peu de changements.

De même, les cliniciens peuvent être surpris par le peu de satisfaction exprimé par d'autres patientes dont les progrès (exprimés selon les propres critères du thérapeute ou mesurés par des instruments standards) sont considérables. Pourquoi devrait-il y avoir une aussi faible corrélation? Qu'est-ce qui prédit un résultat?

Ces incohérences découlent d'un problème fondamental. De nombreux praticiens ne consacrent pas assez de temps, dans le processus thérapeutique, au stade «contractuel». L'incapacité d'établir ce qui, dans sa thérapie, constitue les objectifs de la patiente et ce qui sera nécessaire pour modifier le «comportement de plainte» démontre l'inadéquation de l'évaluation. Pour un clinicien, ne pas savoir ce que la patiente considère comme ses besoins spécifiques revient au même que de dire qu'il ne sait pas pour quelle raison au départ cette patiente vient lui demander de l'aide; Il en découle que le clinicien ne sait pas non plus ce qui fera que cette patiente n'aura plus besoin de venir le consulter à l'avenir. Une des raisons de cette négligence au niveau de l'évaluation est peut-être constituée par l'apparition, au sein des professions cliniques, d'une «mentalité de technicien» par rapport au traitement, mentalité qui fait qu'à la limite il ne semble pas important de connaître un problème précis par le détail ou de savoir pourquoi il est survenu, puisque de toute façon la solution retenue pour le traitement sera en dernière analyse la même. Le praticien doit prendre garde à ne pas se faire diagnosticien; au contraire, il doit rester un praticien en sciences appliquées.

Pour quitter les généralités et revenir à la tâche particulière qui nous occupe ici, qu'est-ce qui constitue une «amélioration» pour cette patiente insomniaque? Comme on l'a déjà dit, l'essence de la définition de l'insomnie, c'est l'insatisfaction subjective. C'est quelque chose en rapport avec le fait de ne pas dormir «assez» et «bien». En conséquence, la gravité de l'insomnie varie en fonction du degré des soucis subjectifs. Celui-ci correspondra ou non, selon le cas, aux paramètres objectifs du trouble du sommeil, comme la latence d'endormissement ou le temps passé éveillé au lit. Nous estimons que l'amélioration à laquelle aspire l'individu présente des rapports avec un ou plusieurs des objectifs identifiés au tableau 14 (Espie, 1989).

> Plus de sommeil
> Sommeil plus satisfaisant
> Sommeil plus «réparateur»
> Sommeil plus fiable
> Sommeil plus normal

Tableau 14 — *Catégories d'objectifs de traitement présentés par les insomniaques.*

Il est possible que la personne recherche une amélioration du profil de sommeil en lui-même. Au départ, l'insomniaque perçoit le besoin de *dormir plus*, et ceci peut s'exprimer de diverses manières : elle désirera s'endormir plus vite, rester endormie plus longtemps et/ou être moins agitée pendant la nuit. Toutefois, d'autres insomniaques seront plus sensibles à la qualité du sommeil qu'à sa quantité. Dans ce cas, il y aura désir d'un sommeil *plus satisfaisant*. Il se peut que l'individu espère mieux apprécier son sommeil et que ce dernier, d'expérience négative, devienne une expérience positive. Si on excepte les soucis relatifs à la quantité de sommeil ou à sa qualité, certaines insomniaques présentent comme leur objectif principal une amélioration de leurs fonctions diurnes. Dans ce cas, la patiente désire un sommeil *plus réparateur*, et elle va désirer être plus alerte, meilleure dans la résolution de problèmes, elle va désirer mieux faire face au niveau émotionnel et voir ses performances diurnes s'améliorer. D'autres encore rechercheront un sommeil *plus fiable*; elles désireront que leur sommeil devienne plus stable, plus prévisible d'une nuit à l'autre. Une insomniaque de ce type peut ne pas se sentir maître du profil général de son sommeil et se faire du souci par rapport à ses «mauvaises» nuits qui alternent avec ses «bonnes» nuits, cela de manière imprévisible. (Il semble que de nombreuses personnes qui dorment «normalement» et ne se plaignent pas présentent un profil de sommeil de piètre qualité mais néanmoins stable). Enfin, certaines insomniaques désirent dormir «normalement». Souvent, le point de référence en la matière est l'expérience antérieure qu'un individu a d'un sommeil satisfaisant, ou encore le profil de sommeil du conjoint (voir chapitre 2, p. 43-44). Au vu de notre expérience, la plupart des gens connaissent plus ou moins la distribution normale dans la population d'un paramètre tel que la durée du sommeil. Toutefois, cette connaissance peut ne pas se traduire directement en une reconnaissance de ses implications pour leur propre profil de sommeil sur le long terme et au fur et à mesure que ces personnes avancent en âge.

C'est pour cette raison que le praticien doit être attentif et évaluer les diverses facettes des plaintes relatives au sommeil qui composent l'expérience subjective de l'insomnie. L'individu qui se plaint de fatigue diurne ne recherchera pas nécessairement de réduction de la latence d'endormissement ; de même, une amélioration attestée des valeurs moyennes de l'agrément trouvé au sommeil ne satisfera pas nécessairement l'insomniaque qui désire dormir chaque nuit de 11 h à 7 h.

Analyse des objectifs de traitement

Après que le praticien ait mis à jour les objectifs de départ de la personne et ce qu'elle attend du traitement, il est nécessaire d'analyser ces objectifs. Dans ce cas, la question fondamentale est de savoir si « l'amélioration définie de cette manière constitue un objectif valable pouvant être atteint » (tableau 13). C'est le travail du thérapeute de considérer la définition personnelle que l'individu donne de l'insomnie, les diverses « significations » qu'on peut attribuer au sommeil ainsi que ce à quoi l'individu aspire dans son sommeil futur, par rapport à ce qu'on sait de la variation normale que le sommeil présente d'une nuit à l'autre, des modifications développementales subies par son profil, des aspects d'attribution du sommeil par rapport au fonctionnement diurne, etc. Le praticien sera incapable de déterminer un programme de traitement cohérent sans connaissance suffisante de ces matières. Les chapitres précédents de cet ouvrage présentent de tels renseignements. Toutefois, un exemple ou deux peuvent avoir leur utilité.

Cas n° 1

Un homme d'affaires (35 ans) se plaint d'endormissement tardif. Il a souvent besoin de plus de 90 minutes pour s'endormir, et il en est très frustré. Il travaille beaucoup, souvent sous pression, et éprouve, selon lui, de plus en plus de problèmes à gérer sa charge de travail. Les objectifs qu'il s'est définis pour le traitement sont, tout d'abord, de s'endormir dans le quart d'heure qui suit le coucher et, ensuite, d'être moins fatigué pendant la journée (suite à l'amélioration de son profil de sommeil). Cependant, l'analyse clinique de ses objectifs a établi que ceux-ci ne pouvaient être que partiellement atteints par une gestion comportementale de l'insomnie de départ en tant que telle. Le problème de base semblait être une mauvaise gestion du temps pendant la journée, ce qui faisait que la personne devait travailler tard le soir. Il s'agit en fait d'un problème d'attributions incorrectes au sommeil. Les objectifs définis par le patient ne deviendraient valables que lorsqu'ils seraient accessibles grâce à une gestion du temps réalisée dans une perspective de 24 heures.

Cas n° 2

Une femme âgée de 60 ans se plaint d'avoir un sommeil léger interrompu par de fréquents réveils. Elle ne se sent pas fatiguée pendant la matinée ou la journée, mais éprouve de l'angoisse lorsqu'elle se réveille pendant la nuit. Selon elle, son sommeil est devenu une expérience déplaisante et même, à certains moments, redoutable. En général, elle se couche à minuit et se lève à 7 h 30. Elle espère que le traitement lui permettra de dormir de manière continue (c'est-à-dire à peu près 7 heures), tout comme son mari qui, lui, dort bien.

Les données moyennes de la durée du sommeil indiquent une durée totale moyenne de 5 h 1/2 de sommeil. Ce sommeil présente une variabilité considérable : l'objectif défini par la patiente n'est atteint qu'occasionnellement et, en général, lors des nuits « de récupération » qui suivent les mauvaises nuits. On ne considère pas comme un objectif thérapeutique valable un sommeil continu et ininterrompu de cette durée ; les comparaisons avec le profil de sommeil du conjoint ne sont pas valables. Le thérapeute considère la mesure de l'efficacité du sommeil comme une manière plus appropriée d'appréhender le problème présenté par cette femme.

L'analyse des données de traitement définis par un patient peut dès lors mettre à jour des hiatus importants au niveau de la connaissance et de la compréhension ; le clinicien devra tenir compte de ces hiatus s'il désire offrir à l'individu un traitement acceptable et efficace.

L'accord sur les objectifs de traitement

La question qui se pose ici est de savoir « quel type d'information et d'éducation est nécessaire » en tant que première phase d'intervention. La détermination des objectifs poursuivis par la patiente dans sa thérapie et leur analyse par le clinicien s'inscrivent bien sûr dans le cadre d'un dialogue patiente/thérapeute qui mène normalement à un accord concernant les mesures à adopter afin d'atteindre les objectifs du traitement. Bien qu'on y ait déjà fait référence en tant qu'aspect « contractuel » de la thérapie, il ne faudrait pas conclure que l'accord sur les objectifs n'est qu'affaire de négociation. Cet accord sur les mesures à prendre ne doit pas faire l'objet d'un compromis. Il revient plutôt au clinicien d'assumer une fonction d'enseignant et d'aider la patiente à formuler son problème de manière précise tout en gardant, chaque fois que c'est possible, les constructions et paramètres dont la personne a estimé qu'ils étaient les plus descriptifs et significatifs au niveau clinique.

Il s'agit là d'un stade-pivot de l'interaction patiente/praticien. C'est à ce stade que l'évaluation se fond avec le traitement, du moins avec le traitement didactique. La fonction décrite à ce niveau revêt un aspect éducatif important, et nous consacrons un chapitre complet (chapitre 5) à l'examen des diverses composantes de l'intervention didactique ou non spécifique pouvant se révéler utiles.

La réalisation des objectifs de traitement

Il s'agit ici de savoir « quelle(s) intervention(s) psychologique(s) va (vont) générer les meilleurs résultats en fonction des objectifs définis ». Lorsqu'on est passé par les trois stades évoqués plus haut et qu'on a atteint les sous-objectifs définis, il convient de décider de tout traitement ultérieur éventuellement requis. A ce stade, toutefois, le traitement devrait nettement être «orienté objectifs», et le praticien devrait s'être mis d'accord avec la patiente au sujet de ces objectifs. Il doit se référer à sa connaissance de base des traitements et de leur efficacité afin d'introduire les éléments thérapeutiques corrects en fonction des résultats désirés. Les chapitres 6 à 8 passent dès lors en revue la littérature consacrée aux résultats de thérapies basées sur la relaxation, des traitements cognitifs et des approches comportementales. Le chapitre 9, quant à lui, s'intéressera aux études comparatives. Nous soulignerons les différences existant entre les traitements au niveau de leur impact sur les mesures de la quantité de sommeil, de sa qualité et du fonctionnement diurne afin d'aider le clinicien à concevoir le programme le plus approprié.

En résumé, la patiente et le thérapeute désirent toujours que le traitement soit couronné de succès. Toutefois, afin d'atteindre ce succès, il faut qu'il y ait une compréhension mutuelle de ce qui constitue les besoins de l'individu. Ceux-ci doivent être explorés, et il faut s'entendre sur des objectifs qui peuvent être atteints. Ceci va vraisemblablement impliquer un processus éducatif qu'il faut en soi considérer comme une procédure thérapeutique. Les traitements psychologiques disponibles offrent divers types d'avantages, et il faudrait les sélectionner en fonction de leurs capacités à répondre aux besoins de l'individu tels qu'ils ont été évalués.

Chapitre 5
Information et avis aux patientes insomniaques
Traitements non-spécifiques

La distinction entre l'*avis* et le *traitement* est quelque peu arbitraire, et doit peut être le rester. Avant de considérer le cas de l'insomniaque, il vaut peut-être la peine d'illustrer ce point à l'aide de quelques exemples tirés d'autres champs d'investigation.

A la personne qui a souffert d'un infarctus du myocarde on proposera, selon toute vraisemblance, une guidance générale qui portera, par exemple, sur les niveaux appropriés d'exercices physiques, sur un régime à suivre, sur l'opportunité d'arrêter de fumer, etc. Le but recherché est, en augmentant la connaissance du patient, en influençant ses attitudes, de modifier son comportement. Toutefois, à un autre patient, on préparera un programme de rééducation cardiaque. On soumettra cette personne à des tests de résistance à l'effort, on surveillera son régime, on enregistrera son poids, on organisera éventuellement des discussions de groupe et on conviendra d'un programme de «travaux à domicile» à suivre. En général la littérature spécialisée considère cette seconde manière de faire comme une intervention (ou traitement) comportementale, mais dans quelle mesure un ensemble d'avis est-il différent d'un programme de traitement? Sont-ils radicalement différents, ou le traitement ne constitue-t-il qu'une extension de l'information et de l'avis médical général assortie d'améliorations possibles au niveau de l'observation des consignes? Pour prendre un autre exemple, le patient stressé et angoissé s'entend dire de toutes parts qu'il doit «souffler un peu, apprendre à se relaxer, arrêter de travailler autant et voir les choses de manière plus détachée». Ce genre de conseils ne constitue peut-être pas une thérapie cognitive ou comportementale, mais il n'est pas nécessairement incompatible avec ce type de traitement. Un entraînement aux techniques de gestion du stress véhiculera simplement avec plus d'intensité le même message vers le patient.

L'objectif de ce chapitre est de considérer le «traitement non spécifique» de l'insomnie, d'étudier le rôle de l'information et de l'avis remis au patient. Nous pensons que cette expression décrit le mieux la réalité dans la mesure où elle souligne l'importance clinique et l'efficacité potentielle de l'avis en tant que tel, tout en reconnaissant la nature multiple et l'applicabilité générale d'une bonne partie de ces avis à tous les cas d'insomnie. Le traitement non spécifique montre donc la voie du recours éventuel à un (ou plusieurs) traitement(s) spécifique(s). Lorsque au chapitre 4 nous avons présenté l'importance de l'intervention didactique, nous avons insisté sur le stade critique constitué par l'évaluation/planification, stade au cours duquel praticien et patiente concluent un «contrat» relatif aux objectifs de traitement et se mettent d'accord sur les moyens par lesquels on mesure les effets de ce traitement. Comme cela apparaîtra bientôt de manière claire, ce type d'intervention constitue une partie centrale du traitement non spécifique de l'insomnie. Les rôles de pédagogue et de thérapeute endossés par le praticien sont donc complémentaires, tout comme l'apprentissage et la modification comportementale devraient constituer des aspects complémentaires de la réaction de la patiente individuelle au traitement.

La première partie de ce chapitre décrit les divers éléments du traitement non spécifique de l'insomnie tels que la littérature concernée les recommande et auxquels on fait couramment appel. Le reste du chapitre reprend une évaluation de l'impact et de l'efficacité clinique du traitement non spécifique en tant que tel. Nous passerons en revue les comparaisons de résultats de traitement entre, d'une part, le traitement non spécifique de l'insomnie et, d'autre part, les traitements spécifiques formels, bien que la littérature de recherche soit, dans ce domaine, limitée.

UN ENSEMBLE DE TECHNIQUES DE TRAITEMENT NON SPÉCIFIQUE

Dans la littérature concernée, on a recours à l'expression «hygiène du sommeil» afin de décrire la préparation au sommeil de l'individu lui-même et de son environnement de sommeil. L'idée de départ est qu'une bonne hygiène du sommeil sera associée à un sommeil optimal, que ce

Assimilation de la connaissance	Autogestion du comportement	Préparation environnementale
Profil et phases du sommeil	Programme d'exercices	Lit confortable
Fonctions et effets du sommeil	Régime type	Température agréable
Variabilité du sommeil avec le temps	Santé générale	Distraction minimale (bruits, lumières)
L'insomnie : faits, chiffres et effets	Recours à des produits non prescrits (stimulants, comme par ex. la caféine, ou dépresseurs, comme par ex. l'alcool)	

Tableau 15 — *Eléments d'un programme non spécifique type destiné au traitement de l'insomnie.*

soit en termes quantitatifs ou qualitatifs. A l'opposé, une mauvaise hygiène du sommeil sera vraisemblablement en corrélation avec un sommeil de piètre qualité et peu consistant. Dans le présent ouvrage, on peut considérer les termes «traitement non spécifique» et «hygiène du sommeil» comme synonymes, bien que nous préférions le premier d'entre eux pour les raisons exposées plus haut. De plus, le terme «hygiène du sommeil» rebute au niveau sémantique et ne décrit que partiellement certaines de ses composantes.

On trouvera au tableau 15 un résumé des éléments typiques du traitement non spécifique de l'insomnie. On peut y voir que le traitement non spécifique couvre trois domaines différents. Tout d'abord, il concerne la compréhension par la patiente du processus du sommeil, de ses fonctions, de ses besoins ainsi que la mise en rapport de ces renseignements et de l'expérience propre que cette patiente a de son sommeil (et absence de sommeil) passé et présent. Ensuite, le traitement non spécifique cherche à surmonter les pratiques comportementales susceptibles d'exercer des effets néfastes à l'encontre du sommeil; il cherche également à favoriser le sommeil par une vie plus saine de la patiente. C'est ici que l'expression «hygiène du sommeil» trouve sa meilleure application. Enfin, le traitement non spécifique amène la personne à préparer un environnement de sommeil propice à ce dernier. Elle devrait être au chaud et à l'aise dans son lit; l'environnement ne devrait pas mettre trop ouvertement ses sens en éveil. Nous considérerons tour à tour ces trois aspects du traitement non spécifique de l'insomnie.

Assimiler la connaissance relative au sommeil

La personne qui se considère insomniaque s'intéresse généralement au sujet que constitue le sommeil. Cela pourrait sembler aller de soi. La personne a besoin de parler de son problème; elle a également besoin d'informations qui l'aideront à tester la validité de sa propre formulation et à la modifier si nécessaire. Toutefois, les cliniciens en consultation sont surchargés et disposent rarement du temps nécessaire (ou le prennent rarement) pour discuter avec l'insomniaque des besoins en sommeil et des processus du sommeil. Les caractéristiques des demandes exprimées en consultation semblent opérer d'une manière telle que le praticien et la patiente décident trop rapidement d'une stratégie de traitement. Il est dès lors essentiel pour le praticien de reconnaître que la première de ses tâches, ce n'est pas la prescription mais l'éducation.

Il est généralement nécessaire d'apprendre à l'insomniaque ce que sont les processus normaux du sommeil, les profils normaux du sommeil, ses fonctions, sa variabilité normale d'une nuit à l'autre, ainsi que les modifications développementales du sommeil qui surviennent avec l'âge. Il convient de présenter cette information de manière méthodique, et il faut que la patiente ait l'occasion de répéter et d'assimiler ce qu'on lui a dit par rapport à sa propre situation. Comme dans tout programme d'enseignement, l'efficacité peut se mesurer en termes d'apprentissage par l'individu de l'information qui lui est présentée. C'est l'input assimilé qui est important, pas l'output enseigné. En clair, si le thérapeute se concentre sur ce dernier, alors on peut penser que l'enseignement s'est déroulé sans apprentissage satisfaisant.

Bien sûr, bon nombre de personnes dormant mal présentent un degré élevé de compréhension par rapport au sommeil. En effet, leurs connaissances en la matière peuvent être meilleures que celles des personnes qui dorment bien (Lacks et Rotert, 1986). Néanmoins, il est important de fournir une information relative au sommeil, et cela pour trois raisons. Tout d'abord, et très directement, il est encourageant de voir ses connaissances confirmées, et les personnes qui dorment mal sont, en vertu du fait qu'elles dorment mal, plus susceptibles de douter de l'exactitude de ce qu'elles savent. En deuxième lieu, le fait d'être au courant de quelque chose peut ne pas correspondre, au niveau pratique, à l'application de cette connaissance. Dans l'étude que nous avons citée précédemment, Lacks et Rotert (1986) citent le fait que les insomniaques adoptaient, dans leur vie quotidienne, des comportements désirables connus moins souvent que les personnes dormant bien. En troisième lieu, il existe en général des lacunes dans la connaissance elle-même, et ce sont ces lacunes spécifiques que le thérapeute doit combler. C'est notamment le cas lorsque ces lacunes ne revêtent pas seulement une importance académique, mais jouent un rôle important dans la (mauvaise) compréhension du problème par la personne concernée.

Il n'est pas nécessaire de revenir ici sur le format ou le contenu du programme didactique à suivre. Le tableau 15 identifie ses composantes, et nous renvoyons le lecteur aux sous-sections du chapitre 1 qui présentaient les processus et troubles du sommeil. Le matériel visuel présenté là peut également se révéler utile lors du processus d'enseignement. Le chapitre 4 mettait l'accent sur le fait que l'établissement d'un contrat agréé par le thérapeute et la patiente constitue une composante critique de ce processus didactique. Une évaluation complète devrait aider le praticien à choisir, sur base du « menu » des renseignements relatifs au sommeil, les domaines relatifs aux besoins éducationnels de la patiente qui se présente à la consultation.

Autogestion des habitudes comportementales

La connaissance relative aux processus du sommeil et aux besoins en sommeil constitue un des éléments du package de traitement non spécifique. L'examen du tableau 15 révèle qu'un deuxième élément a trait à l'autogestion des habitudes comportementales quotidiennes dont on sait qu'elles exercent un certain impact sur le sommeil nocturne ; soit elles favorisent le sommeil, soit elles l'inhibent ou le dérangent. Bien que ces habitudes constituent rarement des causes profondes à l'origine des cas de consultation, un avis destiné à éliminer des problèmes même annexes peut être utile. De plus, comme les gens considèrent généralement le fait de boire du café ou de se livrer à des exercices physiques comme des corrélats du sommeil, il est nécessaire d'aborder ces sujets afin d'assurer une certaine crédibilité, un certain respect des consignes. Lorsqu'ils sont présentés comme faisant partie de l'intervention non spécifique, l'insomniaque devient capable de formuler la première réponse thérapeutique à son problème, et en même temps elle en retire une perspective exacte de l'importance relativement limitée de ce genre d'habitudes par rapport à d'autres facteurs qui devront être gérés plus tard et de manière plus spécifique.

Intuitivement, la possibilité d'un rapport important entre d'une part l'*exercice physique* et d'autre part le sommeil nocturne semble presque évident. Souvent, les insomniaques disent qu'elles tentent de «s'épuiser» et rapportent également qu'elles sont étonnées par le fait que même des niveaux de fatigue élevés ne peuvent chez elles amener le sommeil de manière fiable. Ces intuitions relatives au rôle des exercices physiques sont étayées par certaines preuves empiriques. Il est certain que selon l'hypothèse du sommeil restaurateur, on peut s'attendre à ce qu'une telle activité physique augmente la durée totale du sommeil (en particulier du sommeil à ondes lentes (phases NREM 3 et 4). Baekeland et Lasky (1966) ont été les premiers à fournir des preuves à l'appui de cette hypothèse : ils ont relevé, dans leur échantillon de 10 athlètes, des augmentations importantes du sommeil à ondes lentes, en particulier à la suite de la séance d'entraînement de l'après-midi. Par contre, la séance d'exercices du soir était associée à un sommeil plus perturbé, caractérisé par des éveils de courte durée et plus fréquents, ainsi que par une augmentation du sommeil de stade 1. Pour cette raison, les auteurs de cette étude ont identifié l'importance du timing des exercices et ont émis l'hypothèse selon laquelle plus l'exercice se fait tardivement, plus il risque de constituer un «stresseur produisant une activation du système nerveux central». Horne et Porter (1976) ont également présenté certaines preuves de cet effet produit par les exercices tardifs sur le sommeil.

Une étude très complète menée par Torsvall (1983) a passé en revue 20 recherches consacrées au rapport existant entre le sommeil et l'exercice. Les résultats de la moitié de ces études allaient dans le sens de l'hypothèse selon laquelle l'activité facilite un sommeil plus profond et de plus longue durée ; trois de ces études relevaient également des réductions de la latence d'endormissement. Toutefois, les autres études ont été qualifiées de non concluantes, ou alors n'allaient pas dans le sens de la théorie en question. Torsvall conclut que l'impact positif de l'exercice sur le sommeil concerne à l'évidence les sujets déjà aptes physiquement. Le niveau optimal de cette activité n'a pas encore été étudié. Il insiste également sur le besoin d'études longitudinales faisant intervenir des nombres suffisants de sujets, cela afin de permettre les comparaisons entre personnes entraînées ou non dans le cadre d'un programme d'exercices.

On n'a pas encore examiné systématiquement l'impact de l'exercice sur la population insomniaque. Marchini et coll. (1983) ont effectivement relevé que les comportements diurnes des insomniaques et des personnes dormant normalement étaient différents en ce sens que ces dernières étaient plus occupées, plus actives pendant la journée que les insomniaques. Selon ces chercheurs, « une augmentation de l'activité, surtout le matin et en début de soirée, peut se révéler utile dans le traitement des insomniaques ». Il est clair que des recherches contrôlées seraient nécessaires afin d'établir tout d'abord si on peut obtenir, uniquement par le recours à des méthodes basées sur l'exercice, des modifications significatives du profil de sommeil de l'insomniaque et ensuite si oui ou non de telles améliorations revêtent une importance clinique. L'étude menée par Lichstein et Fischer (1985), consacrée à la gestion psychologique de l'insomnie, va tout à fait dans le sens de la conclusion de Paxton, Trinder et Montgomery (1983) selon laquelle « le rapport (entre sommeil et exercices) n'est pas établi et se prête à des explications alternatives. La prudence clinique exige que les effets de l'exercice sur le sommeil soient jugés sur une base individuelle ».

Dès lors, l'avis que le praticien remet à l'insomniaque au sujet des exercices devrait prendre en compte deux facteurs. Tout d'abord, il se peut que l'exercice joue un rôle primaire qui soit celui de promouvoir la bonne forme et la santé en général, mais qu'il n'ait qu'un effet bénéfique limité sur le profil de sommeil jusqu'à ce qu'un effet d'entraînement soit atteint, cela au cours d'une période prolongée. Ensuite, l'idée intuitive selon laquelle l'exercice produit la fatigue et la fatigue le sommeil connaît des limitations strictes. Assez paradoxalement, l'exercice réalisé peu de temps avant le coucher peut exacerber les problèmes de sommeil.

Il convient de conseiller à l'insomniaque de faire régulièrement de l'exercice et d'incorporer ces exercices dans la routine diurne ou de début de soirée.

Bootzin et Engle-Friedman (1981) ont souligné l'importance qu'il y a de considérer tous les aspects de la prise de médicaments et de régime lors de l'évaluation de l'insomnie. La drogue quotidienne la plus commune est vraisemblablement la *caféine* contenue dans le café, le thé, les boissons au cola ainsi que dans certains analgésiques et substances entrant dans le cadre d'un régime. La recherche a démontré que la caféine peut se révéler un puissant stimulant du système nerveux central, capable d'interférer dans le sommeil, et être associée à l'émergence de pensées fugaces et soucieuses (Goodman et Gilman, 1969; Regestein, 1983). Bootzin et Engle-Friedman notent également que les plaintes conjointes relatives à l'insomnie et à l'anxiété peuvent être dues à l'ingestion excessive de caféine. Etant donné que la caféine a une demi-vie d'à peu près six heures dans le plasma, les adultes les plus âgés continuent, selon ces auteurs, à en subir les effets longtemps après l'ingestion proprement dite. Il en découle qu'on peut s'attendre à ce que la réduction ou l'élimination de l'apport en caféine, particulièrement au cours de l'après-midi et en soirée, contribue à une amélioration du sommeil. Il convient toutefois de noter qu'il existe peu de preuves établissant que les insomniaques consomment habituellement trop de café. En effet, Cirignotta et coll. (1985) ont rapporté à la suite d'une étude épidémiologique récente que les personnes dormant mal avaient une consommation de café significativement moins élevée que celle des personnes dormant normalement.

On a relevé que la gravité des troubles du sommeil associés à la caféine était en rapport avec les doses absorbées. Lors d'une étude, l'équivalent de quatre tasses de café amenait une réduction de 0,4 h de la durée totale du sommeil, ainsi qu'un allongement de 13 minutes de la latence d'endormissement, tandis qu'une seule tasse de café consommée trente minutes avant l'heure du coucher n'exerçait pas d'effet significatif. Un rapport dû à Brezinova, Oswald et Loudon (1975) a toutefois constaté que la caféine absorbée 15 minutes avant le coucher produisait chez les sujets étudiés des éveils plus fréquents et plus longs. De plus, Bolton et Null (1981) ont suggéré que les gros consommateurs réguliers sont plus susceptibles de développer une certaine tolérance vis-à-vis de la caféine et, dès lors, de moins souffrir que les consommateurs moins réguliers d'effets négatifs sur leur sommeil.

En résumé, les preuves disponibles concernant l'effet de la caféine indiquent qu'il faut conseiller aux insomniaques de limiter leur consommation de caféine ou de consommer des boissons sans caféine pendant la journée et en soirée, bien que l'effet final sur le profil de sommeil soit peut-être minime. Avant de clore le sujet des stimulants, il convient également de noter que la nicotine agit comme stimulant du système nerveux central et peut, chez certains sujets, constituer un facteur contributif de l'insomnie (Soldatos et coll., 1980). On peut arriver à de petites améliorations du profil de sommeil si le sujet arrête de fumer, surtout s'il est gros consommateur de tabac.

L'insomniaque peut également avoir recours à d'autres drogues non prescrites afin d'arriver à dormir. L'*alcool* agit comme dépresseur du système nerveux central et, par son action d'hypnotique auto-prescrit, peut amener un endormissement plus rapide. Toutefois, il agit sur le système nerveux d'une manière similaire à celle des benzodiazépines hypnotiques : il détourne le sommeil de son rythme naturel en diminuant le sommeil REM et le sommeil profond, et en produisant une fragmentation plus importante du sommeil assortie de réveils fréquents (Pokorny, 1978). Des problèmes surgissent, liés à l'alcool (surtout si on en consomme beaucoup), et le syndrome typique de sevrage (semblable à celui lié à l'arrêt d'autres hypnotiques) inclut un rebond des épisodes REM, un sommeil très perturbé ainsi qu'un niveau élevé d'anxiété diurne. De plus, la combinaison de l'alcool et des somnifères peut exacerber certains effets secondaires et causer des problèmes de sevrage ; il convient d'éviter ce type de combinaison (Institute of Medicine, 1979).

Donc, un usage sûr et raisonnable de l'alcool ne le fera intervenir qu'occasionnellement en tant qu'hypnotique. Il convient également de noter que le grog éventuel fera plus souffrir les personnes âgées que les adultes encore jeunes, étant donné que l'élimination des substances toxiques se fait moins vite chez les premières (Bootzin et Engle-Friedman, 1987). La consommation régulière d'alcool au moment du coucher amène des perturbations du sommeil et une perte de l'effet facilitateur exercé sur l'endormissement au fur et à mesure que la tolérance vis-à-vis de la substance augmente.

Les préparations en vente libre contenant des antihistaminiques agissent également en tant que dépresseurs et peuvent renforcer les effets d'autres dépresseurs. Les dangers que présentent ces préparations sont donc les mêmes, et il n'existe que peu de preuves de leurs effets thérapeutiques bénéfiques (Kales et coll., 1971 ; Bootzin et Engle-Friedman, 1987).

Il vaut la peine de considérer d'autres aspects des *régimes* lorsqu'il s'agit de donner un avis général à la patiente souffrant d'insomnie. On a relevé, lors d'études en laboratoire, que la consommation de boissons chocolatées ou de lait chaud exerçait une influence positive sur le sommeil, en particulier dans le dernier tiers de la nuit (Brezinova et Oswald, 1972). Fletcher (1986) s'est intéressé à la base scientifique de ce remède de bonne femme qui consiste à boire un verre de lait chaud avant de se coucher. Le lait contient un acide aminé, le L-tryptophane, dont on a montré, en tant que précurseur de la sérotonine (un neurotransmetteur), qu'il favorisait le sommeil naturel ; en particulier, il augmente la proportion du sommeil de stades 3 et 4 (Hartmann, Cravens et List, 1974 ; Hartmann, Spinweber et Ware, 1983). Ces conclusions ont toutefois été mises en cause, et Adam et Oswald (1979) rapportent qu'un gramme de L-tryptophane n'a pu modifier le temps nécessaire pour que des sujets s'endorment. Nicholson et Stone ont exprimé le même type de réserves. En ce qui concerne les petites choses grignotées au moment du coucher, il semble que celles-ci ne puissent avoir d'effet négatif sur le sommeil, à condition qu'elles soient relativement légères et que l'individu ait l'habitude de les consommer (Adam, 1980b). Lacks (1987) insiste également sur l'importance qu'il y a de maintenir l'habitude existante aussi longtemps qu'elle ne devient pas excessive. De plus, Lacks écrit que les insomniaques ne devraient pas consommer ce genre de snacks au beau milieu de la nuit, de crainte qu'elles ne prennent l'habitude de se réveiller à ce moment-là pour manger. Les sujets qui se réveillent pour uriner devraient également éviter de consommer de trop nombreuses boissons en soirée.

Nous avons abordé au chapitre 1 les *troubles physiques* pouvant interférer avec le sommeil ; nous n'allons pas en reparler ici. Toutefois, il importe de reconnaître que les sujets peuvent ne pas comprendre parfaitement le rapport qui existe entre l'état de leur maladie et leur profil de sommeil ; toute intervention didactique devrait s'efforcer de parer à cette éventualité. De plus, des processus morbides en tant que causes primaires et initiales du trouble du sommeil peuvent donner naissance à des troubles secondaires du sommeil habituel, et il se peut que l'insomniaque ait besoin d'aide afin d'apprécier la manière dont les diverses composantes du traitement vont aborder la situation générale.

Préparation environnementale

La plupart des gens sont conscients de l'importance qu'il y a de bien dormir. Cependant, un élément important du traitement non spécifique est constitué par les conseils à donner au niveau de la préparation de l'environnement de la chambre à coucher afin de s'assurer qu'il facilite le sommeil (voir tableau 15). Bootzin et Engle-Friedman (1987) se sont intéressés à la capacité qu'ont la plupart des individus de dormir confortablement dans des environnements divers, que ces différences aient trait à la température, à la fermeté du matelas ou au bruit ambiant. C'est donc peut-être le caractère *familier* de l'environnement qui revêt une importance critique pour la détermination d'un sommeil de bonne qualité. Néanmoins, des chercheurs tels que Hauri (1982) ont recommandé une *température* ambiante de 18/21 °C et Lacks (1987) cite les résultats d'une des premières études, due à Monroe (1969), selon lesquels un *conjoint* qui bouge sans arrêt ou qui ronfle peut contribuer au problème de sommeil rencontré par un individu. Chez d'autres personnes, cependant, toute altération (même temporaire) de l'environnement de sommeil va se révéler négative en raison de ce manque de caractère familier. Les fabricants de literie sont à la fois au courant et en partie responsables du fait que le public prend conscience de l'importance qu'il y a de dormir dans un lit et sur un *matelas* convenables, adaptés aux exigences de l'individu. Parallèlement à l'importance d'une bonne répartition du poids du corps sur le matelas, on a également recommandé l'usage d'un oreiller de soutien (Fletcher, 1986). Il se peut toutefois que l'*inconfort* du lit soit assez rarement un facteur contributif de l'insomnie. Lorsqu'on les interroge sur les facteurs étiologiques perçus de la mauvaise qualité de leur sommeil certaines nuits, 5 % des insomniaques interrogés dans une de nos études ont déclaré qu'ils éprouvaient souvent de l'inconfort au lit (chapitre 3, tableau 3). Ce résultat était fortement en contraste avec tous les autres facteurs étiologiques testés.

On s'est intéressé plus complètement aux effets du *bruit* sur le sommeil qu'aux facteurs environnementaux mentionnés plus haut. Les bruits de forte intensité, soudains et non fréquents semblent plus susceptibles de produire une réaction d'éveil ou d'orientation que les bruits prévisibles et peu dérangeants. Donc, si possible, l'environnement de sommeil devrait être exempt de ce type de dérangements. Bien que l'expérience clinique suggère que les gens peuvent s'habituer aux bruits de leur environnement (exemples, le trafic des voitures ou le passage des trains, ou encore le tic-tac de l'horloge dans le hall) et qu'il existe des preuves environnementales de l'habituation de la réaction à des stimuli audibles (Bohlin, 1972; 1973), Sanchez et Bootzin (1985) ont rapporté que les gens dormant habituellement dans des environnements bruyants s'adaptaient au bruit de manière incomplète.

Nous avons, au chapitre 3, fait référence à l'impact potentiellement thérapeutique d'une stimulation monotone qui exerce un effet antagoniste par rapport à l'éveil, sans doute en réduisant la sensibilité du système d'activation réticulé. La présentation de sons audibles et monotones constitue un exemple clair de cet état de choses (Bohlin, 1971). Toutefois, d'autres techniques peuvent fonctionner de manière semblable. La répétition à voix basse d'un mantra en méditation, le modèle rythmique de tension/relâchement en relaxation progressive (Borkovec, 1979) et la répétition de mots sémantiquement neutres dans le cas de la technique de suppression articulatoire (Levey et coll., 1991) constituent d'autres exemples d'un phénomène similaire. On peut également proposer aux patientes de produire un «bruit blanc» qui a un effet double : d'une part il masque les bruits sporadiques potentiellement dérangeants, d'autre part ce bruit est soporifique en lui-même (Hauri, 1982; Lacks, 1987; Golden et James, 1988). On peut se procurer dans le commerce un équipement qui génère un bruit blanc, mais on peut simplement faire des enregistrements pour obtenir un effet similaire (p. ex. le bruit généré par un brûleur de chauffage central, un ventilateur ou un poste de télévision dont l'antenne est débranchée). Fletcher (1986), sur sa liste des «aides au sommeil», fait référence à un générateur de bruits «tranquilles» en provenance de la nature, comme des vagues, de la pluie, ou encore une chute d'eau. Ce type de stimulus peut remplacer à la fois le «bruit blanc» et la stimulation visualisée monotone.

En résumé, donc, l'environnement de sommeil, s'il veut faciliter le sommeil de manière optimale, devrait être maintenu à un niveau suffisant de confort physique et à un niveau minimal de distraction. Il convient d'ajuster des facteurs tels que la température, le niveau de luminosité ainsi que celui du bruit afin qu'ils conviennent à l'individu; ensuite, ils devraient rester stables. Il faut au minimum que l'environnement ne contribue pas à l'insomnie et il pourrait, au mieux, exercer un effet modérément thérapeutique en favorisant le sommeil.

Avant de conclure cette discussion des éléments de traitement non spécifique, il faut faire remarquer que dans d'autres domaines de publication on trouve certaines descriptions de traitement non spécifique (ou d'«hygiène du sommeil») plus complètes que celles abordées ici. On a notamment inclus, en tant que composantes de traitements non spécifiques, des conseils relatifs à la relaxation, au sommeil programmé (p. ex. se lever à la même heure chaque matin, y compris les W.E.), aux routines et activités précédant le sommeil ainsi qu'à l'exclusion de l'environnement du sommeil de comportements incompatibles avec le sommeil, comme lire ou regarder la télévision (voir p. ex. Walsh, Sugerman et Chambers, 1986). Ceci illustre peut-être l'idée exprimée au début de ce chapitre, à savoir que la distinction entre traitement spécifique et traitement non spécifique doit rester ambiguë. Toutefois, dans le contexte de ce chapitre et des suivants, nous considérerons ce type d'éléments comme faisant partie du traitement spécifique. Les approches basées sur la relaxation seront, elles, abordées au prochain chapitre, tandis que les deux chapitres suivants s'intéresseront aux techniques cognitives et comportementales.

Il ne faudrait pas sous-estimer l'importance qu'il y a d'examiner ces «ingrédients» dans un cadre conceptuel, nonobstant l'attrait clinique d'un package général de traitements. Il est peut-être bien plus valable de s'assurer qu'un individu obéit à une ou deux injonctions thérapeutiques spécifiques très importantes que de s'assurer qu'il obéit à une demi-douzaine d'instructions moins importantes. Il se trouvera des situations dans lesquelles les instructions les plus importantes seront difficiles à suivre. Il ne faudrait pas qu'elles soient noyées dans un ensemble d'avis généraux qui permet à la patiente d'obéir à certaines instructions sur une base sélective.

Avant de nous tourner vers ces formes spécifiques d'intervention, nous étudierons l'importante question de l'efficacité du traitement non spécifique.

L'EFFICACITÉ CLINIQUE DU TRAITEMENT NON SPÉCIFIQUE DE L'INSOMNIE

Ces dernières années, la plupart des ouvrages et articles importants consacrés à l'insomnie ont abordé des descriptions et des discussions relatives aux traitements non spécifiques. Dans leur ouvrage datant de 1984, Kales et Kales ont consacré un chapitre entier aux «mesures générales de traitement de l'insomnie». Selon ces chercheurs, «le médecin ne devrait ni sous-estimer ni surestimer leur importance... Néanmoins, les patientes qui souffrent d'insomnie chronique peuvent assumer plus de responsabilités dans la recherche d'un sommeil plus sain en identifiant et en maintenant les habitudes et modèles de style de vie qui leur conviennent le mieux» (p. 87). Dans le même ordre d'idées, Lacks (1987) écrit ceci : «Nous partons du principe selon lequel il est essentiel d'établir une bonne hygiène de sommeil avant de se tourner vers d'autres approches. Nous commençons toujours la première session en apprenant à la patiente à établir de manière cohérente les circonstances idéales du sommeil» (p. 89). Lacks et ses collègues reconnaissent également que «certaines participantes se sont aperçues que la simple application de l'hygiène de sommeil et des horaires recommandés était suffisante pour améliorer leur sommeil» (p. 90). Morin et Kwentus (1988) résument la valeur des interventions en matière d'hygiène du sommeil en écrivant que « l'éducation contribuera souvent à modifier l'évaluation cognitive du sommeil de la patiente, mais ne sera éventuellement pas suffisante pour induire les modifications comportementales au niveau des habitudes du sommeil ».

Il semble donc que le traitement non spécifique ait acquis un statut accepté dans la pratique clinique de traitement des insomniaques. Les cliniciens considèrent l'éducation et les packages de conseils comme un point de départ utile dans la relation thérapeutique et, bien qu'on ne puisse pas nécessairement s'attendre à ce que des modifications du profil de sommeil et du comportement en la matière accompagnent le traitement non spécifique, le respect des consignes semble en être amélioré et il semble également que le terrain soit mieux préparé pour le traitement spécifique qui suivra. Le lecteur se souviendra qu'en début de chapitre nous placions le traitement non spécifique dans le contexte de l'appréciation de l'évaluation de l'insomnie et de l'accord qu'il convient de conclure au sujet des objectifs thérapeutiques.

Une étude, due à Lacks et Rotert (1986), a identifié une des raisons de l'efficacité limitée du traitement non spécifique. Ces chercheurs ont développé une échelle des connaissances et de mise en pratique de l'hygiène du sommeil (Sleep Hygiene Awareness and Practice Scale, reproduite dans : Lacks, 1987) et ont comparé deux groupes d'insomniaques ; à peu près la moitié de ces personnes éprouvaient des difficultés à s'endormir, et l'autre moitié présentait un problème primaire de maintien du sommeil. Il y avait également un groupe-témoin, constitué de personnes dormant normalement. Lacks et Rotert se sont aperçus que la connaissance et la mise en pratique d'une hygiène de sommeil étaient en fait correctes, que ce soit chez les personnes dormant normalement ou chez les personnes dormant mal. Les insomniaques faisaient preuve d'une connaissance quelque peu meilleure de cette hygiène par rapport à celle des personnes dormant normalement (différence légèrement significative au niveau statistique), mais elles mettaient beaucoup moins cette connaissance en pratique, surtout dans le cas des insomniaques ayant des problèmes d'endormissement. Lacks et Rotert sont arrivés à la conclusion qu'une mauvaise pratique de l'hygiène de sommeil ne constitue pas un déterminant majeur de l'insomnie. Néanmoins, leur avis est que cet élément peut, dans le traitement, réduire la probabilité de chronicité et le risque de voir se développer des cycles d'exacerbation.

Ce même groupe de recherche a fait suivre son étude comparative d'une évaluation de résultats de traitement qui comparait d'une part un training à l'hygiène du sommeil et, d'autre part, un programme de traitement conventionnel par contrôle du stimulus et une technique de méditation, cela chez un échantillon de 65 adultes se plaignant d'un problème important de maintien du sommeil (Schoicket, Bertelson et Lacks, 1988). L'analyse de résultats par rapport aux variables «moment de l'éveil après endormissement» et «nombre et durée des réveils nocturnes» a montré qu'on arrivait à des améliorations dans les trois cas de traitement, et qu'aucune différence significative ente les groupes ne pouvait être dégagée. Schoicket et coll. ont également évalué l'efficacité de ces traitements en fonction des réponses apportées à un questionnaire de suivi qui demandait aux sujets si oui ou non ils considéraient encore souffrir d'insomnie. Il est intéressant de constater que 50% des sujets du groupe «contrôle du stimulus» et «méditation» considéraient qu'ils ne souffraient plus d'insomnie, alors que seuls 20% des membres du groupe «entraînement à l'hygiène du sommeil» étaient de cet avis. De plus, une évaluation de la crédibilité du traitement a révélé que les sujets de ce dernier groupe seraient les moins susceptibles de recommander ce type de traitement ou de s'y soumettre à nouveau. On s'est aperçu (ce qui correspond aux résultats de Lacks et Rotert) que certains des sujets de ce groupe avaient déjà une bonne connaissance en la matière, connaissance à laquelle le traitement n'ajoutait que peu de choses. Etant donné que les résultats obtenus par ces sujets ont vraisemblablement contribué à la fois à l'insatisfaction vis-à-vis du traitement et peut-être à un impact moins important de ce traitement, il aurait été intéressant de considérer les résultats obtenus par le sous-groupe des sujets soumis à l'entraînement à l'hygiène du sommeil et qui, au départ, présentaient des niveaux relativement faibles de connaissance et de mise en pratique de cette hygiène. Malheureusement, Schoicket, Bertelson et Lacks n'ont pas présenté ce type d'analyse.

Seules deux autres études relatives aux comparaisons entre types de traitement et qui ont inclus un traitement non spécifique en tant qu'intervention unique sont disponibles. Une de ces études, menée par Ladouceur et Gros-Louis (1986) s'est intéressée aux effets de l'injonction paradoxale, du contrôle par stimulus, de l'«information relative au sommeil» et d'une procédure de contrôle de la latence d'endormissement, cela dans un échantillon total de 25 insomniaques. Les résultats ont montré que les groupes «injonction paradoxale» et «contrôle par stimulus» avaient la même efficacité significativement supérieure à celle du groupe «information relative au sommeil» et à celle du groupe-témoin. Il vaut également la peine de noter que Ladouceur et Gros-Louis ont rapporté que le groupe d'information relative au sommeil «faisait preuve de moins de motivation pour continuer la thérapie à la fin de celle-ci».

Bootzin et ses collègues (Bootzin, Engle-Friedman et Hazlewood, 1983; Engle-Friedman, 1985; Bootzin et Engle-Friedman, 1987) ont réalisé une évaluation plus complète de groupes plus importants. Les sujets de cette étude étaient 53 insomniaques plus âgés (entre 47 et 76 ans) présentant des problèmes soit d'endormissement soit de maintien du sommeil. Les auteurs ont réparti les sujets en trois groupes de traitements actifs et un groupe-témoin sans traitement; tous les traitements actifs présentaient une composante importante de soutien et d'apprentissage de l'hygiène du sommeil. Ces chercheurs s'intéressaient à l'évaluation des effets obtenus lorsqu'on ajoute des traitements plus actifs au traitement non spécifique. La comparaison se faisait entre un groupe «soutien et information», un groupe «soutien, information, plus entraînement à la relaxation progressive» et un autre groupe «soutien, information plus traitement par contrôle du stimulus», tout cela réparti sur quatre semaines de sessions individuelles hebdomadaires. Bootzin et coll. font état d'améliorations importantes, que ce soit au niveau quantitatif ou qualitatif, et quel que soit le traitement actif considéré. Les effets différentiels des traitements étaient relativement peu nombreux; cependant, les auteurs ont relevé que l'addition soit du contrôle par stimulus soit de la relaxation et du traitement non spécifique amenait une amélioration de l'efficacité du sommeil. Les moyennes ajustées étaient de 77% pour le contrôle du stimulus, de 78% pour la relaxation progressive et de 60% pour le traitement non spécifique.

En conclusion, l'examen des commentaires livrés par divers auteurs et les résultats de comparaisons plus formelles entre les traitements nous amènent à conclure que le traitement non spécifique ne suffit pas à lui seul pour fournir un résultat clinique satisfaisant dans les cas d'insomnie chronique. Néanmoins, le traitement non spécifique peut revêtir une fonction de facilitation en augmentant chez le sujet le respect des consignes. Il est éventuellement capable d'accélérer la réaction de l'insomniaque aux traitements conventionnels et peut contribuer à des résultats positifs de traitement à plus long terme. Jusqu'à présent, on n'a pas étudié formellement ces questions. Etant donné les niveaux de connaissance relativement élevés que présentent déjà de nombreux insomniaques, il semblerait bon que les cliniciens évaluent tout d'abord les connaissances et pratiques préexistantes afin d'identifier les lacunes de compréhension et de se concentrer sur celles-ci lors de l'intervention didactique. Ceci devrait contourner le problème de perte de motivation (déjà évoqué plus haut) éventuellement associé à la répétition inutile d'une information déjà connue. Il faudrait encourager les patientes à considérer le traitement non spécifique comme une phase préparatoire au cours de laquelle on peut convenir de mesures de résultats et de la mise sur pied et en pratique d'agendas de sommeil ou d'autres mesures.

Chapitre 6
Insomnie et traitements
à base de relaxation

Ce chapitre, consacré aux traitements de l'insomnie basés sur la relaxation, ainsi que les deux chapitres suivants qui s'intéressent aux traitements cognitifs et par contrôle du stimulus, tentent d'atteindre deux objectifs principaux. Tout d'abord, chaque chapitre vise à décrire les éléments et techniques qui constituent le traitement, de manière que le praticien soit capable d'intégrer ce traitement dans sa pratique clinique. En deuxième lieu, chacun de ces chapitres passe en revue la littérature consacrée aux études de résultats en rapport avec l'approche de traitement en question et présente les preuves de l'efficacité de l'intervention. En d'autres termes, après avoir lu le chapitre considéré, le lecteur devrait comprendre le traitement auquel il s'intéresse, son efficacité, et savoir pour quel groupe de patientes il peut se révéler efficace. Le chapitre 9, cependant, passe en revue les études *comparatives* dans lesquelles les traitements à base de relaxation ont été évalués par rapport à d'autres interventions comportementales et cognitives. Nous conseillons donc fortement au lecteur de considérer le chapitre 9 comme la suite logique de la discussion abordée au cours des trois chapitres précédents.

Le présent chapitre s'intéresse aux techniques de relaxation et de réduction de l'anxiété. Bien que la plus grande partie de la littérature se soit centrée sur l'application d'une thérapie de relaxation progressive, elle a également décrit et évalué d'autres méthodes, telles que la désensibilisation ou des variantes de la relaxation, comme le training autogène et la méditation. On peut également reprendre ici les techniques de biofeedback dans la mesure où elles apparaissent généralement soit en conjonction avec l'entraînement à la relaxation, soit par comparaison avec celui-ci. Avant de considérer leur efficacité, nous décrirons tout d'abord ces diverses méthodes de traitement.

L'ENTRAÎNEMENT À LA RELAXATION PROGRESSIVE

On attribue à Jacobson (1929) les premiers développements de la relaxation progressive. Ce chercheur s'est aperçu que l'alternance tension/relâchement des principaux groupes musculaires était associée à de considérables réductions de l'activité musculaire, de la pression sanguine et du rythme cardiaque. L'arrivée, bien plus tard, de la thérapie comportementale (en particulier l'idée selon laquelle la relaxation peut constituer une réponse efficace à l'angoisse phobique - Wolpe, 1958) est en grande partie responsable d'un regain d'intérêt pour cette première technique. En trente ans, la relaxation est devenue un classique de la thérapie comportementale clinique, et divers auteurs ont livré des formes abrégées des procédures décrites par Jacobson. La plus connue de celles-ci est peut-être constituée par le manuel de Bernstein et Borkovec (1973).

Groupes musculaires (par ordre)	*Séquence d'instructions par groupe musculaire*
Main/avant-bras dominant Biceps dominant Main/avant-bras non dominant Biceps non dominant	(1) Concentrer son attention sur le groupe musculaire
Front, joue supérieure et nez Joue inférieure et mâchoires Cou et gorge Poitrine, épaules et dos supérieur Région abdominale et estomac	(2) Tendre le groupe musculaire sur commande (3) Maintenir la tension à un niveau constant pendant 5-7 secondes
Cuisse dominante Mollet dominant Pied dominant Cuisse non dominante	(4) Relâcher le groupe musculaire sur commande
Mollet non dominant Pied non dominant	(5) Maintenir la concentration sur le groupe musculaire pendant le relâchement

Tableau 16 — *Résumé descriptif d'une procédure d'entraînement à la relaxation progressive.*

Le tableau 16 présente un résumé descriptif d'un entraînement abrégé à la relaxation que nous nommerons simplement «relaxation progressive» (terme repris par la littérature de recherche en matière d'insomnie).

Au départ, les techniques décrites par Jacobson reprenaient une liste impressionnante de cycles tension/relâchement, ce qui exigeait de nombreuses sessions pratiques réparties sur un grand nombre de journées. Le lecteur se référera avec intérêt à l'ouvrage de Jacobson (1970). Celui-ci contient de nombreuses illustrations utiles de procédures de tension/relâchement. Toutefois, pour la plupart des objectifs cliniques, on peut enseigner la relaxation progressive en se concentrant sur les principaux groupes musculaires volontaires dans l'ordre (voir tableau 16). Il est bien sûr possible de combiner certains des exercices afin d'encore abréger la procédure (p. ex. main/avant-bras en serrant le poing et en pliant en même temps le bras au niveau de l'épaule). Une session de pratique de la relaxation dure en général une vingtaine de minutes et il faut réaliser la série d'exercices deux fois par jour, soit couché soit assis (la première position convient le mieux aux insomniaques). La généralisation constitue un aspect important de la pratique de la relaxation appliquée. Ceci veut dire que les instructions données dans le cadre de la consultation doivent être généralisées à la pratique à domicile. Dans ce contexte, des enregistrements des sessions cliniques peuvent se révéler extrêmement utiles. Toutefois, l'application pratique de la relaxation peut être facilitée par le développement d'un contrôle par déclencheur. Le sujet apprend à produire une réponse (la relaxation) à la présentation auto-contrôlée d'un déclencheur tel que le mot «relax» répété intérieurement.

Certains chercheurs ont étudié en détail les composantes individuelles de la procédure de relaxation progressive. Des rapports tels que ceux de Benson, Beary et Carrol (1974), Davidson et Schwartz (1976) ou encore celui de King (1980) donnent une bonne perspective générale des traitements à base de relaxation. Le travail de King constitue notamment une excellente source de renseignements. Il le conclut en écrivant que ce sont peut-être les processus maintenant le problème qui revêtent l'importance la plus grande lorsqu'il s'agit de déterminer si oui ou non les procédures le composant sont essentielles pour le package global. Toutefois, Borkovec et ses collègues ont mené une série d'études plus spécifiques qui se sont intéressées aux facteurs critiques dans la procédure de relaxation par rapport au traitement de l'insomnie de départ (Borkovec, Kaloupec et Slama, 1975; Borkovec et Hennings, 1980; Borkovec et Sides, 1979; Borkovec et coll., 1979). On trouvera au tableau 17 (p. 150-154) un résumé des résultats de ces études. Dans chacun des cas, le programme total de relaxation a généré des scores moins élevés de latences d'endormissement après le traitement et lors du follow-up par rapport à ceux obtenus lors de l'application unique de la composante «focalisation de l'attention» (Borkovec, Kaloupec et Slama, 1975; Borkovec et coll.,

1979) ou de la composante « tension/relâchement ». Commentant son propre travail, Borkovec insiste sur le fait que la composante « focalisation de l'attention » générait des scores significativement moins élevés par rapport à ceux de la relaxation progressive tant sur le plan de la mesure subjective du sommeil que sur celui de sa mesure objective lorsqu'on mettait en œuvre des stratégies d'attente négative afin de contrôler les effets éventuels des attentes des sujets. Il pense dès lors que la procédure de tension/relâchement musculaire peut jouer un rôle particulièrement important. Toutefois, la prise en compte des résultats des études d'un point de vue *clinique* suggère (en considérant les scores des résultats finaux) que les deux composantes individuelles peuvent produire des effets thérapeutiques considérables et que ces effets n'apparaissent pas comme très différents de ceux obtenus par le package global. La seule conclusion négative était en fait celle de l'étude de Borkovec et coll. (1979), étude dans laquelle la composante unique de focalisation de l'attention avait eu peu d'impact sur la latence objective d'endormissement.

L'étude d'analyse de composantes menée par Woolfolk et McNulty (1983) revêt un intérêt considérable. Ces chercheurs ont comparé la relaxation progressive, la relaxation progressive sans tension/relâchement (focalisation somatique), le training à l'imagerie avec tension/relâchement, l'imagerie sans tension/relâchement et l'absence de traitement afin de comparer les contributions relatives de la tension/relâchement et de la focalisation de l'attention. Contrairement aux études de Borkovec, qui concernaient des étudiants, Woolfolk et McNulty ont recruté des insomniaques adultes (âge moyen : 43 ans). Il s'est avéré que ces sujets souffraient d'insomnie grave et chronique (durée moyenne des symptômes : 15 ans, et latence moyenne de départ : 104 minutes). Les résultats obtenus par ces chercheurs indiquent que les quatre groupes de traitement observés réussissaient à réduire la latence d'endormissement par rapport à celle observée dans le groupe-témoin. Il est intéressant de noter que la présence ou l'absence de tension/relâchement ne présentait pas de rapport avec les résultats obtenus. Aucune comparaison à ce niveau n'était significative, quelle que soit la variable dépendante considérée. Il y avait toutefois une tendance des traitements à base d'imagerie visuelle à se montrer plus efficaces que les traitements à base de focalisation de l'attention en ce qui concerne la réduction des latences d'endormissement. Dès lors, Woolfolk et McNulty concluent que les données qu'ils ont recueillies « semblaient indiquer que les modifications d'activité cognitive antérieures au sommeil sont plus susceptibles de faciliter la réduction des latences d'endormissement que les réductions de la tension corporelle ne sont capables de le faire ». D'autre part, ils pensent également que le succès d'autres traitements de l'insomnie basés sur la focalisation de l'attention (Carr-Kaffashan et Woolfolk, 1979; Nicassio et Bootzin, 1974; Woolfolk et coll., 1976) repose peut-être sur le fait qu'ils détournent l'attention de la mentalisation obsessionnelle précédant le sommeil. L'étude de Woolfolk et McNulty prévoyait également un suivi six mois après la fin du traitement. Les données récoltées lors de ce follow-up indiquent qu'alors que les résultats recueillis dans les groupes « relaxation progressive » et « focalisation somatique » étaient redescendus aux niveaux antérieurs au traitement, les groupes d'entraînement à la relaxation avaient non seulement maintenu leurs améliorations mais également réduit leurs latences d'endormissement par rapport aux niveaux relevés à la fin du traitement.

TRAINING AUTOGÈNE

Bootzin et Nicassio (1978) reprennent le training autogène parmi les « stratégies de relaxation cognitive ». Nous avons néanmoins décidé d'aborder la description et la discussion du training autogène (et bien sûr de la méditation) au cours de ce chapitre plutôt qu'au chapitre 7, consacré aux traitements cognitifs. Cette décision est quelque peu arbitraire mais, d'un point de vue historique, ce type de traitement est apparu dans la littérature à un moment où le rôle médiateur de l'activation physiologique apparaissait en pleine lumière. Il semble donc raisonnable de les considérer comme des variantes de la relaxation plutôt que comme des traitements conçus pour contrer l'éveil cognitif, bien que ce dernier puisse en fait constituer un mécanisme d'effet plus important.

Nous devons à Schultz et Luthe (1959) une description de la procédure de training autogène. On apprend aux sujets à répéter des phrases-types simples, qui font référence à l'expérience de la chaleur et de la lourdeur dans les extrémités (p. ex. « mon bras droit est chaud et lourd »). Le sujet, dès lors, donne instruction à son corps d'arriver à un état de faible activation physiologique et s'occupe des sensations associées à cette instruction. Il existe également des exercices standard de la régulation respiratoire. Le training autogène est similaire à la relaxation progressive car il partage avec elle la composante de focalisation somatique de l'attention. Toutefois, la relaxation progressive constitue une technique active qui implique des cycles de tension/relâchement musculaire. Dans le cas du training autogène, les réactions du sujet sont plus passives, bien que l'auto-observation fournisse également un feed-back par rapport aux réactions corporelles aux suggestions concernant le poids et la lourdeur à peu près de la même façon que dans le cas de la relaxation progressive : on encourage le sujet à observer la différence entre les muscles tendus et les muscles relâchés. On peut considérer le training autogène comme une forme d'auto-hypnose dans laquelle la concentration et le dialogue intérieur du sujet sont utilisés afin d'amener des modifications corporelles. On utilise également souvent en hypnose des suggestions relatives à la lourdeur des membres.

LA MÉDITATION

On pratique diverses formes de méditation (p. ex. le yoga ou la méditation transcendantale), mais ces techniques ont en commun le recours à un mot-stimulus répétitif (appelé «mantra») qui sert de point de concentration. L'objectif est de transférer l'attention de l'extérieur vers l'intérieur et de rétrécir de manière sélective cette attention sur le mantra répété. On a déjà dit plus haut qu'un tel stimulus sera vraisemblablement soporifique, ce qui peut constituer une des explications des effets de désactivation présentés par cette procédure. La répétition du mantra peut d'autre part bloquer une activité mentale concurrente. On peut également demander au sujet de rester immobile et de fermer les yeux (Woolfolk, 1975; Woolfolk et coll., 1976). Woolfolk et coll. ont demandé à leurs sujets de répéter intérieurement les mantras «entrer» et «sortir» associés à l'inspiration et à l'expiration. La commande-indicateur «relax», associée au relâchement et à l'expiration, est en fait souvent reprise dans les programmes de relaxation progressive. On peut également considérer la méditation comme étant similaire au training autogène, bien qu'ici le point de concentration premier ait trait aux sensations corporelles associées à la respiration plutôt qu'aux membres et aux muscles.

L'HYPNOSE

Lichstein et Fischer (1985) ont souligné la rareté des études relatives à l'hypnose en tant que traitement de l'insomnie, tandis que Kales et Kales (1984) évoquent des problèmes pratiques relatifs à l'application des procédures hypnotiques en cas d'insomnie. Tous d'abord, tous les sujets ne peuvent être hypnotisés, et cela se complique avec l'impossibilité pour le thérapeute d'être avec sa patiente au moment du coucher. Ensuite, cette patiente n'atteint généralement pas le sommeil lors d'une transe ou à la suite de celle-ci. L'acquisition d'un certain skill de relaxation peut constituer le bénéfice principal et non spécifique amené par l'hypnose. Dans leur étude consacrée à la relaxation et à l'hypnose dans le traitement de l'insomnie, Graham et coll. (1975) ont rapporté que les sujets obtenaient des scores relativement bas lors d'un test de susceptibilité à l'hypnose, et que ce facteur présentait une faible corrélation avec les mesures de résultats.

Les techniques d'induction hypnotique peuvent varier considérablement; p. ex. une technique classique est la fixation oculaire : on demande au sujet de fixer un petit point au plafond, point qui se situe derrière et au-dessus de son champ de vision. Comme les yeux restent ouverts, il est inévitable que les suggestions visant à rendre les paupières lourdes exerceront leur effet, et l'induction initiale de l'état hypnotique peut commencer. Il existe avec cette méthode d'induction hypnotique un parallèle intéressant dans la technique cognitive de l'injonction paradoxale. On y demande au sujet de rester couché les yeux ouverts dans une pièce sombre, et d'essayer de résister passivement aux signaux d'établissement du sommeil (paupières qui se ferment) (voir chapitre 7, p. 180-184 pour des informations complémentaires relatives aux traitements paradoxaux).

LE BIOFEEDBACK

L'inclusion dans ce chapitre des techniques de biofeedback utilisées dans le cadre de traitements de l'insomnie basés sur la relaxation se justifie également. Un article de Budzynski (1973) a établi de manière très claire les objectifs du training biofeedback. Ceux-ci sont : tout d'abord le développement d'une conscience accrue des fonctions physiologiques internes qui entrent en ligne de compte; ensuite, l'établissement du contrôle de ces fonctions; enfin, le transfert ou la généralisation de ce contrôle du lieu du training à d'autres domaines de la vie du sujet. Dans le contexte de l'insomnie, et de l'intérêt de départ vis-à-vis de la relaxation musculaire en tant que traitement, la tension musculaire a constitué un centre d'intérêt primordial. On a donc appliqué dans un certain nombre d'études la technique du biofeedback EMG.

Dans la plupart des cas, la conscience du sujet vis-à-vis de son état actuel de tension musculaire est établie par les niveaux indicatifs de la tension frontale relevée à l'aide d'électrodes placées sur le frontalis et par un feed-back auditif réalisé à l'aide d'un compteur électromécanique (p. ex. Coursey et coll., 1980; Nicassio, Boylan et McCabe, 1982; Freedman et Papsdorf, 1976). Lors des sessions de training biofeedback EMG, on donne au sujet l'instruction de diminuer la fréquence sonore en se concentrant sur les sensations et pensées qui semblent réduire la fréquence du signal de biofeedback. De cette manière, la relaxation réussie est récompensée par un feed-back auditif, et on apprend une technique de relaxation musculaire. Le biofeedback EMG peut donc être considéré comme un moyen d'arriver au même stade que d'autres techniques de relaxation, à savoir un état de relaxation physiologique. Budzynski a décrit le biofeedback comme «un miroir reflétant un certain aspect de la physiologie».

Etant donné l'importance de l'EEG dans l'étude et l'évaluation du sommeil, il n'est pas étonnant qu'un certain nombre de chercheurs se soient également intéressés au feed-back de l'activité électrique dans le cerveau. Une approche a été de produire des ondes thêta (rythmes cérébraux lents) au moyen du feed-back électro-encéphalographique. Le biofeedback de l'onde thêta EEG suit généralement un training initial par biofeedback électromyographique (p. ex. Stoyva et Budzynski, 1972; Hauri, 1981; Hauri et coll., 1982). Le training EMG préalable reflète bien l'importance qu'il y a d'éliminer les artefacts EMG du canal EEG ainsi que les bénéfices possibles (facilitation) du traitement accessoire. Le biofeedback de l'onde thêta EEG fait référence à des signaux perceptibles, tels qu'une lumière ambre qu'on fait apparaître lorsque des ondes EEG de 4-7 Hz figurent sur le tracé EEG. Etant donné que ce type de diminution de l'activation à partir du rythme alpha vers une activité thêta de plus en plus grande est associé à l'endormissement, l'entraînement à une sorte de contrôle volontaire de ces modifications peut avoir une valeur thérapeutique, en particulier pour les personnes souffrant d'insomnie d'endormissement.

Une approche alternative de la modification de l'éveil central a été de recourir à un biofeedback visant le rythme sensorimoteur. Cette forme de biofeedback tente de renforcer le rythme sensorimoteur de 12-14 Hz, qui est un rythme EEG de basse amplitude mesuré sur le cortex sensorimoteur en état d'éveil. Ce rythme sensorimoteur est en rapport avec les variations qui caractérisent le sommeil NREM de stade 2 (voir chapitre 1, p. 15). Le biofeedback du rythme sensorimoteur s'est affirmé comme un traitement possible de l'insomnie après que Sterman, Howe et McDonald (1970) aient rapporté qu'ils étaient arrivés, sur les chats de leur étude expérimentale, à une augmentation des périodes de sommeil stable et des fuseaux en augmentant la fréquence du rythme sensorimoteur lors des phases d'éveil. Depuis lors, un certain nombre d'évaluations de recherches ont été menées sur des sujets humains et en particulier sur des insomniaques (p. ex. Feinstein, Sterman et Macdonald, 1974; Hauri, 1981; Hauri et coll., 1982).

Un des inconvénients du training biofeedback (quelle que soit la méthode) est constitué par le fait qu'il s'appuie sur un équipement technique sophistiqué. Les études de résultats de traitements que nous décrirons plus loin comprenaient toutes un entraînement en laboratoire de sommeil, en tout cas dans leurs phases initiales. Il peut donc y avoir des limites à l'application générale du biofeedback dans les environnements cliniques non spécialisés. Budzynski (1973) a également souligné que la capacité du sujet à comprendre et verbaliser les stratégies de contrôle apprises constitue un facteur critique lorsqu'il s'agit d'augmenter le transfert des stratégies apprises aux situations de la vie réelle. Selon lui, il convient d'encourager les patientes, lors de la phase d'entraînement, à décrire leurs sensations et les stratégies réussies associées dans le but de conditionner une expression ou une série d'expressions aux modèles physiologiques désirés. Cependant, il n'est pas sûr que de telles recommandations aient été suivies par la majorité des chercheurs. Il semble plutôt qu'on ait donné un avis plus général sur les méthodes de relaxation.

EFFICACITÉ DES TRAITEMENTS BASÉS SUR LA RELAXATION

Les recherches effectuées sur l'efficacité des traitements de l'insomnie basés sur la relaxation reflètent l'apparition de techniques de thérapie comportementale telles qu'appliquées à d'autres troubles, comme les états phobiques et obsessionnels. Un certain nombre d'études (les plus anciennes) avaient recours à un modèle de désensibilisation. Ces études, menées à la fin des années 60 et au début des années 70, étaient contemporaines des premières recherches consacrées à l'entraînement à la relaxation progressive. Le tableau 17 présente un résumé des études de résultats de traitements disponibles. On y trouve également certains renseignements sur l'échantillonnage des sujets et sur les comparaisons entre les principaux résultats de traitements; nous présenterons plus loin une discussion détaillée sur chacun de ces points au moment opportun. Le tableau se limite en grande partie à la présentation des données relatives à la latence d'endormissement, étant donné qu'il s'agit là de la principale mesure de résultats à laquelle on a eu recours. Dans le cas contraire, d'autres renseignements sont présentés. Il faut faire remarquer que le tableau 17 ne reprend *pas* d'études comparant les résultats obtenus lors de la mise en œuvre de diverses stratégies thérapeutiques, étant donné que nous y reviendrons au chapitre 9. Nous insistons plutôt sur les traitements basés sur la relaxation et sur les comparaisons possibles dans le cadre de ce type de gestion.

Auteurs	1	2	3	4	Traitement(s)	5	6	7	8
Borkovec et Fowles (1973)	E	37	NC	NC	Relaxation progressive Relaxation par hypnose Auto-relaxation/placebo Pas de traitement	46 43 42 44	25 24 24 44	NC NC NC NC	NC NC NC NC
Borkovec et Hennings (1978)	E	44	NC	NC	Relaxation progressive Idem mais uniquement tension/relâchement Pas de traitement	34 47 37	AN/AP 23/19 29/26 37/35	NC NC NC	NC NC NC
Borkovec et Weerts (1976)	E	36	NC	NC	Relaxation progressive Désensibilisation (placebo) Pas de traitement	40 53 47	28 39 37	27 58 NC	12 12 NC
Borkovec, Kaloupec et Slama (1975)	E	56	NC	NC	Relaxation progressive Relaxation programmée (uniquement focalisation de l'attention) Désensibilisation (placebo) Pas de traitement	46 38 42 35	AN/AP 25/23 28/26 35/25 32/33	16 23 32 NC	5 5 5 NC
Borkovec, Steinmark et Nau (1973)	R	23	NC	NC	Désensibilisation (un seul item) Relaxation progressive Désensibilisation + relaxation	RG 41	RG 25	RG NC	RG NC
Borkovec et coll. (1979)[a]	E	29	NC	NC	Relaxation progressive Idem mais uniquement focalisation de l'attention Pas de traitement	EEG 50 46 51	EEG 33 45 59	«maintenu» «maintenu» NC	12 12 NC

Étude	Type			Traitement				
Budzynski (1973)	P	11	NC	NC	EMG + biofeedback de l'onde thêta	6	«amélioré»	—	—
Carr-Kaffashan et Woolfolk (1979)	R	30	40	11	Relaxation progressive (insomnies moyennes)	59	40	49	6
					Relaxation progressive (insomnies graves)	150	80	49	6
					Désensibilisation (placebo) (insomnies moyennes)	50	35	66	6
					Désensibilisation (placebo) (insomnies graves)	112	62	66	6
Coursey et coll. (1980)	P	22	38	14	Biofeedback EMG	3 de 6	X	NC	NC
					Training autogène	2 de 6	X	NC	NC
					Electrosleep	0 de 10	X	NC	NC
Evans et Bond (1969)	P	1	45	7	Désensibilisation (un seul item)	HS	HS «idem»	NC	NC
					Conditionnement classique	2	5,5	NC	NC
Freedman et Papsdorf (1976)	R	18	23	> 0,5	Biofeedback EMG	EEG 42	EEG 13	NC	NC
					Relaxation progressive	43	20	NC	NC
					Contrôle d'exercice	43	40	NC	NC
Geer et Katkin (1966)	P	1	29	1	Désensibilisation (un seul item)	—	«dort bien» «dort bien»	—	8
Gershman et Clouser (1974)	E	20	NC	NC	Désensibilisation systématique	75	30	18	12
					Relaxation progressive	55	37	15	12
Graham et coll. (1975)	E	22	NC	NC	Relaxation progressive	5,9	3,1	NC	NC
					Hypnose	5,9 (Y)	3,1 (Y)	NC	NC

Étude	Plan	N	Âge	Séances	Traitement	EEG/carnet	EEG/carnet	EEG/agenda	Suivi (mois)
Hauri (1978)	P	37	NC	NC	Biofeedback EMG du frontalis	60/94	50/64	NC	NC
					Biofeedback du frontalis + EEG thêta	31/64	26/45	NC	NC
					Biofeedback du rythme sensorimoteur	34/86	26/54	NC	NC
					Groupe-témoin (discussion/avis)	47/103	64/70		
Hauri (1981)	P/R	48	41	8	Biofeedback EMG du frontalis	91	63	52	9
					Biofeedback EEG thêta	48	30	40	9
					Biofeedback du rythme sensorimoteur	64	41	26	9
					Pas de traitement	94	NC	76	9
Hauri et coll. (1982)	P/R	16	49	NC	Biofeedback EMG + EEG thêta	16/27	15/24	15/12	9
					Biofeedback EMG + biofeedback du rythme sensorimoteur	28/35	33/32	20/18	9
Haynes et coll. (1974)	E	14	18 à 21	5	Relaxation progressive	61	34	«amélioration maintenue»	9
Haynes, Sides et Lockwood (1977)	R	24	29	7	Relaxation passive	51	26	16	12
					Biofeedback EMG	49	23	26	12
					Groupe-témoin (auto-relaxation)	48	45	51	3
Hinkle et Lutker (1972)	E	7	NC	2	Relaxation + désensibilisation	70	34	23	Z
Kahn, Baker et Weiss (1968)	E	13	NC	NC	Training autogène	52	22	15	11
Lick et Heffler (1977)	R	40	48	12	Relaxation progressive	63	30	NC	NC
					Relaxation progressive + enregistrement	62	38	NC	NC
					Placebo (pseudo-biofeedback)	69	66	NC	NC
					Pas de traitement	60	63	NC	NC

Étude	Design				Traitement				
Nicassio et Bootzin (1974)	R	30	45	NC	Relaxation progressive	131	73	47	6
					Training autogène	109	46	(moy. 2 gr.)	
					Placebo (auto-relaxation)	119	117	112	6
					Pas de traitement	122	99	NC	NC
Nicassio, Boylan et McCabe (1982)	R	40	44	11	Relaxation progressive	97	42	31	6
					Biofeedback EMG	84	31	52	6
					Placebo (biofeedback)	97	60	34	6
					Pas de traitement	92	84	NC	NC
Pendleton et Tasto (1976)	E/R	29	NC	> 1	Relaxation conditionnée (métronome)	49	34	32	6
					Relaxation progressive uniquement	55	25	11	6
					Relaxation induite par le métronome uniquement	51	27	27	6
					Pas de traitement	60	79	NC	NC
Shealy (1979)[b]	E	70	20	NC			AN/AP		
					Relaxation passive	46	44/28	24	6
					Relaxation passive + contrôle par stimulus	47	28/32	29	6
					Auto-monitoring	47	48/38	43	6
					Placebo (discussion)	41	39/29	31	6
					Pas de traitement	59	NC/41	48	6
Steinmark et Borkovec (1974)	E	52	NC	> 0,5			AN/AP		
					Relaxation progressive	39	28/27	19	5
					Relaxation + désensibilisation	36	25/24	18	5
					Placebo (désensibilisation)	42	40/24	30	5
					Pas de traitement	32	35/42	NC	NC
Traub, Jencks et Bliss (1973)	P	7	42	NC	Training autogène (+ éléments de relaxation progressive)	EEG 27	EEG 11	NC	NC

Étude	1	2	3	4		Traitement	5	6	« pas de problèmes de sommeil »	8
Weil et Goldfried (1973)	P	1	11	NC	14	Relaxation sur base d'un enregistrement	120	15		6
Woolfolk et coll. (1976)	R	24	44		14	Relaxation progressive	65	29	27	6
						Méditation	74	34	25	6
						Pas de traitement	67	67	NC	NC
Woolfolk et McNulty (1983)	R	44	43		15			AN/AP		
						Relaxation progressive	98	76/73	90	6
						Training à l'imagerie	108	40/50	35	6
						Training à l'imagerie + tension/relâchement	101	51/55	35	6
						Focalisation somatique	104	67/68	84	6
						Pas de traitement	110	119/109	NC	NC
Vander Plate et Eno (1983)	E	24	20		1,4	Biofeedback EMG	30	16	10	2
						Pseudo-biofeedback	40	17	10	2
						Pas de traitement	28	26	NC	NC

1 - constitution de l'échantillon. E = étudiant(e)s; R = sujets recrutés; P = patient(e)s.
2 - Nombre de sujets.
3 - Age moyen (en années).
4 - Durée moyenne (en années).
5 - Latence d'endormissement moyenne (en minutes) avant traitement.
6 - Latence d'endormissement moyenne (en minutes) après traitement.
7 - Latence d'endormissement moyenne (en minutes) lors du follow-up.
8 - Follow-up organisé après x mois.

NC : non communiqué. AN : instruction d'attente négative. AP : instruction d'attente positive. RG : rapport globalisé. X : « améliorations significatives ». HS : heures de sommeil. Y : évaluation de la gravité. Z : follow-up deux semaines après la fin du traitement.

[a] Les données présentées constituent une extrapolation du graphique original.
[b] Echantillon total = 70. Les données présentées ne se réfèrent qu'au groupe des « insomniaques modéré(e)s ».

Tableau 17 – Etudes relatives aux traitements de l'insomnie à base de relaxation. Les résultats rapportés dans le tableau sont ceux établis par les sujets eux-mêmes sur base d'agendas de sommeil (sauf indication contraire) et ont trait aux latences d'endormissement.

Les traitements à base de désensibilisation ont été évalués à la fois pour des cas uniques (Geer et Katkin, 1966; Evans et Bond, 1969) et pour des groupes importants (Hinkle et Lutker, 1972; Borkovec, Steinmark et Nau, 1973; Gershman et Clouser, 1974; Steinmark et Borkovec, 1974). Geert et Katkin (1966) rapportent qu'un traitement comportant des sessions initiales de relaxation progressive suivies par neuf séances de désensibilisation (1 seul item) amenait une amélioration subjective du sommeil, amélioration maintenue lors du follow-up huit mois plus tard. Par contre, l'étude de cas unique d'Evans et Bond (1969) a conclu que le même traitement n'amenait pas d'amélioration du nombre d'heures de sommeil tandis qu'un traitement ultérieur à base de conditionnement classique (injections de methohexital de sodium avec comptage de 1 à 28) améliorait la durée totale du sommeil du sujet (d'à peu près deux heures à 5/6 heures). Hinkle et Lutker (1972) ont traité sept sujets (des étudiants) par un programme combiné de relaxation et de désensibilisation, ce qui a amené une réduction de moitié des latences d'endormissement pour le groupe en général, bien que l'état de cinq des sept sujets se soit amélioré de manière sensiblement plus importante que ce n'a été le cas pour les deux autres sujets.

La première étude qui a comparé les efficacités de la désensibilisation et d'une procédure de relaxation a été celle de Borkovec, Steinmark et Nau (1973). Vingt-trois insomniaques d'âges indéterminés ont été soumis soit à un programme de relaxation progressive (uniquement), soit de désensibilisation (item unique) associée à de la relaxation, soit de désensibilisation uniquement. Ces chercheurs se sont basés sur les latences d'endormissement pour classer les sujets en termes de gravité de l'insomnie, et ensuite les assigner au hasard en groupes représentant un des systèmes de traitement décrits ci-dessus. Borkovec, Steinmark et Nau rapportent que les trois traitements amenaient des améliorations significatives des latences d'endormissement (des réductions moyennes de 40,6 à 25,1 minutes représentent les seules données présentées en rapport avec ces délais), des problèmes relatifs à l'endormissement et du nombre de réveils (réduction moyenne de 1,15 à 0,69). Gershman et Clouser (1974) ont également eu recours à un modèle de comparaison entre groupes mais, tout comme pour l'étude précédente, il n'y avait pas de groupes-témoins disponibles. Ces auteurs ont comparé des traitements de groupe qui avaient recours à des instructions pré-enregistrées relatives respectivement à la désensibilisation systématique et à la relaxation progressive. Le traitement se répartissait sur huit sessions de thérapie. Après le traitement, les mesures de latences d'endormissement étaient similaires pour les deux groupes et se maintenaient de la même manière lors d'un follow-up un an plus tard (voir tableau 17). Il est intéressant de noter que ces chercheurs rapportent également une tendance à l'amélioration de la stabilité émotionnelle et de la confiance en soi après le traitement de désensibilisation. Weil et Goldfried (1973) ont décrit l'efficacité d'une procédure similaire de relaxation enregistrée sur bande : chez une fillette de 11 ans on était arrivé à des réductions très importantes des latences d'endormissement. Ces auteurs notent également qu'il y avait une généralisation marquée aux fonctions diurnes ; les parents de la fillette rapportaient qu'elle était plus reposée, plus relaxée, et qu'elle jouait mieux du piano.

En se basant sur le modèle classique du conditionnement, Pendleton et Tasto (1976) ont étudié les efficacités comparées d'un entraînement à la relaxation uniquement et d'une relaxation induite par métronome uniquement. Les auteurs rapportent que les sujets des trois groupes amélioraient leurs scores et maintenaient cette amélioration lors d'un follow-up six mois après le traitement, cela par rapport à un échantillon de sujets n'ayant reçu aucun traitement. L'addition du conditionnement par métronome n'amenait rien aux effets de la relaxation progressive. En effet, l'examen des données présentées au tableau 17 indique que c'est le groupe de traitement combiné qui présentait les latences d'endormissement les plus basses avant le traitement mais aussi les latences les plus élevées après le traitement et lors du follow-up. Par contre, le traitement à base unique de relaxation progressive était associé à la plus grande réduction absolue de latences d'endormissement lors du traitement comme lors du follow-up. L'efficacité du traitement faisant intervenir uniquement le métronome évoque la possibilité d'un effet soporifique des pulsations rythmiques séparées par des intervalles d'une seconde.

Les premières études relatives au training autogène et à la relaxation progressive étaient assorties de procédures de contrôle peu efficaces ; elles ont néanmoins exercé une grande influence (Kahn, Baker et Weiss, 1968 ; Traub, Jencks et Bliss, 1973 ; Haynes et coll., 1974 ; Graham et coll., 1975). L'échantillon d'étudiants réuni par Kahn, Baker et Weiss a vu sa latence d'endormissement moyenne réduite de 30 minutes à la suite de quatre sessions de groupe consacrées à un training autogène et qui reprenaient également des éléments de relaxation progressive. Toutefois, ces chercheurs font état de modifications EEG en rapport avec le traitement plutôt que de mesures de changements de type anecdotique ou personnel. Les sept sujets observés ont tous fait état d'une amélioration générale de leur sommeil, bien que seuls trois d'entre eux aient subi des modifications thérapeutiques significatives en termes de latences d'endormissement mesurées par EEG ou en termes de durée totale du sommeil. Dans cette étude, les chercheurs ont également eu recours à une mesure du sommeil delta (phases NREM 3 et 4) mais n'ont relevé d'amélioration que chez deux des sujets. Bien que cette étude soit très limitée par le nombre des sujets examinés, par la durée relativement courte de la période d'expérimentation (12 nuits) ainsi que par l'hétérogénéité des profils de sommeil avant le traitement, elle n'en garde pas moins sa valeur de première tentative d'évaluation plus systématique et plus objective des résultats de traitement.

Haynes et coll. (1974) ont assigné au hasard 14 jeunes sujets soit à un groupe de traitement par relaxation progressive, soit à un groupe de discussion faisant office de placebo. Les deux traitements ont mené à une réduction des latences d'endormissement, bien que le pourcentage de modification ait été beaucoup plus important pour le groupe ayant subi le traitement actif. Ces améliorations s'étaient maintenues chez les personnes que les chercheurs ont pu contacter pour le follow-up. Haynes et coll. rapportent également que la fréquence des réveils s'était considérablement réduite dans les deux groupes, mais beaucoup plus dans le cas du groupe de relaxation (niveau de départ : 2,8 réveils par nuit, niveau après traitement : 0,7 réveil par nuit). L'étude comparative menée par Graham et coll. (1975) a porté sur une procédure de relaxation qui combinait, d'une part, des éléments de relaxation et de training autogène et, d'autre part, un simple traitement par hypnose. Dans cette étude, on ne demandait pas aux sujets de tenir un agenda de sommeil jour après jour. Les auteurs ont plutôt fait intervenir des scores (relevés avant et après le traitement) relatifs à la gravité de l'insomnie, et cela sur une échelle de 10 points. Il est intéressant de constater que les deux thérapies généraient des scores moyens identiques, que ce soit avant ou après le traitement. La réduction de la gravité de l'insomnie atteignait presque les 50 %. Toutefois, l'étude comprenait également une mesure de la proportion des nuits d'insomnie. Les comparaisons effectuées après le traitement sur cette variable ont révélé une réduction importante dans le groupe ayant subi le traitement à base de relaxation, ce qui n'était pas le cas dans le groupe ayant subi le traitement à base d'hypnose. Sur base des données fournies par Graham et coll., cette différence provient vraisemblablement de l'importance considérable des scores relevés avant le traitement dans le groupe «relaxation» plutôt que de différences absolues entre les groupes après le traitement.

Les études menées par Borkovec et Fowles (1973) et par Nicassio et Bootzin (1974) étaient assorties de contrôles méthodologiques améliorés; dans le cadre d'un modèle d'assignation randomisée, ces deux études avaient recours à un placebo «relaxation» et à des interventions sans traitement. Borkovec et Fowles ont comparé des groupes de relaxation progressive et de relaxation sous hypnose avec ces groupes de traitement témoins dans un échantillon constitué de 37 étudiantes présentant des problèmes relativement modérés de latence d'endormissement (délai moyen avant traitement : 45 minutes). Après avoir relevé ces délais, les sujets ont été regroupés sur cette base et assignés de manière aléatoire (groupes de 4) à une des conditions expérimentales. Borkovec et Fowles ont relevé que la procédure de relaxation-placebo était aussi efficace que les deux interventions actives, et que les trois groupes de relaxation voyaient leurs latences d'endormissement mieux réduites que dans le cas du groupe sans traitement (voir tableau 17). Les résultats relevés étaient fort similaires en ce qui concerne le nombre de réveils nocturnes et les évaluations de la fatigue matinale. Toutefois, il est intéressant de noter que les modifications physiologiques intervenues lors de la thérapie ne présentaient pas de rapport avec les résultats. Selon les auteurs de l'étude, l'ingrédient actif et non spécifique dans ces interventions a peut-être été celui d'une concentration sur des sentiments internes plaisants (réponse incompatible avec l'activité cognitive).

Par comparaison, Nicassio et Bootzin (1974) ont conclu que ce traitement-placebo de relaxation se révélait inefficace lorsqu'on l'appliquait à un groupe de personnes plus âgées souffrant d'insomnie grave de la phase initiale et recrutées dans la population générale. Dans cette étude, les programmes de relaxation progressive et de training autogène ont mené à des réductions des latences d'endormissement de 58 et 63 minutes respectivement; les améliorations obtenues après le traitement se maintenaient dans un groupe combiné de follow-up six mois plus tard. Nicassio et Bootzin ont également eu recours à des mesures indépendantes des rapports subjectifs des insomniaques. Les preuves amenées par les conjoints et compagnons de chambre confirmaient les estimations subjectives obtenues sur base des agendas de sommeil, et la pupillographie démontrait moins de rétraction pupillaire (corrélat de la somnolence) après intervention active. Toutefois, d'autres mesures du profil de sommeil (comme la durée totale du sommeil ou le nombre de réveils) n'étaient pas modifiées de manière significative par quelque traitement que ce soit.

Borkovec et ses collègues ont mené une autre série d'enquêtes qui ont exercé une influence considérable. La première d'entre elles comparait des groupes soumis à de la relaxation progressive, à de la désensibilisation systématique (comprenant de la relaxation progressive), à un placebo de quasi-désensibilisation ainsi qu'un groupe-témoin qui n'était soumis à aucun traitement (Steinmark et Borkovec, 1974). Toutefois, l'étude était conçue de manière non seulement à comparer l'efficacité des traitements mais encore à quantifier l'influence des facteurs non spécifiques intervenant dans la thérapie, comme les effets d'attente et les caractéristiques des demandes. Steinmark et Borkovec ont eu recours à une instruction d'attente négative pendant les trois premières semaines de la thérapie, instruction qui amenait les sujets à croire que pendant cette période il n'y aurait pas d'amélioration de leur état. La production d'une instruction d'attente positive a toutefois mené les sujets à s'attendre à des améliorations spectaculaires après la quatrième session. Borkovec et Nau (1972) ont également mené une évaluation de la crédibilité du traitement. Les sujets participaient à quatre sessions (une fois par semaine en petits groupes). Les résultats de cette étude, en termes de latences d'endormissement, sont repris au tableau 17. Ses auteurs ont relevé qu'au cours de la période d'instruction d'attente négative, les deux conditions de relaxation réduisaient mieux la latence d'endormissement que le placebo ou l'absence de traitement (différence significative). Toutefois, la présentation de l'instruction d'attente positive produisait une amélioration comparable dans le groupe soumis à une condition-placebo, bien qu'on se soit aperçu au follow-up que celle-ci déclinait par rapport à celle produite par les interventions actives.

La principale contribution de l'étude de Steinmark et Borkovec a donc été de faire la démonstration que la relaxation exerce des effets thérapeutiques sur la latence d'endormissement, effets indépendants de l'attente ou des influences d'un placebo. Le fait que les trois traitements aient été considérés comme fortement et équitablement crédibles va d'autant plus à l'appui de cette conclusion. Steinmark et Borkovec rapportent qu'ils n'ont pas relevé d'effets significatifs sur base de l'analyse du nombre de réveils nocturnes ou de la difficulté auto-évaluée par les sujets de se rendormir après s'être réveillés.

Borkovec et Weerts (1976) ont mené une étude qui reproduisait partiellement celle que nous venons de décrire, mais à cette occasion ils ont eu recours à l'évaluation électro-encéphalograhique du profil de sommeil en tant que variable dépendante. Les résultats de cette étude sont plus ambigus. Le groupe soumis à la relaxation progressive n'obtenait pas de meilleurs résultats que les groupes-témoins lors de la période d'attente négative, bien que seule la relaxation progressive ait produit d'importantes diminutions linéaires au niveau du début du sommeil de phase 1 tout au long de la période d'expérimentation (depuis la période avant le traitement jusqu'à la fin de celle de l'attente positive). Il ressortait donc de cette étude une certaine confirmation de l'efficacité de la relaxation progressive en ayant recours à des méthodes d'évaluation objective. De plus, le follow-up mené après une longue période (1 an) allait également dans le sens de la persistance des bénéfices du traitement à base de relaxation; les sujets soumis au traitement-placebo revenaient, eux, à leurs niveaux d'avant le traitement.

Plus haut dans ce chapitre, nous avons présenté des études menées par Borkovec, Kaloupec et Slama (1975), Borkovec et Hennings (1978), et Borkovec et coll. (1979). Borkovec s'intéressait à l'étude de l'efficacité des composantes de la procédure de relaxation; il a présenté et résumé ses conclusions principales dans un article paru en 1979. Sa conclusion globale est que l'amélioration générale des latences d'endormissement est due à la composante de tension/relâchement musculaire présente dans l'entraînement à la relaxation. D'un autre côté, la concentration de l'attention semble revêtir une fonction secondaire pouvant contribuer à cette amélioration par la suppression des intrusions cognitives ou la mise en œuvre d'une stimulation monotone. On trouvera au tableau 17 des données résumées relatives à ces études. Il peut toutefois être utile d'ajouter une ou deux choses à ce qui a déjà été dit à leur sujet.

Tout d'abord, dans chacune de ces recherches, on a eu recours à des échantillons constitués d'étudiants, et leurs latences d'endormissement étaient généralement modérées. En effet, lors d'un follow-up réalisé un an après l'achèvement d'une de ces études, les sept sujets contactés n'ayant été soumis à aucun traitement étaient arrivés à des réductions des latences d'endormissement comparables à l'amélioration obtenue au départ par les groupes soumis à des traitements à base de relaxation (Borkovec et coll., 1979). Deuxièmement, on notait, parallèlement à ces modifications des latences d'endormissement, d'autres effets dus au traitement. Borkovec, Kaloupec et Slama (1975) ont relevé qu'en ce qui concerne le nombre de réveils et la difficulté de se rendormir, la situation s'améliorait pour le groupe total des sujets traités activement, bien qu'il n'y ait pas eu d'effets inter groupes. Troisièmement (et il est intéressant de le remarquer), ces auteurs notent une corrélation inverse significative entre d'une part une mesure de l'état de repos antérieur au sommeil et d'autre part la mise en œuvre de la procédure de relaxation. Ceci suggère qu'il est possible qu'une certaine proportion de sujets considère le traitement comme une procédure palliative destinée à être utilisée de manière réactive plutôt que comme une technique d'entraînement dans laquelle la pratique est essentielle pour acquérir un skill. Toutefois, Borkovec et Hennings (1978) se sont aperçus que les sujets de leurs deux groupes de traitement à base de relaxation réussissaient mieux à éliminer la tension qu'ils accumulaient pendant la journée. Donc, il y a là une indication de bénéfices potentiels généralisés à retirer de l'entraînement à la relaxation. Nous reviendrons sur ce point plus loin dans ce même chapitre. Enfin, dans la même étude, les exercices de relaxation progressive et de tension/relâchement étaient tous deux associés à des réductions des niveaux des pensées intrusives au moment du coucher, ce qui mène de nouveau à penser que les procédures de relaxation peuvent opérer via une désactivation cognitive (voir chapitre 3).

Malgré certaines preuves montrant que la tension/relâchement musculaire constitue un élément thérapeutique important de l'entraînement à la relaxation progressive, plusieurs études ont démontré que des approches plus passives de la relaxation (comme la méditation, le training autogène et le training à l'imagerie) peuvent se révéler très efficaces.

Woolfolk et coll. (1976) ont comparé la relaxation progressive classique avec, d'une part, une procédure à base de méditation et, d'autre part, l'absence de traitement dans un échantillon de 24 sujets souffrant d'insomnie modérée. Le traitement à base de méditation reprenait des éléments de méditation de type Zen et de yoga (méditation transcendantale). On demandait aux sujets pratiquant la méditation de rester couchés, immobiles, les yeux fermés. Au départ, on leur demandait de maintenir une concentration passive sur les sensations physiques associées à la respiration. On leur demandait ensuite de concentrer leur attention sur leur respiration et de répéter à voix basse les mantras «entrer» et «sortir» en fonction de leurs inspirations et expirations. Ensuite, on généralisait la procédure de méditation jusqu'à y incorporer un training à l'imagerie. Woolfolk et coll. se sont aperçus que les insomniaques qu'ils étudiaient réagissaient aussi bien au traitement à base de méditation qu'au traitement à base de relaxation, et que ces deux traitements généraient de meilleurs résultats que dans le cas d'un groupe-témoin non soumis à traitement sur les paramètres «latence d'endormissement» et «difficulté auto-évaluée de s'endormir». Les bénéfices retirés des traitements se maintenaient lors du follow-up organisé six mois plus tard.

Dans une étude ultérieure, Carr-Kaffashan et Woolfolk (1979) ont étudié l'efficacité des procédures de relaxation dans des groupes séparés de sujets souffrant d'insomnie «légère» ou «grave»; ces groupes étaient comparés à un troisième groupe, constitué de sujets soumis à un traitement-placebo de quasi-désensibilisation. Les auteurs rapportent que leur programme d'entraînement à la relaxation (qui combinait certains aspects de méditation et d'autres de relaxation progressive) menait, lors d'une période d'exposition à une attente négative, à des améliorations qu'on ne relevait pas dans le groupe soumis à l'intervention-placebo. En moyenne on obtenait, dans le cas du traitement actif, une réduction de 46 % des latences d'endormissement.

Au chapitre 3 (et plus haut dans ce chapitre), nous avons présenté l'étude d'analyse de composantes menée par Woolfolk et McNulty (1983), étude qui a exercé une grande influence. On trouvera cependant au tableau 17 les données relatives aux résultats en matière de latences d'endormissement. Woolfolk et McNulty ont réparti au hasard les sujets de leur échantillon (des personnes souffrant d'insomnie grave) en cinq groupes : quatre groupes de traitement et un groupe-témoin sans traitement. Ces sujets étaient traités par groupes de cinq et étaient soumis à quatre sessions hebdomadaires de traitement, chacune durant une heure. Deux de ces traitements actifs faisaient intervenir des techniques de concentration visuelle. Le training à l'imagerie (uniquement) comprenait la visualisation d'objets neutres et communs, mais évitait la concentration sur les sensations somatiques. Le training à l'imagerie combiné à la relaxation de type tension/relâchement comprenait une relaxation progressive séquentielle, et de plus substituait les exercices d'imagerie que nous venons de décrire à la concentration somatique. Les deux autres traitements reprenaient des techniques de concentration somatique. Ceux-ci étaient constitués d'une part par une relaxation progressive classique et d'autre part par de la «concentration somatique», traitement au cours duquel on demandait aux sujets de prendre conscience de la tension corporelle, de se concentrer sur elle et de permettre à cette tension de se relâcher. Il n'y avait pas d'exercices de tension musculaire préalables ni d'élément de visualisation.

Les résultats obtenus par Woolfolk et McNulty vont dans le sens de la théorie de l'hyperactivation dans les cas d'insomnie ; en effet, seuls les groupes soumis aux traitements de type «concentration visuelle» voyaient leurs latences d'endormissement réduites de manière plus significative que ce n'était le cas dans le groupe-témoin au cours de la période d'exposition à une attente négative. Lors de cette même période, il y avait également d'importants bénéfices en ce qui concerne les évaluations faites par les sujets de leur capacité de contrôle des pensées intrusives. Toutefois, il est intéressant de constater qu'on ne relevait pas de différence significative entre les traitements en ce qui concerne les évaluations globales de l'anxiété lors du post-traitement, ce qui suggère que les effets du traitement s'exerçaient spécifiquement sur les pensées intrusives au moment du coucher. Les deux traitements à base de concentration visuelle généraient également des bénéfices supplémentaires entre la fin du traitement et le follow-up en ce qui concerne les mesures des latences d'endormissement, de la durée du sommeil, de sa qualité, de l'évaluation de l'état de repos atteint et du contrôle des pensées.

Haynes, Sides et Lockwood (1977) rapportent qu'une procédure de relaxation passive dans laquelle on demandait aux sujets de se concentrer sur divers groupes musculaires, de relâcher ces muscles et de se concentrer sur le feed-back proprioceptif modifié et les impressions agréables ressenties se révélait aussi efficace dans un groupe de biofeedback EMG du frontalis en ce qui concerne la réduction des latences d'endormissement et le nombre des réveils nocturnes. Les deux groupes obtenaient de meilleurs résultats par rapport à un groupe-témoin aux membres duquel on avait simplement dit de pratiquer la relaxation, mais sans instructions particulières. Les effets de l'intervention se maintenaient mieux, toutefois, dans le groupe de relaxation passive (par rapport au groupe de biofeedback) lors du follow-up effectué 12 mois plus tard. Haynes, Sides et Lockwood citent cette preuve (ainsi que les avantages économiques de la procédure de relaxation) pour suggérer qu'on doit peut-être préférer ce type de traitement au biofeedback.

Shealy (1979) a étudié un échantillon de grande taille constitué d'étudiants souffrant d'insomnies légères et moyennes, et a considéré l'efficacité comparative des traitements à l'intérieur de chacun de ces sous-groupes. Etant donné que le groupe des sujets souffrant d'insomnie légère présentait une latence moyenne d'endormissement de moins de 30 minutes, on ne retrouvera au tableau 17 que les données relatives au groupe des sujets souffrant d'insomnie moyenne. Selon Shealy, l'intervention la plus efficace était constituée par un traitement combinant une relaxation passive automatisée et une instruction de type contrôle par stimulus; elle se révélait supérieure non seulement aux résultats obtenus par les divers groupes-témoins (auto-monitoring, discussion-placebo ou absence de traitement) mais encore à la relaxation passive sans autre complément lors de la phase d'exposition à une attente négative. La production d'une attente positive a toutefois mené à une amélioration équivalente dans ce groupe de relaxation passive, amélioration encore décelable lors du follow-up effectué six mois plus tard. Shealy pense qu'une explication plausible de cet état de choses est peut-être que la relaxation passive sans complément est plus lente à générer des réductions significatives des latences d'endormissement que le traitement combiné.

Toler (1978) a également comparé les effets de l'ajout du contrôle par stimulus à une procédure de relaxation; les sujets de son étude étaient 24 prisonniers détenus dans un pénitencier fédéral. Ceux-ci étaient divisés en groupes soumis soit à de la relaxation progressive, soit à de la relaxation assortie d'une instruction de contrôle par stimulus; un groupe-témoin ne recevait, lui, aucun traitement. Après une brève période de traitement (2 semaines), les deux groupes sous traitement témoignaient de réductions substantielles de leurs latences d'endormissement ; toutefois, ces délais étaient encore très élevés après le traitement (voir tableau 17). Lors du follow-up effectué huit semaines plus tard, les latences d'endormissement en étaient presque revenues au niveau de celles relevées dans ces deux groupes avant le traitement. Toler pense que l'environnement très stressant dans lequel ces sujets évoluaient peut avoir joué un rôle négatif par rapport aux bénéfices à long terme pouvant être retirés du traitement. De plus, il est possible que la courte durée de l'intervention ait contribué au caractère éphémère des bénéfices retirés par les sujets. Toler fait également mention de résultats relatifs aux réveils nocturnes. De nouveau, les deux groupes soumis à traitement témoignaient, après le traitement, de réductions de la fréquence de leurs réveils, mais seul le traitement combiné (relaxation plus contrôle par stimulus) amenait une réduction significative des niveaux d'avant à après le traitement.

Bien qu'on ait étudié un certain nombre de traitements différents à base de relaxation, la plupart d'entre eux incluaient certaines instructions données dans le cadre du cabinet de consultation ainsi qu'une pratique à domicile. Toutefois, dans le travail clinique de routine, de nombreux praticiens ont recours, pour des raisons d'efficacité et de généralisation, à des instructions pré-enregistrées. Lick et Heffler (1977) ont mené une étude systématique des bénéfices pouvant être retirés du recours à des cassettes enregistrées dans la pratique à domicile. Ces chercheurs ont comparé d'une part un groupe de relaxation progressive soumis à six sessions d'entraînement et auquel on avait fourni des instructions écrites relatives à la pratique à domicile et d'autre part un deuxième groupe de relaxation auquel on fournissait en plus une cassette destinée à la pratique à domicile. On ne relevait pas de bénéfice supplémentaire provenant de l'addition d'instructions pré-enregistrées, mais en ce qui concerne les latences d'endormissement, le nombre d'heures de sommeil et l'évaluation subjective de la qualité du sommeil, la situation s'était améliorée pour les sujets des deux groupes de traitement, ce qui n'était pas le cas du groupe soumis au placebo ni de celui qui n'avait été soumis à aucun traitement. Les deux groupes soumis aux traitements actifs arrivaient également à une réduction significative de la prise de somnifères. Il se peut donc que le principal avantage de l'instruction pré-enregistrée soit d'éviter le recours à un traitement prolongé administré dans un contexte clinique. Dans certains cas il apparaît en effet que seule l'instruction automatisée peut générer des effets bénéfiques (voir p. ex. Weil et Goldfried, 1973).

Les premières investigations cliniques relatives aux procédures de biofeedback ont été celles menées par Budzynski (1973) et Feinstein, Sterman et Macdonald (1974). Budzynski fait un rapport assez concis d'une étude consacrée à un échantillon de 11 personnes souffrant d'insomnie de la phase initiale et traitées à l'aide d'une procédure combinée de biofeedback reprenant un entraînement EMG suivi par un feed-back de l'onde thêta EEG. On ne dispose pas de résultats; toutefois, Budzynski indique que six des onze sujets ont vu leur état s'améliorer (avec, chez trois d'entre eux, une amélioration très nette) mais que chez les cinq autres il n'y avait pas d'amélioration. Selon lui, les effets facilitateurs du feedback EMG se sont révélés particulièrement utiles chez les sujets tendus. Feinstein, Sterman et McDonald ont considéré les effets de l'entraînement au biofeedback en recourant à quatre fréquences EEG différentes. Les sujets étaient soumis à 25 sessions d'entraînement au biofeedback EEG consistant en trois périodes de feed-back d'une durée d'une heure, cela sur cinq semaines. Chaque sujet recevait un renforcement sous forme de lumières et de tonalités afin de produire le modèle EEG approprié. Les auteurs de l'étude rapportent que les quatre sujets qui recevaient un entraînement au rythme sensorimoteur voyaient leurs latences d'endormissement diminuer, ainsi que le nombre de mouvements effectués pendant le sommeil; leur pourcentage de sommeil REM augmentait, et on notait une amélioration du caractère cyclique des phases du sommeil. Un groupe-témoin recevant un entraînement à d'autres fréquences EEG (occipital 10 Hz, c.à.d. alpha, central 10 Hz, central 15 Hz) ne témoignait pas d'améliorations similaires. Ces premières investigations du biofeedback étaient donc encourageantes et des études contrôlées ont suivi, qui considéraient à la fois le feed-back EMG et le feedback EEG.

Freedman et Papsdorf (1976) ont mené une comparaison contrôlée qui a exercé une grande influence; elle était consacrée à un échantillon de 18 étudiants universitaires éprouvant des difficultés de s'endormir et qu'on soumettait à un biofeedback EMG et à une procédure de relaxation progressive. L'enquête avait également prévu un groupe de contrôle auquel on demandait de répéter une série d'exercices physiques (p. ex. se toucher les orteils ou s'asseoir/se relever). Six sujets étaient affectés à chaque groupe d'expérimentation, et chacun recevait six sessions d'entraînement d'une durée de trente minutes dans une des trois procédures, réparties sur deux semaines. Que ce soit avant ou après le traitement, on demandait aux sujets de passer la nuit dans le laboratoire de sommeil, de manière à pouvoir réaliser des enregistrements objectifs du profil de sommeil. Freedman et Papsdorf rapportent que le seul traitement significatif par effet d'interaction temporelle a concerné les latences d'endormissement : les deux groupes de biofeedback et de relaxation progressive voyaient leurs situations s'améliorer beaucoup plus que le groupe-témoin; il n'y avait toutefois pas de différence significative entre les deux groupes. Les deux groupes soumis à des traitements actifs témoignaient également de réductions significatives du rythme cardiaque ainsi que de l'EMG du masséter et des extenseurs de l'avant-bras, alors que les modifications restaient minimes dans le groupe-témoin. Toutefois, les auteurs de cette étude n'ont pu établir de rapports significatifs entre les niveaux physiologiques et la latence d'endormissement, ce qui indique que la relaxation musculaire n'était pas seule responsable des améliorations relevées chez les sujets. En abordant ce problème, Freedman et Papsdorf rapportent que lors de l'entrevue de départ la grande majorité des sujets de leur étude disaient que c'étaient les cognitions répétitives qui les gardaient éveillés pendant la nuit.

Il convient également de noter que dans cette étude l'auto-évaluation faite par les sujets du temps nécessaire à l'endormissement présentait une forte corrélation ($r = 0.75$) avec les valeurs relevées par EEG en ce qui concerne la dernière nuit de sommeil passée au labo. Freedman et Papsdorf rapportent que cette corrélation augmentait de manière constante au fur et à mesure que l'étude se déroulait, ce qui implique que les sujets devenaient plus précis dans leurs estimations du temps qu'il leur fallait pour s'endormir. Toutefois, il se peut que de telles améliorations de l'auto-évaluation reflètent le point que nous avons abordé au chapitre 1 (p. 32) lorsque nous discutions de la concordance entre l'objectif et le subjectif, à savoir qu'étant donné que les latences d'endormissement s'amenuisaient grâce au traitement, la tâche du sujet s'en trouvait simplifiée.

Hauri (1978) rapporte une étude consacrée à des patients envoyés par leur généraliste et souffrant d'insomnie chronique grave; les latences d'endormissement étaient de l'ordre de 60 à 90 minutes. Dans l'étude de Freedman et Papsdorf, les problèmes d'endormissement étaient, par comparaison, moins graves. Hauri a comparé un groupe de feed-back EMG classique (frontalis), un autre groupe dans lequel le training EMG était suivi d'un feed-back EEG de l'onde thêta, et enfin un troisième groupe soumis à un entraînement au rythme sensorimoteur. Le nombre des sessions d'entraînement auxquelles étaient soumis les patients variait de 15 à 60, et chaque session de feed-back durait en général 45 minutes.

Les résultats de cette étude montrent que le feed-back EMG du frontalis menait à des améliorations importantes, que ce soit en termes de latences d'endormissement ou de durée totale du sommeil telles qu'établies par les sujets dans leurs agendas de sommeil ; par contre, on relevait peu d'améliorations par rapport aux évaluations menées en laboratoire de sommeil. Le feed-back EEG de l'onde thêta n'amenait pas d'amélioration significative, que ce soit au niveau subjectif ou objectif. Toutefois, le feed-back du rythme sensorimoteur amenait, lui, une amélioration importante dans la perception subjective des latences d'endormissement, dans l'efficacité du sommeil établie par les mesures en laboratoire, et dans la durée totale du sommeil de stade 2. Les membres du groupe-témoin ne présentaient pas de modifications importantes sur quelque paramètre que ce soit, bien que selon leurs propres estimations consignées dans leurs agendas de sommeil ils aient réduit de 33 minutes leurs latences d'endormissement à partir de niveaux de départ élevés (réduction non significative) également consignés dans leurs agendas de sommeil. On trouvera au tableau 17 ces données relatives aux latences d'endormissement et en provenance soit des agendas soit des relevés EEG. Lorsqu'on examine ces données, il ressort clairement qu'il existait d'importantes différences moyennes de niveaux de départ entre les divers groupes de traitements de cette étude ; la variabilité à l'intérieur d'un même groupe peut également expliquer soit l'incapacité de dégager un effet statistique soit certains des effets significatifs mis en évidence.

Afin d'approfondir ces données, Hauri a mené une analyse complémentaire de résultats sur base de l'affectation correcte ou incorrecte au groupe de biofeedback. Ce jugement se basait sur des données d'entrée telles que la tension psychologique évidente, la tension musculaire établie par EMG ou encore une latence excessive d'endormissement ; ces données ont été considérées comme des indices d'une « activation excessive » et ont conditionné l'incorporation de certains sujets dans le groupe de feed-back EMG ou de feed-back EEG de l'onde thêta. Une faible activation, des réveils fréquents ou un mauvais déroulement du sommeil au cours du stade 2 ont été considérés comme des indices d'un système de sommeil défectueux, problème pour lequel on pensait que le biofeedback du rythme sensorimoteur pouvait constituer un traitement de choix. Les comparaisons des améliorations obtenues par les feed-back appropriés ($n = 9$) et inappropriés ($n = 9$) ont révélé que le sommeil en laboratoire s'améliorait de manière bien plus significative (efficacité du sommeil, endormissement) dans le groupe de feed-back approprié que dans le groupe de feed-back inapproprié. L'adaptation du traitement aux caractéristiques présentées par les sujets peut donc se révéler précieuse.

En 1978 également, Freedman, Hauri et d'autres chercheurs impliqués dans l'évaluation des procédures de biofeedback ont rédigé un rapport collectif sur les études qu'ils avaient menées jusqu'alors. Les données recueillies à partir de trois études séparées des effets du biofeedback et de la relaxation sur l'insomnie (études portant sur des nuits entières) n'ont pas pu mettre en évidence des différences entre les situations d'avant et d'après le traitement qui auraient pu exister entre les groupes soumis aux traitements et les groupes-témoins. Dès lors, ces auteurs conseillent la prudence dans le recours au biofeedback et aux techniques de relaxation. Besner (1978) a également souligné les limitations des procédures de biofeedback. Elle a, dans son étude, affecté au hasard 43 sujets souffrant d'insomnie chronique de la phase initiale à des groupes de feed-back EMG, d'entraînement à l'EEG de l'onde thêta, de psychothérapie ou de procédures de contrôle. L'auteur n'a pas relevé d'effets différentiels de traitements entre les conditions examinées. Tous les groupes témoignaient plutôt de réductions des latences d'endormissement. Selon Besner, ces résultats constituent l'indicateur d'un puissant effet de placebo et seulement d'un éventuel effet du biofeedback. Comme on l'a suggéré, le simple fait de faire entrer un individu dans un laboratoire, de lui placer les électrodes et de lui donner comme instruction de se relaxer constituait un ensemble de procédures non spécifiques amenant des modifications du comportement de sommeil.

Coursey et coll. (1980) ont sélectionné un échantillon d'insomniaques chroniques envoyés par leur médecin pour une étude destinée à comparer d'une part la relaxation associée au feed-back EMG du frontalis et d'autre part le training autogène. Chaque groupe comprenait six insomniaques, et les auteurs avaient également constitué un groupe-témoin de 10 patientes qui recevaient une thérapie «electrosleep», conçue pour être similaire au biofeedback en ce qui concerne les procédures, mais sans composante active connue de relaxation. Le protocole de traitement comprenait six semaines de deux sessions individuelles hebdomadaires, plus un entraînement quotidien à domicile. Tout au long de la période de traitement, le profil de sommeil était enregistré à l'aide d'agendas de sommeil mais également grâce à un enregistrement EEG du sommeil complet une semaine avant le traitement et de nouveau un mois après ce traitement. Le mérite particulier de cette étude a trait aux critères très stricts mis en œuvre afin de déterminer ce qui constituait une «amélioration significative».

Coursey et coll. ont en effet exigé que le sujet fasse état d'une évaluation subjective globale d'amélioration marquée, qu'il y ait une réduction de 33 % de la latence d'endormissement sur base des agendas de sommeil et que cette latence soit, en fin de compte, inférieure à 35 minutes; il fallait également que lors de l'évaluation EEG au moment du follow-up, la réduction de cette latence soit de 25 % et qu'elle présente une valeur absolue de 30 minutes au maximum. Coursey et coll. ont donc tenté de considérer une amélioration clinique fiable, et pas seulement une modification de nature statistique. Ils ont choisi d'analyser les résultats par rapport au succès/échec obtenu dans la réponse à ces critères multiples ; ceci a révélé que trois des six sujets du groupe EMG et deux des sujets du groupe de training autogène témoignaient d'améliorations significatives, ce qui n'était le cas d'aucun membre du groupe-témoin. Les effets de traitement pour ces deux thérapies actives étaient donc fort similaires. En regroupant les personnes pour lesquelles la thérapie avait été un succès, les auteurs ont observé des réductions significatives de la latence d'endormissement entre les situations d'avant le test et d'après le test ; ces sujets faisaient d'autre part état de l'amélioration de la qualité de leur sommeil, d'une augmentation de la durée totale de ce sommeil et d'un nombre de réveils plus faible que celui des membres du groupe-témoin. Il est intéressant de noter que l'examen de l'importance du temps consacré à la pratique à domicile des exercices de relaxation a révélé que les membres du groupe de feed-back EMG ayant réussi leur thérapie y avaient consacré beaucoup plus de temps que les sujets pour lesquels la thérapie avait échoué ; on ne relevait toutefois pas une telle différenciation dans le groupe des sujets soumis au training autogène.

Hauri (1981) a affecté au hasard 48 sujets insomniaques (âge moyen : 41,3 ans) à des groupes d'EMG du frontalis, d'EEG de l'onde thêta, de biofeedback du rythme sensorimoteur ou à un groupe-témoin qui n'était soumis à aucun traitement. Les sujets recevaient en moyenne 15 sessions de thérapie. Après le traitement, on ne relevait pas de différences significatives d'un groupe à l'autre, bien que dans les groupes de traitement actif les latences d'endormissement aient été réduites de 20 à 30 minutes en moyenne, et que la durée totale du sommeil ait été augmentée en moyenne de 30 à 40 minutes (voir tableau 17). Hauri rapporte une conclusion constante : certains sujets voyaient leur situation s'améliorer fortement, et d'autres pas du tout, quel que soit le type de traitement. Selon lui, cela pourrait être dû au fait que les sujets apprennent les méthodes de traitement, ou encore à l'adéquation du type de traitement et des caractéristiques de l'insomnie d'un individu donné. Hauri apporte quelques preuves qui étayent cette dernière hypothèse : les personnes qui ne présentaient pas au départ un niveau d'activation élevé tiraient moins d'avantages du feed-back à base de relaxation, tandis que les sujets dont le niveau d'activation était au départ plus marqué en bénéficiaient le plus (ici, l'évaluation du niveau d'activation se faisait sur base de l'IPAT — Institute for Personality and Ability Testing), de l'Anxiety Scale et de mesures de la tension du frontalis). Il semble dès lors possible que le biofeedback EMG opère par le traitement qu'il applique à l'anxiété et à la tension, tandis que le biofeedback du rythme sensorimoteur opère peut-être par l'intermédiaire de mécanismes neurologiques. Dans le groupe de feed-back du rythme sensorimoteur, les bénéfices du traitement s'étaient encore accrus lors du follow-up réalisé neuf mois plus tard; la durée moyenne des latences d'endormissement n'y était que de 26 minutes. Dans les autres groupes de traitement, on assistait à une certaine «rechute».

Hauri et coll., (1982), ont reproduit plus tard l'étude de départ menée par Hauri; cette fois, elle était assortie de certains raffinements méthodologiques. Les sujets étaient répartis soit dans un groupe d'EEG de l'onde thêta soit dans un groupe de biofeedback du rythme sensorimoteur; toutefois, une procédure était également mise en œuvre afin qu'il y ait dans les deux groupes un nombre égal d'hommes et de femmes ainsi qu'une distribution égale en tranches d'âge. Tous les insomniaques recevaient tout d'abord un biofeedback EMG du frontalis de manière que l'entraînement ultérieur (soit EEG de l'onde thêta soit biofeedback du rythme sensorimoteur) puisse se passer en douceur et éviter les artefacts EMG sur le canal EEG. Ensuite, les patients passaient au feed-back approprié (soit EEG de l'onde thêta soit biofeedback du rythme sensorimoteur). En pratique, à peu près six sessions étaient nécessaires, suivies d'à peu près 26 séances d'EEG. Le training total durait, dès lors, à peu près 13 semaines. Hauri et coll. rapportent les données relatives aux résultats, qu'elles soient subjectives ou objectives (voir tableau 17).

Selon les agendas de sommeil, les deux traitements par biofeedback menaient à des améliorations du sommeil des patients. Il est toutefois intéressant de noter que les modifications par rapport aux niveaux de base étaient beaucoup plus importantes lors du follow-up qu'à la fin du traitement, que ce soit en ce qui concerne la latence d'endormissement ou la durée totale du sommeil. Les évaluations en unité de sommeil n'ont révélé d'améliorations importantes sur aucune variable, que ce soit après le traitement ou lors du follow-up. Cependant, Hauri et coll. ont de nouveau dégagé la preuve de la variabilité inter-sujets au niveau des réactions aux deux traitements. Ils ont donc retesté leur hypothèse selon laquelle la tension initiale peut être en corrélation positive avec l'entraînement à la relaxation thêta, et en corrélation négative avec l'entraînement sensorimoteur. La grande majorité des corrélations calculées allaient dans le sens de cette hypothèse. Hauri et coll. ont continué dans cette nouvelle analyse de leurs données en fonction du traitement d'un sujet donné par le feed-back «approprié» ou «inapproprié» en termes d'évaluation de la tension initiale. Ils rapportent des améliorations significatives du sommeil lorsque le feed-back est approprié, du début du traitement jusqu'au follow-up, en ce qui concerne l'efficacité du sommeil et les latences d'endormissement. Le feed-back inapproprié était quant à lui associé à une détérioration statistiquement significative de la durée totale du sommeil et de son efficacité pendant le training, bien que cet effet ait disparu au moment du follow-up. Hauri et coll. concluent que l'entraînement au rythme sensorimoteur (14 cps) peut exercer une certaine influence sur le déséquilibre neurologique de base présenté par le système veille/sommeil de certains insomniaques, tandis que le training EMG ou EEG thêta peut ne bénéficier qu'aux insomniaques tendus.

Nicassio, Boylan et McCabe (1982) ont étudié un échantillon de 40 insomniaques qui ont été soumis soit à une relaxation progressive, à un biofeedback EMG ou à un placebo de biofeedback, ou encore qui n'ont été soumis à aucun traitement. Les deux traitements actifs respectaient des procédures standard, tandis que les sujets soumis au placebo de biofeedback recevaient un faux feed-back non contingent. Pour tous les sujets, le traitement s'étalait sur six semaines. Ces chercheurs rapportent des résultats établis sur base d'agendas de sommeil, et ceux-ci confirment la supériorité de la relaxation progressive et du biofeedback EMG par rapport à l'absence de traitement. La situation du groupe soumis au placebo s'est également améliorée, et les analyses réalisées à l'intérieur du groupe ont révélé d'importantes tendances linéaires dans tous les groupes, sauf celui qui n'était soumis à aucun traitement. Par rapport au groupe qui recevait le traitement-placebo, la réduction absolue des latences d'endormissement n'était en gros que de 15 minutes supérieure dans les groupes soumis aux traitements actifs (voir tableau 17). Lors du follow-up six mois plus tard, les sujets de ce groupe soumis au placebo avaient encore vu leur situation s'améliorer : leur latence moyenne d'endormissement était de 34 minutes, alors qu'au départ elle était de 97 minutes. Dès lors, il ressort de cette étude des preuves très limitées de la supériorité du biofeedback ou de la relaxation par rapport au placebo. En présentant ces résultats, Nicassio, Boylan et McCabe disent qu'il est possible que ces traitements aient «renforcé la capacité des sujets d'empêcher les événements cognitifs extérieurs». Il est certainement plus vraisemblable que cela ait été le cas avec ce placebo particulier que dans celui du placebo de quasi-désensibilisation auquel d'autres études ont eu recours, dans la mesure où ce dernier se concentre sur les événements survenant jusqu'au moment du coucher et ne fournit aux sujets aucune aide sur les réactions à avoir lorsqu'ils se trouvent au lit.

Vander Plate et Eno (1983) ont comparé le biofeedback EMG à une procédure de pseudo-feedback par laquelle les sujets recevaient un feed-back enregistré non contingent; l'échantillon était constitué d'adolescents volontaires qui faisaient état de quelques problèmes de sommeil. Les deux groupes (biofeedback et pseudo-feedback) voyaient leur situation s'améliorer significativement plus que celle d'un groupe-témoin (auto-monitoring) en ce qui concerne les latences d'endormissement, mais le groupe soumis au training EMG n'arrivait pas à des résultats significativement différents de ceux obtenus par le groupe de pseudo-feedback. Il n'y avait pas d'effets significatifs de traitement sur d'autres paramètres rapportés par les sujets eux-mêmes. Toutefois, en recourant à des mesures EMG, on s'apercevait que l'intervention de biofeedback amenait des résultats significativement meilleurs que ceux des procédures de contrôle en ce qui concerne la réduction des niveaux EMG tout au long du traitement. Selon les auteurs, cela indique que les sujets soumis au biofeedback apprenaient effectivement à réduire la tension du frontalis, alors que ce n'était pas le cas des sujets soumis au pseudo-feedback. De nouveau, cela soulève la question de la nécessité ou même de l'importance de la réduction de tension en tant que telle. La conclusion selon laquelle le niveau EMG de départ ne présentait pas de corrélation significative avec les paramètres du sommeil enregistrés avant le traitement (alors que c'était le cas de l'anxiété-trait et de l'anxiété-état par rapport aux latences d'endormissement) va dans le même sens.

INSOMNIE ET TRAITEMENTS À BASE DE RELAXATION - RÉSUMÉ

Tout comme dans le cas d'autres affections, la thérapie de relaxation a été à l'avant-garde des traitements comportementaux de l'insomnie. La littérature consacrée à la recherche évoque les thérapies de désensibilisation traditionnelles, le training à la relaxation progressive ainsi que d'autres variantes de la relaxation, comme le training autogène, la méditation et l'hypnose. Le tableau 17 présente certaines données provenant des études les plus importantes, et nous discuterons au chapitre 9 d'autres recherches comparatives contrôlées.

Toutefois, on peut tirer à ce stade un certain nombre de conclusions à titre de résumé. Tout d'abord, il est évident que les traitements à base de relaxation se révèlent plus efficaces, dans la réduction des latences d'endormissement, que l'absence de traitement ou les traitements-placebos; dans une moindre mesure, ces traitements à base de relaxation amènent des modifications positives en ce qui concerne d'autres paramètres du sommeil. En deuxième lieu, un nombre limité d'études consacrées à l'EEG fournissent des preuves corroborant celles amenées par les résultats d'investigations basés sur des rapports faits par les sujets eux-mêmes. En troisième lieu, il n'existe pas de preuves convaincantes de différences d'efficacité entre bon nombre de traitements à base de relaxation (y compris les méthodes de biofeedback). Enfin, les effets de traitement sont souvent statistiquement significatifs, mais cliniquement peu importants; leur interprétation se trouve limitée par le grand nombre d'études qui se consacrent à des populations hors cadre clinique.

Chapitre 7
Traitements cognitifs de l'insomnie

Les études expérimentales et cliniques menées jusqu'à ce jour ont bien montré que les insomniaques éprouvent des difficultés particulières au niveau de la désactivation cognitive (voir chapitre 3, p. 67-71). Il semble que l'esprit peut rester alerte même si le corps est physiquement relaxé. En conséquence, la période de sommeil devient alors un point de focalisation de répétition, de planification, de rumination ou de franches inquiétudes chez l'insomniaque. En effet, même lorsque des traitements qui apparemment proviennent d'autres points de vue théoriques se sont révélés efficaces en ce qui concerne l'amélioration du profil de sommeil, certains des auteurs concernés suggèrent que l'exclusion, ou la gestion, des pensées intrusives peut avoir constitué le mécanisme principal du changement thérapeutique (p. ex. Freedman et Papsdorf, 1976; Borkovec, 1979; Zwart et Lisman, 1979).

Ce chapitre s'intéresse aux traitements de l'insomnie qui possèdent une orientation spécifiquement cognitive. Il existe en la matière moins d'ouvrages consacrés aux résultats de traitements par rapport à ceux écrits au sujet des thérapies de relaxation (voir chapitre 6). Toutefois, la recherche est ici plus récente et prend de plus en plus d'ampleur si on la compare à la recherche en matière de techniques de relaxation, recherche qui a atteint son apogée au cours des années 70 et au début des années 80.

C'est la procédure connue sous le nom d'injonction paradoxale qui constitue la plus étudiée des interventions cognitives. Il est donc logique de débuter ce chapitre par un historique de l'évolution de cette technique. La description de l'application du paradoxe dans la partie clinique sera présentée parallèlement à un examen de la littérature de recherche consacrée à son efficacité thérapeutique. Le reste du chapitre 7 présentera un certain nombre d'autres traitements cognitifs. Etant donné qu'il reste beaucoup à faire pour évaluer le modèle cognitif de l'insomnie et les thérapies à base cognitive, ce chapitre se terminera par quelques suggestions d'études complémentaires.

Pour reprendre le schéma défini au chapitre 6 en ce qui concernait les thérapies à base de relaxation, la liste des ouvrages examinés ici et consacrés aux traitements cognitifs ne reprend pas les études de résultats comparatifs qui se sont intéressées aux comparaisons entre diverses stratégies de traitement (p. ex. traitement(s) cognitif(s) par rapport au(x) traitement(s) comportemental(aux)). Le lecteur doit donc lire le chapitre 7 en conjonction avec le chapitre 9, car ce dernier incorpore ce type d'analyses comparatives et identifie ainsi les avantages et limites des diverses approches thérapeutiques disponibles.

L'INJONCTION PARADOXALE

Certains pourraient s'étonner de voir inclure l'injonction paradoxale dans un chapitre consacrée aux thérapies cognitives. Il est certain qu'elle ne provient pas de la tradition cognitivo-comportementale. Néanmoins, on a eu de plus en plus souvent recours aux techniques paradoxales dans la pratique clinique de routine et on les a dotées d'un modèle théorique. Nous espérons qu'il apparaîtra clairement au cours de ce chapitre qu'on peut considérer valablement le paradoxe comme une intervention présentant un intérêt principalement (mais pas exclusivement) cognitif.

Les thérapeutes avaient recours à des techniques paradoxales bien avant que Viktor Frankl crée l'expression «injonction paradoxale» (Frankl, 1955, 1960). Seltzer (1986), lorsqu'il passe en revue les applications historiques du paradoxe et des thérapies connexes, présente des partisans des premières heures d'approches quasi-paradoxales. Dubois (1908) recommandait à ses patients d'aborder leurs symptômes avec humour, et Stekel (1920) a décrit une méthode de traitement de l'impuissance qui prescrivait simultanément le contact physique intime et l'interdiction du rapport sexuel. Quelque temps plus tard, Dunlap (1930, 1942) recourait à la «pratique négative» afin de briser les habitudes indésirables. Il encourageait ses patients à répéter leur comportement problématique afin d'essayer de l'éliminer. D'autres techniques connexes, comme la « massed practice » (souvent associée au traitement des problèmes moteurs comme les tics) ou la saturation par stimulus (p. ex. faire fumer des cigarettes à la suite l'une de l'autre sans discontinuer) insistent également sur la répétition plutôt que sur la réduction ou l'élimination de la réaction symptomatique. Bien qu'on puisse raisonnablement considérer la pratique négative, la massed practice et la saturation par stimulus comme des traitements comportementaux différents, on les confond néanmoins souvent, et elles sont similaires au niveau des procédures (Rimm et Masters, 1979). Dans la mesure où le comportement d'évitement constitue un facteur contributif du maintien (par exemple) des réactions de crainte, des techniques telles que le flooding ou l'inhibition de la réaction qui suivent un paradigme d'extinction peuvent également être considérées comme des techniques paradoxales (Frankl, 1975).

Le désir de Frankl de voir ses patients prendre le contrôle de leurs symptômes trouvait sa source dans la philosophie existentialiste. Son approche logothérapeutique soulignait l'idée de choix, de volonté, d'action affirmée et, bien que la disparition du symptôme survienne, cette dernière n'était pas considérée comme une fin en soi (Frankl, 1960, 1967). En fait, la logothérapie comprenait deux techniques connexes : l'injonction paradoxale et la déréflexion. La première de ces techniques tentait d'augmenter la fréquence des réactions qui survenaient déjà trop souvent, tandis que la seconde s'efforçait d'inhiber des réactions déjà peu fréquentes. C'est bien sûr ce dernier déficit de réaction qui se trouve au centre de la problématique de l'insomniaque qui éprouve des difficultés de s'endormir. Etant donné que l'injonction paradoxale tout comme la déréflexion impliquent la « disparition du symptôme » et ne diffèrent, au niveau de la procédure, que dans le sens de la modification de fréquence désirée par la patiente, Ascher (1980) a proposé que l'expression « injonction paradoxale » soit utilisée afin de décrire l'objectif d'augmenter intentionnellement les comportements dont la fréquence élevée est inconfortable ou de diminuer ou d'inhiber intentionnellement les comportements qui surviennent rarement.

Ces dernières années, Michael Ascher s'est affirmé comme le défenseur le plus acharné de l'injonction paradoxale, certainement en tout cas dans le cadre du contexte comportemental. Il a présenté avec ses collègues un modèle théorique très utile pour la mise en œuvre du paradoxe dans toute une série de conditions cliniques, comme la rétention d'urine, l'impuissance, l'agoraphobie et l'insomnie (Ascher, 1979 ; Ascher et Clifford, 1977; Ascher, 1981; Turner et Ascher, 1979a; Ascher et Turner, 1979).

En ce qui concerne l'insomnie, on part du principe selon lequel, comme le sommeil ne peut être totalement soumis au contrôle volontaire, les tentatives d'y arriver inhibent la relaxation et l'endormissement par l'activation du système nerveux autonome. La reconnaissance par l'insomniaque de cette activation est cause d'anxiété par rapport non seulement à l'état en tant que tel et à l'incapacité d'atteindre le sommeil, mais également aux conséquences diurnes ultérieures de cette incapacité de dormir. S'établit donc un cercle vicieux composé d'auto-monitoring, d'activation accrue, d'anxiété par rapport à la performance, d'efforts destinés à atteindre le sommeil et d'échec dans les performances. On pense que l'injonction paradoxale fonctionne en détournant l'angoisse vis-à-vis de la performance qui se développe lorsque la patiente tente de contrôler directement son sommeil, alors que ce dernier constitue essentiellement un processus physiologique involontaire. L'intention paradoxale de la patiente est, dès lors, de rester éveillée et, en l'absence d'efforts visant à s'endormir, de s'endormir naturellement. Nous aborderons bientôt la manière de présenter à la fois le modèle théorique et les instructions de traitement aux insomniaques. Toutefois, il est utile avant tout de présenter un bref résumé des études de résultats de traitements qui ont eu recours au paradoxe afin d'appréhender d'autres conditions cliniques. Cela servira à la fois à illustrer l'applicabilité du paradoxe et à faire la preuve de son intérêt cognitivo-comportemental.

Strong (1984) a passé en revue les preuves expérimentales disponibles à cette époque de l'efficacité d'interventions explicitement paradoxales. Il a identifié 12 études contrôlées, sept d'entre elles relatives à des problèmes cliniques; une avait trait à de l'agoraphobie, trois à des insomnies et trois à des dépressions. Il convient toutefois de noter que chacune des études de cette dernière catégorie était consacrée à une population volontaire constituée d'étudiants. Les cinq autres études s'intéressaient à l'impact de l'injonction paradoxale sur la procrastination chez des étudiants. Il est utile de passer rapidement en revue l'efficacité du paradoxe à travers ces études.

La procrastination doit toutefois être considérée comme un problème sous-clinique; vue comme un comportement d'évitement, elle peut être considérée comme un état analogue par rapport à l'anxiété et aux réactions phobiques. Les directives paradoxales variaient pour chaque étude; toutefois, elles encourageaient toutes ces étudiants à continuer de procrastiner. Dans trois études sur cinq, le traitement paradoxal a amené des diminutions significativement plus importantes de la procrastination que celles relevées dans un groupe-témoin qui n'était soumis à aucun traitement. Cependant, les deux autres études ne démontraient pas de bénéfices significatifs associés au paradoxe. Les résultats des études consacrées à l'agoraphobie et à la dépression sont peut-être plus dignes d'intérêt. Ascher (1981) a réparti 10 patients souffrant d'agoraphobie en deux groupes; le premier était soumis à un traitement paradoxal, le second à un programme d'exposition graduelle. On encourageait les personnes soumises au paradoxe à expérimenter une angoisse intense et à affronter les conséquences désastreuses qu'elles redoutaient. Il est clair que dans ce traitement il y avait un élément fortement cognitif, car on demandait aux participants de se confronter à leur pensée négative automatique et de tester cette pensée par rapport à la réalité afin de démontrer que les conséquences ne surviendraient pas. Ascher rapporte que les personnes soumises au traitement paradoxal voyaient leurs niveaux d'anxiété diminuer rapidement, ce qui n'était pas le cas du groupe soumis à l'exposition graduelle, pour lequel la diminution de l'anxiété n'était pas significative. Les trois études consacrées à la «dépression» (Beck et Strong, 1982; Feldman, Strong et Danser, 1982; Zodun, Gruszkos et Strong, 1983) ont comparé les «interprétations à connotation positive» et les «interprétations à connotation négative» attribuées aux symptômes dépressifs. Les premières étaient paradoxales puisqu'elles suggéraient que la symptomatologie dépressive témoignait de caractéristiques personnelles positives chez l'individu et devait donc être maintenue, tandis que les secondes témoignaient de caractéristiques négatives telles que la pensée irrationnelle et l'évitement, et devaient dès lors être éliminées. Les résultats de ces études indiquent que les deux interprétations amenaient des modifications d'ordre thérapeutique plus importantes que celles relevées dans un groupe-témoin qui n'était soumis à aucun traitement; toutefois, c'est dans le groupe soumis au traitement paradoxal qu'on observait le maintien du changement le plus important. Les autres articles passés en revue par Strong (Ascher et Turner, 1979; Ascher et Turner, 1980; Turner et Ascher, 1979a) étaient consacrés au paradoxe dans le traitement de l'insomnie, et nous y reviendrons en détail dans ce chapitre.

L'ouvrage de Seltzer (1986), «Paradoxical Strategies in Psychotherapy», constitue le texte le plus complet dont on peut disposer; il passe en revue la théorie relative au paradoxe, mais également son traitement. En appendice de son livre, Seltzer propose une liste de symptômes et de problèmes traités à l'aide du paradoxe; cette liste est longue de six pages et comprend plus de 200 références. Ces problèmes vont de l'anorexie à la psychose, en passant par les conflits conjugaux et les sautes d'humeur. Le contraste existant entre l'examen de la littérature fait par Strong et celui de Seltzer est frappant, et reflète le champ étroit des études qui, comme Strong l'exprime, sont «explicitement paradoxales» (et on pourrait ajouter : cognitivo-comportementales) ou celles dont on peut considérer qu'elles contiennent au moins une composante paradoxale en termes d'analyse rétrospective. Nous avons déjà mentionné que les fondements de la procédure connue sous le nom d'injonction paradoxale se trouvent dans les traditions psychothérapeutiques. Nous renvoyons dès lors le lecteur à l'ouvrage de Seltzer pour l'information de fond. Toutefois, un certain nombre d'autres études, qui rentrent dans la tradition cognitivo-comportementale, méritent que nous les examinions brièvement.

L'injonction paradoxale s'est révélée utile dans son application à diverses conditions d'anxiété. Les états phobiques et obsessionnels ont tous deux bien réagi au paradoxe (Gerz, 1966; Solyom et coll., 1972; Milan et Kolko, 1984) et Last, Barlow et O'Brien (1983) font état de résultats positifs après avoir eu recours à l'injonction paradoxale dans le cas d'un patient qui se plaignait d'un trouble d'angoisse généralisé. Tout comme Ascher (1981), d'autres chercheurs ont étudié le paradoxe dans le cadre du traitement de l'agoraphobie (Mavissakalian et coll., 1983; Michelson et Ascher, 1984). Dans une étude plus ancienne, Ascher (1979) a appliqué l'injonction paradoxale à cinq cas de rétention urinaire psychogène, dont les situations se sont toutes fortement améliorées. Le traitement comprenait la prise de préparations destinées à uriner ainsi que l'entrée répétitive dans des toilettes publiques, mais avec l'intention de ne pas vraiment uriner. Au cours de notre propre travail de recherche sur divers groupes de sujets ces dernières années, nous nous sommes aperçus que le paradoxe constitue une composante utile du traitement cognitivo-comportemental du besoin d'uriner (Espie, 1985) et du trouble obsessionnel compulsif (Espie, 1986). En fait, nous avons eu recours à des techniques paradoxales dans le cas de toute une série de problèmes psychologiques évoqués dans le cadre de soins primaires (Espie et White, 1986a, b).

Traitement de l'insomnie par l'injonction paradoxale

Avant de passer en revue la littérature consacrée à l'efficacité du paradoxe dans le traitement de l'insomnie, il peut être utile de décrire le modèle thérapeutique le plus souvent présenté aux insomniaques ainsi que les instructions de traitement auxquelles on a en général recours. On trouvera tout d'abord au tableau 18 le modèle que nous avons présenté aux insomniaques dans nos propres études de traitement.

MODÈLE DU TRAITEMENT PARADOXAL DE L'INSOMNIE

Si vous n'arrivez pas à vous endormir, il pourrait sembler raisonnable de demander à quelqu'un comment il (elle) y arrive. Alors, de toute évidence, tout ce que vous avez à faire, c'est suivre son exemple. Le problème, c'est que vous obtenez toujours la même réponse, quelque chose du style :

«Je m'endors, c'est tout... (haussement d'épaules)... c'est facile : j'éteins la lumière et je ferme les yeux.»

Cela ne semble pas vous aider, mais vous vous trompez : c'est là tout le secret. La «bonne» dormeuse ne fait justement rien de spécial pour s'endormir.
Le sommeil est un processus naturel, qui survient de manière involontaire. La bonne dormeuse ne fait pas arriver le sommeil, et vous n'y arriverez pas non plus. En fait, plus vous essayez, plus grave deviendra votre problème de sommeil ; tout ce que vous arriverez à faire, c'est à mieux vous rendre compte que vous n'arrivez pas à vous endormir, et à en être vraisemblablement encore plus frustrée.
Chez l'insomniaque, un cercle vicieux s'installe. Au lieu de se réjouir de se coucher pour se relaxer et d'apprécier une bonne nuit de sommeil, les craintes s'amplifient au fur et à mesure que l'heure du coucher approche. Des souvenirs déplaisants resurgissent à l'esprit, ceux de ces nombreuses heures que vous avez passées à vous tourner et à vous retourner, et vous craignez que cela ne se répète cette nuit. Cela en devient une sorte de prophétie auto-réalisatrice. Vous êtes tellement désireuse de vous endormir que vous faites trop d'efforts et qu'apparemment tous ces efforts — se tourner de ce côté-ci, puis de ce côté-là, penser à ceci, et puis à cela — ne font que vous rendre plus alerte. Un des problèmes fondamentaux est que vos efforts visant à contrôler le processus du sommeil font partie du problème et pas de la solution. Vous arrachez en fait votre éveil des griffes de votre épuisement, ce qui est vraiment frustrant !
Ça vous rappelle quelque chose ? Eh bien, je crains qu'il n'y ait rien à faire ; sinon abandonner. Oui, c'est ça : vous devez arrêter d'essayer de vous endormir. Ça ne sert à rien ! Vous devriez plutôt essayer de rester éveillée. C'est le seul moyen certain qui vous permette à coup sûr d'arrêter d'interférer avec votre sommeil naturel. Après tout, si vous êtes dans votre lit, qu'il fait sombre et que vous êtes vraiment fatiguée, alors vous n'allez pas pouvoir rester éveillée bien longtemps. Rester éveillée vous fera probablement vous endormir plus rapidement parce que cela vous fait vous arrêter de vous tracasser et d'essayer de vous endormir. A quoi cela vous sert-il de vous faire du souci parce que vous restez éveillée alors que c'est de toute façon ça que vous essayez de faire ?
Vous vous dites sans doute «Donc, il faut que je continue, que je sois la meilleure insomniaque possible, et que je reste juste éveillée». Vous avez raison. Paradoxal, non ?

Tableau 18 — *Modèle proposé de traitement de l'insomnie en recourant à l'injonction paradoxale.*

Le texte de ce tableau 18 présente un style conversationnel tout à fait délibéré, afin de tenter de communiquer correctement la manière dont le paradoxe devrait être présenté dans le contexte clinique ; évidemment, il s'agira en réalité plus d'un dialogue que de ce qui est présenté ci-dessus. Nous nous sommes aperçus que le matériel écrit remis aux patientes pouvait constituer un apport utile à la discussion qui a lieu dans le cabinet de consultation ; le tableau 18 peut constituer la base d'un tel document. Parfois, il peut être utile de se montrer plus explicite dans la description de l'angoisse de la performance et même d'avoir recours à ce genre de termes spécialisés. Il incombe plutôt au clinicien de décider en fonction des besoins de l'individu qu'il a en face de lui. De même, on peut fournir d'autres exemples d'incapacité de contrôler des processus autonomes (comme les tics moteurs, le rougissement ou l'érection) afin d'illustrer et de clarifier les problèmes en rapport avec l'angoisse de la performance.

Du tableau 18 il ressort clairement qu'un élément non spécifique de l'injonction paradoxale a survécu à la transition vers la pratique cognitivo-comportementale : il s'agit du recours à l'humour. Frankl recommande que l'injonction paradoxale soit présentée de la manière la plus humoristique possible car, dit-il, cela aide les patients à se détacher de leurs problèmes. Seltzer (1986) pense que cette distanciation permet à la personne concernée d' «expérimenter un changement d'attitude ou un sens nouveau de la liberté et de l'auto-détermination» (p. 59). Ascher (1980) décrit l'humour comme «la composante positive et intentionnelle du package de traitement» (p. 288). Cet humour, toutefois, ne devrait pas apparaître prématurément et compromettre ainsi la confiance que la patiente accorde au thérapeute qui prend son problème suffisamment au sérieux. Le chapitre écrit par Ascher contient une excellente discussion de l'attitude du thérapeute pendant le traitement paradoxal et fournit des transcriptions très instructives d'entrevues, transcriptions qui témoignent d'un recours adroit et approprié à l'humour.

Il est important de considérer un instant la manière dont l'humour peut contribuer à une modification des attitudes (modifications cognitives). Il existe des parallèles évidents entre le paradoxe et les thérapies rationnelles ou autres approches de type cognitif qui soulignent la rationalisation et la «décatastrophisation». Le paradoxe désarme les cognitions chargées d'angoisse et surévaluées en refusant de les prendre suffisamment au sérieux pour qu'elles affectent le comportement. La pensée «Je n'arrive pas à m'endormir», plutôt que d'évoquer l'angoisse et de générer des efforts destinés à trouver le sommeil, deviendra «Eh bien, encore deux bonnes heures d'insomnie à mon actif... je vais peut-être battre mon record!». Ceci constitue une forme de décatastrophisation. En effet, un tel processus cognitif peut jouer un rôle critique par rapport à l'efficacité du paradoxe. La vision que la patiente a d'elle-même (celle d'une insomniaque irréductible, avec toutes les croyances associées à cette perspective) se trouve confrontée à l'approche paradoxale par laquelle on encourage ostensiblement la patiente à aggraver les choses. Le paradoxe, dès lors, s'intéresse beaucoup à la pensée névrotique et obsessionnelle qui accompagne l'insomnie.

Toutefois se pose également le problème du respect des consignes. Les injonctions paradoxales exigent des sujets qu'ils réagissent de manière nouvelle à leurs problèmes, manière qui peut au départ sembler aller à l'encontre de l'intuition. Il semble donc fondé de dire que le respect des consignes paradoxales exige plus d'implication vis-à-vis de l'approche thérapeutique que dans le cas d'autres approches de traitement moins «exigeantes». Le recours au paradoxe peut dès lors constituer un moyen de tester l'implication du sujet et de développer cette implication. Ascher (1988) a en effet suggéré qu'il peut se révéler approprié d'avoir recours au paradoxe parallèlement à d'autres traitements psychologiques. Par exemple, on peut demander à un individu souffrant de crises de panique de revenir à la consultation suivante en ayant eu autant de crises de panique que possible et atteint des niveaux de stress aussi élevés que possible, cela afin d'aider le clinicien à évaluer l'étendue du problème et d'apprécier la gamme complète des symptômes. Une telle prescription peut avoir en soi un certain effet thérapeutique et peut même se révéler suffisante; si elle ne l'est pas, il se peut qu'on la fasse suivre d'un autre traitement cognitivo-comportemental. Il faudra certes tester le désir de la patiente de coopérer par rapport à ce traitement, et il faudra vraisemblablement l'étoffer.

(1) lorsque vous vous couchez, installez-vous dans une position confortable et éteignez la lumière;
(2) dans la chambre assombrie, essayez de garder les yeux ouverts plutôt que de les fermer. Chaque fois que vous les sentez se fermer, dites-vous «ce serait bien de les garder ouverts encore un petit peu»;
(3) au fur et à mesure que le temps passe, félicitez-vous de rester éveillée. Dites-vous que votre lit est confortable et que se relaxer est toujours bon à prendre, même si vous n'êtes pas endormie;
(4) si vous vous faites du souci parce que vous ne dormez pas, ou que vous vous énervez, dites-vous que «le but, c'est de rester éveillée, donc tout se passe bien»;
(5) essayez de rester éveillée aussi longtemps que possible;
(6) toutefois, *ne recourez pas* à des méthodes actives destinées à vous maintenir en éveil, comme la lecture ou les mouvements physiques. L'idée est de résister au sommeil de manière douce mais persistante.

Tableau 19 — *Instructions de procédures destinées aux patientes insomniaques soumises à un programme d'intervention paradoxale.*

En conclusion de ce sous-chapitre, le tableau 19 résume les instructions relatives aux procédures telles qu'elles devraient être données à l'insomniaque lorsque le modèle du traitement a été compris et accepté. Le tableau se comprend aisément. Toutefois, il convient de noter sur base de ces instructions qu'on y a placé l'accent sur des tentatives relativement passives de rester éveillée. L'objectif devrait être de maintenir l'état de veille, c'est-à-dire de retarder l'endormissement, plutôt que de promouvoir des niveaux élevés d'éveil. Ceci parce que selon divers travaux de recherche certains individus réussissent trop bien à rester éveillés (Lacks et coll., 1983a; Espie, 1985). Il n'est pas prévu que ce traitement suive un modèle de privation de sommeil. On pense plutôt que, dans certaines circonstances favorables au sommeil, mais en l'absence d'anxiété et d'efforts, l'insomniaque fatiguée s'endormira naturellement.

L'efficacité du traitement de l'insomnie par l'injonction paradoxale

On trouvera au tableau 20 des renseignements fournis par des études qui se sont intéressées à l'efficacité du recours au paradoxe dans le traitement de l'insomnie. Nous renvoyons le lecteur au chapitre 9 pour l'examen des résultats d'études qui ont comparé le paradoxe à d'autres formes d'intervention, comme la relaxation et le contrôle par stimulus.

C'est à Ascher et Efran (1978) qu'on doit les premiers rapports relatifs à des cas de recours à l'injonction paradoxale chez des personnes dormant mal, bien que seuls trois des cinq sujets qu'ils ont examinés aient souffert d'un problème primaire de difficultés de sommeil. Néanmoins, la démonstration qu'ils ont faite de l'efficacité du paradoxe était impressionnante dans la mesure où il s'agissait de patients qui auparavant n'avaient pas réagi de manière satisfaisante à une période de 10 semaines de traitements plus conventionnels, à savoir de la relaxation et de la désensibilisation.

Cette phase de traitement avait amené des réductions minimales des latences d'endormissement, et les personnes continuaient de se plaindre de problèmes de sommeil. Ascher et Efran ont alors soumis leurs patients à un traitement à base d'intervention paradoxale, et cela de deux manières différentes. Ils ont demandé à trois des patients de « tenter de rester éveillés » afin qu'on puisse enregistrer en détail les pensées qu'ils avaient avant de s'endormir. On pensait que c'était à cause de renseignements insuffisants concernant la situation de sommeil qu'on avait échoué auparavant, et que ces renseignements étaient maintenant nécessaires. Il fallait que ces sujets restent éveillés afin de pouvoir les récolter. Ascher et Efran donnèrent comme information aux deux autres sujets que la composante «relaxation» de leur traitement n'avait pas duré assez longtemps pour produire les niveaux de relaxation requis pour l'endormissement. Dès lors, on leur demandait d'allonger le nombre d'étapes de leur pratique de la relaxation ; ainsi la durée nécessaire à l'endormissement s'en trouvait allongée. Les auteurs de l'étude demandèrent à ces sujets de continuer cette pratique, même si cela impliquait de résister à l'envie de dormir. Dès lors, ces deux modèles impliquaient de placer l'instruction paradoxale dans un cadre rationnel.

Selon Ascher et Efran, tous les sujets ont été incapables d'atteindre leurs objectifs respectifs, car tous s'étaient endormis trop rapidement. La phase paradoxale du traitement n'avait duré que deux semaines, et la latence moyenne d'endormissement était de 10 minutes au post-traitement par rapport aux 48 minutes de latence de départ, et aux 40 minutes de latence après le traitement conventionnel. Chez un sujet, et c'est intéressant, Ascher et Efran ont réintroduit le programme original (sans la composante paradoxale) et ont pu démontrer un effet inverse affectant la latence d'endormissement, effet suivi d'une nouvelle amélioration au moment où ils réintroduisaient le paradoxe. Ces auteurs n'ont rapporté que des mesures en rapport avec les latences d'endormissement, bien que dans une note de bas de page ils aient écrit qu'il y avait également une réduction de la fréquence des réveils nocturnes et que les améliorations des appréciations de la qualité du sommeil suivaient une évolution parallèle à celle des paramètres du sommeil. Un follow-up informel réalisé un an plus tard par téléphone indiquait que tous les sujets restaient satisfaits de l'amélioration de leur état.

D'autres études de cas plus anciennes en faveur du paradoxe ont été également présentées par Relinger, Bornstein et Mungas (1978), et par Relinger et Bornstein (1979). Relinger, Bornstein et Mungas ont eu recours à une analyse de séries temporelles sur un seul sujet. Ils ont relevé que l'injonction paradoxale produisait et maintenait une réduction substantielle de la latence d'endormissement, réduction également associée à une modification positive significative de l'évaluation de la difficulté de s'endormir, du caractère agité du sommeil, et des mesures relatives au fonctionnement diurne. De nouveau, ces effets de traitement s'obtenaient rapidement, après cinq sessions quotidiennes de traitement d'une durée de cinq minutes ; ils se maintenaient lors du follow-up un an plus tard. La latence d'endormissement était en fin de compte de 10 minutes (voir tableau 20). Ces chercheurs avaient recours à un modèle théorique de traitement par paradoxe similaire au premier de ceux décrits ci-dessus pour l'étude d'Ascher et Efran. Il faut toutefois être prudent vis-à-vis de la validité de la plainte exprimée au sujet de son sommeil par ce patient particulier ; en effet, malgré une insomnie qui, selon lui, durait depuis une vingtaine d'années, l'individu n'avait jamais auparavant sollicité

Auteurs	A	B	C	D	Traitement	E	F	G	H
Ascher et Efran (1978)	P/R	5	30	9	Injonction paradoxale	40[1]	10	«reste satisfaite»	12
Relinger, Bornstein et Mungas (1978)	R	1	31	20	Injonction paradoxale	64	10	10	12
Ascher et Turner (1979)	R	25	39	8	Injonction paradoxale Désensibilisation (placebo) Pas de traitement	62 63 71	29 51 62	NC NC NC	NC NC NC
Relinger et Bornstein (1979)	R	4	de 19 à 63	23	Injonction paradoxale	110	47	20	3
Ascher et Turner (1980)	R	40	37	9	Injonction paradoxale (type A) Injonction paradoxale (type B) Désensibilisation (placebo) Pas de traitement	63 68 57 64	29 45 44 60	NC NC NC NC	NC NC NC NC
Fogle et Dyal (1983)	R	35	41	12	Injonction paradoxale (type A) Injonction paradoxale (abandon) Contrôle par automonitoring	74 %[2] 76 % 73 %	78 % 82 % 80 %	NC NC NC	NC NC NC
Ott, Levine et Ascher (1983)	R	56	NC	NC	Feedback (unité objective de monitoring du sommeil) Injonction paradoxale (type B) Injonction paradoxale + feedback Pas de traitement	53 55 53 54	35 33 72 52	NC NC NC NC	NC NC NC NC

Étude	A	B	C	D	E	F	G	H	Technique	Résultats[1],[2]
Espie et Lindsay (1985)	P	6	43		7				Injonction paradoxale	3 patients ont vu leur situation s'améliorer rapidement. Réduction de la latence moyenne d'endormissement : 52 minutes. 3 patients ont subi une augmentation importante de leurs latences d'endormissement (deux d'entre eux ont abandonné le traitement paradoxal).

A - Type d'échantillon (R = sujets recrutés, P = patients).
B - Total.
C - Age moyen, en années.
D - Durée (moyenne, en années).
E - Latence d'endormissement avant traitement (moyenne, en minutes).
F - Latence d'endormissement après traitement (moyenne, en minutes).
G - Latence d'endormissement au follow-up (moyenne, en minutes).
H - Follow-up x mois après la fin du traitement.

NC : non communiqué.

[1] La valeur de la latence représente le résultat du traitement après le «programme conventionnel» de thérapie.
[2] Les données représentent les scores d'efficacité du sommeil.

Tableau 20 — *Etudes portant sur des traitements ayant eu recours à l'injonction paradoxale.*

l'aide de professionnels et n'avait eu recours qu'à des préparations en vente libre.

Relinger et Bornstein (1979) ont toutefois rapporté quatre cas pour lesquels l'insomnie constituait un problème plus substantiel. Ces sujets étaient des insomniaques qui s'étaient adressés eux-mêmes aux chercheurs ou qui leur avaient été envoyés par le personnel hospitalier. Le modèle d'expérimentation comprenait des situations de base multiples chez les sujets, avec des phases expérimentales comprenant une détermination des niveaux de base, un traitement d'une semaine et un follow-up. Le traitement était constitué de cinq sessions quotidiennes consécutives d'une durée d'une demi-journée et administrées individuellement, tout comme dans l'étude antérieure de ces chercheurs. On fournissait également une instruction d'attente qui était «après cette première semaine, vous commencerez à connaître une importante amélioration... c'est seulement après sept jours et un respect scrupuleux des instructions que l'amélioration surviendra». Relinger et Bornstein ont présenté des données graphiques qui démontrent de manière convaincante l'effet de traitement lors de l'instruction d'attente négative, retrouvé chez les divers sujets dans leurs situations de base multiples, avec maintien des effets lors de follow-ups à quatre, huit et douze semaines. Les scores moyens combinés indiquaient une réduction des latences d'endormissement de 110 minutes avant le traitement à 47 minutes lors du post-traitement, avec une réduction supplémentaire de 20 minutes lors du follow-up final. En ce qui concerne le nombre des réveils nocturnes, le nombre de fois que les sujets éprouvaient des difficultés de se rendormir, ainsi que les évaluations de la difficulté de s'endormir et de l'agitation au moment du réveil, les effets étaient également significatifs.

En conclusion de leur étude, Relinger et Bornstein font trois suggestions relatives à la gestion clinique. Ils suggèrent tout d'abord de filtrer soigneusement les sujets afin d'établir si leur insomnie symptomatique est effectivement maintenue ou exacerbée par l'angoisse. En deuxième lieu ils recommandent que le traitement par injonction paradoxale soit aménagé en fonction de chaque individu afin d'éliminer cette angoisse. Enfin, ils font le commentaire suivant : les injonctions paradoxales n'éliminent pas les sources originales de l'insomnie mais agissent au niveau de ses facteurs de maintien, à savoir l'anxiété anticipative; c'est pour cela qu'ils sont partisans d'un traitement paradoxal suivi de follow-ups à long terme afin d'évaluer si le problème de départ se pose encore et requiert un traitement supplémentaire.

Turner et Ascher (1979a) ont mené une importante étude comparative de résultats de traitements qui faisaient intervenir le paradoxe, le contrôle par stimulus et les thérapies de relaxation. Les résultats de cette étude étaient très encourageants et indiquaient que les scores obtenus par le recours au paradoxe étaient significativement supérieurs à ceux du placebo ou de l'absence de traitement, et que ce recours se révélait aussi efficace que les autres interventions actives. On trouvera au chapitre 9 (p. 237-239) un compte rendu détaillé de ces résultats. Toutefois, ce qui nous intéresse ici, c'est l'enquête expérimentale contrôlée, réplique partielle de cette étude, qui comparait le paradoxe à un placebo (désensibilisation) et à une absence de traitement dans un groupe-témoin (Ascher et Turner, 1979).

Par le biais de la presse, 25 sujets ont été recrutés; ils avaient un âge moyen de 39 ans et présentaient une latence moyenne d'endormissement de 65 minutes. A la suite d'une période de dix jours consacrée à un auto-monitoring de la situation de base, les auteurs de l'étude ont réparti au hasard 16 sujets dans le groupe soumis à l'injonction paradoxale et dans le groupe-témoin, tandis que les 9 autres sujets étaient, également au hasard, repris dans le groupe non soumis à traitement. Le traitement comprenait quatre sessions hebdomadaires d'une durée approximative de 30 à 45 minutes. On demandait aux sujets soumis à l'injonction paradoxale de ne pas avoir d'activité incompatible avec le sommeil, mais de se coucher dans une pièce assombrie en gardant les yeux ouverts le plus longtemps possible. On portait à leur connaissance le modèle théorique simplifié de cette procédure et on leur expliquait la manière dont on pensait qu'elle allait fonctionner par rapport à leur profil de sommeil. Ascher et Turner ont réalisé une analyse multivariante de la variance en faisant intervenir quatre variables dépendantes sur base des agendas de sommeil quotidiens. Ils rapportent un effet significatif multivarié sur les différences existant entre les groupes, l'analyse post hoc indiquant une supériorité du paradoxe sur les résultats des deux groupes-témoins en ce qui concerne les mesures des latences d'endormissement, du nombre des réveils nocturnes avec difficultés de se rendormir, et de la difficulté auto-évaluée de s'endormir. On ne relevait pas de différence sur une échelle d'évaluation en ce qui concerne la qualité du repos atteinte après le sommeil. On trouvera au tableau 20 les valeurs moyennes obtenues, avant et après le traitement, pour la variable «latence d'endormissement»; il ressort clairement que cette latence était réduite de plus de 50 % par le traitement paradoxal, tandis que les modifications étaient minimes dans les autres conditions. Les réveils problématiques, alors que leur nombre de départ était de deux, étaient arrivés à une valeur de 0,5 au post-test à la suite du traitement paradoxal. Les études contrôlées d'Ascher et Turner ont donc installé le paradoxe comme traitement viable de l'insomnie et ont confirmé quelques-unes des promesses faites par les études de cas antérieures.

Ascher et Turner se sont ensuite intéressés au contexte d'instructions dans lequel on administrait le paradoxe. Ils ont mis sur pied une étude destinée à comparer leur propre modèle théorique simple du paradoxe (similaire à celui présenté au tableau 18) à la procédure de « reframing » (recadrage) utilisée dans certaines études de cas antérieures (Ascher et Turner, 1980). Ils ont reconnu l'avantage possible du reframing, susceptible de fournir aux sujets moins respectueux des consignes un cadre plus confortable dans lequel exécuter la directive paradoxale. L'explication pourrait dans ce cas être adaptée afin de correspondre au cadre de référence spécifique de l'individu, et l'objectif principal (qui est que cet individu reste éveillé) ne serait pas différent.

Ascher et Turner ont de nouveau recruté des sujets et les ont répartis au hasard en divers groupes : le premier recevait un traitement paradoxal classique (que les auteurs ont appelé « type A »), le deuxième un traitement paradoxal de « type B » (reframing) et le troisième une quasi-désensibilisation-placebo ; le quatrième n'était quant à lui soumis à aucun traitement. Les résultats indiquent que l'injonction paradoxale de type A se montrait supérieure à l'absence de traitement, à l'injonction paradoxale de type B ainsi qu'au placebo en ce qui concerne les mesures de latences d'endormissement, la difficulté auto-évaluée de s'endormir ainsi que l'évaluation de l'état de repos le matin. De plus, le paradoxe de type A se révélait supérieur à l'absence de traitement en ce qui concerne la difficulté auto-évaluée de se rendormir ainsi que la durée totale du sommeil. Le tableau 20 reprend les données relatives aux latences d'endormissement pour les quatre groupes. Donc, le modèle basé sur l'angoisse de performance semblait préférable, bien qu'Ascher et Turner aient effectivement suggéré que le reframing peut se révéler utile chez les sujets qu'on peut qualifier de « réfractaires » ou résistants aux instructions de traitement. Ces auteurs pensent également qu'en ce qui concerne le modèle du reframing, l'implication selon laquelle le traitement proprement dit ne commencerait que lorsque des données initiales (relatives aux pensées et aux sentiments avant l'endormissement) auraient été récoltées peut également avoir joué. Il se peut que ce facteur ait exercé une influence sur la confiance que les sujets accordaient au traitement. Bien qu'Ascher et Turner aient pris la précaution d'inclure dans leur étude une évaluation de la crédibilité du traitement, celle-ci s'est déroulée après la thérapie et a très bien pu être influencée par les progrès véritables que le traitement connaissait à cette époque. Une évaluation de la crédibilité après fourniture du modèle théorique aurait constitué un test bien plus fiable de ce facteur non spécifique.

Ott, Levine et Ascher (1983) ont mené plus loin l'examen de l'administration de l'injonction paradoxale. En se basant sur leur idée de départ, idée selon laquelle le reframing se révèle le plus efficace dans les cas où le nouveau cadre convient mieux aux besoins de l'individu spécifique et/ou qu'on y a recours dans le cas d'individus marquant de l'opposition, ils ont mis sur pied une expérience destinée à tester la manipulation de l'injonction paradoxale de type B. Cinquante-six sujets ont été répartis au hasard en quatre conditions expérimentales différentes. Un «groupe de feed-back» remplissait un agenda de sommeil quotidien et utilisait une «unité de monitoring du sommeil» (Ott, Levine et Farley, 1982), afin de fournir des données objectives relatives à leur profil de sommeil hors traitement. Ce système émettait un son que les sujets devaient réamorcer lorsqu'il s'arrêtait. Les données récoltées le lendemain matin sur un panneau d'affichage codé fournissaient une indication de la latence d'endormissement. Un deuxième groupe recevait un traitement paradoxal dans le contexte d'instructions recadrées. On demandait aux sujets de rester éveillés, et le lendemain matin de jeter sur papier les pensées qu'ils avaient eues le plus souvent lors de la période antérieure au sommeil. Un troisième groupe recevait des instructions paradoxales identiques, mais ses membres étaient également dotés d'unités de monitoring du sommeil; on leur donnait également l'instruction de décoder les données chaque matin. Il y avait aussi un quatrième groupe, groupe-témoin qui n'était soumis à aucun traitement.

Les résultats obtenus par Ott, Levine et Ascher indiquent que le feed-back seul et l'injonction paradoxale seule généraient de fortes réductions des latences d'endormissement entre les niveaux de départ et ceux relevés après une semaine de traitement; dans le cas de l'absence de traitement, il n'y avait pas de modification significative. Toutefois, le groupe d'injonction paradoxale combinée au feed-back témoignait d'une augmentation significative des latences d'endormissement; celles-ci, partant d'une valeur de base de 53 minutes, passaient à 70 minutes après une semaine de traitement et à 72 minutes la semaine suivante (délais auto-évalués — voir tableau 20). Des analyses comparables sur base de données objectives provenant de l'unité de monitoring du sommeil ont grosso modo confirmé ce modèle de résultats. Ott, Levine et Ascher ont donné une explication intéressante de l'augmentation importante des latences d'endormissement rencontrée dans le groupe de traitement combiné. Selon eux, étant donné qu'il s'agissait d'une étude expérimentale, il se peut que les sujets aient désiré suivre à la lettre l'exigence expérimentale de rester éveillés toute la nuit; il y avait de plus la consigne de fournir des données objectives relatives au sommeil et qui confirmaient cet état de veille. Il en ressort d'une part qu'il faudrait que les patients traités par injonction paradoxale comprennent que les procédures paradoxales devraient par elles-mêmes mener à une réduction des latences d'endormissement et que, d'autre part, les caractéristiques des demandes ne devraient pas aller à l'encontre de la communication de cette injonction (supérieure).

Dans nos propres recherches nous avons obtenu des résultats qui vont dans le sens de ceux mentionnés par d'autres chercheurs, bien que nos sujets aient été des insomniaques envoyés par leur généraliste. Nous avons présenté une série de six études de cas qui illustrent la variabilité de la réaction thérapeutique à l'injonction paradoxale (Espie et Lindsay, 1985). Les sujets étaient âgés de 30 à 58 ans, et leurs latences d'endormissement étaient, avant traitement, de plus de deux heures. Nous avons appliqué l'injonction paradoxale sur base du modèle théorique conventionnel. Nous nous sommes aperçus que trois sujets réagissaient promptement aux instructions paradoxales, même lors d'une période d'attente négative de longue durée (4 semaines). Ces bénéfices se maintenaient aux follow-ups, que ce soit trois ou six mois après le traitement. On notait également une amélioration marquée en ce qui concerne la durée totale du sommeil de deux de ces sujets. Toutefois, les trois autres insomniaques ont mal réagi au traitement paradoxal. Dans deux des cas, l'augmentation des latences d'endormissement était telle qu'il a fallu abandonner le traitement paradoxal (après respectivement une et trois semaines). Néanmoins, le traitement par relaxation progressive qui suivit produisit des réductions substantielles des latences d'endormissement. Ceci semblait indiquer que ces patients ne réagissaient pas simplement mal au traitement. Quelque part, le paradoxe ne semblait pas leur convenir. Le troisième sujet de ce groupe, au départ, réagissait mal au paradoxe : pendant les trois premières semaines d'administration ses latences d'endormissement augmentèrent de 60 à 100 % par rapport à leurs niveaux de base. Toutefois, au cours des quatre semaines qui suivirent, ces latences retombèrent en dessous des niveaux de départ.

Selon nous, ces résultats variables reflètent peut-être la tendance de certains individus qui éprouvent de l'angoisse vis-à-vis de la performance de reporter celle-ci sur leurs tentatives de rester éveillés (c'est-à-dire éviter *activement* le sommeil) afin de répondre au critère de succès défini par le thérapeute. Il se peut que ceci constitue un processus éveillant le mental alors que, chez l'insomniaque qui est traité par paradoxe, éviter plus « passivement » l'effort lié à la performance peut expliquer les bénéfices retirés du traitement. Dès lors, le sujet qui réagit bien au paradoxe peut se sentir libéré des efforts visant à contrôler directement le processus du sommeil, alors que d'autres personnes seront peut-être plus « activées » en raison de leurs efforts destinés à ne pas céder au sommeil. De nouveau, ceci met le doigt sur la base cognitive des traitements paradoxaux. Certaines patientes ont peut-être recours à une visualisation/imagerie incompatible avec le sommeil afin de s'assurer que les cognitions d'éveil persistent même lorsqu'elles sont physiquement relaxées ; elles maintiennent ainsi leurs niveaux d'activation, ce qui fait qu'il leur devient « presque trop facile de rester éveillées ». Donc, dans notre étude, le succès ultérieur du recours au training de relaxation peut s'expliquer par la combinaison de la relaxation physique et de la distraction par rapport à de telles pensées intrusives.

Fogle et Dyal (1983) ont mené une enquête intéressante qui faisait varier les injonctions paradoxales de manière quelque peu différente de celle adoptée lors des études d'Ascher et de ses collègues. Ils ont réparti leurs 35 sujets (insomniaques en moyenne depuis 12 ans) en deux groupes : le premier recevait des injonctions paradoxales conventionnelles, tandis que le second était soumis à une version alternative par laquelle on disait simplement à ses membres d' « abandonner » leurs tentatives visant à s'endormir. En d'autres termes, il n'y avait pas d'injonction paradoxale directe de rester éveillé. Selon Fogle et Dyal, l'efficacité du sommeil était la meilleure mesure générale de résultats ; ils faisaient état d'améliorations significatives sur cette variable pour chacun des groupes expérimentaux. De plus, ces chercheurs ont relevé que les deux groupes soumis à l'injonction paradoxale obtenaient de meilleurs résultats sur une mesure auto-rapportée de l'angoisse vis-à-vis de la performance de sommeil. Toutefois, en dépit des modifications statistiques établies, les améliorations des paramètres réels du sommeil étaient relativement réduites et d'une portée clinique limitée. En effet, un groupe-témoin (auto-monitoring) obtenait des résultats équivalents (voir tableau 20) mais sans réduction significative de l'angoisse vis-à-vis des performances. Ces effets de traitement limités reflètent peut-être le fait que les deux traitements ont été menés en tant que bibliothérapies. Le fait que Fogle et Dyal ne rapportent que des modifications en rapport avec l'efficacité du sommeil rend également le locus de l'amélioration plus difficile à établir. Il est difficile de déterminer si les améliorations relevées sont dues à des modifications des latences d'endormissement, de la fréquence des réveils, de la durée totale du sommeil ou à la combinaison de ces facteurs. Néanmoins, le succès de la stratégie d'abandon dans l'étude de Fogle et Dyal met de nouveau en lumière l'utilité d'une réaction paradoxale passive. L'élément commun important dans le recours au paradoxe est peut-être d'arrêter d'essayer de dormir (afin d'aller à l'encontre de l'angoisse de performance), bien que dans certains cas il soit nécessaire, afin d'y arriver, de recourir au paradoxe direct (tenter de rester éveillé).

AUTRES STRATÉGIES COGNITIVES DANS LE TRAITEMENT DE L'INSOMNIE

Ce sous-chapitre passe en revue la littérature en rapport avec les interventions cognitives (hormis l'injonction paradoxale) destinées à traiter les insomnies de la phase initiale du sommeil ou de maintien de ce sommeil. Cette littérature n'est pas très abondante et, dans certains rapports, le traitement cognitif ne constituait qu'une composante d'une intervention plus large. Toutefois, avant de commencer, il est important de répéter que certaines des méthodes présentées au chapitre 6 (p. ex. la relaxation passive, le training à l'imagerie et la méditation) peuvent revendiquer à juste titre leur place dans ce sous-chapitre consacré aux stratégies cognitives. En effet, ces techniques de focalisation de l'attention ont été répertoriées ainsi par de nombreux auteurs, qu'ils soient récents ou plus anciens (p. ex. Bootzin et Nicassio, 1978; Morin et Kwentus, 1988). Bien que la structure de cet ouvrage ait justifié de consacrer un chapitre entier aux méthodes de relaxation, le lecteur doit reconnaître l'élément cognitif explicite de ces traitements ainsi que les mécanismes implicites (ou escomptés) associés à de nombreuses interventions dont on pense qu'elles agissent peut-être via des mécanismes physiologiques ou opérants.

Mitchell et White (1977) rapportent une étude qui s'est intéressée à diverses composantes d'un traitement « autogéré » de l'insomnie. Treize sujets masculins (étudiants et professeurs - âge moyen : 23 ans) souffrant d'insomnie depuis relativement peu de temps (en moyenne 1,9 an) étaient répartis dans divers groupes au hasard : il y avait des groupes de traitement autogéré par incréments (ISM), accéléré (ASM) ou partiel retardé (DPSM). Dans le cas de l'ISM, il y avait trois stades appliqués séquentiellement, à savoir la relaxation progressive, la relaxation mentale et le contrôle cognitif. Ce dernier élément reprenait des techniques comme le blocage de la pensée (thought stopping), l'élimination temporaire des soucis et l'appréhension rationnelle ; toutes ces techniques visaient à augmenter le self-contrôle couvert. L'ASM était similaire, si ce n'est que le contrôle cognitif était précédé d'une phase de relaxation combinée. Le groupe DPSM ne fit cet auto-monitoring que pendant une durée équivalente aux périodes de 10 semaines de traitement des groupes ISM et ASM, et ne reçut par la suite que le traitement de contrôle cognitif.

Les résultats de l'étude de Mitchell et White indiquent que les stratégies de contrôle cognitif amenaient des réductions significativement plus importantes des intrusions cognitives survenant avant le sommeil déjà atteintes par les méthodes de relaxation. Le contrôle cognitif seul produisait une réduction de 30 % sur une mesure de la tension antérieure au sommeil, ainsi qu'une réduction de 48 % des cognitions intrusives. Les latences d'endormissement se trouvaient réduites de 81 à 39 minutes après que les deux thérapies de relaxation aient été appliquées dans le groupe ISM; dans le groupe ASM, on obtenait une réduction très similaire (80 à 33 minutes). Le contrôle cognitif réduisait les latences d'endormissement respectivement de 19 et de 14 minutes dans ces groupes. Les membres du groupe DPSM, qui n'avaient été exposés qu'au traitement cognitif, voyaient leurs latences d'endormissement réduites à 47 minutes après le traitement et à 31 minutes lors d'un follow-up quatre mois après le traitement (ceci constituant une réduction de 60 % par rapport aux niveaux de base). Tous les groupes rapportaient, lors du follow-up, une amélioration significative de la satisfaction par rapport au sommeil. Mitchell et White concluent que leur procédure de contrôle cognitif se révélait efficace en tant que traitement de l'insomnie indépendant des effets des procédures de relaxation. Il est clair qu'une telle approche était riche de promesses, bien qu'elle fût basée sur un échantillon limité d'insomniaques légers et modérés.

Dans une autre étude, Mitchell (1979) a reclassé sa technique de relaxation mentale comme procédure de contrôle cognitif. Selon lui, ce reclassement se justifiait par les preuves provenant de sa première étude et selon lesquelles la relaxation musculaire n'était pas associée à des réductions significatives des cognitions intrusives, tandis que la relaxation mentale réduisait à la fois la tension et l'intrusion cognitive. Lors de cette étude, il répartit au hasard 20 sujets plus âgés que ceux de sa première étude (âge moyen : 37 ans) et souffrant de manière plus évidente d'insomnie (durée moyenne des symptômes : 6,3 ans) en divers groupes : relaxation progressive, relaxation progressive plus contrôle cognitif, formation au sommeil, redéfinition d'horaire et groupe-témoin sans traitement. Toutes les interventions couvraient une période de huit semaines.

Mitchell s'est aperçu que le traitement combiné contrôle cognitif / relaxation était généralement plus bénéfique que la relaxation seule en ce qui concerne les effets sur la tension mesurée avant le sommeil, les pensées intrusives, les latences d'endormissement et la satisfaction par rapport au sommeil. Par exemple, le programme combiné réduisait les latences d'endormissement de 71 %; la relaxation progressive atteignait, elle, 40 % et le programme éducatif 37 %. Mitchell confirmait également ses conclusions antérieures selon lesquelles la relaxation progressive affectait les niveaux de tension mais pas les cognitions antérieures au sommeil. Il concluait que peut-être la pensée intrusive constitue une cible thérapeutiquement plus valable que la tension musculaire, en particulier dans le cas où l'objectif de traitement est de réduire les latences d'endormissement en améliorant le fonctionnement diurne. Malheureusement, sur base de l'étude de Mitchell, il n'est pas possible de séparer les effets des diverses composantes du traitement cognitif.

Le reste de la littérature se résume à des rapports d'études de cas qui se sont surtout intéressées à l'insomnie de maintien du sommeil. Cinq de ces études méritent qu'on les examine.

Coates et Thoresen (1979) présentent une étude de cas intéressante consacrée à une femme de 58 ans qui vivait depuis 33 ans une histoire d'insomnie de maintien du sommeil, de somnolence diurne et de dépression associées. Leur étude s'intéressait au traitement auquel cette femme avait été soumise pendant une période de cinq ans. Pendant une année, elle participa à une étude d'évaluation de médicaments, période au terme de laquelle elle fut envoyée chez Coates et Thoresen pour y être traitée. Après une semaine d'examen de la situation de base (enregistrements en laboratoire de sommeil et agenda de sommeil), on appliqua un traitement par relaxation progressive pendant trois semaines. Lors de la dernière partie de cette phase de relaxation, toutefois, on introduisit dans le traitement un élément plus cognitif; on encourageait la patiente à «focaliser son attention sur une image agréable unique et à se dire qu'elle s'occuperait de ses problèmes le lendemain». Au terme de la phase de relaxation, la patiente était de nouveau soumise à sept sessions de traitement sur une période de dix semaines. Ces sessions étaient destinées à aider la patiente à résoudre des problèmes additionnels qui l'empêchaient d'atteindre un sommeil de bonne qualité, et comprenaient des techniques telles que la gestion du temps, la tenue d'un journal de pensées positives et le recours à de la relaxation contrôlée par indicateur. On mena ensuite des évaluations de follow-up annuelles pendant quatre ans à partir du premier contact.

Coates et Thoresen ont évalué les résultats du traitement en termes de mesures telles que les réveils intermittents, la durée totale du sommeil et son efficacité. A aucun point des phases expérimentales, la latence d'endormissement ne se révélait un problème. Ils rapportent que l'entraînement à l'autogestion (c'est-à-dire la combinaison des deux phases) se révélait particulièrement efficace en ce qui concerne l'amélioration du sommeil lors du premier tiers de la nuit. On arrivait à une réduction de 33 à 2 minutes d'éveil pendant cette période, et la fréquence des éveils se trouvait réduite de 50 % sur la nuit. Il y avait également une légère amélioration de l'efficacité du sommeil. Les scores lors des deux dernières années de follow-up étaient cohérents par rapport à ces bénéfices relevés après le traitement. Coates et Thoresen rapportent que leur patiente avait l'impression qu'en raison du traitement elle disposait maintenant des ressources nécessaires pour gérer son problème de sommeil; selon eux, l'augmentation des skills et le développement d'un sentiment de maîtrise peuvent avoir constitué des éléments critiques de traitement.

Thoresen et coll. (1981) ont présenté trois autres études de cas contrôlées consacrées à des personnes souffrant d'insomnie de maintien du sommeil et traitées, du moins en partie, à l'aide de techniques cognitives. Ces patientes étaient envoyées par leur médecin et se plaignaient d'insomnie depuis respectivement 5, 10 et 14 ans. Des enregistrements en laboratoire de sommeil furent effectués avant le traitement, au milieu du traitement et après le traitement, ainsi que lors des deux follow-ups (3 et 12 mois après le traitement). Les patientes tenaient également un agenda de sommeil. Thoresen et coll. soumirent chaque sujet à 13 heures d'un traitement qui comprenait une relaxation musculaire progressive, une restructuration cognitive, de la relaxation mentale et un entraînement aux méthodes de résolution de problèmes. Ces éléments de traitement étaient appliqués de manière séquentielle. Lors de la restructuration cognitive, les patientes recevaient une information relative au sommeil et aux problèmes du sommeil, et on leur demandait d'examiner leur système de croyances en matière de sommeil. De plus, elles s'exerçaient à identifier les pensées qui interféraient avec le sommeil, et on les aidait à favoriser l'apparition de pensées alternatives moins irrationnelles, induites par des comportements simples (comme regarder sa montre) lorsque les pensées inadaptées surgissaient. La composante « relaxation mentale » comprenait un entraînement à l'utilisation de séquences imaginées structurées et destinées à réduire les soucis nocturnes en surnombre. Lors des dernières sessions de résolution de problèmes, on fournissait à chaque sujet un entraînement aux tactiques spécifiques de gestion du stress, de développement de la relaxation ou de réaction aux sentiments de dépression.

Thoresen et coll. rapportent que la patiente 1 témoignait d'améliorations importantes tout au long du programme de traitement. Le nombre total de ses réveils se trouvait réduit de 37% après le traitement et de 53% au follow-up un an plus tard. La patiente 2, qui souffrait d'un problème plus grave de maintien du sommeil, voyait son nombre de minutes d'éveil nocturne passer de 89 (situation de base) à 49 (post traitement); au follow-up un an plus tard, elle était arrivée à une valeur de 29 minutes. L'efficacité générale de son sommeil passait en même temps de 79 à 91%. La patiente 3, quant à elle, ne témoignait pas de réduction du temps d'éveil jusqu'au follow-up trois mois après le traitement, ce qui rend impossible l'attribution de ces modifications au programme de traitement.

Similaires aux résultats de l'étude de Coates et Thoresen (1979), ceux obtenus lors de l'étude de Thoresen et coll. suggèrent que les techniques cognitives présentent une certaine valeur dans la gestion de l'insomnie, mais le manque de mesures rapportées rend impossible l'identification des contributions relatives des divers éléments du traitement. Toutefois, dans cette dernière étude, la stratégie générale de traitement semble effectivement avoir eu une orientation plus cognitive.

En 1984, Coates et Thoresen ont de nouveau contribué à la littérature consacrée au sujet, et ceci sous la forme de deux études de cas. Ces deux sujets avaient été recrutés par voie d'annonces. On administrait au sujet 1 30 mg. de flurazépam dans le contexte d'un protocole en double aveugle. Le sujet 2 était traité à l'aide d'un programme multi-composantes qui comprenait des sessions de traitement hebdomadaires d'une durée d'une heure. Ces sessions étaient réparties sur 16 semaines. Le traitement comprenait une relaxation musculaire progressive, de la relaxation mentale, une restructuration cognitive, de la gestion de colère et de la relaxation contrôlée par indicateur. Il est intéressant de préciser qu'afin de générer les renseignements nécessaires au sujet de l'humeur et des impressions personnelles, on fournissait au sujet une machiner à dicter miniature, et on lui demandait de réserver à la fin de sa journée de travail le temps nécessaire pour répondre à trois questions : à quoi pensez-vous maintenant? Comment s'est passée votre journée? Comment se passera le reste de votre journée? Ces données ont ensuite été évaluées indépendamment l'une de l'autre en ce qui concerne leur contenu et le centre d'intérêt de leur contenu. Les résultats de cette étude se sont révélés intéressants.

Chez le sujet 1 on relevait une amélioration du sommeil lors de l'administration de flurazépam; on notait également des augmentations des déclarations personnelles positives. Chez le sujet 2, le programme de traitement combiné se révélait en partie efficace, mais peut-être moins que dans les autres rapports que nous venons de passer en revue. L'efficacité du sommeil augmentait par la relaxation progressive et se maintenait tout au long du traitement actif à un niveau plus élevé que celui de la situation de base. Toutefois, la mesure du nombre de minutes passées en éveil ainsi que celle de la fréquence des réveils étaient à leurs niveaux les plus bas lors de la phase de training à l'assertivité, lorsqu'on apprenait au sujet 2 des méthodes alternatives de gestion de la colère. De même, c'est lors de cette phase d'entraînement qu'il y avait le plus de déclarations positives concernant le sujet lui-même ou autrui. Bien que les preuves provenant de cette étude soient extrêmement minces, car se basant sur un seul cas, elles n'en mettent pas moins en lumière l'importance qu'il y a d'identifier la *nature* du contenu de la pensée du patient et d'adapter le traitement en ce sens. Par exemple, les pensées fortuites peuvent facilement être mises de côté, tandis qu'il peut être nécessaire de rationaliser les craintes irrationnelles, de résoudre les problèmes rationnels de manière pratique et qu'il est possible que la frustration et l'hostilité nécessitent un entraînement aux skills sociaux ainsi qu'un entraînement aux réactions d'assertivité appropriées.

Nous avons mis sur pied un traitement cognitif auquel nous avons donné le nom de «contrôle du souci» («worry control», Espie et Lindsay, 1987). Cette approche comprend des éléments de restructuration cognitive et de résolution de problèmes comportementaux. En début de soirée, on demande à la patiente de s'asseoir à son bureau et de jeter sur papier tous les problèmes qu'elle rencontre actuellement et qui pourraient lui venir à l'esprit au cours de la nuit. Chaque problème est alors examiné tour à tour et la patiente doit décrire par écrit l'action suivante qu'elle a l'intention d'entreprendre en vue de la résolution de ce problème. On encourage la patiente à faire cela de manière spécifique, afin qu'il soit clair pour elle qu'une décision a été prise, ce qui facilite le processus de restructuration. Cette période de résolution de problèmes est prévue pour une durée de 30 minutes chaque soir, généralement après le repas, p. ex. vers 19 h. Ce type de session doit être éloigné à la fois chronologiquement de l'heure du coucher et géographiquement de l'environnement de la chambre à coucher (voir le contrôle par stimulus). Si la patiente n'arrive pas à s'endormir, ou se réveille pendant la nuit, on lui dit de se rappeler que, pour chacun de ses problèmes, «tout est en ordre». Toutefois, si une nouvelle difficulté surgit, elle doit (mentalement) «reporter» le traitement de cette difficulté au lendemain.

Notre expérience d'un seul cas traité au moyen de procédures de contrôle cognitif indiquait une réduction substantielle de la durée des éveils au cours de la nuit; d'un niveau de base de 52 minutes, on en était arrivé à 14 minutes lors de la phase de contrôle cognitif. Cette amélioration s'était maintenue aux follow-ups organisés 3 et 12 mois plus tard (Espie et Lindsay, 1987). La patiente au centre de cette étude ne semblait pas avoir besoin d'un entraînement aux autres techniques de gestion de l'angoisse (comme les exercices de relaxation) et de même une thérapie cognitive de grande envergure ne s'est pas révélée nécessaire. En fait, cette personne n'avait pas réagi à un traitement précédent qui comprenait une injonction paradoxale.

Levey et coll. (1991) rapportent une étude de cas consacrée à un homme de 38 ans qui souffrait depuis 16 ans d'une insomnie de la phase initiale du sommeil ainsi que du maintien de ce sommeil. Ces chercheurs ont mis au point une intervention en quatre points. La phase 1 était constituée de règles d'hygiène du sommeil associées à des instructions de contrôle par stimulus. La phase 2 consistait en une relaxation musculaire progressive. La phase 3 reprenait la technique (mise au point par Espie et Lindsay) de contrôle cognitif décrite ci-dessus, tandis que la phase 4 introduisait une technique nouvelle à laquelle leurs auteurs font référence sous le nom de « suppression articulatoire ». Il s'agit pour le patient de contrôler ses pensées intrusives en se répétant la syllabe « la » sur un rythme régulier. Cette technique, qui se base sur les travaux de Baddeley (1986), vise à produire un stimulus répétitif d'un poids cognitif minimum (et qui possède donc un faible potentiel d'activation) mais qui peut se révéler capable de bloquer les pensées non désirées. En pratique, cette technique n'est pas très différente du comptage de moutons ou de la répétition d'un mantra en méditation.

L'analyse de variance des données de latence dans l'étude de cas de Levey et coll. a révélé une tendance non significative à l'amélioration sur les neuf semaines de la période d'expérimentation. L'analyse post hoc a néanmoins indiqué que c'était le traitement par contrôle cognitif qui produisait les latences d'endormissement les plus faibles. On a relevé un effet principal touchant au nombre de réveils nocturnes et des comparaisons ont démontré d'importantes différences entre les niveaux de base et ceux atteints au terme des phases 2, 3 et 4 du traitement. On a cependant observé post hoc que la durée du premier réveil était la moins longue lors du traitement par suppression articulatoire. Levey et coll. pensent que la plus grande efficacité de leur technique de suppression articulatoire par rapport aux réveils intermittents plutôt qu'en ce qui concerne les latences d'endormissement est peut-être à mettre en rapport avec le fait que les intrusions cognitives nocturnes sont susceptibles d'être moins cohérentes et dès lors plus sensibles à une technique simple de blocage. La suppression articulatoire peut se révéler utile si on y recourt à un stade précoce, avant que les pensées intrusives soient devenues cohérentes et avant qu'elles ne mènent à un éveil physique accru. Il est à l'évidence nécessaire de poursuivre plus rigoureusement l'étude du contrôle cognitif et de la suppression articulatoire, mais ces techniques semblent pleines de promesses.

LES TRAITEMENTS COGNITIFS DE L'INSOMNIE - RÉSUMÉ

Résumer la littérature consacrée aux diverses stratégies cognitives présentées dans ce chapitre n'est pas tâche aisée. Aucune de ces techniques n'a été suffisamment évaluée pour qu'on puisse soit la rejeter soit l'accepter; d'un autre côté, toutes les preuves disponibles à leur appui proviennent d'études ne reprenant que des échantillons réduits. Etant donné l'ascendant du modèle cognitif de l'hyperactivation, on doit s'attendre à ce que les études contrôlées de résultats de traitement apparaissent dans un futur rapproché. En dépit du manque de preuves établies relatives aux interventions cognitives, il convient, dans le contexte de cet ouvrage, de fournir un cadre qui guidera le praticien dans le choix approprié des techniques cognitives présentées. Inévitablement, ce cadre se basera dans une large mesure sur notre propre expérience clinique mais, nous l'espérons, les chercheurs trouveront cette analyse stimulante dans la mesure où elle soulève des questions qui n'ont pas encore trouvé de réponses.

Le tableau 21 présente une analyse des diverses approches cognitives abordées dans ce chapitre. Il reprend également la formation au sommeil (voir chapitre 5, p. 128-129) en tant qu'intervention, puisqu'elle présente un intérêt largement cognitif et relatif aux attitudes. On a tenté de contraster ces techniques au niveau du centre d'intérêt de leur action sur les processus cognitifs; nous formulons certaines suggestions au sujet de la nature des processus les plus susceptibles de répondre à chacune de ces approches.

Le chapitre 5 décrivait le traitement non spécifique de l'insomnie, dont un des aspects est la présentation de l'information sur le sommeil et les profils de sommeil mise en relation avec les besoins de sommeil réels et perçus. Au chapitre 4 (p. 121-123), nous expliquions que cette approche éducative contribue à affiner les objectifs thérapeutiques sur lesquels la patiente et le thérapeute peuvent se mettre d'accord. La formation au sommeil constitue donc une intervention didactique qui amène une certaine connaissance et qui *corrige* malentendus et attributions erronées. Ces glissements de perception ou d'attitudes sont surtout nécessaires dans les cas où l'appréciation de départ par une patiente de son problème de sommeil et les résultats escomptés par elle d'un traitement réussi ne

Stratégie de traitement cognitif	Mécanisme suggéré d'action sur les processus de pensée	Contenus de pensées les plus susceptibles de réagir au traitement
Formation au sommeil	Correcteur	Mauvaise compréhension des processus du sommeil et des besoins en sommeil
Contrôle cognitif	Préventif	Répétition, planification, pensées relatives à l'auto-évaluation
Blocage de la pensée; suppression articulatoire	Blocage	Pensées répétitives, mais sans charge affective
Training à l'imagerie	Distraction	Pensées agitées, imprécises, fugitives; tension
Restructuration cognitive	Evaluation	Pensées intrusives, irrationnelles mais de nature coercitive
Injonction paradoxale	Amélioration	Pensées ruminées relatives à l'absence de sommeil, à la perte du sommeil et à ses conséquences

Tableau 21 — *Comparaison des divers traitements cognitifs de l'insomnie, mécanismes d'effet proposés et indications possibles en ce qui concerne la sélection des patientes à traiter.*

sont pas réalistes (voir tableau 21). Bien sûr, comme le nom l'indique, les éléments de traitement non spécifique devraient faire partie de l'intervention pour la plupart des insomniaques.

On peut décrire le contrôle cognitif comme une technique *préventive* dans la mesure où il vise à éliminer la pensée intrusive de la période nocturne. Le fait de planifier des sessions spécifiques en dehors de la période du coucher semble bénéficier le plus aux individus *qui ont l'habitude* de ruminer les événements de la journée qui vient de s'écouler, qui pèsent le pour et le contre, les échecs et les succès, ce qui a été achevé et ce qu'ils n'ont pu achever. Ce type d'activité peut être chargé affectivement, mais pas nécessairement. Si c'est le cas, cette activité n'est pas nécessairement négative dans ses effets émotionnels. Certains individus recherchent et apprécient l'occasion qu'ils ont de passer les choses en revue à la fin de la journée. Toutefois, ce processus est typiquement générateur d'activation mentale, que ce soit de manière négative ou positive. La planification (de la journée et des événements qui s'annoncent) constitue un autre aspect de ce type d'activité mentale et, de nouveau, les anticipations qui y sont associées peuvent varier de l'excitation à la panique (généralement, elles se situent quelque part entre ces deux extrêmes). Par la mise à disposition de l'occasion planifiée de clore la journée écoulée et de se préparer à la suivante, on peut éviter les pensées intrusives nocturnes déstabilisantes. Le processus d'auto-évaluation et d'auto-critique qui accompagne souvent ce type de répétition et de planification peut également être éliminé de la période du coucher.

Le blocage de la pensée et la suppression articulatoire sont des techniques qui ne se préoccupent pas de la nature du contenu de la pensée, que ce soit en termes de l'importance qu'elle revêt pour un individu ou de son caractère rationnel. Ces techniques poursuivent un objectif unique, qui est de *bloquer* les intrusions de la pensée et de faciliter ainsi le développement du sommeil. On peut dès lors penser à raison que ce type de stratégie ne va pas pouvoir constituer une solution thérapeutique appropriée à certaines catégories d'événements mentaux; il se peut également qu'il n'arrive pas à bloquer le matériel de pensée coercitif et générateur d'activation. Toutefois, comme nous l'avons expliqué au chapitre 3, de nombreuses insomniaques rapportent que ce sont des pensées anecdotiques qui leur viennent à l'esprit et les gardent éveillées. Ces pensées semblent survenir au hasard et ne sont généralement pas chargées affectivement. Il s'agit plutôt ici d'un problème d'*acuité mentale* que de traitement émotionnel actif. Dans ce type de circonstances, une stratégie de blocage peut se révéler très utile. La suppression articulatoire et le blocage de la pensée peuvent également constituer des premières interventions appropriées au moment où le modèle de pensée de l'insomniaque est moins bien développé et moins stimulant, p. ex. juste après une activation mais avant que les processus de pensée ne deviennent cohésifs et intrusifs (voir Levey et coll., 1991).

Le training à l'imagerie et les approches de relaxation mentale connexes se basent sur la visualisation; on va tenter de *distraire* la patiente de ses pensées négatives et préoccupantes. Le fait d'imaginer une situation ou de se concentrer sur un aspect d'un objet visualisé fournit à l'insomniaque un thème consistant sur lequel elle va pouvoir exercer son attention sélective. Le training à l'imagerie semble donc être une réaction valable aux pensées fulgurantes et fugaces qui passent sans arrêt d'un sujet à un autre. Les insomniaques rapportent souvent cette sorte d'agitation mentale peu concentrée, et une stratégie de relaxation qui comprend une focalisation de l'attention peut se révéler plus efficace que des tentatives de gestion systématique du contenu réel de la pensée. Les techniques de blocage et de distraction sont similaires en ce sens qu'elles ne reconnaissent ni l'une ni l'autre de «besoin» de traiter véritablement et résoudre le contenu de la pensée intrusive.

La restructuration cognitive est une technique qui, inévitablement, impose une charge cognitive (raisonner, évaluer, etc.) comme moyen de réduction de la pensée dysfonctionnelle. Les processus d'*évaluation* et de rationalisation sont en eux-mêmes mentalement stimulants. Donc, lorsqu'il est possible de le faire, il conviendrait de s'occuper, dans un contexte d'activation, du contenu de pensée susceptible d'être intrusif, et non à l'approche du coucher ou au lit (cf. contrôle cognitif). Toutefois, tout le matériel cognitif n'est pas prévisible, et tout ce matériel ne réagit pas aux techniques telles que le blocage ou la distraction. Il peut dès lors être nécessaire d'entraîner certaines insomniaques à l'utilisation de techniques de restructuration et/ou d'auto-évaluation en tant que réponses aux angoisses coercitives, aux déceptions ou aux auto-évaluations qui apparaissent lors des périodes de veille nocturne. Il peut être utile de faire préparer à ces personnes du matériel de répétition qui reflète les preuves d'une gestion réussie de l'angoisse, de réalisations et de performances atteintes (auto-évaluations) dans la mesure où il est plus difficile d'arriver à réussir une rationalisation lorsqu'on est fatiguée ou irritable que pendant les périodes d'éveil ordinaires. Il arrive souvent que les personnes pour lesquelles la rationalisation se révèle la technique la plus appropriée verraient également leur état s'améliorer à la suite d'un traitement similaire de l'apparition diurne des symptômes psychologiques. On peut donc considérer la gestion de l'insomnie comme l'extension d'une approche thérapeutique plus large plutôt que comme une réponse pragmatique à l'insomnie en tant que telle.

L'injonction paradoxale est la seule technique qui ne vise pas explicitement à limiter ou à réduire l'intrusion cognitive. A un des extrêmes, le paradoxe encourage une attitude de laisser-faire. A l'autre extrême, il *augmente* la réaction cognitive. «... Oui, je suis toujours éveillée et, qui plus est, je resterai encore éveillée longtemps.» Le paradoxe trouve son application la plus efficace lorsque l'insomniaque saisit la subtilité de l'injonction paradoxale, c'est-à-dire lorsqu'elle s'engage dans une résistance relativement passive vis-à-vis du sommeil et de l'alimentation de l'état de veille. Une attitude mentale humoristique vis-à-vis du problème de sommeil est nécessaire. D'un autre côté, la preuve d'une inhibition active du sommeil constitue une contre-indication du paradoxe. La personne qui réalise un auto-monitoring de son état de veille et qui reporte cet échec de sommeil dans un cercle vicieux de soucis, de frustrations et d'efforts est une candidate idéale pour le paradoxe. Ce type de personnes exprimera peut-être d'autres craintes, comme celles en rapport avec les conséquences sur le fonctionnement diurne de son incapacité de dormir. Lorsque le centre d'intérêt mental ne se porte pas spécifiquement sur le processus du sommeil lui-même, l'insomniaque peut considérer le paradoxe comme moins approprié, ce qui amène un respect moins scrupuleux des consignes et une efficacité réduite.

Chapitre 8
Procédures de contrôle par le stimulus et gestion de l'insomnie

Au chapitre 3, nous avons présenté le concept de contrôle du stimulus dans le contexte de la discussion relative aux divers modèles théoriques de l'insomnie. Il faut se souvenir que nous avons considéré le modèle du système nerveux et le modèle physiologique, et on a vu que ces modèles ont donné naissance aux traitements à base de relaxation tels que nous les avons décrits et évalués au chapitre 6. Les modèles mentaux ont également été présentés, et les stratégies cognitives de traitement associées ont constitué le sujet du chapitre 7. Il vaut mieux considérer les procédures de contrôle du stimulus d'un troisième point de vue, qui comprend les modèles environnementaux de l'insomnie. La principale approche de traitement associée aux influences environnementales portant sur le sommeil est certainement la thérapie par contrôle du stimulus. Ce huitième chapitre est donc consacré à la description de ces procédures et à l'évaluation de leur efficacité dans le traitement de l'insomnie chronique. Comme pour les deux chapitres précédents consacrés aux traitements psychologiques, il faudrait relier l'examen de cette littérature consacrée aux résultats de traitement au chapitre 9, dans lequel on rapporte les résultats d'enquêtes comparatives.

PROCÉDURES DE CONTRÔLE DU STIMULUS

Le concept de contrôle par le stimulus trouve ses origines dans les recherches des psychologues expérimentaux. On considère qu'un stimulus discriminatif survient dans le contexte d'un continuum de stimuli et présente un gradient de généralisation typique. On peut définir le contrôle du stimulus comme la mesure dans laquelle un stimulus antécédent détermine la probabilité d'apparition d'une réponse conditionnée. En d'autres termes, le contrôle du stimulus se mesure comme une modification de la probabilité de réponse résultant d'une modification de la valeur du stimulus (Terrace, 1966). Mackintosh (1977) a élargi cette définition de la manière suivante :

> Si la modification d'un stimulus particulier est toujours suivie d'une modification de la probabilité, de l'amplitude, de la latence ou du débit de réponse particulière, on peut dire que ce stimulus a exercé un certain contrôle sur cette réponse. On en est arrivé à utiliser l'expression «contrôle par stimulus» comme un raccourci pratique pour décrire ce style de rapport observé entre d'une part les modifications des stimuli externes et d'autre part les modifications du comportement enregistré (p. 481).

Donc, si nous appliquons cela à l'insomnie, il va vraisemblablement y avoir des stimuli discriminatifs du renforcement désiré (le sommeil) et d'autres qui seront discriminatifs de l'état de veille (c'est-à-dire des comportements incompatibles avec le sommeil). Pour la personne qui dort bien, le fait de se coucher et de fermer les yeux exerce un contrôle efficace du stimulus sur la réponse d'endormissement. Le fait d'être au lit est associé à celui de tomber rapidement endormi. Chez la personne qui dort mal, selon ce modèle, la difficulté de s'endormir peut être due à un contrôle du stimulus inadéquat provenant soit de l'absence de stimuli discriminatifs du sommeil soit de la présence de stimuli discriminatifs de l'état de veille.

C'est à Bootzin qu'on attribue l'introduction des principes de contrôle du stimulus dans la gestion des troubles du sommeil. Dans son article de 1972, il passait tout d'abord en revue les traitements d'autres comportements-cibles (comme la boulimie, les problèmes d'études ou les difficultés d'ordre conjugal) dans lesquels le contrôle du stimulus s'était révélé efficace. Il suggérait ensuite qu'un traitement par contrôle du stimulus pourrait se révéler utile dans le cadre d'une intervention sur l'insomnie, dans la mesure où il est possible de différencier les stimuli environnementaux compatibles avec la réponse de sommeil et ceux qui ne le sont pas. Selon lui, le but du traitement est d'amener le sommeil par le contrôle des stimuli offerts par le lit et la chambre du sujet. Bootzin établit quatre règles de base pour le développement d'une bonne habitude de sommeil (tableau 22, 1 à 4). Au cours d'autres études de traitements il y a adjoint deux autres éléments procéduraux (tableau 22, 5 et 6) (voir Bootzin et Nicassio, 1978). Cet ensemble de six instructions comportementales est connu sous le nom de traitement par contrôle du stimulus.

Chacune de ces règles de contrôle par stimulus mérite qu'on l'examine en détail.

(1) Couchez-vous avec l'intention de vous endormir uniquement lorsque vous vous sentez somnolente.
(2) N'utilisez pas votre lit ou votre chambre à coucher pour autre chose que le sommeil. Lorsque vous vous mettez au lit, éteignez et essayez de vous endormir. Ne pas lire, regarder la télévision, écouter la radio ou vous faire du souci une fois que vous êtes couchée. La seule exception à cette règle est constituée par l'activité sexuelle.
(3) Si vous ne vous endormez pas rapidement (10 minutes), levez-vous et allez dans une autre pièce. Là, faites quelque chose de relaxant et ne revenez au lit qu'une fois que vous vous sentez de nouveau somnolente.
(4) Si vous n'arrivez toujours pas à dormir, répétez le point 3. Dans le cas où vous vous réveillez en pleine nuit et que vous n'arrivez pas à vous rendormir, sortez du lit comme au point 3 (il est possible que vous ayez à vous lever plusieurs fois la même nuit).
(5) Réglez votre réveil sur la même heure chaque matin et levez-vous à ce moment, quelle que soit la quantité de sommeil dont vous avez bénéficié. Ceci permettra à votre corps d'acquérir un rythme de sommeil constant.
(6) Ne faites pas de siestes pendant la journée, même si ces sommes sont très petits. Notamment, ne vous assoupissez pas en soirée.

Tableau 22 — *Instructions de contrôle par stimulus dans le traitement de l'insomnie.*

(1) Couchez-vous avec l'intention de vous endormir uniquement lorsque vous vous sentez somnolente

Se sentir «fatiguée au point de dormir» est peut-être le stimulus le plus discriminatif du sommeil. Il apparaît comme une condition sine qua non d'un endormissement réussi. Se mettre au lit alors qu'on est tout à fait alerte et éveillée va vraisemblablement amener un maintien de l'état de veille, surtout si le lit et l'environnement de la chambre à coucher n'agissent pas en tant que stimuli extérieurs puissants et discriminatifs d'une réaction de sommeil. Se sentir «fatiguée au point de dormir» fait bien sûr référence à un état interne. Il se peut que les insomniaques soient particulièrement peu capables de détecter cet état interne de disposition au sommeil et qu'à la suite d'expériences négatives ces insomniaques perdent confiance en leur capacité de déterminer le moment qui convient pour se mettre au lit. Dans de telles circonstances, les patientes ont peut-être besoin d'une guidance destinée à les aider à identifier les indicateurs d'une fatigue propice au sommeil, p. ex. les difficultés de concentration, les bâillements, les yeux qui se ferment, la relaxation musculaire et l'inertie. Un sens de la disposition au sommeil devrait induire la patiente à se préparer à se coucher et à dormir.

Ceci implique qu'il est clair que l'insomniaque ne devrait pas réagir à d'autres indicateurs plus arbitraires qui n'ont que peu de valeur de prédiction de l'endormissement. Parmi les exemples typiques, citons le manque d'intérêt pour les programmes de télévision disponibles, l'inactivité générale, le fait de n'avoir rien de bien concret à faire, celui de remplir des tâches et des obligations qu'on avait prévues en soirée, le fait que le conjoint ou d'autres membres de la famille décident qu'il est temps pour eux de se coucher, et enfin le fait qu' «il est l'heure de se coucher». Il faut rendre la patiente consciente de ces réponses habituelles et la décourager de les avoir, sauf s'il se fait qu'elles coïncident avec une véritable disposition au sommeil. Le lecteur se souviendra peut-être (chapitre 3) que dans une de nos propres études, 34 % des insomniaques reconnaissaient que souvent elles ne sentaient pas fatiguées lorsqu'elles se couchaient, et que 29 autres % disaient que c'était parfois le cas. Dès lors, les décisions arbitraires semblent trop abruptes. Cette première règle des traitements à base de contrôle par stimulus tente de rectifier cet état de choses.

Souvent, les patientes trouvent qu'elles se mettent au lit plus tard lorsqu'elles suivent la consigne de se coucher avec l'intention de dormir uniquement lorsqu'elles sont fatiguées au point de s'endormir. Toutefois, le praticien devrait éviter toute exigence explicite exprimée à la patiente afin qu'elle essaye de rester debout plus longtemps avant de se mettre au lit. Il faut permettre au modèle de sommeil de trouver son propre équilibre. A cet égard, le point d'ancrage à un moment précis de réveil (règle n° 5) revêt une importance particulière. Après cette mise en garde destinée à éviter au praticien d'influencer la décision en rapport avec l'état de disposition au sommeil, notre propre expérience suggère néanmoins qu'on peut arrêter un «moment-seuil» correct qui ferait partie du contrat de thérapie (Espie et Shapiro, 1991). C'est-à-dire qu'il faudrait que les réactions d'une patiente à ses perceptions de l'état de disposition au sommeil ne soient pas entièrement ouvertes. Par exemple, cela ne va vraisemblablement pas aider un individu de se mettre au lit à 21 h lorsqu'il se sent fatigué au point de s'endormir. Le praticien devrait effectuer un rapide calcul qui met en rapport, d'une part, la durée moyenne du sommeil du sujet lors de la détermination de ses niveaux de base et, d'autre part, un moment correct de lever. Si on retire cette durée évaluée de sommeil du moment déterminé pour le lever, on obtiendra un moment évalué d'endormissement. Le moment-seuil peut être déterminé dans une fourchette qui ne précède pas de plus d'une heure cette moyenne évaluée. Donc, et par exemple, chez une insomniaque pour laquelle on relève lors de la détermination de ses niveaux de base une moyenne de six heures de sommeil et qui désire se lever à 7 h, le moment-seuil pour commencer à faire un monitoring de la disposition au sommeil devrait être à peu près minuit. La fatigue subjective perçue avant ce moment-seuil ne devrait pas précipiter le coucher, et il conviendrait d'éviter toute tendance à s'assoupir avant ce moment-seuil (voir règle n° 6).

Pour résumer, le contrôle par stimulus sera amélioré lorsqu'un individu devient sensible à son propre état de désactivation précédant le sommeil et de disposition au sommeil. Les indicateurs associés à cet état devraient devenir ceux de la disposition au sommeil aussi longtemps que la période de sommeil définie est imminente.

(2) N'utilisez pas votre lit ou votre chambre à coucher pour autre chose que le sommeil

Le modèle du contrôle par stimulus requiert que toutes les activités soient catégorisées soit comme compatibles avec le sommeil soit comme incompatibles avec lui. Cette deuxième consigne concerne en grande partie la deuxième catégorie d'activités, c'est-à-dire celles dans lesquelles l'individu s'engagera au lit ou dans l'environnement de sa chambre à coucher, qui requièrent d'être éveillé et qui risquent de maintenir cet état de veille. Les exemples les plus courants de ce type de comportements incompatibles avec le sommeil sont le fait de lire au lit, de regarder la télévision ou d'écouter la radio, de téléphoner, de grignoter, de boire, de fumer ou encore de discuter au lit avec son conjoint. Mis en rapport avec ces activités, le lit pourra être considéré comme un indicateur de l'état de veille. En effet, il existe une continuité entre tous ces comportements et d'autres comportements de veille adoptés dans des environnements de veille. C'est précisément le développement d'une *discontinuité* entre les environnements de veille et de sommeil qui est considéré comme critique dans le traitement à base de contrôle par stimulus. La seule exception à cette règle est l'activité sexuelle. Celle-ci n'est pas exclue de la chambre à coucher, mais il convient de rappeler à la patiente de suivre les consignes de contrôle par stimulus une fois qu'elle a l'intention de s'endormir.

Le praticien devrait être conscient des difficultés potentielles de motivation de la part des patientes de suivre la consigne qui dit d'éviter de s'adonner à des activités incompatibles avec le sommeil dans la chambre à coucher. S'il est vrai que le sommeil amène des bénéfices, surtout à l'insomniaque, il semble que beaucoup de gens se réjouissent de se mettre au lit pour lire ou regarder la télévision. L'état de veille est donc renforcé positivement par une activité sélectionnée et incompatible avec le sommeil. De plus, comme le fait de se trouver éveillée dans son lit constitue une expérience déplaisante et négative, on peut en arriver à une préférence pour l'activité plutôt que pour l'inactivité. Ce problème survient lorsque la personne a pris la décision de s'endormir mais n'y arrive pas.

Néanmoins, la tâche du praticien est d'encourager la personne qui dort mal à une modification d'habitude qui renforcera un endormissement rapide au lit. La combinaison des règles n° 1 et n° 2 mène l'insomniaque à apprécier de dîner, de lire quelques chapitres de son livre, etc. dans son salon en tant que composantes de sa routine quotidienne, mais à abandonner ces activités quand la fatigue la force à se mettre au lit pour dormir.

Nous devons à Kazarian, Howe et Csapo (1979) une évaluation fort utile des comportements incompatibles avec le sommeil. Le Sleep Behaviour Self-Rating Scale (échelle d'auto-évaluation du comportement de sommeil) présente une échelle en cinq points de la fréquence d'adoption d'un certain nombre de comportements-cibles. Kazarian et coll. font état d'une bonne cohérence interne et d'une fiabilité test/retest satisfaisante ; ils ont relevé que leur échelle réussissait à différencier correctement les insomniaques et les non insomniaques sur base des scores obtenus au niveau des latences d'endormissement. Le praticien trouve en général qu'un certain type de check-list se révèle utile lors de l'interview de l'insomniaque, mais il ne devrait pas être surpris d'apprendre qu'il existe des insomniaques qui, dans le cadre de leur chambre à coucher, adoptent effectivement peu de comportements ouvertement incompatibles avec le sommeil. Notre expérience nous a appris que souvent ces individus se couchent dans la pénombre de leur chambre à coucher et pensent tout éveillés. Seul leur esprit est actif. Dans ce cas, certaines des stratégies cognitives abordées au cours du chapitre précédent se révéleront utiles.

Le praticien devrait reconnaître que les activités incompatibles avec le sommeil n'expliquent pas en soi le développement de nombreux problèmes de sommeil. Il n'est pas rare de conclure que les insomniaques développent ces habitudes *en raison* de l'expérience qu'elles ont de l'incapacité de s'endormir ou de rester endormies. Elles commencent par emmener dans leur lit une revue, réaction d'adaptation destinée à occuper leur esprit après avoir connu une période au cours de laquelle elles ont été incapables de s'endormir de manière spontanée. Il semble donc que pour de nombreux individus le contrôle par stimulus n'offre pas d'explication de l'étiologie de l'insomnie. Il peut néanmoins contribuer au maintien d'une mauvaise habitude en rapport avec le sommeil dans la mesure où ce type de réactions se répète et devient une habitude établie, automatique et potentiellement gratifiante.

En ce qui concerne le contrôle par stimulus se pose également le problème du nombre important de personnes dormant *bien* et qui ont l'habitude de bavarder au lit, d'y donner leurs coups de fil occasionnels ou d'y écrire une lettre de temps en temps. Lire au lit est évidemment très courant. Il est possible que pour ces individus ces activités ne soient pas activatrices, qu'elles soient même potentiellement désactivatrices ou soporifiques, alors que chez l'insomniaque elles retardent le sommeil et y substituent l'état de veille. Une autre possibilité en rapport avec ceci est que les personnes dormant bien possèdent une routine d'avant sommeil mieux établie. Lacks (1987), dans la discussion détaillée qu'elle fait du traitement de l'insomnie par contrôle du stimulus, écrit que ce type de routine signale l'approche du moment du coucher. Selon elle, la patiente devrait réaliser certaines activités dans un ordre donné chaque soir, par exemple fermer la porte à clé, se brosser les dents, régler le réveil, adopter la position de sommeil qu'elle préfère. Ceci souligne un point important, à savoir que même si des comportements discrets peuvent avoir la capacité de signaler soit l'assoupissement soit l'éveil, les ensembles de comportements forment des routines qui, bien que plus fluides, peuvent également mener la personne à un endormissement rapide ou au contraire l'en éloigner.

Pour résumer cette deuxième consigne, donc, le praticien devrait aider la patiente à identifier les activités et routines qui ont lieu dans le cadre de la chambre à coucher et sont susceptibles d'interférer avec un endormissement rapide. Ce type de comportement devrait être éliminé de l'environnement en question et remplacé par une routine d'avant-sommeil qui facilite la désactivation. Il convient de programmer dans la routine de la soirée les activités préférées qui favorisent l'éveil et, une fois au lit, l'individu devrait éteindre la lumière et se disposer au sommeil.

(3) Si vous ne vous endormez pas rapidement, levez-vous et allez dans une autre pièce

Un des principaux objectifs du traitement par contrôle du stimulus est de lier l'environnement de la chambre à coucher à un endormissement rapide. Bootzin a donc recommandé la « règle des 10 minutes », dont l'objectif est d'éliminer les périodes d'éveil continu de l'environnement de la chambre à coucher. Si l'individu est éveillé, alors il faut qu'il se trouve dans un environnement propice à l'éveil et pas au lit, étant donné que le fait d'être couché au lit ne sert qu'à associer le lit à une expérience négative. On donne donc comme consigne à la personne de sortir du lit et de sa chambre à coucher si elle ne s'est pas endormie 10 minutes après s'être couchée.

Il convient de noter que cette limite de 10 minutes d'état de veille au lit est quelque peu arbitraire. L'insomniaque ne doit en aucun cas apprendre à associer à son lit un éveil prolongé mais plutôt un endormissement rapide. En fait, dans son premier article, Bootzin a laissé cette consigne délibérément très vague : il dit au sujet de se lever s'il se trouve «incapable de s'endormir» (Bootzin, 1972). Bootzin tenait à éviter chez la patiente la consultation régulière du réveil susceptible d'exacerber le problème d'endormissement. En pratique, peu d'insomniaques respectent à la lettre cette consigne, et notre expérience nous a montré que ce problème de consultation de l'heure survient rarement. Nous avons préféré définir une période de 20 minutes pour la latence d'endormissement (voir p. ex. Espie et coll., 1989), ceci parce que relativement peu d'insomniaques traités avec succès atteignent des latences d'endormissement de 10 minutes. Un niveau-seuil aussi bas peut également se révéler inutilement strict si on le compare au modèle de sommeil des personnes dormant bien : chez ces dernières, on ne considérerait pas qu'une latence d'endormissement de l'ordre de 10 minutes pose un problème.

Il est toutefois impératif que le thérapeute crée chez sa patiente une attente selon laquelle elle est susceptible de sortir de son lit peut-être à de nombreuses reprises chaque nuit, surtout lors des premiers stades du traitement. Cette injonction est difficile à suivre, et il est possible que les patientes soient enclines à rester couchées sur leur lit pendant trop longtemps avant de finalement se décider à se lever. Des tactiques simples, telles que laisser le chauffage central allumé, avoir laissé une boisson chaude dans le salon ou avoir laissé traîner quelques livres ou magazines auprès d'un fauteuil accueillant sont susceptibles de faire en sorte que le lever se révèle une expérience moins désagréable, et cela facilitera le respect de la consigne. Il est important que l'insomniaque fasse *quelque chose* lorsqu'elle sort du lit et se rend dans une autre pièce. De préférence, l'activité en question sera relaxante, mais il existe une grande variété d'activités de ce type.

Il faut encourager la patiente à considérer la période passée hors de son lit comme une simple période d'état ordinaire d'éveil. Il est souvent utile d'amener la patiente à mettre en rapport le succès du traitement et le nombre des levers, surtout lors des premiers stades de ce traitement. Ceci est susceptible de faciliter le respect d'une consigne qui autrement serait désagréable et parfois inacceptable car allant à l'encontre de l'intuition de la patiente. Il faut mettre cette dernière en garde contre la tentation de retarder ces levers en raison d'une rationalisation erronée selon laquelle «dans une minute ou deux (elle) dormira à poings fermés». Comme dans le cas des consignes précédentes, il convient de décourager la patiente de retourner au lit avant que l'impression de somnolence ne revienne (règle n° 1). Essayer de retourner prématurément au lit sera vraisemblablement un échec. Toutefois, lorsqu'elle est revenue au lit, la patiente devrait éteindre et se mettre immédiatement en position de s'endormir (règle n° 2).

(4) Si vous n'arrivez toujours pas à vous endormir, répétez la règle n° 3

Il n'y a pas de garantie que l'insomniaque s'endorme rapidement lorsqu'elle se remet au lit après une période d'éveil dans une autre pièce. En effet, il est vraisemblable qu'au début il y aura de nombreux levers, et ceci doit être exprimé par le praticien. Cette consigne, dès lors, requiert que le sujet continue de suivre le même code de pratique du contrôle par stimulus qu'auparavant. C'est-à-dire que chaque retour au lit marque le début d'une *nouvelle* période de latence d'endormissement qui, si elle dépasse les 10 minutes (ou les 20 minutes selon le critère adopté) devrait signaler que la patiente doit de nouveau se lever.

De même, lorsqu'il y a des éveils intermittents avec difficultés de se rendormir, il faut conseiller à l'insomniaque de se lever du lit également à ces moments-là. Donc, l'insomniaque doit s'attendre à se lever à de nombreuses reprises, que ce soit au début de la nuit ou plus tard dans la nuit, et il faut lui dire que cette expérience ne sera vraisemblablement ni agréable ni reposante. Il est essentiel de poursuivre le programme si on veut en retirer un quelconque bénéfice.

(5) Réglez votre réveil sur la même heure chaque matin

Comme nous l'avons dit précédemment, cette règle (ainsi que la règle qui fait référence au danger des siestes diurnes) ne fait pas partie des consignes originales de Bootzin. Nous renvoyons également le lecteur au chapitre 3 de cet ouvrage, où il trouvera une discussion des influences situationnelles et temporelles sur le sommeil (p. 75-79). Le fait d'établir une heure précise pour se lever et d'éviter les siestes ne trouve pas à proprement parler sa place dans le modèle théorique du contrôle par stimulus. Néanmoins, comme nous l'avons déjà mentionné plus haut dans ce chapitre, ces deux règles ont constitué des éléments de «traitement par contrôle du stimulus» dans les études les plus importantes consacrées aux comparaisons entre traitements. Il est intéressant de constater que, dans son dernier ouvrage, Lacks les reprend, ainsi qu'une autre consigne selon laquelle il ne faut se mettre au lit que lorsqu'on se sent somnolent, en tant que premières consignes d'un ensemble de règles d'hygiène du sommeil (Lacks, 1987). Dans le présent ouvrage, nous avons décidé de reprendre les règles 5 et 6 dans le cadre du contrôle par stimulus en partie pour la facilité et en partie parce qu'il n'est pas possible de séparer les diverses composantes dans la majorité des études de résultats de traitements qui ont recours au contrôle par stimulus.

La patiente doit choisir une heure de lever en réglant son réveil, et se tenir à cette heure tout au long du traitement. Il est clair qu'il faut bien réfléchir en sélectionnant une heure appropriée; celle-ci variera d'un individu à l'autre. En règle générale, il vaut mieux se lever tôt que tard. Ceci est particulièrement vrai pour les insomniaques qui présentent une durée de sommeil relativement courte. Il est évident que l'heure du réveil doit être compatible avec le démarrage par l'individu de ses activités journalières. S'il y a un trou inévitable entre l'heure du réveil et le démarrage de la routine quotidienne, celui-ci ne devrait pas rester inutilisé; le thérapeute devrait considérer avec la patiente la manière dont ce temps «supplémentaire» pourrait être rentabilisé au mieux.

Il est important de souligner que l'heure du réveil est également l'heure du lever. Il faut encourager la patiente à sortir du lit immédiatement plutôt que de couper la sonnerie et de continuer à somnoler. Il s'agit là d'une discipline assez rigide, mais le praticien devrait rappeler à la patiente que le but recherché est de produire un rythme biologique de sommeil puissant et possédant un point d'ancrage fiable. Si ce point ne constitue pas un ancrage et que l'heure du lever varie, alors l'horaire de sommeil prévu ne sera pas optimal. Nous avons toujours encouragé nos patientes à maintenir ce moment de réveil/lever *sept* jours par semaine, c'est-à-dire également le week-end. Dès qu'un nouveau modèle de sommeil est établi et qu'il s'avère satisfaisant, il est possible de permettre un degré modéré de flexibilité à cet égard. Il est intéressant de constater que bon nombre de nos patientes traitées avec succès trouvent agréable de se passer des «longs moments de paresse du week-end» ou de ne se permettre qu'une demi-heure de paresse au lit.

Bien que nous l'ayons dit clairement lors de la présentation de la règle n° 1, il vaut la peine de répéter ici qu'il ne devrait pas y avoir d'heure fixe pour le coucher de l'insomniaque. La raison de cette répétition est que le processus qui consiste à se mettre d'accord sur une heure de lever peut mener certaines patientes à fixer également dans leur esprit une heure modifiée du coucher. Supposons qu'un individu décide maintenant de se lever à 6 h 30 au lieu de 7 h 30, soit une heure plus tôt. Ceci n'implique pas que l'heure du coucher soit avancée d'une heure. Seul le moment du lever est « ancré ». On s'attend ainsi à ce que les exigences naturelles en sommeil de cet individu établissent à la longue leur propre équilibre et retombent sur ce point d'ancrage de manière relativement stable d'une nuit à l'autre. Dès lors, c'est seulement après un traitement réussi que l'insomniaque connaîtra avec une certaine fiabilité son heure de coucher approximative et appropriée.

(6) Ne faites pas de sieste pendant la journée

Bien qu'on ait déjà dit qu'il s'agit là d'un facteur temporel affectant le sommeil, il convient de noter dès le départ que la plupart des siestes faites pendant la journée ou en début de soirée se passent en fait dans le cadre d'environnements d'éveil; le pouvoir de la chambre à coucher en tant que stimulus discriminatif s'en trouve donc amoindri. Ceci reprend des aspects du contrôle par stimulus, mais également de contrôle temporel. Il faut toutefois prévenir l'insomniaque que les siestes (quel que soit leur moment et qu'elles aient lieu ou non dans la chambre à coucher) vont vraisemblablement contribuer au maintien de son insomnie nocturne. Il y a donc rejet de toutes les siestes, y compris de celles de courte durée. De nouveau, il s'agit là d'une consigne difficile à respecter, en particulier pour les individus qui ont l'habitude de faire une sieste après, disons, le repas du soir. Ce type de somme est souvent tenu en très haute estime, et de nombreux individus les considèrent comme la juste récompense d'une dure journée de labeur. A ces personnes, il peut être utile de suggérer le remplacement du somme en question par une autre activité agréable, p. ex. écouter de la musique, remplir une grille de mots croisés, aller faire une petite promenade, prendre un bon bain, une bonne douche, etc.

Ces siestes de la journée se révèlent plus problématiques chez les personnes âgées dont le style de vie est sédentaire. Leur journée peut être ponctuée de brèves et fréquentes périodes de sommeil et, de plus, un temps considérable peut se passer à dormir pendant ce qui serait normalement la période d'éveil. Le problème de base associé à cet état de choses est généralement qu'il y a un manque d'activités utiles à la maison, et ce problème se retrouve particulièrement souvent chez les personnes sédentaires ou celles qui sortent rarement.

Bootzin et Engle-Friedman (1987) présentent une discussion du rapport existant, chez la personne âgée, entre l'inactivité, les siestes et les troubles du sommeil. En se référant à l'ouvrage de Webb (1975), ils disent que la latence d'endormissement est inversement proportionnelle au temps qui s'est écoulé depuis que l'individu a dormi pour la dernière fois. Une sieste faite le matin a donc relativement peu d'effet sur le sommeil de la nuit suivante, tandis que les siestes de l'après-midi ou du soir peuvent être plus gênantes. Dans les siestes, il y a plus de sommeil profond et moins de sommeil REM, et elles sont associées, la nuit suivante, à plus de sommeil léger (phases 1 et 2) et de sommeil REM (ainsi qu'à des réveils plus fréquents). Le lecteur se souviendra (voir chapitre 1) que le premier cycle de sommeil contient généralement la plus grande proportion de sommeil de stades 3 et 4 (sommeil profond). C'est probablement ce qui explique pourquoi certaines siestes relativement brèves peuvent sembler très réparatrices. Il est utile d'expliquer cela à l'insomniaque qui a l'habitude de faire la sieste pendant la journée afin qu'elle puisse respecter la consigne dont nous parlons ici.

Il convient toutefois de noter que de nombreuses insomniaques disent qu'elles ne dorment pas en dehors de la période de sommeil nocturne. Il semble que les gens comprennent bien qu'il faille éviter les siestes afin de s'assurer d'une bonne nuit de sommeil; avant le traitement, certaines insomniaques auront déjà corrigé cet aspect de leur modèle de sommeil mal ajusté.

Il devrait ressortir clairement que l'ensemble des six consignes de contrôle par stimulus décrites ci-dessus représente une forme de traitement radicalement comportementale et directive. Les règles énoncées sont exigeantes vis-à-vis de l'insomniaque, si cette dernière désire les appliquer correctement. Le praticien également peut considérer que ces consignes sont difficiles à administrer, étant donné qu'elles représentent une tâche difficile pour certaines patientes qui se présentent à la consultation en pleine détresse émotionnelle. Néanmoins, le contrôle par stimulus constitue la forme de traitement qui suit logiquement les interventions didactiques et non spécifiques telles que celles abordées au chapitre 5. En tant que méthode de traitement, on s'est intéressé de très près au contrôle par stimulus, et nous allons dans le sous-chapitre suivant considérer cette littérature de recherche.

L'EFFICACITÉ DU TRAITEMENT DE L'INSOMNIE PAR CONTRÔLE DU STIMULUS

On trouvera au tableau 23 des renseignements descriptifs provenant d'études qui se sont intéressées au traitement de l'insomnie à l'aide du contrôle par stimulus. Au chapitre 9, on trouvera une description de la littérature consacrée aux résultats d'études qui ont comparé diverses modalités de traitement.

Nous avons déjà, au cours de ce chapitre, fait référence à l'article de Bootzin (1972) qui traitait de l'étude de cas qu'il a menée et qui est considérée comme une réalisation de pionnier. Ce traitement réussi par lequel Bootzin a soigné un homme de 25 ans qui souffrait d'insomnie grave depuis 5 ans a préparé le terrain pour les études plus systématiques qui ont suivi. Bootzin a présenté les résultats relatifs à ce cas unique sous forme de graphiques qui faisaient ressortir comme résultat de traitement que le sujet devait sortir de son lit beaucoup moins souvent. Après trois semaines de ce traitement par contrôle du stimulus, le sujet ne devait plus sortir du tout de son lit, alors qu'avant le traitement il le faisait en général quatre ou cinq fois par nuit. Lors du follow-up, à peu près six semaines après le traitement, ces bénéfices s'étaient maintenus, le sujet ne se levant plus qu'à peu près une fois par semaine. Bootzin faisait remarquer que la conjointe du sujet confirmait ces conclusions.

Dans leur article de 1978, Bootzin et Nicassio ont repris une étude de Tokarz et Lawrence (1974). Ces auteurs ont comparé l'efficacité de la procédure complète de contrôle par stimulus et de deux parties constituantes différentes : d'une part une stratégie de contrôle temporel (qui ne reprenait que des consignes destinées à régulariser le modèle de sommeil selon les contraintes du temps) et d'autre part une approche alternative basée uniquement sur l'amélioration de la fonction du lit et de l'environnement de la chambre à coucher en tant que stimuli discriminatifs de l'endormissement. L'étude reprenait également une comparaison qui faisait intervenir de la relaxation, un placebo et des groupes-témoins qui n'étaient soumis à aucun traitement. Ces chercheurs ont conclu que les trois interventions actives amenaient toutes des réductions très significatives des latences d'endormissement (on passait d'approximativement 50 minutes avant le traitement à moins de 10 minutes au post traitement). Les trois interventions actives généraient des résultats similaires, et les améliorations se maintenaient lors du follow-up.

Une étude menée par Zwart et Lisman (1979) représente une tentative plus complète d'analyse de composantes. Au chapitre 3 (p. 76-77), nous avons déjà présenté certains détails de cette étude. Zwart et Lisman ont recruté 47 étudiants en psychologie qui disaient avoir besoin de plus de 30 minutes pour s'endormir, et ils les ont répartis au hasard (mais en tenant compte de divers niveaux de gravité) en cinq conditions de traitement (voir tableau 23 et les extraits concernés pour plus de détails). Le

Auteurs	A	B	C	D	Traitement(s)	E	F	G	H
Bootzin (1972)	E	1	25	5	Contrôle par stimulus	4/5	0[1]	0[1]	2
Tokarz et Lawrence (1974)	E	*	*	*	Contrôle par stimulus	51	6	7	*
					Contrôle temporel	46	8	13	*
					Contrôle par stimulus sans contrôle temporel	56	7	11	*
					Relaxation-placebo	49	47	NC	NC
					Pas de traitement	45	56	NC	NC
Haynes, Price et Simons (1975)	R	4	de 22 à 71	de 3 à 25	Contrôle par stimulus (modèle ABAB)	57	14	19	19
Turner et Ascher[2] (1979b)	P	6	47	15	Contrôle par stimulus (groupe 1)	90	25	NC	NC
					Contrôle par stimulus (groupe 2)	80	77	NC	NC
Alperson et Biglan (1979)	R	29	37	NC	Contrôle par stimulus + relaxation (jeunes)	59	29	25	2
					Contrôle par stimulus + relaxation (personnes âgées)	52	47	49	2
					Contre-contrôle + relaxation active	73	53	37	2
					Pas de traitement	54	79	39	2
Norton et De Luca (1979)	P	1	22	6	Contrôle par stimulus + relaxation	> 1[3]	0	0	3
Zwart et Lisman (1979)	E	41	NC	NC			AN/AP		
					Contrôle par stimulus	46	26/26	25	1
					Contrôle non contingent	43	45/34	27	1
					Contre-contrôle	49	29/25	18	1
					Contrôle temporel	41	31/19	23	1
					Pas de traitement	46	45/39	42	1

Étude	A	B	C	D	Traitement	E	F	G	H
Puder et coll. (1983)	R	16	67	15	Contrôle par stimulus	66	33	33	2
Lacks et coll. (1983b)	R	15	43	12	Contrôle par stimulus Désensibilisation-placebo	60 88	25 51[4]	29 45	3 3
Spielman, Saskin et Thorpy (1987)	P	35	46	15	Thérapie par restriction du sommeil	48 159	19[5] 50[4]	31 87	7 7
Lichstein (1988)[2]	P	1	59	30	Compression du sommeil	190 75	20[5] 10[4]	100 25	7 ans

A - Echantillon (E= étudiant, R = sujet recruté, P = patient)
B - Total
C - Age moyen (en années)
D - Durée moyenne de l'insomnie (en années)
E - Latence moyenne d'endormissement avant traitement
F - Latence moyenne d'endormissement au post-traitement
G - Latence moyenne d'endormissement au follow-up
H - Follow-up organisé x mois après la fin du traitement

NC : non communiqué. AN : attente négative. AP : attente positive.

* Rapports originaux non disponibles. Les données rapportées sont tirées de Bootzin et Nicassio (1978).
[1] Nombre de levers.
[2] Estimation de données sur base des graphes.
[3] Eveil prolongé.
[4] Durée de l'éveil après endormissement.
[5] Latence d'endormissement.

Tableau 23 — *Etudes de traitements ayant mis en œuvre le contrôle par stimulus et de traitements connexes. Les données proviennent, sauf indication contraire, des évaluations faites par les patients (agendas de sommeil) de leurs latences d'endormissement (exprimées en minutes).*

traitement comprenait une session hebdomadaire de 30 minutes pendant quatre semaines après détermination des niveaux de base. A tous les sujets on donnait l'instruction d'attente négative selon laquelle l'amélioration ne surviendrait pas pendant les trois premières semaines de traitement. Les résultats obtenus par Zwart et Lisman indiquent que les sujets soumis au contrôle par stimulus (c'est-à-dire l'ensemble des consignes) ainsi que ceux traités par thérapie de contre-contrôle (au lit, réalisation délibérée d'activités incompatibles avec le sommeil si les sujets étaient incapables de dormir) arrivaient à des latences d'endormissement plus courtes comparées au contrôle non contingent (on demandait aux sujets de se lever un nombre bien précis de fois au cours des 20 minutes qui suivaient le coucher) et aux cas qui se trouvaient sur la liste d'attente lors de la période d'attente négative. Cependant, après que des consignes d'attentes positives aient été données, le groupe soumis au contrôle temporel devenait aussi efficace que celui soumis au contrôle par stimulus ou aux procédures de contre-contrôle (voir tableau 23). Lors du follow-up un mois après la fin du traitement, ces bénéfices se maintenaient et il n'y avait pas de différence significative parmi les divers groupes de traitement sur quelque mesure que ce soit. Les latences d'endormissement lors de ce follow-up s'échelonnaient entre 18 et 27 minutes selon les traitements (ce délai était, pour les membres de la liste d'attente, de 42 minutes), ce qui représente une réduction approximative de 50% des latences d'endormissement).

En 1975, Haynes, Price et Simons ont rapporté quatre modèles expérimentaux consacrés à des cas uniques, des sujets auxquels on n'avait pas prescrit de somnifères. Ces sujets étaient très différents, que ce soit en âge (de 22 à 71 ans), en durée de l'insomnie (de 3 à 25 ans) ou en gravité de cette insomnie (latences d'endormissement : de 22 à 94 minutes). Pour chaque sujet, un modèle ABAB était appliqué : le monitoring du sommeil visant à établir les niveaux de base (durée : 2 semaines) était suivi par un traitement à base de contrôle par stimulus maintenu jusqu'à ce qu'une amélioration stable apparaisse pendant cinq jours consécutifs. Il y avait alors une phase d'inversion, suivie elle même par la réapparition du package de contrôle par stimulus.

La première phase du traitement par contrôle du stimulus était chez tous les sujets associée à des réductions des latences d'endormissement, bien que dans un des cas l'insomnie initiale n'ait été que très faible avant le traitement. Haynes, Price et Simons rapportent que deux sujets n'ont pas clairement démontré de tendances inversées lorsque les conditions de départ étaient réintroduites; il est cependant clair, sur base des graphes présentés dans leur article, qu'aucune de ces inversions n'était impressionnante. Aucun sujet ne voyait sa latence d'endormissement augmenter au-delà du niveau atteint lors du traitement précédent, et encore moins se diriger nettement vers les niveaux d'avant le traitement. Des données présentées on aurait pu tout aussi bien parler d'amélioration maintenue lors de la phase d'inversion. La réintroduction du traitement par contrôle du stimulus lors de la phase suivante ne présentait qu'une faible valeur d'expérimentation. Néanmoins, les trois individus qui présentaient des problèmes importants de latences d'endormissement ont effectivement vu leur situation s'améliorer lors du traitement par contrôle du stimulus et la réduction moyenne de ces latences était, pour les quatre sujets, d'à peu près 40 minutes au post traitement. De plus, il y avait pour tous les sujets des améliorations relatives à d'autres mesures du sommeil. Tous les quatre dormaient plus longtemps, trois d'entre eux se réveillaient moins souvent et tous faisaient état au post traitement d'au moins une petite amélioration dans l'évaluation de leur état de repos. Un follow-up réalisé par téléphone neuf mois plus tard a révélé que les modèles d'amélioration obtenus grâce au traitement se maintenaient en général, ce qui suggère que la thérapie par contrôle du stimulus produisait une certaine forme de changements d'habitudes.

Turner et Ascher (1979b) ont critiqué l'étude de Haynes, Price et Simons; selon eux, le modèle ABAB se prête mal aux procédures comportementales, en raison de possibles effets de report lors de l'arrêt du traitement. Ces auteurs lui substituent le recours à un modèle de niveaux de base multiples (Hersen et Barlow, 1976) afin de tester de manière plus adéquate les rapports de cause à effet.

Il y avait six sujets dans l'étude de Turner et Ascher; il s'agissait de patients externes qui s'étaient adressés eux-mêmes aux auteurs et qui souffraient d'insomnie grave de la phase initiale du sommeil. Ces sujets avaient entre 32 et 61 ans, et ils souffraient de troubles du sommeil en moyenne depuis 15 ans. De plus, cinq de ces patients prenaient régulièrement des somnifères, tandis que le sixième traitait lui-même son problème par l'alcool. Les sujets de Turner et Ascher représentaient donc un défi considérable pour tout programme thérapeutique comportemental. Contrairement à ce qui se passait dans bon nombre des premières études en la matière, ces sujets semblaient représentatifs de la population qui se présentait spontanément à la consultation.

On a demandé à tous les sujets de tenir pendant une semaine un agenda de sommeil visant à établir leurs niveaux de base. Ensuite, trois sujets ont été désignés pour suivre une thérapie par contrôle du stimulus, tandis que les trois autres étaient soumis à un traitement/placebo de quasi-désensibilisation (Steinmark et Borkovec, 1974). Après quatre semaines, les sujets du second groupe ont été soumis à la thérapie active par contrôle du stimulus administrée aux sujets du premier groupe pendant l'ensemble des huit semaines du traitement. Turner et Ascher ont présenté les résultats de leur étude sous forme de graphes qui démontraient que le contrôle par stimulus se révélait rapidement efficace au niveau de la réduction des latences d'endormissement dans les deux groupes de sujets. En comparaison, la thérapie-placebo n'avait que peu d'impact sur ces délais. Il est intéressant de constater que Turner et Ascher ont également testé la signification clinique de ces réductions de latences d'endormissement en appliquant un seuil critique de 30 minutes. Cinq des six sujets atteignaient ce seuil de 30 minutes (ou moins) endéans quatre semaines à partir de la mise en place du traitement par contrôle du stimulus. En fait, dans deux de ces cas, l'amélioration clinique survenait la première semaine. Le seul sujet à ne pas atteindre ce seuil des 30 minutes ou moins atteignit une valeur post traitement d'à peu près 40 minutes, ce qui représente une réduction générale de la latence d'endormissement de plus d'une heure sur la nuit. Au moyen de l'approche par détermination multiple des niveaux de base, Turner et Ascher ont pu démontrer l'impact spécifique des consignes de contrôle par stimulus sur les latences d'endormissement. Les renseignements fournis par les vérifications réalisées auprès du conjoint ou du compagnon de chambre témoignaient d'un accord très net entre l'évaluation faite par le sujet et celle de son conjoint/compagnon de chambre. Turner et Ascher rapportent également que des réductions de la prise de médicaments suivaient également la mise en œuvre du contrôle par stimulus et que, résultat supplémentaire, les sujets s'estimaient plus reposés et moins fatigués pendant la journée.

Norton et De Luca (1979) rapportent une étude de cas consacrée à un jeune homme de 22 ans qui souffrait depuis 6 ans d'une insomnie de la phase initiale du sommeil, mais également de maintien du sommeil. Le sujet avait auparavant été traité sans succès par l'hypnose, conseils et entraînement à la relaxation; son manque de sommeil continuait d'interférer avec ses études universitaires. Le sujet se plaignait également d'un certain nombre d'autres symptômes somatiques, d'une irritabilité générale et de problèmes de tension. Après une observation de deux semaines destinée à établir ses niveaux de base, il fut traité par des sessions de relaxation progressive abrégée. Ceci parce que les auteurs reconnaissaient que le sujet n'avait pas en fait appris à se relaxer lors des périodes de training antérieures. Norton et De Luca ne citent que des données résumées, mais relèvent que les latences d'endormissement étaient passées de plus de 30 minutes (niveau de départ) à 10 minutes après cet entraînement à la relaxation. De plus, la durée totale du sommeil augmentait de 4,3 heures à une moyenne de 6 heures par nuit.

Toutefois, ce sujet se représenta pour une thérapie additionnelle deux mois plus tard, en continuant de se plaindre de fatigue et d'irritabilité, ainsi que de réveils intermittents. Apparemment, il continuait de s'endormir rapidement. On mit alors en œuvre une procédure de contrôle par stimulus et on imposa au sujet de se livrer à une «activité-punition» s'il sortait du lit parce qu'il était incapable de dormir. Cette activité comprenait notamment la confection de signalétiques d'embauche. Après deux sessions de ce traitement comportemental combiné, le sujet rapportait qu'il ne se réveillait plus pendant la nuit et, lors du follow-up réalisé trois mois après la fin du traitement, la durée moyenne de son sommeil était d'à peu près sept heures sans réveils. Le sujet rapportait également qu'il était moins tendu et moins irritable.

Alperson et Biglan (1979) ont tenté d'évaluer les traitements auto-administrés de l'insomnie. Leur traitement se présentait sous la forme d'un manuel, et les contacts avec le thérapeute étaient limités. Vingt-deux insomniaques recrutés via la presse et tous âgés de moins de 55 ans ont été affectés au hasard à un groupe (il y avait trois groupes soumis à des interventions différentes) après une observation de deux semaines destinée à établir leurs niveaux de base. Un groupe recevait un manuel qui reprenait une relaxation à base de méditation, ainsi que des consignes de contrôle par stimulus. Le manuel remis au deuxième groupe présentait une approche de relaxation alternative qui comprenait des exercices de stretching dorsal ainsi que des consignes comportementales qui déterminaient les activités à mener au lit (voir la procédure de contre-contrôle de Zwart et Lisman). Le troisième groupe ne menait d'auto-monitoring que lors de l'établissement des niveaux de base et pendant la période des deux semaines de traitement ; il formait ensuite un groupe-témoin qui n'était soumis à aucun traitement. Alperson et Biglan ont alors ajouté un dernier groupe de traitement qui comprenait sept sujets âgés de plus de 55 ans et qui était soumis au package méditation/contrôle par stimulus. L'objectif recherché était d'étudier le rapport existant entre l'âge et les résultats de traitement.

Ces chercheurs ont relevé que le traitement qui combinait le contrôle par stimulus et la relaxation, ainsi que le traitement de contre-contrôle et de relaxation par stretching dorsal étaient tous deux significativement plus efficaces que l'absence de traitement en ce qui concerne les latences d'endormissement, mais ne présentaient pas l'un par rapport à l'autre de différences significatives (tableau 23). Ce résultat est similaire à celui obtenu par Zwart et Lisman (contre-contrôle). Cette réduction était toutefois de 30 minutes pour la première étude, alors qu'elle était de 20 minutes pour le second manuel de traitement. De plus les sujets âgés réagissaient moins bien (différence significative) que les sujets plus jeunes. Les améliorations les plus spectaculaires de la qualité perçue du sommeil s'obtenaient également lors du traitement relaxation/contrôle par stimulus chez l'échantillon le plus jeune. Ces mauvais résultats obtenus avec les sujets plus âgés n'ont pas été reproduits lors d'études plus récentes consacrées au traitement par contrôle du stimulus.

On doit à Puder et coll. (1983) un rapport plus complet sur le traitement par contrôle du stimulus chez les adultes plus âgés. Ces chercheurs ont réparti au hasard un échantillon final de 16 sujets (âge moyen : 67 ans) en deux groupes : soit un traitement immédiat par contrôle du stimulus, soit le même traitement, mais retardé. Il y avait dans ce deuxième type de traitement une période d'attente de 10 semaines. Les données concernant les latences d'endormissement révélaient de considérables réductions de ces latences dans les deux groupes après application de l'intervention active, et des réductions générales de l'ordre de 50 % étaient maintenues lors du follow-up deux mois après le traitement. Puder et coll. ont donc démontré que l'âge seul ne peut constituer un facteur suffisant pour supprimer les bénéfices du traitement, même dans le cas décrit où il n'y avait eu que quatre sessions hebdomadaires en petits groupes, sessions menées par un étudiant en psychologie clinique.

Lacks (1987) a consacré une partie de son ouvrage à la discussion de résultats de traitements d'insomniaques âgés. Selon elle, une autre étude menée par son groupe de recherche n'a pas validé l'idée selon laquelle il ne faut pas mélanger sujets jeunes et plus âgés dans les mêmes groupes de traitement (Davies et coll., 1986). Lacks écrit qu'elle et ses collègues ont inclus dans un certain nombre d'études des participants dont l'âge atteignait 78 ans ; malgré le fait que ces participants plus âgés aient commencé et terminé le traitement en souffrant de troubles du sommeil plus graves, le degré de réaction au traitement n'était pas en rapport avec l'âge de l'insomniaque. Néanmoins, selon elle, il peut être utile d'allonger les périodes de traitement et de travailler plus lentement afin d'arriver aux résultats les meilleurs chez les patients âgés. Il faudrait consacrer plus de temps à préparer ce type de patients, ce qui constituerait une clarification et un input éducatif ; de plus, une session additionnelle de traitement peut se révéler nécessaire.

Notons au passage que les traitements qui réaménagent les horaires se sont révélés également efficaces dans le cas de problèmes de sommeil chez les enfants très jeunes. Par exemple, Weissbluth (1982) rapporte le cas d'une petite fille de 9 mois dont le rythme de sommeil désorganisé a pu être restructuré avec succès, par la consigne donnée aux parents de la réveiller à 7 h tous les jours, de ne pas la laisser faire de sieste après 11 h du matin et de la mettre au lit le soir chaque fois qu'elle paraissait fatiguée.

Lacks et coll. (1983b) ont mené une étude qui portait sur un petit groupe de sujets et qui comparait un traitement par contrôle du stimulus et un traitement-placebo de l'insomnie de maintien du sommeil. Quinze volontaires furent recrutés par voie de presse ou par lettres aux médecins. L'âge moyen de l'échantillon était de 43 ans, et l'insomnie durait en moyenne depuis 11,7 ans. Avant le traitement, la durée moyenne d'éveil après le début du sommeil était de 75 minutes. Les agendas de sommeil ont révélé que ces insomniaques ne souffraient pas de problèmes d'endormissement, étant donné que la latence moyenne n'était que de 11 minutes par nuit. Ces sujets furent répartis en deux groupes : le premier d'entre eux était soumis à un programme complet de contrôle par stimulus, tandis que le second était lui soumis aux procédures de quasi-désensibilisation-placebo décrites au chapitre 6. A la suite d'une période de sept jours destinée à établir les niveaux de base, on mena quatre semaines de traitement avec des sessions hebdomadaires en petits groupes, d'une durée de 60 à 90 minutes. Un follow-up fut mené trois mois après la fin de l'expérience. Lacks et coll. rapportent des résultats pour trois mesures dépendantes. Tout d'abord, la durée d'éveil après endormissement passait de 60 minutes au pré-traitement à 25 minutes après le traitement par contrôle du stimulus (58 %); la réduction observée dans le groupe soumis au placebo était de 42 % (88 à 51 minutes, voir tableau 23). Ces deux réductions étaient significatives et les deux traitements ne différaient pas l'un de l'autre. Quel que soit le traitement, les bénéfices se maintenaient au follow-up. On obtenait un modèle de résultats similaire pour les autres mesures : le nombre de réveils au cours de la nuit et le nombre de réveils excédant les 10 minutes. Les résultats étaient donc atteints, quel que soit le traitement ou la variable.

L'étude de Lacks et coll. est une des très rares études à avoir considéré de manière spécifique l'impact des procédures de contrôle par stimulus sur les problèmes de maintien du sommeil. De ce point de vue, les résultats paraissent encourageants. Au follow-up (trois mois), la durée des éveils nocturnes était réduite de 50 %. Par rapport à leur conclusion selon laquelle les modifications présentées par les sujets soumis au contrôle par stimulus n'étaient pas significativement différentes de celles présentées par les membres du groupe-placebo, Lacks et coll. pensent que de plus longs traitements peuvent être nécessaires afin d'atteindre des effets différentiels de traitement pour l'insomnie de maintien du sommeil. Etant donné les résultats également équivalents relevés au follow-up, cette explication semble cependant peu plausible. Les deux groupes ont continué de s'améliorer. Les auteurs de cette expérience pensent également que le placebo de quasi-désensibilisation peut contenir un ingrédient actif lorsqu'il s'agit de traiter l'insomnie de maintien du sommeil, en particulier si les consignes thérapeutiques sont suivies lors des éveils nocturnes. Cette explication nous paraît plus plausible étant donné que la répétition mentale des routines qui précèdent le coucher, associée à l'imagerie visuelle, peut exclure d'autres processus de pensée plus intrusifs, facilitant par là un retour au sommeil.

Nous avons déjà dit, plus haut dans ce chapitre, que l'ensemble des procédures connu sous le nom de thérapie par contrôle du stimulus comprend en fait des éléments de contrôle par stimulus proprement dit (au sens comportemental traditionnel) et des éléments d'harmonisation temporelle du cycle veille-sommeil. Dès lors, avant de conclure ce chapitre, il peut se révéler approprié d'inclure ici la description et la discussion d'une autre thérapie comportementale qui présente certains rapports avec des aspects de la gestion temporelle du contrôle par stimulus.

Spielman, Saskin et Thorpy (1983; 1987) ont récemment présenté une technique connue sous le nom de thérapie par restriction de sommeil (Sleep Restriction Therapy). Cette intervention se base sur l'idée selon laquelle les insomniaques passent peut-être un temps excessif au lit. Il est évident que l'efficacité du sommeil diminue lorsque le temps passé endormi est inférieur à celui qu'on passe au lit; c'est ce qu'on nomme l'absence de sommeil ou l'insomnie. Toutefois, une période trop longue au lit réduira l'efficacité du sommeil en facilitant l'état de veille au lit. On pense que cette dernière situation peut constituer un facteur de maintien d'une latence de sommeil excessive, de réveils intermittents et d'une efficacité réduite du sommeil, bien qu'elle n'ait au départ pas causé le trouble du sommeil en question. Dans un article récent, Spielman cite la longueur excessive de la période passée au lit comme un des facteurs qui perpétuent l'insomnie (Spielman, Caruso et Glovinsky, 1987). Il y écrit que la thérapie pas restriction du sommeil, les consignes de contrôle par stimulus et les recommandations relatives à l'hygiène de sommeil ont toutes évolué sur base de l'idée selon laquelle les facteurs qui perpétuent l'insomnie peuvent exercer leurs effets longtemps après que les facteurs précipitants aient diminué.

Comme dans le cas de l'aspect temporel de la thérapie par contrôle du stimulus, la thérapie par restriction de sommeil implique tout d'abord l'établissement d'une heure de réveil précise chaque matin en accord avec les nécessités horaires de la journée. On part de la moyenne de la durée totale subjective du sommeil établie par auto-monitoring sur une ou deux semaines pour arriver à la longueur de la période qui devrait être passée au lit. On peut alors calculer le moment du coucher arrondi au quart d'heure de manière que le temps passé au lit soit égal au temps de sommeil prescrit. On encourage le patient à suivre cet horaire de sommeil révisé. On ne peut modifier l'heure du coucher que si on atteint plus de 90 % d'efficacité du sommeil sur un certain nombre de nuits. Donc, l'expression «restriction du sommeil» est bien appropriée à ces procédures, bien qu'on s'attende à des augmentations de la durée totale du sommeil au fur et à mesure de l'application de la thérapie, mais sans perte de l'efficacité du sommeil.

Spielman, Saskin et Thorpy (1987) ont mené une étude de résultats de traitement relative à la restriction de sommeil; l'échantillon concerné (35 sujets) était âgé en moyenne de 46 ans, et souffrait d'insomnie depuis 15,4 ans en moyenne (voir tableau 23). La moitié des sujets souffraient de problèmes d'insomnie de la phase initiale du sommeil, mais également d'insomnie de maintien du sommeil. Les auteurs rapportent que lors de la première nuit de traitement le temps passé par les sujets au lit était réduit jusqu'à un niveau en moyenne inférieur de 140 minutes à la valeur moyenne des niveaux de base. Donc, dans les premiers moments du traitement, la durée totale du sommeil était réduite très considérablement en deçà des valeurs de base. Toutefois, arrivé au 14e jour de traitement, la durée totale du sommeil dépassait en fait de 23 minutes ces niveaux de base, alors que les sujets passaient en moyenne 86 minutes de moins au lit. L'efficacité moyenne du sommeil passait, dès lors, de 67 % à 87 %. Il y avait également des réductions — moins spectaculaires celles-là — du temps passé éveillé au lit (159 minutes au niveau de base et 50 minutes au post-traitement). Il est intéressant de constater que Spielman, Saskin et Thorpy ont également mesuré la variabilité d'une nuit à l'autre et rapportent d'importantes réductions en partant des niveaux de base jusqu'à la fin du traitement, cela sur la plupart des paramètres du sommeil. Un autre effet clinique important de la thérapie par restriction de sommeil a donc été la stabilisation du modèle de sommeil d'une nuit à l'autre. Un follow-up mené 36 semaines après la fin du traitement a indiqué que les améliorations se maintenaient.

Au sujet du succès de leur approche de traitement, ces chercheurs ont reconnu la similarité entre la thérapie par restriction de sommeil et le contrôle par stimulus en ce qui concerne la perte initiale de sommeil au début du traitement. Selon eux, cette privation partielle de sommeil peut l'avoir consolidé de manière directe, produit une fatigue diurne qui a amorti un état chronique d'hyperactivation, ou encore réduit un conditionnement inadapté parce que le sujet passait moins de temps éveillé au lit. Ils considéraient que l'efficacité clinique de leur traitement était en rapport avec la réduction de l'état de veille nocturne, c'est-à-dire une continuité plus grande du sommeil qui devient fiable d'une nuit à l'autre. Spielman, Saskin et Thorpy ne nient cependant pas les problèmes pratiques liés à ces procédures. Certains sujets étaient également inquiets de la détérioration de leur modèle de sommeil au début du traitement. En fait, 8 personnes sur 49 (soit 16 %) se sont retirées du programme pour des raisons de découragement ou de difficultés de se conformer à un horaire rigide.

Lichstein a reconnu que le problème lié au fait de passer trop de temps au lit par rapport aux besoins réels de sommeil se retrouve surtout chez les personnes âgées. Il considère que ces individus ne sont pas de véritables insomniaques mais plutôt des «insomnoïdes», et il recommande un traitement destiné à réduire le temps passé au lit (Lichstein, 1980, 1984, 1988). Le traitement par compression du sommeil (Sleep Compression Treatment) de Lichstein est presque identique à la thérapie par restriction de sommeil, car il consiste à avancer l'heure du coucher en soirée ainsi que celle du lever le matin. Cette dernière est fixée de manière rigide, afin d'établir des routines de sommeil stables et de générer la probabilité selon laquelle la somnolence sera là au moment du coucher le soir suivant.

Lichstein (1988) présente une étude de cas unique consacrée à un homme de 59 ans, à la retraite, et qui souffrait d'insomnie depuis très longtemps. Au cours des 30 années précédentes, il avait eu régulièrement recours à des barbituriques, des tranquillisants ou de l'alcool et avait dû subir pour cela de longues cures de désintoxication en milieu hospitalier. La première approche adoptée par Lichstein a été d'avoir recours à la relaxation oculaire, ce qui implique de tendre et de relâcher les yeux en six positions. Toutefois, cette procédure n'a pu améliorer l'efficacité du sommeil de plus de moitié, et d'importants problèmes de la phase initiale et de maintien du sommeil subsistaient. On passa alors à un traitement par contrôle du stimulus, ce qui ne généra qu'une faible tendance à l'amélioration. L'efficacité du sommeil avait atteint 60 % et, bien que la latence d'endormissement se soit en moyenne réduite sur l'ensemble du traitement, elle est restée erratique et cliniquement problématique. Le traitement par compression du sommeil a ensuite été appliqué pendant huit mois. La plus grande partie de l'altération horaire a eu lieu lors des trois premiers mois, avec des réductions qui atteignaient 15 minutes par semaine et ont mené à une réduction du temps passé au lit chaque nuit de huit heures à seulement quatre heures quarante-cinq. Au cours des cinq mois suivants, on retrancha une heure de plus au temps passé au lit. Il est intéressant d'apprendre qu'à ces importantes réductions s'associaient des améliorations marquées des évaluations qualitatives. La qualité du sommeil s'améliorait de moitié et le problème initial de la «recherche d'une bonne position» connaissait une amélioration de près de 100%. Les modifications des paramètres réels du sommeil ont amené une latence finale d'endormissement d'à peu près 25 minutes et peu de réveils intrusifs. Au follow-up (délai exceptionnellement long de sept ans), le patient n'avait toujours pas recours à des somnifères, et la plupart des mesures confirmaient le maintien des améliorations. Toutefois, à ce moment, le patient dormait à peu près deux fois plus qu'au post traitement, et il n'y avait pas d'explication claire de cet état de choses.

La restriction ou la compression de sommeil semblent donc constituer des méthodes compétitives pour améliorer l'efficacité du sommeil, et elles peuvent être extrêmement utiles dans le cas d'insomniaques âgées (Morin et Kwentus, 1988). Il est cependant quelque peu erroné de considérer la restriction de sommeil comme un traitement alternatif au contrôle par stimulus. Comme nous l'avons indiqué plus haut dans ce chapitre, nous avons pris l'habitude, que ce soit dans nos travaux cliniques ou dans nos recherches, d'inclure dans le package de contrôle par stimulus certaines stratégies de contrôle temporel. De plus, lorsque nous conseillons aux insomniaques de se coucher lorsqu'elles se sentent somnolentes, nous leur conseillons également de définir un moment-seuil avant lequel elles devraient combattre leur somnolence mais au-delà duquel elles devraient se coucher. Ce moment-seuil se calcule au moyen d'une procédure très semblable à celle définie par Lichstein et Spielman et coll., c'est-à-dire en obtenant une approximation des besoins en sommeil en partant des niveaux de base. Le praticien doit mettre en balance, d'une part, les effets potentiellement nuisibles pour la patiente du respect d'un horaire initial trop strict et, d'autre part, le fait que des stratégies de contrôle temporel moins prudentes semblent efficaces dans la plupart des cas. Il serait bon de continuer d'étudier les comparaisons entre d'une part ces thérapies de réduction et de compression du sommeil et d'autre part les traitements plus conventionnels par contrôle du stimulus.

PROCÉDURES DE CONTRÔLE PAR STIMULUS - RÉSUMÉ

On a démontré que le traitement de l'insomnie à l'aide du contrôle par stimulus se révélait efficace chez les jeunes comme chez les personnes plus âgées. En particulier, les latences d'endormissement se sont, dans la plupart des études, considérablement réduites, et d'autres rapports comparatifs de résultats (qu'on retrouvera au chapitre 9) prouvent également que cette amélioration peut être rapide après le commencement d'un traitement par contrôle du stimulus. Les similarités procédurales avec les traitements par restriction/compression du sommeil (apparus plus récemment dans la littérature spécialisée) continuent de poser le problème de l'élément thérapeutique critique dans le package de contrôle par stimulus. Cependant, du point de vue de la pratique clinique, les consignes sont bien comprises par les patientes et procèdent logiquement de la mise à disposition des renseignements éducatifs concernant le sommeil. Ce type d'aide didactique va soutenir la patiente et amènera peut-être un respect plus grand de consignes parfois coercitives.

Chapitre 9
Etudes comparatives de résultats des traitements à base de relaxation, d'injonction paradoxale et de contrôle par stimulus

Les chapitres 6 à 8 se sont intéressés à des orientations particulières du traitement de l'insomnie; ils ont considéré la littérature de recherche relative à chacune de ces orientations. Le chapitre 9, quant à lui, va ramener ensemble ces approches alternatives, basées sur la relaxation, cognitives et opérantes. Nous examinerons ici les études qui se sont intéressées aux mérites *relatifs* de traitements individuels. Jusqu'ici on a présenté des preuves allant dans le sens de chacun de ces traitements, mais en existe-t-il un qui soit meilleur que les autres, et en quelles circonstances? Parallèlement à la littérature disponible, l'analyse qui va suivre se basera en grande partie sur des comparaisons entre les trois traitements psychologiques les plus souvent appliqués, à savoir la relaxation progressive, l'injonction paradoxale et le contrôle par stimulus.

A ce jour (NdT : l'ouvrage original a été publié en 1991), il existe 14 études comparatives des interventions réalisées selon les modalités de traitement exposées plus haut. On trouvera au tableau 24 un résumé des renseignements présentés dans ce chapitre. L'examen de ce tableau révèle qu'alors que la plupart des études comprenaient un groupe-témoin de type «liste d'attente», moins de la moitié d'entre elles comparaient les traitements actifs à des interventions-placebos. Parmi les études les plus conséquentes et les mieux contrôlées, citons celle de Turner et Ascher (1979a), Lacks et coll. (1983a) et Espie et coll. (1989). Nous aborderons ici ces études plus en détail; toutefois, nous allons passer en revue l'ensemble des études en ordre chronologique croissant.

Auteurs	A	B	C	D	Traitement(s)	E	F	G	H
Bootzin (1975)[1]	R	66	NC	NC	Contrôle par stimulus Relaxation progressive Relaxation-placebo Pas de traitement	96 105 81 63	29 76 63 39	NC NC NC NC	NC NC NC NC
Slama (1975)[1]	E	NC	NC	NC	Contrôle par stimulus Relaxation progressive Pas de traitement	46 36 33	13 16 33	19 18 NC	NC NC NC
Lawrence et Tokarz (1976)[1]	E	NC	NC	NC	Contrôle par stimulus (individuel) Contrôle par stimulus (groupe) Relaxation progressive Désensibilisation-placebo	65 65 65 65	8 17 45 66	NC NC NC NC	NC NC NC NC
Hughes et Hughes (1978)	R	36	34	NC	Contrôle par stimulus Relaxation progressive Biofeedback EMG Pseudo-biofeedback EMG	57 55 44 45	28 40 27 17	27	12
Turner et Ascher (1979a)	R	50	39	11	Contrôle par stimulus Relaxation progressive Injonction paradoxale Désensibilisation-placebo Pas de traitement	64 63 63 57 64	21 28 29 44 60	NC NC NC NC NC	NC NC NC NC NC
Lacks et coll. (1983a)	R	64	41	14	Contrôle par stimulus Relaxation progressive Injonction paradoxale Désensibilisation-placebo	75 61 63 70	AN/AP 34/28 49/48 53/60 54/40	23 33 34 31	3 3 3 3

Étude	Type				Traitement				
Turner, Di Tomasso et Giles (1983)	P	40	31	NC	Contrôle par stimulus Relaxation progressive Contrôle par stimulus + relaxation progressive Pas de traitement	70 64 65 64	48 49 59 59	NC NC NC NC	NC NC NC NC
Ladouceur et Gros-Louis (1986)	R	25	42	10	Injonction paradoxale (IP) Contrôle par stimulus (CS) Information sur le sommeil (IS) Pas de traitement (PT)	IP=CS > IS=PT après traitement	IP=CS > IS=PT 2 mois après la fin du traitement		
Morin et Azrin (1987)[2,3]	R	21	57	12	Contrôle par stimulus Entraînement à l'imagerie Pas de traitement	57 52 63	20 46 50	23 26 NC	12 12 NC
Morin et Azrin (1988)[2]	R	27	67	19	Contrôle par stimulus Entraînement à l'imagerie Pas de traitement	76 73 67	43 57 71	35 59 NC	12 12 NC
Sanavio (1988)[3]	P	24	39	10	Biofeedback du frontalis (forte activation) Biofeedback du frontalis (faible activation) Programme cognitif (forte activation) Programme cognitif (faible activation)	62 55 62 60	25 22 30 30	15 15 12 12	12 12 12 12
Espie et coll. (1989)	P	70	45	12	Relaxation progressive Contrôle par stimulus Injonction paradoxale Désensibilisation-placebo Pas de traitement	91 83 72 85 85	57 31 36 64 97	45 53 38 NC NC	17 17 17 NC NC

Étude	A	B	C	D	Traitement	E	F	G	H
Sanavio et coll. (1990)	R/P	40	40	12	Biofeedback EMG	41	24	13	36
					Thérapie cognitive	48	31	19	36
					Contrôle par stimulus + relaxation	44	28	16	36
					Pas de traitement	49	50	NC	NC

A - Echantillon (E = étudiant, R = sujets recrutés, P = patients)
B - Total
C - Age moyen (en années)
D - Durée moyenne de l'insomnie (en années)
E - Latence moyenne d'endormissement avant traitement (en minutes)
F - Latence moyenne d'endormissement après traitement (en minutes)
G - Latence moyenne d'endormissement lors du follow-up
H - Follow-up x mois après la fin du traitement

AN : attente négative. AP : attente positive. NC : non communiqué.

[1] Données reproduites de Bootzin et Nicassio (1978).
[2] Les données ont trait aux scores de durée des réveils après endormissement.
[3] Données extrapolées à partir des graphiques.

Tableau 24 — *Etudes de traitements comparant les résultats obtenus par diverses thérapies psychologiques. Les données présentées sont relatives aux latences d'endormissement et exprimées en minutes, sauf indication contraire.*

Les trois études les plus anciennes (Bootzin, 1975 ; Slama, 1975 ; Lawrence et Tokarz, 1976) sont reprises dans l'article de Bootzin et Nicassio (1978). Malheureusement, toutes les données originales ne sont pas disponibles, et il n'est plus possible d'obtenir les sources manuscrites.

Bootzin (1975) a réparti au hasard un échantillon de 66 sujets recrutés dans des groupes soumis soit au contrôle par stimulus, soit à de la relaxation progressive, soit à un placebo ; en outre, il y avait des groupes-témoins (listes d'attente). Bien que les rapports dressés par les sujets eux-mêmes au sujet de leurs latences d'endormissement suggèrent qu'il s'agissait là de personnes souffrant d'insomnies graves de la phase initiale du sommeil, celles-ci ne se sont pas présentées aux chercheurs par le biais des canaux cliniques ; nous ne savons rien du caractère chronique du problème. L'examen des données relatives aux latences d'endormissement reprises au tableau 24 indique que le contrôle par stimulus produisait une réduction de ces latences de 67 minutes ; le groupe soumis à la relaxation active améliorait son score de 30 minutes en moyenne. Bootzin et Nicassio rapportent qu'en termes absolus 57 % des personnes soumises au contrôle par stimulus avaient, à la fin du traitement, besoin de moins de 25 minutes pour s'endormir, alors que ce n'était le cas que de 29 % de celles qui avaient été soumises à un training de relaxation progressive. Il est toutefois important de dire que 27 % des membres du groupe d'auto-relaxation et 22 % des insomniaques sans traitement répondaient également à ce critère d'amélioration. En effet, pour le groupe soumis au contrôle par stimulus, la latence moyenne d'endormissement n'était à la fin du traitement que de 10 minutes supérieure à celle obtenue par les membres du groupe soumis à la procédure « liste d'attente ». Malgré l'évidente ambiguïté de ces résultats, Bootzin et Nicassio (1978) et Borkovec (1982) citent l'étude de Bootzin à l'appui de l'efficacité supérieure du traitement par contrôle du stimulus. En commentant cette étude, Bootzin et Engle-Friedman (1987) font référence à l'amélioration de la durée totale du sommeil réalisée à la suite d'un traitement par contrôle du stimulus.

L'étude de Slama (1975) a été menée dans le laboratoire de Borkovec et était consacrée à des groupes d'étudiants qui se plaignaient de troubles importants du sommeil. Il semble qu'au vu des niveaux de base l'insomnie ait été relativement légère, avec une latence moyenne d'endormissement de moins de 40 minutes. Selon certains critères (Espie et coll., 1988), ceci pouvait constituer un sous-échantillon clinique. Toutefois, Slama a inclus dans son étude une injonction d'attente négative afin de contrôler les effets de l'attente induite par le thérapeute, et celle-ci a révélé que le contrôle par stimulus et la relaxation étaient tous deux supérieurs à l'absence de traitement en conditions d'attente négative. Le contrôle par stimulus s'avérait supérieur à la relaxation jusqu'à ce qu'une injonction d'attente positive soit produite, lorsque les sujets des deux conditions de traitement dormaient aussi bien les uns que les autres. Ces améliorations des latences d'endormissement se maintenaient lors du follow-up (moment non précisé).

Lawrence et Tokarz (1976) ont également recruté une population étudiante, mais les sujets ne faisaient état que de problèmes modérés d'endormissement. Ces sujets ont été répartis en divers groupes : contrôle par stimulus individuel, contrôle par stimulus en groupe (3 sujets vus ensemble), entraînement à la relaxation progressive ou placebo (désensibilisation). Les traitements par contrôle du stimulus, qu'ils soient individuels ou collectifs, se révélaient très efficaces et réduisaient la latence moyenne d'endormissement à moins de 20 minutes. Ce taux d'amélioration de plus de 75 % était beaucoup plus élevé que les 30 % obtenus approximativement au post-traitement dans le cas du traitement par relaxation. Malheureusement, cette étude ne dit rien du caractère durable de ces modifications. Néanmoins, si on prend ces trois premières études ensemble, on trouve des preuves préliminaires allant dans le sens d'une préférence pour le contrôle du stimulus par rapport à l'entraînement à la relaxation progressive, du moins en termes de latences d'endormissement.

Hughes et Hughes (1978) ont recruté 36 volontaires (12 hommes, 24 femmes) par voie d'annonces dans les journaux. L'âge moyen de leur échantillon était de 34,2 ans et, bien qu'on ne dispose pas de chiffres relatifs à la durée des problèmes de sommeil de ses membres, un des critères de sélection était d'avoir souffert de ces problèmes pendant quatre mois au moins. Les sujets ont été répartis au hasard en quatre groupes de traitement, à savoir contrôle par stimulus, entraînement à la relaxation, biofeedback EMG ou pseudobiofeedback. Ils étaient également suivis par trois thérapeutes différents qui respectaient des manuels détaillés pour toutes les conditions envisagées. A l'aide d'agendas de sommeil, on enregistra les mesures du sommeil pendant une période de deux semaines, et de nouveau pendant deux semaines après le traitement. Malheureusement, les périodes de traitement semblent avoir varié considérablement. Les deux interventions reprenant le biofeedback étaient réparties en huit sessions thérapeutiques, tandis que l'entraînement à la relaxation en comprenait quatre, et le contrôle par stimulus seulement deux. Hughes et Hughes ont expliqué que ces disparités étaient dues à la «complexité des tâches». La relaxation progressive et le contrôle par stimulus étaient appliqués de manière classique de même que le biofeedback EMG, dans lequel les sujets recevaient un feed-back du frontalis par l'intermédiaire d'un casque d'écoute relié à un myographe. Toutefois, le groupe de pseudofeedback écoutait un faux feed-back qui comprenait une activité EMG de repos.

Les résultats de l'étude de Hughes et Hughes indiquent que les quatre groupes se sont améliorés de manière importante, sans différences significatives entre les groupes (voir tableau 24). Le contrôle par stimulus produisait toutefois cette amélioration très rapidement, étant donné qu'il n'y a eu que deux sessions de traitement. Il est intéressant de constater que le biofeedback n'avait pas d'effet sur les valeurs EMG. En effet, même les niveaux EMG les plus bas atteints au post-traitement n'étaient pas typiques d'un état d'activation physiologique basse. Il semble donc que pour ces sujets les résultats de traitement aient été indépendants d'une réduction de la tension musculaire. Nous renvoyons le lecteur aux discussions relatives aux processus physiologiques intervenant dans le cas de l'insomnie et présentées aux chapitres 3 (p. 65-66) et 6 (p. 165-166) du présent ouvrage; les conclusions allaient dans le même sens. Comme d'autres enquêteurs, Hughes et Hughes pensent qu'un processus cognitif médiateur et commun à tous les traitements pourrait expliquer l'apparente équivalence des résultats de ces traitements.

Les données recueillies lors du follow-up de l'étude de Hughes et Hughes étaient plutôt insatisfaisantes. Les estimations verbales relatives aux latences d'endormissement n'ont été disponibles que pour 12 cas (nombre de départ : 36) qui ont été repris en un seul groupe lors du follow-up 12 mois plus tard. Bien que les bénéfices de traitement aient semblé se maintenir correctement pour ce petit échantillon, il est impossible de faire la différence entre les traitements. La conclusion la plus frappante dans cette étude de Hughes et Hughes est la réduction très rapide des latences d'endormissement obtenue par le contrôle du stimulus par rapport à d'autres traitements plus «actifs» ou basés sur une relaxation de plus longue durée.

L'étude comparative de Turner et Ascher (1979a), étude bien contrôlée, a exercé une profonde influence. Elle représentait une réponse crédible aux déficiences méthodologiques et analytiques des études comparatives précédentes. Turner et Ascher conseillent la prudence par rapport à l'idée selon laquelle le contrôle par stimulus serait supérieur à la relaxation; ils ont mis sur pied une étude qui mettait la technique de l'injonction paradoxale sous la loupe de l'expérience systématique. Cinq conditions de traitement ont donc été reprises, à savoir le contrôle par stimulus, la relaxation progressive, l'injonction paradoxale, une désensibilisation-placebo; un groupe-témoin était constitué de personnes se trouvant sur une liste d'attente. Vingt-cinq hommes et vingt-cinq femmes (âge moyen : 39 ans) ont été sélectionnés parmi les personnes ayant réagi à des articles de journaux. Il vaut la peine de noter que Turner et Ascher ont soigneusement écarté un certain nombre d'autres sujets dont les problèmes de sommeil étaient considérés comme sous-cliniques ou secondaires par rapport à d'autres plaintes. Dix sujets ont été répartis au hasard dans chacune des conditions expérimentales, avec des sessions hebdomadaires individuelles de longueur identique et étalées sur quatre semaines. A l'aide d'agendas de sommeil, les mesures furent relevées aux pré- et post-traitements. Parmi les contrôles méthodologiques, on trouvait des évaluations de l'acceptation sociale et de la crédibilité de la thérapie. On s'est aperçu que les traitements ne différaient entre eux de manière significative sur aucune de ces mesures. Malheureusement, l'évaluation de crédibilité a été effectuée après la thérapie, et n'est donc pas un reflet véritable de la crédibilité perçue des modèles thérapeutiques ; elle est plutôt susceptible d'avoir été influencée par les réactions réelles que les patients ont eues vis-à-vis des traitements.

Turner et Ascher ont eu recours à des évaluations multivariantes afin d'examiner leurs résultats ; selon ces auteurs, le MANOVA permet une approche plus fiable de l'évaluation du caractère significatif par rapport aux nombreuses analyses ne faisant intervenir qu'une variable unique ; en effet, l'apparition d'erreurs de type 1 s'en trouve réduite. Sur quelque mesure que ce soit, leurs résultats n'ont pas révélé de différences significatives entre les groupes lors de l'évaluation des niveaux de base. Cependant, les mesures relevées au post-traitement témoignent de différences significatives entre les groupes soumis à traitement et les groupes-témoins, bien qu'il n'y ait pas eu de différence relevée entre les résultats des trois thérapies actives. Les poids discriminatifs pour les comparaisons prévues entre les groupes de traitements actifs et les groupes-témoins indiquent que ce sont des données comme le nombre de réveils, les latences d'endormissement et les auto-évaluations de la difficulté d'endormissement et de l' «état de repos» après le sommeil qui contribuaient le plus aux différences significatives entre les groupes. La durée totale du sommeil n'avait qu'un faible poids discriminatif. Le tableau 24 présente les valeurs moyennes réelles aux pré- et post-traitements pour la variable «latence d'endormissement». Ces scores illustrent l'efficacité similaire des traitements actifs par rapport aux groupes-témoins. En général, les latences d'endormissement étaient réduites du chiffre de plus d'une heure à celui de moins de 30 minutes après quatre semaines de programme de traitement. Les réductions des latences d'endormissement semblent donc avoir constitué un bénéfice clinique (elles se situent entre 54 et 67 %). Les valeurs moyennes relevées à la fin des trois traitements ne répondent pas aux critères définis par la plupart des études de traitements pour caractériser des «insomniaques».

Une caractéristique importante de l'étude de Turner et Ascher est qu'elle rapporte des mesures de résultats tant quantitatifs que qualitatifs. En dépit du fait que la satisfaction subjective vis-à-vis du sommeil peut présenter des rapports divers avec ses paramètres réels ou ses effets perçus, la grande majorité des études ne s'est concentrée que sur la mesure du profil de sommeil, et en fait surtout sur les latences d'endormissement. On peut interpréter les résultats obtenus par Turner et Ascher comme allant dans le sens de l'argument de l'équivalence des thérapies, avec toutefois l'apport important d'une autre approche de traitement, à savoir l'injonction paradoxale. Ces auteurs n'ont pas conclu à la supériorité du contrôle du stimulus par rapport aux autres traitements, même en ce qui concerne la réduction des latences d'endormissement; toutefois, ils ne font pas état de données relatives au déroulement du traitement, ce qui fait qu'il est impossible de déterminer à quel moment du traitement des effets thérapeutiques significatifs se sont dégagés. Turner et Ascher n'ont pas non plus fourni de données relatives au follow-up, et donc le maintien des bénéfices de traitement n'est pas prouvé. Malgré l'excellent contrôle de cette étude, il faut néanmoins relever une lacune, dont l'importance apparaîtra clairement au chapitre 10 (p. 270-277), où nous nous intéresserons aux effets des somnifères. En effet, Turner et Ascher ont permis l'usage non contrôlé de ces médicaments tout au long de la période d'expérimentation. Ceci n'est pas satisfaisant en raison des effets contaminants sur le modèle de sommeil des recours divers à ces médicaments. Les auteurs de cette étude citent la consommation de médicaments en tant que variable dépendante pertinente, et concluent que la réduction de cette consommation était le signe d'une amélioration clinique. Etant donné que l'apparition ou la disparition des somnifères peut exercer des effets sur le profil de sommeil (et peut-être sur la qualité perçue de ce sommeil), ceci peut être considéré comme un facteur de contamination dans les résultats présentés par Turner et Ascher.

Lacks et coll. (1983a) ont reproduit le travail de Turner et Ascher en comparant les efficacités du contrôle par stimulus, de l'injection paradoxale et de la relaxation progressive par rapport à un traitement-placebo crédible. Toutefois, Lacks et coll. s'intéressaient également à la possibilité d'une gravité de l'insomnie par type d'interaction de traitement. Leur échantillon final reprenait 64 participants (48 femmes, 16 hommes) recrutés par voie de presse et également par un courrier envoyé à des médecins de famille susceptibles d'envoyer certains patients pour cette étude. Sur base d'une évaluation des niveaux de départ établis par agendas de sommeil (une semaine), les sujets ont été regroupés en insomniaques légers (latences d'endormissement : 15 à 44 minutes), moyens (45 à 75 minutes) ou graves (76 à 152 minutes) et répartis au hasard, à l'intérieur de leur groupe constitué en fonction de la gravité de l'insomnie, chacun dans un sous-groupe de traitement. La thérapie a été menée en quatre sessions hebdomadaires d'une heure de travail en petits groupes. Une procédure d'attente négative fut introduite, aux termes de laquelle les patients ne devaient pas attendre d'amélioration avant la quatrième et dernière semaine de traitement.

Lacks et coll. n'ont fourni de données de résultats que sur la mesure de la latence d'endormissement. On trouvera au tableau 24 les valeurs moyennes pour cette variable au niveau de base, pendant la période d'attente négative et celle d'attente positive. Dans le cas du traitement par contrôle du stimulus, ces délais étaient réduits d'environ 40 minutes lors de l'injonction d'attente négative, ce qui est beaucoup plus que dans le cas de toute autre intervention. En effet, les analyses statistiques ont confirmé des latences d'endormissement bien plus courtes dans ce groupe par rapport aux trois autres groupes de traitement, qui ne différaient pas l'un par rapport à l'autre de manière significative. De même, lors de la phase d'attente positive, aucun autre traitement n'atteignait ce niveau de réussite. Dans leur article, Lacks et coll. présentent également sous forme de graphique les données relatives aux latences d'endormissement et qu'on a relevées aux diverses phases du traitement. En se basant sur cette présentation, il est clair que sous contrôle par stimulus les latences d'endormissement étaient considérablement plus courtes lors de chaque évaluation après la première semaine. Les auteurs de l'étude font remarquer que, bien que tous les groupes de traitement aient continué de voir décroître leurs niveaux d'insomnie de la phase initiale du sommeil au moment du follow-up, l'avantage principal du recours au contrôle par stimulus était que ces niveaux de réussite étaient très vite atteints.

En ce qui concerne la gravité de l'insomnie, Lacks et coll. ont relevé que la gravité initiale présentait une légère corrélation positive avec le degré d'amélioration, ce qui suggère que l'amélioration était proportionnelle à la gravité de départ de l'insomnie. Toutefois, ils ont souligné (ce qui est plus important) que l'hypothèse opposée, à savoir que la gravité est inversement proportionnelle à l'amélioration, ne se confirmait aucunement, bien au contraire. Ce qui a amené Lacks et coll. à conclure que, quelle que soit la gravité de l'insomnie de départ, le traitement psychologique de choix est constitué par le contrôle du stimulus.

Les comparaisons entre les études de Turner et Ascher (1979a) et celle de Lacks et coll. (1983) s'avèrent intéressantes. Turner et Ascher rapportent que les trois traitements comportementaux avaient, en termes statistiques, une efficacité égale, bien que la réduction absolue des latences d'endormissement ait été plus importante lors de l'intervention par contrôle du stimulus. Lacks et coll. concluent que le programme de contrôle par stimulus était significativement supérieur aux autres traitements et que ces derniers étaient, en ce qui concerne leurs effets, équivalents à la désensibilisation-placebo. Parlant de l'injonction paradoxale, Lacks et coll. rapportent que certains de leurs patients témoignaient, après la thérapie, d'augmentations de la latence d'endormissement, ce qui est une observation similaire aux résultats d'une de nos études citées précédemment (Espie et Lindsay, 1985). Les résultats de ces deux études importantes fournissent dès lors certaines preuves confirmant l'efficacité du contrôle par stimulus, du moins en termes de réduction des latences d'endormissement. Cependant, la relaxation et le paradoxe généraient des résultats contradictoires. C'est en partie avec ces réflexions à l'esprit que notre propre groupe de recherches s'est embarqué pour une autre étude-réplique. Toutefois, avant de présenter les résultats de nos études, il est utile de passer en revue certains des facteurs méthodologiques importants qui nous ont également convaincus de la nécessité d'une investigation systématique plus poussée de la relaxation, du contrôle par stimulus et des approches paradoxales.

Tout d'abord, nous nous sommes intéressés à la sélection des sujets de recherches consacrées à l'insomnie. Si on fait référence aux tableaux 17, 20, 23 et 24, on s'aperçoit que la grande majorité des rapports relatifs aux traitements psychologiques de l'insomnie ont eu trait à des cas non cliniques vus en consultation ; ils sont dès lors sujets aux critiques souvent exprimées à l'encontre de ce type de recherches. En effet, on pourrait à juste titre considérer certaines de ces études comme des enquêtes analogiques. Elles ont bien sûr leur place, car leur nature est exploratoire et elles peuvent identifier des problèmes-clés ; des questions peuvent apparaître, ce qui mènera à d'autres enquêtes. Toutefois, on peut se poser la question de savoir si les conclusions de ces études peuvent être généralisées à la population des patients. A peu près la moitié des rapports de traitements comportementaux disponibles sont consacrés à des populations d'étudiants ; le reste est surtout le résultat d'efforts de recrutement par voie de presse. On a également sélectionné les sujets sur la base de l'assurance qu'ils respecteront les consignes. Par exemple, on a souvent exclu des sujets d'enquêtes dans le cas où ils étaient incapables de déposer une caution lors de la phase de pré-traitement, ou qu'ils ne le voulaient pas.

Plus important toutefois est le fait que la plupart des études n'ont pas fourni d'indication quant à savoir si oui ou non les sujets sélectionnés recherchaient activement une aide par rapport à leur insomnie au moment de la sélection. Quelques études ont eu recours à une combinaison d'annonces dans la presse et de contacts par généralistes (p. ex. Lacks et coll., 1983a, b), et quelques autres ne se sont intéressées qu'à des sujets envoyés par leur médecin (p. ex. Turner, Di Tomasso et Giles). Elles sont révélatrices d'une certaine prise de conscience relative au besoin de cibler plus précisément la population clinique. Toutefois, la plus grande partie de la littérature n'est pas consacrée à des patients qui se présentent à la consultation, mais bien à des populations auto-sélectionnées qui «conviennent» à l'étude et qui sont respectueuses des consignes.

Le clinicien, dans sa pratique, ne sera satisfait qu'à partir du moment où les résultats sont reproduits dans des études qui n'ont pas recours à des sujets sollicités. Killen et Coates (1979), par exemple, écrivent que «les étudiants... ne réagissent pas aux traitements de la même manière que la population générale», mais on peut étendre cet argument en mettant en doute l'idée selon laquelle les adultes de la population générale équivalent aux adultes qui se présentent à la consultation en demandant un traitement. Coates et Thoresen (1980) se réfèrent aux faibles résultats souvent obtenus lorsque des stratégies comportementales sont évaluées par rapport à des sujets plus âgés ayant souffert d'insomnie depuis deux ans ou plus et qui se présentent d'eux-mêmes à la consultation ou y sont envoyés par leur médecin. Nos propres études de recherche ont entrepris de ne considérer *que* la population d'insomniaques qui se présentent spontanément à la consultation, évitant ainsi complètement le problème critique de la faible possibilité de généralisation.

La décision d'étudier le groupe clinique des personnes qui se présentent à la consultation soulève immédiatement une deuxième question, celle du recours aux hypnotiques. En général, les recherches antérieures ont exclu les sujets prenant à ce moment des hypnotiques. Ceci présente évidemment l'avantage méthodologique majeur d'éliminer une variable susceptible d'installer une certaine confusion. Il vaut toutefois la peine de se poser la question de l'inclusion de tels sujets. On sait qu'une bonne partie des patients externes qui se présentent à la consultation pour des problèmes de sommeil consomment régulièrement des somnifères. Dans l'étude de Roth, Kramer et Lutz (1976) on fait état de taux jusqu'à 82% de recours à ce type de médicaments. Il y a donc danger de voir exclure des études de recherches une proportion importante du groupe des patients. De plus, il semble qu'on ait une compréhension suffisante des effets des hypnotiques pour ne pas devoir exclure complètement ces patients. On connaît assez le phénomène de rebond pour permettre la présentation de renseignements raisonnablement corrects concernant les modifications plausibles du profil de sommeil suite au sevrage. Un soutien, parallèlement à un apport éducatif, peut rendre les patients capables de mieux supporter les premières semaines et contribuer à contrer le problème d'une attribution erronée qui renforce la patiente dans l'opinion qu'elle a d'elle même : elle est une mauvaise dormeuse. Le chapitre 10 passe en revue de manière détaillée la littérature de recherche consacrée aux somnifères. A ce stade, il suffit de dire qu'un programme de sevrage systématique est préférable à de simples encouragements prodigués à une patiente pour qu'elle cesse de prendre ce type de médicaments, et à une inclusion éventuelle dans le groupe auquel l'étude s'intéresse, inclusion qui serait dépendante du succès du sevrage. Il est également préférable de retenir dans la population disponible pour les études de recherche les sujets incapables au départ de cesser de consommer des hypnotiques. Il existe beaucoup d'individus de ce type, et on pourrait dire que ce sont *surtout* eux qui ont besoin d'une approche alternative de la gestion de leur trouble de sommeil. Nous avons donc dans nos propres recherches mis sur pied des protocoles de gestion de la pharmacodépendance qui soit prévoient avant le traitement une période de sevrage soit présentent un programme stabilisé de médicaments maintenu tout au long de la période d'expérimentation (Espie, Lindsay et Brooks, 1988).

En troisième lieu, et parallèlement à notre souci de *sélectionner à l'intérieur* du groupe des personnes qui se présentent à la consultation, nous désirions également que les mesures de modifications soient valides, que ce soit au sens clinique ou statistique du terme. Pour cette raison, nous avons décidé d'incorporer des mesures de la variabilité du sommeil d'une nuit à l'autre (variance brute) ainsi que des mesures moyennes des variables du profil de sommeil. Ceci reflète notre propre expérience : aussi mauvaise une mesure du sommeil soit-elle, si elle est largement prévisible d'une nuit à l'autre (c'est-à-dire si elle présente une faible variance), alors elle cause peu de détresse subjective et ne peut pas être considérée comme génératrice d'insomnie. Nous avons également eu le sentiment qu'il faut considérer les résultats de traitement en termes de modifications cliniques. Les bénéfices des traitements devraient être importants et les résultats finaux associés, chaque fois que cela est possible, à un retour aux niveaux de fonctionnement qui se situent dans la norme. Dans les recherches antérieures, l'absence de follow-up ou le faible délai qui s'était écoulé entre la fin du traitement et ce follow-up (moins de six mois) ont également constitué des facteurs de limitation. Nous avons donc cherché à étendre considérablement ces délais. Le maintien à long terme des bénéfices du traitement est, parallèlement à la possibilité de généralisation, l'autre caractéristique de qualité du traitement efficace que les cliniciens recherchent dans leur pratique de tous les jours.

Enfin, nous avons considéré le fait que les cliniciens appliquent rarement un traitement comportemental «pur et dur». Ils préfèrent aménager les traitements de l'insomnie en fonction des caractéristiques de la personne qui se plaint et de sa plainte elle-même. C'est à la fois la force et la faiblesse des rapports de résultats qui ont jusqu'à présent eu recours à des modèles expérimentaux requérant la répartition au hasard des sujets en conditions discrètes d'expérimentation. Les avantages de cette approche sont indéniables au niveau méthodologique; il existe toutefois un inconvénient, en ce sens que la pratique de routine n'y est pas correctement reflétée. Le praticien trouve intuitivement sensé d'adapter le traitement à la situation qu'il trouve en face de lui. D'où une approche cognitive pour la patiente qui rumine sans arrêt ses pensées et passe son temps à faire des projets au lit; l'insomniaque qui souffre de tension musculaire chronique sera vraisemblablement entraînée à des méthodes de relaxation progressive. De plus, le praticien fait peu de cas de l'idée de maximaliser l'efficacité et les bénéfices du traitement en combinant les éléments provenant de divers types d'interventions. Nous avons dès lors tenté de réaliser une comparaison formelle entre sujets traités au hasard et sujets pour qui des programmes de thérapie avaient été adaptés, suivant en cela la pratique clinique. Nous avons publié les résultats de ces recherches dans deux articles principaux (Espie et coll., 1989; Espie, Brooks et Lindsay, 1989).

Nos sujets étaient des adultes, patients externes envoyés par des médecins et souffrant d'insomnie chronique de la phase initiale du sommeil. Tous ces sujets présentaient des latences d'endormissement de plus de 30 minutes par nuit en moyenne et souffraient de ce trouble du sommeil depuis un minimum d'un an. L'échantillon final de 84 sujets (57 femmes et 27 hommes) avait un âge moyen de 46 ans et souffrait d'insomnie en moyenne depuis 11,8 ans. Les latences d'endormissement étaient beaucoup plus élevées que dans la plupart des études antérieures, avec une moyenne de 80 minutes (voir tableau 24). Quatorze de ces patients ont formé un groupe soumis à une thérapie adaptée, et nous présenterons plus loin les comparaisons effectuées entre ce groupe et les autres groupes constitués au hasard. L'étude principale de résultats comparatifs de traitements comprenait donc 70 cas répartis au hasard entre groupes soumis à de la relaxation progressive, au contrôle par stimulus, à l'injonction paradoxale, à une désensibilisation-placebo ; il y avait d'autre part un groupe qui n'était soumis à aucun traitement (Espie et coll., 1989). Cinquante-neuf des 70 patients (soit 84 %) avaient fait régulièrement usage de somnifères, et la période moyenne écoulée depuis la première prescription était presque de 10 ans. Dans 26 cas, les médecins qui nous envoyaient les patients ont supervisé l'arrêt de ces somnifères. Les 33 autres patients ont suivi un programme de sevrage formel soit avant le traitement psychologique soit après celui-ci. L'assignation à un protocole de sevrage s'est faite de manière très pragmatique, en tentant lorsque c'était possible l'arrêt des médicaments dès le départ (n = 20). Lorsque les patients étaient incapables de persévérer dans le programme de sevrage standard, ou qu'ils ne le désiraient pas, on les regroupait dans le programme de maintien de la pharmacodépendance habituelle (n = 13). Le recours à des modèles expérimentaux facultatifs a amené une certaine souplesse et permis l'inclusion de « cas difficiles » qui, autrement, se seraient retrouvés exclus de l'étude. Des exemples illustrant ces protocoles ont été présentés ailleurs (Espie, Lindsay et Brooks, 1988) (voir égal. le chapitre 10, p. 281-291 et suivantes).

Tout au long de la période d'expérimentation (2 semaines de monitoring des niveaux de base et huit semaines de traitement actif), les patients ont dû tenir un agenda de sommeil qui comprenait des items relatifs aux aspects tant quantitatifs que qualitatifs du sommeil. Pendant les quatre premières semaines, il y avait une injonction d'attente négative. A l'aide du Sleep Assessment Device (unité d'évaluation du sommeil - Kelley et Lichstein, 1980), appareil qui enregistre les réactions à une tonalité fixée à intervalles réguliers et fournit une mesure objective du profil du sommeil, on a réalisé une évaluation de validité. Celle-ci a révélé une correspondance très significative entre d'une part les rapports faits par les patients eux-mêmes et d'autre part les mesures objectives en ce qui concerne les latences d'endormissement et la durée totale du sommeil (r = 0.85 et 0.87). Nous renvoyons le lecteur au chapitre 4 (p. 99-101) pour de plus amples renseignements concernant l'évaluation. On a également inclus dans cette étude d'autres échelles d'évaluation destinées à mesurer l'humeur symptomatique et le fonctionnement diurne. Nous en reparlerons au moment opportun. Les évaluations de crédibilité menées pour tous les traitements actifs ainsi que pour le placebo ont révélé des scores uniformément élevés de crédibilité du traitement et de l'attitude du thérapeute ainsi que de son approche. On a étudié les effets de la modification d'attente (attente négative qui devient attente positive) en considérant les simples effets temporels à l'intérieur de chaque groupe de traitement pour chaque variable de résultat. Ceci a révélé que lorsqu'on obtenait des ratios F généraux significatifs, des ratios F de sous-effets (variable unique) atteignaient presque toujours un caractère significatif tout d'abord lors de la période d'attente négative. Il était donc approprié de considérer la période de traitement comme une série continue plutôt que comme deux phases de traitement identifiables. Les effets non significatifs de la modification d'attente dans nos études contrastent avec ceux relevés dans les travaux antérieurs : le traitement-placebo y avait produit des modifications importantes du profil de sommeil en période d'attente positive. Il se peut donc que les caractéristiques de l'attente constituent un facteur plus significatif lorsque l'insomnie est moins grave.

On trouvera au tableau 24 un résumé de renseignements concernant les effets des traitements sur les latences d'endormissement. L'examen de ce tableau révèle que le contrôle par stimulus et l'injonction paradoxale ont, lors de la dernière semaine, produit respectivement des scores de latences d'endormissement de 31 et 36 minutes ; par comparaison, en ce qui concerne le traitement à base de relaxation et le traitement-placebo, les latences d'endormissement étaient d'à peu près une heure au terme des huit semaines de traitement. Chez les patients non traités, on constatait une légère augmentation de ces délais. Les pourcentages de modifications présentés au tableau 25 indiquent que, pour le contrôle par stimulus, cette modification avant traitement/après traitement représentait une réduction de 62 % du temps nécessaire pour s'endormir (51 % pour l'injonction paradoxale). Il est cependant intéressant d'examiner les données relatives aux processus de traitements illustrées à la figure 8. Bien que les résultats finaux concernant les latences d'endormissement aient été similaires pour ces deux traitements effectifs, il est clair que le contrôle par stimulus a exercé un effet thérapeutique important et immédiat lors de la première semaine, effet qui s'est maintenu par la suite, alors que les scores du groupe traité par injonction paradoxale ne se sont pas énormément améliorés avant la quatrième semaine. Cette impression visuelle est en effet confirmée par les analyses statistiques des effets temporels simples à l'intérieur du groupe de traitement, alors que pour le groupe soumis à la relaxation, les modifications des latences d'endormissement à travers le temps étaient similaires à l'effet-placebo.

Au tableau 25 se trouvent présentés d'autres renseignements descriptifs relatifs aux effets de traitement sur d'autres mesures établies par les agendas de sommeil. On peut y voir que la durée totale du sommeil y a approximativement augmenté de 10 % dans tous les groupes, sauf le groupe-témoin. Cependant, l'injonction paradoxale a réduit considérable-

	Relaxation	Contrôle par stimulus	Injonction paradoxale	Placebo	Pas de traitement
Latence d'endormiss. (moy., min.)	-36,6	-62,4	-50,6	-25,7	+14,2
Latence d'endormiss. (écart-type, en min.)	-25,2	-54,7	-70,4	-30,8	+18,5
Durée tot. du sommeil (moy. en h.)	+10,7	+9,2	+11,8	+9,0	0,0
Durée tot. du sommeil (écart-type, en h.)	-6,4	-8,5	-41,4	-23,6	+2,4
«Etat de repos après le sommeil» (éval. de 0 à 4)	+40,8	+18,1	+22,0	+18,9	-2,1
«Agrément du sommeil» (éval. de 0 à 4)	+37,4	+19,4	+16,3	+24,7	+4,9

Tableau 25 — *Comparaisons entre traitements des pourcentages de modifications (%) à partir des niveaux de base jusqu'au post-traitement pour un certain nombre de mesures consignées dans des agendas de sommeil* (tiré de : Espie et coll., 1989; reproduit avec l'autorisation de Pergamon Press PLC).

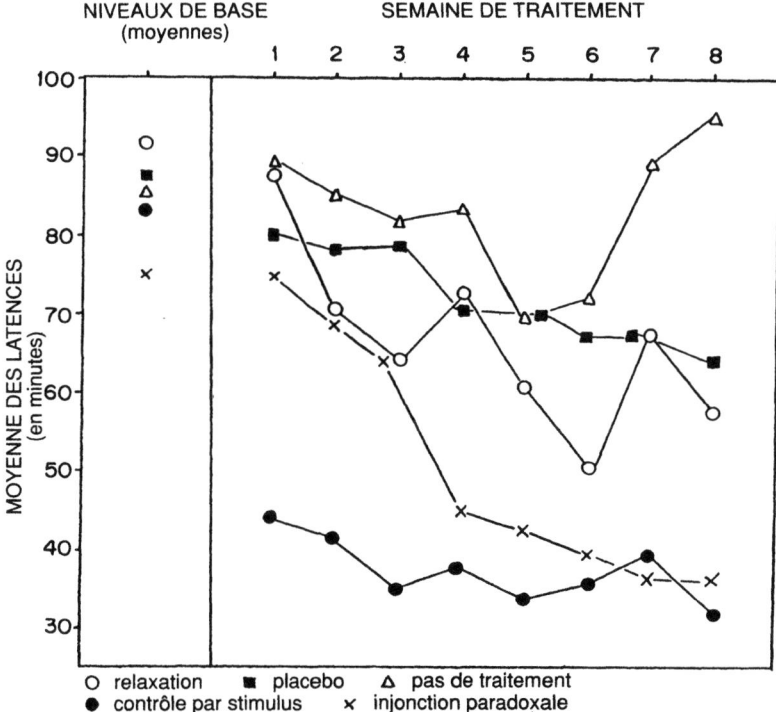

Fig. 8 — *Latences moyennes d'endormissement pour chacun des groupes d'expérimentation, pour chaque semaine de la période d'expérimentation* (les données proviennent de Espie et coll., 1989).

ment la variabilité du sommeil nocturne. Ceci va dans le sens de la conclusion selon laquelle la variabilité des latences d'endormissement d'une nuit à l'autre était également fortement réduite par ce traitement, ce qui suggère que l'injonction paradoxale constitue un traitement adéquat de stabilisation du modèle de sommeil. La variabilité de l'endormissement diminuait également fortement par le contrôle du stimulus, mais de nouveau les effets du traitement à base de relaxation étaient similaires à ceux de l'intervention-placebo. L'examen des variables relatives à la qualité du sommeil révèle toutefois une situation diamétralement opposée. Dans le cas du traitement par relaxation, on obtenait une amélioration de 41 % des estimations de l' «état de repos» après le sommeil, amélioration deux fois plus importante que dans le cas des autres groupes de traitements. De même, les rapports faits par les insomniaques eux-mêmes au sujet de l' «agrément du sommeil» étaient bien meilleurs dans le groupe soumis à la relaxation, alors que le contrôle par stimulus et l'injonction paradoxale n'arrivaient qu'à de modestes améliorations. En effet, les modifications de la qualité du sommeil atteintes par le traitement-placebo étaient au moins aussi importantes qu'avec ces deux traitements.

Le lecteur intéressé trouvera autre part des analyses statistiques multivariantes de nos résultats (Espie et coll., 1989). Les analyses formelles vont dans le sens des données descriptives. Le contrôle par stimulus ne produisait pas d'impact sur la qualité du sommeil, et l'injonction paradoxale exerçait à ce niveau des effets limités lors des trois dernières semaines de traitement. Toutefois, ces deux traitements ont amené des améliorations significatives du modèle de sommeil. L'impact de la relaxation progressive était faible et peu cohérent en termes de mesures du modèle de sommeil ; néanmoins, dès la deuxième semaine de traitement, on observait d'importants bénéfices en termes d'agrément du sommeil et d'état de repos après le sommeil. A aucun moment les sujets soumis au traitement-placebo n'ont obtenu, sur quelque mesure que ce soit, des résultats significativement meilleurs que les membres du groupe-témoin (liste d'attente).

Après la fin de la thérapie, nous avons mené à quatre occasions des évaluations détaillées de follow-up (six semaines, trois mois, six mois et dix-sept mois). On trouvera au tableau 24 les données relatives aux latences d'endormissement du follow-up final. Les évaluations réalisées à travers les périodes de follow-up indiquent que les effets de traitement se maintenaient en général correctement. En fait, on notait fréquemment des améliorations supplémentaires sur les mesures réalisées à partir des agendas de sommeil. Ces améliorations continues étaient surtout évidentes dans le cas de la relaxation progressive pour chacun des follow-ups, mais tous les types de traitements étaient associés à une amélioration sur une variable donnée. Sous contrôle par stimulus, on notait lors du follow-up à dix-sept mois une augmentation modeste et non significative des latences d'endormissement (voir tableau 24). Des comparaisons T-test effectuées à l'intérieur de chaque traitement et pour chaque variable ont confirmé le modèle général de maintien des bénéfices des traitements. Pour aucune variable on ne relevait de détérioration des valeurs au post-traitement.

Nous nous sommes également intéressés à la généralisation des bénéfices des traitements à d'autres mesures de l'humeur, du fonctionnement diurne et de la performance. Nous avons conclu que chaque traitement actif était associé à une réduction importante de l'auto-évaluation sur l'échelle de dépression de Zung (Zung Depression Scale - Zung, 1965). L'injonction paradoxale et le traitement-placebo généraient des modifications importantes de l'anxiété symptomatique (Zung Anxiety Scale, 1971), bien que le deuxième groupe cité ait obtenu une réduction moyenne de moins de trois points, réduction similaire à l'effet non significatif obtenu par le groupe soumis à la relaxation. La relaxation progressive se révélait toutefois efficace au niveau de la généralisation au fonctionnement diurne en termes de réduction de l'« angoisse » et d'amélioration de l'« adaptation au travail » et de la « concentration » telles que mesurées par les scores obtenus sur les échelles d'évaluation analogique. Le contrôle par stimulus était le seul traitement qui amenait des améliorations importantes sur l'échelle d'auto-évaluation du comportement de sommeil (Sleep Behaviour Self-Rating Scale - Kazarian, Howe et Csapo, 1979). L'analyse des scores par item sur cette échelle d'évaluation a révélé que les altérations importantes de la routine du coucher s'expliquaient par le fait que les patients ne lisaient plus au lit et éteignaient directement la lumière lorsqu'ils se couchaient.

En résumé, donc, nos études indiquent que le contrôle par stimulus produisait très rapidement et de manière très efficace un modèle plus prévisible d'endormissement rapide. Toutefois, l'instruction de contrôle par stimulus selon laquelle il faut se retenir de se mettre au lit avant d'être fatiguée au point de s'endormir peut constituer en elle-même une garantie virtuelle de réduction de la latence d'endormissement. Etant donné qu'avec cette instruction les patientes se couchent généralement plus tard que plus tôt, la période de temps qui s'étend au-delà de l'heure habituelle du coucher (au niveau de base) est automatiquement exclue, pendant la période de traitement, des estimations relatives aux latences d'endormissement. Sous contrôle par stimulus, seules de faibles augmentations de la durée totale du sommeil sont apparues, et elles ne sont devenues significatives qu'à partir de la septième semaine de sommeil. La modification générale du profil de sommeil a mis plus de temps à se développer qu'escompté sur base des modifications rapides des latences d'endormissement. De plus, la qualité perçue du sommeil ne s'est pas améliorée de manière significative lors du traitement par contrôle du stimulus : les scores relevés lors de la dernière semaine étaient similaires à ceux du groupe soumis au traitement-placebo. Ceci semble vouloir dire que la perception de la qualité du sommeil peut être largement indépendante des paramètres du sommeil en tant que tels, ce qui exerce des implications au niveau de l'adéquation du traitement à la nature de la plainte exprimée par la patiente lors de la consultation. Si cette plainte se base, par exemple, sur un mauvais état de repos et une diminution du fonctionnement diurne, le contrôle par stimulus peut manquer sa cible malgré le bénéfice que le modèle de sommeil va vraisemblablement en retirer. Nous renvoyons le lecteur au chapitre 4 (p. 118-124), dans lequel nous discutons des problèmes des évaluations pouvant mener à une adaptation du traitement.

Contrairement au contrôle par stimulus, la relaxation amenait d'importantes améliorations de l'état de repos et de l'agrément du sommeil ; elle témoignait également d'une généralisation aux mesures de concentration et de bien-être général. Ces améliorations de la qualité du sommeil survenaient dans le contexte d'effets relativement limités sur les aspects quantitatifs du sommeil. On peut avancer trois suggestions au sujet des mécanismes des effets de la relaxation sur la qualité du sommeil. Tout d'abord, il est possible que les patients se soucient moins des troubles de leur profil de sommeil et puissent apprendre à apprécier un état de relaxation, même si elles ne sont pas endormies. Ensuite, la relaxation peut rendre les sujets capables de « retirer plus de leur sommeil », soit objectivement (p. ex. une plus grande proportion de sommeil NREM de stades 3 et 4 - sommeil profond), soit de manière subjective (« se sentir plus fraîche »). Enfin, la relaxation peut offrir aux patientes un skill de contrôle autonome qui améliore les fonctions diurnes et permet une évaluation plus positive du moi et du profil de sommeil (cf. efficacité personnelle ; Bandura, 1977).

Les patients soumis à l'injonction paradoxale ont atteint à la fin du traitement des latences d'endormissement similaires à celles des patients soumis au contrôle par stimulus, bien que les améliorations concernant ce dernier résultat aient été moins directes. Lors des premières semaines, le contrôle par stimulus générait des réactions supérieures au paradoxe en ce qui concerne les latences moyennes d'endormissement. Il est intéressant de constater que l'inspection des scores individuels des patients soumis à l'injonction paradoxale a révélé que 5 patients sur 15 voyaient leurs latences d'endormissement augmenter d'au moins 33 % la première semaine du traitement. Aucun des patients soumis au contrôle par stimulus n'avait cette réaction. On a déjà discuté autre part de la possibilité de voir l'injonction paradoxale exacerber les problèmes d'endormissement (Espie et Lindsay, 1985; Lacks et coll., 1983a; voir égal. le chapitre 7, p. 192). Toutefois, ce type de traitement réussissait particulièrement bien à réduire les scores d'écarts-types associés aux valeurs moyennes hebdomadaires, c'est-à-dire la variance brute. En fait, des effets significatifs sur cette variable sont apparus avant la réduction de la latence d'endormissement moyenne. En d'autres termes, il y avait d'abord réduction de la variabilité du modèle de sommeil d'un individu d'une nuit à l'autre, ce qui met en évidence le fait que l'amélioration de la stabilité des latences d'endormissement constitue une sorte de prélude à la réduction de ces latences. Le recours au paradoxe n'était pas associé à des augmentations importantes de la durée du sommeil au cours du traitement; le bénéfice en fin de traitement était cependant de 12 % sur cette mesure. Les patients de ce groupe n'ont rapporté une plus grande sensation de repos que vers la fin du traitement, mais l'importance de la modification de la qualité du sommeil était considérablement plus faible que dans le cas de la relaxation progressive.

On peut tirer quatre conclusions principales de la comparaison entre les résultats de notre étude et ceux des études plus anciennes de Turner et Ascher (1979a) et Lacks et coll. (1983a). Tout d'abord, notre étude prouve qu'on peut appliquer avec succès les traitements psychologiques aux cas cliniques d'insomnies chroniques. En deuxième lieu, on a vu que les bénéfices retirés de ces traitements se sont révélés durables, même lorsque le follow-up se passait très longtemps après la fin du traitement. Ces deux premières conclusions sont de nature à encourager le clinicien-praticien. Nous avons également soumis les résultats de traitements à des critères strictement cliniques, et nous allons bientôt présenter les résultats de nos investigations. En troisième lieu, cependant, il convient de considérer les trois traitements comme efficaces à des niveaux différents, suivant les caractéristiques de la plainte exprimée en consultation dont on pense qu'elles revêtent une importance clinique. Le contrôle par stimulus semble être efficace pour la restructuration des habitudes, mais les patients ne seront pas nécessairement plus satisfaits de leur sommeil. La relaxation peut constituer le traitement de choix en ce qui concerne les améliorations qualitatives, lorsque le patient les perçoit comme étant plus importantes que les améliorations quantitatives. Le paradoxe est susceptible d'amener des améliorations aux deux niveaux ; il semble cependant pouvoir produire (même si ce n'est que temporairement) une exacerbation des troubles du sommeil. Enfin, il semble que l'inclusion d'une mesure de la variance brute parallèlement aux valeurs moyennes en tant que mesure de résultats se justifie, car cela permet une meilleure compréhension des processus qui sous-tendent le changement thérapeutique. Selon nous, la combinaison des scores moyens et des écarts-types représente correctement l'information qui revêt aux yeux de l'insomniaque une importance subjective et pour le praticien une importance clinique.

Nous avons déjà mentionné plus haut que la puissance méthodologique associée à la répartition au hasard des sujets en groupes de traitements mène à une situation qui est que les études de recherche n'ont pas reflété correctement la pratique clinique de routine, qui adapte le traitement afin qu'il corresponde aux exigences relatives à l'individu qui se présente à la consultation. Une étude de Turner, Di Tomasso et Giles (1983) inspire de la prudence quant à la combinaison de traitements de types différents (voir tableau 24). Des données récoltées précédemment et relatives à un groupe de contrôle qui n'était soumis à aucun traitement, à un groupe soumis à un contrôle par stimulus et enfin à un groupe soumis à de la relaxation progressive (dans le cadre de l'étude de Turner et Ascher, 1979a) étaient comparées à celles d'un nouveau type de traitement combiné qui reprenait à la fois des éléments de contrôle par stimulus et des éléments de relaxation. L'examen des résultats révèle que la relaxation progressive et le contrôle par stimulus produisaient chacun une réaction au traitement supérieure au programme de thérapie combinée et à la condition-témoin (liste d'attente) (voir tableau 24). Toutefois, les réductions moyennes des latences d'endormissement pour les groupes de relaxation et de contrôle par stimulus n'étaient que de 15 et 21 minutes respectivement. Turner, Di Tomasso et Giles ont également examiné un certain nombre d'autres paramètres du sommeil comme la durée totale du sommeil, le nombre des réveils ainsi que les évaluations de l'état de repos ou encore la difficulté d'endormissement, mais ils n'ont pas relevé de différences significatives.

Néanmoins, l'échec de ce traitement par «package» reste intéressant. On aurait pu raisonnablement s'attendre à ce qu'une telle approche se révèle *plus* efficace que ne l'auraient été ses composantes prises séparément, mais Turner, Di Tomasso et Giles ont au contraire fait état d'un taux d'échec de 82 %. Ils interprètent ces résultats à la lumière de la théorie de De la Pena (1978), théorie selon laquelle le fait de traiter les insomniaques en ayant recours d'une part à une procédure antagoniste et réductrice de l'activation (la relaxation) et d'autre part à une procédure susceptible d'augmenter cet éveil (le contrôle par stimulus) induit un échec thérapeutique. Il convient de noter que des traitements combinés similaires n'ont pas, dans d'autres études, reproduit ces résultats (voir, p. ex. Sanavio et coll., 1990, plus loin dans ce chapitre).

Nous avons étudié l'efficacité, au niveau des latences d'endormissement, du traitement randomisé par rapport à celle du traitement adapté, « sur mesure », que ce soit en termes de signification clinique ou statistique des résultats (Espie, Brooks et Lindsay, 1989). Dans ces analyses, la « thérapie randomisée » reprenait un amalgame de groupes soumis à une relaxation, un contrôle par stimulus ou une injonction paradoxale et qui avaient été traités auparavant (n = 43; Espie et coll., 1989). Nous avons également retenu pour la comparaison un groupe soumis à un placebo (désensibilisation, n = 14) ainsi qu'un groupe-témoin qui n'avait été soumis à aucun traitement (n = 13). Toutefois, 14 insomniaques chroniques envoyés par leur médecin ont été inclus dans l'étude afin de former un groupe de « thérapie sur mesure » pour lequel le traitement avait été conçu sur base des réponses au Sleep Disturbance Questionnaire (voir chapitre 3, p. 68 pour les détails). Le résultat était que quatre sujets étaient soumis à de la relaxation progressive, quatre à un contrôle par stimulus et six à une intervention cognitive constituée soit d'une injonction paradoxale, soit d'une restructuration cognitive (Beck et Emery, 1979). Les phases d'expérimentation étaient, pour ce groupe, similaires à celles du groupe d'intervention randomisée et comprenaient huit semaines de traitement actif. Les évaluations de crédibilité réalisées à la fin de la première semaine de traitement actif n'ont pas révélé de différences significatives entre la thérapie randomisée, la thérapie adaptée et l'intervention-placebo.

L'analyse statistique descriptive des résultats indique que l'amélioration au post traitement (niveau de base jusqu'à la dernière semaine du traitement) était, sur la variable « latences d'endormissement », bien meilleure dans le cas de la thérapie randomisée (49%) que dans celui du traitement adapté (35%). L'administration du placebo était associée à une réduction de 26% des latences d'endormissement, tandis que le groupe qui n'était soumis à aucun traitement voyait ses latences augmenter légèrement. Dans le cas de la thérapie randomisée, les données ont révélé une réduction graduelle et continue des latences d'endormissement tout au long des huit semaines qu'a duré l'intervention. Une analyse formelle a révélé que des diminutions importantes de ces latences apparaissaient tout d'abord la première semaine avec la thérapie randomisée, tandis que de puissants effets statistiques apparaissaient lors de la troisième semaine, effets qui se maintenaient par la suite. Par comparaison, la thérapie adaptée n'amenait que de modestes améliorations et les simples effets temporels à l'intérieur du traitement ont révélé que les modifications par rapport aux niveaux de base n'étaient statistiquement significatifs qu'entre la deuxième et la quatrième semaine. Pour résumer ces analyses statistiques, la thérapie adaptée n'imposait donc pas sa supériorité à la thérapie randomisée, comme notre intuition clinique aurait pu nous le faire croire. En fait, le testing réalisé entre les groupes et à l'intérieur de chaque groupe tend à prouver que c'est la thérapie randomisée qui était associée aux résultats les plus favorables.

Au chapitre 4, nous avons parlé de l'évaluation des résultats cliniquement significatifs, et nous renvoyons le lecteur à ce point. On peut, en guise de résumé, dire toutefois qu'on a reconnu que les comparaisons statistiques entre diverses conditions d'expérimentation, basées sur les scores d'amélioration moyenne, ne fournissent pas de renseignements sur la manière dont les individus ont réagi au traitement. De plus, une modification statistiquement importante ne revêt pas nécessairement une importance clinique et peut donc dépasser les bénéfices thérapeutiques que la patiente a retirés du traitement, ou au contraire être inférieure à ceux-ci. Nous avons dès lors décidé d'appliquer trois critères afin d'évaluer les modifications des latences d'endormissement revêtant une importance statistique. On trouvera au tableau 26 les résultats de cette analyse d'importance clinique. Ceci permet d'effectuer les comparaisons relatives aux résultats cliniques entre les quatre groupes d'expérimentation.

Groupe de traitement	n	Mesures des résultats cliniques		
		Réduction absolue des latences d'endormiss. (en %)	Réduction de 50 % des latences d'endormiss.	Latences finales ≤ 30 minutes (en %)
Pas de traitement	13	54	8	8
Placebo	14	78	14	14
Traitement «sur mesure»	14	71	50	43
Traitement randomisé	43	84	47	37
Relaxation progressive	14	71	21	7
Injonction paradoxale	15	80	47	40
Contrôle par stimulus	14	100	64	71

Tableau 26 — *Proportion de patients qui, dans chacun des traitements, atteignent la réduction cliniquement significative de leurs latences d'endormissement selon trois critères* (tiré de : Espie, Brooks et Lindsay, 1989; reproduit avec l'autorisation de Pergamon Press PLC).

Tout d'abord, il est évident que les résultats étaient plus mauvais dans le cas de l'absence de traitement et du traitement-placebo que dans celui des groupes de thérapie adaptée ou randomisée au niveau des indices les plus sûrs des modifications cliniques. On n'a observé de rémission spontanée que chez un seul sujet non traité, et seuls deux patients soumis au traitement-placebo ont atteint une réduction de 50 % de leurs latences d'endormissement, ou une latence finale de 30 minutes maximum en fin de traitement. En deuxième lieu, bien qu'à peu près 30 % des patients soumis à la thérapie adaptée n'aient pas vu leurs latences d'endormissement se réduire de quelque manière que ce soit, il reste clair que lorsque des améliorations avaient lieu elles étaient généralement significatives au niveau clinique. En fait, huit patients sur les dix de ce groupe de thérapie adaptée qui ont présenté une réduction absolue des latences d'endormissement ont également répondu à un des deux critères plus stricts de résultats, ou aux deux critères. En troisième lieu, les comparaisons effectuées entre les thérapies randomisée et adaptée indiquent que dans ce dernier cas on répondait aux critères «30 minutes maximum» et «50 % de réduction» pour une proportion de cas *légèrement* plus grande que dans l'échantillon soumis à la thérapie randomisée. Ce résultat contraste tout particulièrement avec les analyses statistiques rapportées précédemment.

Le tableau 26 reprend également des renseignements sur chacun des traitements psychologiques qui constituaient la thérapie randomisée. C'est le contrôle par stimulus qui s'est révélé le traitement le plus efficace par rapport aux trois critères. Tous les patients ont vu leur situation s'améliorer, et près de deux tiers d'entre eux ont vu leurs latences d'endormissement se réduire de plus de 50 %. 71 % d'entre eux sont également arrivés à des niveaux de latences d'endormissement de 30 minutes maximum en fin de traitement. Il est à noter que le contrôle par stimulus était le seul traitement spécifique à dépasser la thérapie adaptée au niveau des effets cliniques. L'injonction paradoxale se révélait également très efficace sur chacune des mesures. Près de la moitié des sujets ont vu leurs latences d'endormissement se réduire de 50 %, et 40 % de ces sujets répondaient au critère des 30 minutes. Toutefois, la relaxation progressive se révélait, par comparaison, très décevante. Seuls trois patients ont vu leurs latences d'endormissement se réduire de moitié, et un seul patient a répondu au critère des 30 minutes. Les effets de la relaxation et du placebo étaient cliniquement similaires.

En résumé, donc, la thérapie adaptée se révélait, en termes cliniques, au moins aussi efficace que la thérapie randomisée. Le problème de la thérapie adaptée semble être qu'une proportion importante de patients peut ne pas voir leur situation s'améliorer du tout. C'est cet effet qui a vraisemblablement contribué, dans nos analyses statistiques, à l'inefficacité comparative du traitement par combinaison de thérapies. Il est clair qu'il faut poser le problème de cette incohérence entre les appréciations statistique et clinique des résultats. Dans ce cas-ci, la variabilité inter-sujets en ce qui concerne les réactions au traitement semble avoir eu, en termes statistiques, un effet de dilution de l'impact de l'adaptation des thérapies. Il peut dès lors se révéler utile de considérer individuellement les quatre sujets qui n'ont pas réagi à la thérapie adaptée. Il semble que deux de ces patients aient été soumis à de la relaxation progressive, le troisième au paradoxe et le quatrième à une restructuration cognitive. En dépit du Sleep Disturbance Questionnaire, qui prévoyait que ces interventions se révéleraient appropriées, elles ne l'ont de toute évidence pas été. La faible réaction, dans deux cas, à la relaxation progressive va peut-être dans le sens de la conclusion selon laquelle ce traitement n'est pas cliniquement capable de réduire les latences d'endormissement. De plus, le patient qui s'est présenté à la consultation avec une angoisse de performance très marquée (et qui, en conséquence, a été traité par injonction paradoxale) a vu en fait ses latences d'endormissement doubler. De même, la restructuration cognitive semble avoir eu l'effet de concentrer l'attention sur la mentalisation lorsque le patient se trouvait au lit, et les latences d'endormissement augmentaient dans ce cas également.

On peut faire toute une série de commentaires sur l'opportunité d'une approche «sur mesure» de la thérapie. Tout d'abord, celle-ci peut se révéler très efficace en termes cliniques, mais n'aura pas forcément cette efficacité uniquement parce qu'on peut faire correspondre le traitement à un facteur étiologique *apparent*. En deuxième lieu, la force d'une thérapie adaptée se limite à la force de ses parties constituantes. Dans la mesure où le recours à une thérapie adaptée s'éloigne de la forme la plus efficace d'intervention, il sera moins avantageux, malgré la séduction clinique qu'il exerce intuitivement. Par exemple, c'est le contrôle par stimulus qui s'est affirmé comme le plus efficace des traitements randomisés en ce qui concerne la réduction des latences d'endormissement en termes cliniques, alors que la relaxation se révélait inefficace dans la grande majorité des cas. Le traitement adapté devrait tenir compte de la probabilité de bénéfices pouvant être recueillis sur base du traitement prévu. Comme on l'a dit au chapitre 4, la probabilité de bénéfice devrait être établie par rapport aux objectifs spécifiques de la thérapie, objectifs convenus entre la patiente et le thérapeute. En troisième lieu, l'anxiété mentale s'est affirmée, sur le Sleep Disturbance Questionnaire, comme la raison la plus souvent identifiée de troubles du sommeil. Il est dès lors clair que l'adaptation du traitement visera souvent à gérer les soucis et les pensées. On dispose de toute une série d'interventions à base cognitive susceptibles d'avoir différents modes d'action (voir chapitre 7, tableau 21). L'adaptation appropriée de traitements cognitifs spécifiques à des dysfonctionnements cognitifs en rapport avec le sommeil reste encore à étudier.

Lacks et Powlishta (1989) ont également présenté une analyse de la signification clinique de résultats obtenus après un traitement comportemental de l'insomnie. En vue d'étudier les résultats d'une nouvelle analyse, ils ont puisé dans un échantillon de 216 insomniaques qui avaient participé à sept études de résultats de thérapies comportementales de l'insomnie, études réparties sur une période de quatre ans. Deux tiers de leur échantillon étaient des femmes, l'échantillon total présentant un âge moyen de 49 ans et une durée moyenne de troubles du sommeil de 13 ans. Une réaction cliniquement significative au traitement a été définie sur base des recommandations exprimées par Jacobsen, Follette et Revenstorf (1984, 1986) et Christensen et Mendoza (1986). La gamme «non perturbée» pour la latence d'endormissement et la durée des éveils après endormissement a été opérationnalisée comme se trouvant à l'intérieur de deux écarts-types des valeurs moyennes de ces variables chez les personnes dormant bien (renseignements recueillis à partir d'autres études). Les valeurs-charnières étaient respectivement de 25,0 minutes (latence d'endormissement) et de 30,7 minutes (durée des éveils après endormissement).

En termes généraux, Lacks et Powlishta rapportent que 23 % des participants ont vu leur problème résolu après quatre semaines de traitement et, lors d'un follow-up réalisé peu de temps après la fin du traitement, c'était le cas de 33 % d'entre eux. Au follow-up après un an, on pouvait considérer que 32 % des participants dormaient bien. Bien que le contrôle par stimulus soit responsable de proportions plus importantes de modifications cliniquement significatives au post-traitement, d'autres traitements semblaient atteindre ce pourcentage de réussite au moment du follow-up.

Lacks et Powlishta ont également comparé leur formule de définition d'améliorations cliniquement significatives à d'autres critères de résultats. Ils ont, pour cette analyse comparative, fait intervenir 97 sujets de leur échantillon initial. Quelque 32 % de cet échantillon avaient satisfait à leur critère strict d'amélioration cliniquement significative. Ce chiffre est très semblable à celui (31 %) qui correspond au pourcentage de sujets dont on considérait qu'ils ne souffraient plus d'insomnie. Toutefois, on a considéré que pour 49 % de l'échantillon on était arrivé à une amélioration statistiquement significative. 63 % de l'échantillon se plaignaient moitié moins, et 76 % ne prenaient plus de médicaments pour dormir. En dépit de la diversité considérable des améliorations dont témoignent ces divers critères, il convient de considérer ces résultats comme encourageants. Il semble que le profil de sommeil d'*au moins* un tiers des insomniaques se retrouve, grâce au traitement comportemental, dans celui de la population dormant normalement, et il se peut que 20 à 30 % de sujets traités supplémentaires aient retiré un bénéfice important du traitement.

Si nous revenons au tableau 24, il existe un certain nombre d'autres études de résultats de traitements qui ont comparé entre elles plusieurs approches de traitement. Ladouceur et Gros-Louis (1986) ont comparé, pour un petit échantillon de 25 insomniaques recrutés, l'injonction paradoxale, le contrôle par stimulus, la simple information relative au sommeil et enfin l'absence de traitement. Ces chercheurs considéraient leurs sujets comme des personnes souffrant d'insomnie grave dans la mesure où leurs latences d'endormissement étaient de 60 minutes minimum et qu'en tant que groupe ils souffraient d'insomnie en moyenne depuis 9,5 ans. Toutefois, Ladouceur et Gros-Louis ne rapportent pas de résultats détaillés de leur principale variable dépendante relative aux latences d'endormissement, mais uniquement des effets statistiques qui indiquaient que l'injonction paradoxale et le contrôle par stimulus se révélaient aussi efficaces l'un que l'autre, mais que leur efficacité était significativement supérieure à la simple information relative au sommeil et à l'absence de traitement. De même, lors du follow-up mené deux mois après la fin du traitement, seuls les deux groupes de traitements principaux faisaient état d'une amélioration significative. Ladouceur et Gros-Louis ont inclus dans leur étude les enregistrements faits par les conjoints des latences d'endormissement et qui donnaient des chiffres très semblables à ceux cités par les sujets eux-mêmes ($r = 0.90$).

Les résultats de cette étude n'étayent pas la thèse d'une supériorité du contrôle par stimulus sur l'injonction paradoxale *au niveau des résultats finaux*; ils sont à cet égard similaires à ceux obtenus par Turner et Ascher (1979a) et Espie et coll. (1989). Etant donné que Ladouceur et Gros-Louis ne rapportent rien de leur processus d'obtention des données, on ne dispose pas de renseignements relatifs à la vitesse à laquelle les traitements ont atteint leurs effets thérapeutiques. Un dernier point vaut la peine d'être noté dans cette étude : on s'est aperçu que les sujets qui faisaient partie du groupe auquel n'avait été donnée qu'une information relative au sommeil avaient moins de motivation en ce qui concerne la continuation de la thérapie à la fin du traitement, par rapport aux sujets soumis à des interventions actives. Ceci semble dire que si l'information peut exercer vis-à-vis d'un traitement actif un effet facilitateur, elle ne peut constituer une intervention crédible en soi lorsque le trouble du sommeil est grave.

Au chapitre 3, nous avons brièvement présenté, lorsque nous discutions des facteurs cognitifs intervenant dans l'insomnie, une étude menée par Sanavio (p. 70). Selon ce chercheur, un programme de traitement cognitif serait plus efficace pour les sujets souffrant d'hyperactivation cognitive pendant qu'ils tentent de s'endormir que pour les personnes souffrant de sous-activation. Sanavio a donc réparti ses sous-groupes sur base d'une mesure de l'intrusion cognitive avant le sommeil, et l'efficacité d'un programme cognitif (comprenant des éléments de restructuration cognitive, une injonction paradoxale, un blocage de pensée et un training à l'imagerie positive) a été comparée à une mesure par biofeedback EMG par laquelle des groupes de personnes souffrant d'hyper- ou d'hypo-activation avaient également été identifiés.

Vingt-quatre insomniaques envoyés par leur médecin ont pris part à cette étude qui comprenait une période d'une semaine de monitoring du sommeil destinée à établir les niveaux de base, et deux semaines de traitement actif comprenant six sessions individuelles. Sanavio rapporte les résultats de traitement sous forme graphique, et ce pour cinq variables : latence d'endormissement, durée totale du sommeil, tension lors de la période antérieure au sommeil, intrusions cognitives lors de la période antérieure au sommeil, et enfin qualité du sommeil. En ce qui concerne les latences d'endormissement, les patients ont réduit, dans les deux conditions de traitement, de 54 % le temps qui leur était nécessaire pour s'endormir. Ni le type de traitement ni la différence d'éveil cognitif avant la période de sommeil n'affectaient ces réductions de latences d'endormissement. Dès lors, les traitements semblaient avoir une efficacité similaire (voir tableau 24). De même, la durée du sommeil augmentait en moyenne de 52 minutes pour les quatre sous-groupes, sans différences significatives entre ceux-ci. La tension lors de la période antérieure au sommeil avait diminué après la thérapie, et un petit traitement par interaction temporelle a indiqué que l'amélioration la plus importante au niveau de cette mesure était obtenue par les sujets soumis au traitement par biofeedback. Les auteurs se sont aperçus que le traitement par interaction temporelle était également significatif pour les intrusions cognitives lors de la période antérieure au sommeil. Le traitement cognitif se révélait plus efficace en ce qui concerne la réduction de la fréquence des intrusions cognitives, et les diminutions les plus importantes touchaient les insomniaques qui, lors de l'établissement des niveaux de base, faisaient état des intrusions cognitives les plus importantes. Le biofeedback et le traitement cognitif étaient tous deux associés à des améliorations significatives des évaluations de la qualité du sommeil. Toutefois, en ce qui concerne cette mesure particulière, les sujets souffrant des intrusions cognitives les plus graves bénéficiaient le plus du biofeedback, tandis que les sujets dont les intrusions cognitives étaient les moins graves bénéficiaient plus, en termes de qualité du sommeil, de la procédure cognitive.

Les analyses réalisées par Sanavio des données du follow-up mené 12 mois après le traitement indiquent que les bénéfices non seulement se maintenaient mais encore augmentaient; toutefois, on ne relevait pas de preuves d'effets différentiels de traitements. Il est intéressant de noter que huit sujets sur vingt-quatre s'étaient remis aux somnifères, que ce soit occasionnellement ou régulièrement. Une mesure brute de la signification clinique a été réalisée au follow-up, et cette mesure a révélé que sept sujets jugeaient qu'ils «n'étaient plus insomniaques» (29 % du groupe total). Dix autres sujets faisaient état d' «améliorations importantes». On peut donc dire que dix-sept sujets sur vingt-quatre faisaient état de bénéfices substantiels (71 %).

L'amélioration démontrée par les deux groupes de traitement va à l'encontre de l'hypothèse de départ de Sanavio, hypothèse selon laquelle en cas d'intrusions cognitives importantes le traitement de choix devrait présenter un centre d'intérêt cognitif. Sanavio a donc conclu qu'il peut se révéler approprié de considérer que les deux types de traitement augmentent la maîtrise de l'éveil perçu de la période antérieure au sommeil, mais il ne propose rien en ce qui concerne la manière dont cela a pu se passer. Le rapport ne dit rien non plus de la conclusion plutôt surprenante selon laquelle le coefficient de corrélation produit/moment entre d'une part la mesure des cognitions de la période antérieure au sommeil et d'autre part les latences d'endormissement rapportées par les sujets eux-mêmes n'était que de 0.09. Ce résultat pose la question de l'importance primordiale de l'intrusion cognitive dans l'étiologie de l'insomnie de la phase initiale du sommeil. On peut également mettre en question la validité de la mesure des latences d'endormissement et/ou l'évaluation de l'intrusion cognitive elle-même. D'un point de vue plus clinique, le programme cognitif de Sanavio semble avoir été très intensif : en l'espace de deux semaines, pas moins de quatre techniques cognitives ont été introduites. Il n'est dès lors pas possible d'identifier l'élément qui a été déterminant dans le succès du traitement, et en fait il semble impossible qu'un seul de ces éléments ait pu être appliqué de manière optimale étant donné le traitement rapide appliqué.

Dans une étude plus récente, Sanavio et ses collègues ont ajouté une troisième approche de traitement (combinaison de contrôle par stimulus et de relaxation) ainsi qu'un groupe-témoin (pas de traitement) à leur méthodologie antérieure (Sanavio et coll., 1990). Quarante insomniaques ont été répartis au hasard en quatre groupes d'expérimentation (voir tableau 24). Tous les sujets recevaient également une instruction générale relative aux profils de sommeil, aux besoins en sommeil et aux fonctions du sommeil ; cette instruction se donnait au moyen d'une cassette vidéo. Les résultats des six sessions de traitement étalées sur deux semaines indiquaient grosso modo une équivalence des effets de traitement. Tous les traitements (biofeedback, thérapie cognitive et combinaison contrôle par stimulus/relaxation) réduisaient les latences d'endormissement (de 17 minutes en moyenne) ainsi que la durée des éveils après endormissement (de 29 minutes), tandis qu'on n'observait pas de modification chez les sujets non traités. Les évaluations de la qualité du sommeil et de l'état de repos témoignaient de modèles similaires. Toutefois, seule la thérapie cognitive était associée à une augmentation de la durée totale du sommeil par rapport à l'absence de traitement.

Les données de l'impressionnant follow-up (3 ans après la fin du traitement) réalisé par Sanavio et coll. sont intéressantes. Pour tous les traitements on observait des réductions encore plus importantes des latences d'endormissement et de la durée des éveils après endormissement ; les mesures qualitatives témoignaient également du maintien à long terme des bénéfices de traitement. Ces résultats sont particulièrement frappants étant donné le caractère limité (six heures) des interventions. Le plus remarquable de ces résultats est peut-être la réduction de la durée des éveils après endormissement (50/60 minutes aux niveaux de base et seulement 10/20 minutes trois ans après). (Les problèmes d'endormissement n'étaient que modérément graves avant le traitement). On peut penser que l'échantillon total de l'étude de Sanavio et coll. représentait un mélange d'insomniaques souffrant d'insomnie de la phase initiale du sommeil et d'insomnie de maintien du sommeil. Dans ce cas, des analyses séparées de résultats pour ces sous-groupes cliniques auraient été appréciables.

Trois études ont comparé les résultats obtenus par diverses modalités de traitements dans une population d'insomniaques plus âgés. Bootzin, Engle-Friedman et Hazlewood (1983) ont recruté 53 insomniaques (47 à 76 ans) faisant partie d'associations de personnes âgées ; certains membres de cet échantillon avaient été recrutés par voie de presse, d'autres étaient envoyés par leur médecin. Vingt-deux sujets se plaignaient surtout d'insomnie de la phase initiale du sommeil, et trente et un d'insomnie de maintien du sommeil. Ces insomniaques ont été répartis au hasard en trois groupes de traitements et un groupe-témoin (liste d'attente). Les traitements actifs comprenaient tous une information relative à l'hygiène de sommeil et un soutien, soit seuls, soit en combinaison avec de la relaxation progressive ou une instruction de contrôle par stimulus; les sessions hebdomadaires de traitement se répartissaient sur quatre semaines. L'amélioration des latences d'endormissement entre les niveaux de base et la fin du traitement était la plus importante dans le groupe des sujets soumis au contrôle par stimulus (celle-ci atteignait une réduction de 35%; elle était de 23% dans le groupe qui recevait seulement une information relative au sommeil, et de 8% seulement dans le groupe soumis à de la relaxation progressive). Toutefois, les moyennes ajustées d'efficacité du sommeil étaient respectivement de 77, 79 et 60% pour le contrôle par stimulus, la relaxation et l'information relative au sommeil. Ces résultats reflètent la réduction de près de 50% du temps passé en éveil pour les membres des groupes «contrôle par stimulus» et «relaxation», alors qu'il n'y avait pas de modification dans le groupe qui n'avait bénéficié que d'une information relative au sommeil. En dépit de ces résultats de traitement différents, les trois traitements étaient associés d'une manière ou d'une autre à une amélioration. Deux ans après le traitement, un follow-up fut organisé; 42 sujets sur les 53 de départ participèrent à une interview téléphonique, et 21 d'entre eux tinrent pendant une semaine un agenda de sommeil. Les insomniaques qui avaient été soumis à un contrôle par stimulus rapportaient qu'ils continuaient à recourir à des composantes de ce traitement dans une plus grande mesure que les sujets soumis à d'autres interventions. Ils faisaient également état de la plus grande amélioration des latences d'endormissement sur base des agendas de sommeil. De nouveau, toutefois, Bootzin, Engle-Friedman et Hazlewood rapportent un maintien de l'efficacité dans l'ensemble des traitements actifs avec relativement peu de mesures démontrant des effets différentiels.

Analysant plus tard leurs résultats, Bootzin et Engle-Friedman (1987) écrivent que l'amélioration obtenue sur une mesure de l'éveil intermittent à la suite d'un traitement comportemental est très impressionnante étant donné la tendance générale chez les vieilles personnes à présenter des périodes d'éveil plus nombreuses. Donc, bien qu'on puisse raisonnablement qualifier de développementale une partie de la baisse d'efficacité associée à l'âge, il existe néanmoins une possibilité d'améliorer quelque peu cette efficacité. Il convient de noter toutefois que les moyennes finales relatives à l'efficacité du sommeil étaient toutes inférieures à 80%, c'est-à-dire qu'elles se trouvaient dans la gamme de sommeil perturbé si on se réfère au critère habituel d'une charnière à 85%.

Morin et Azrin rapportent deux études de traitement comportemental et cognitif de problèmes de maintien de sommeil chez des insomniaques plus âgés (Morin et Azrin, 1987, 1988). Ces chercheurs ont tout d'abord étudié les efficacités comparatives du contrôle par stimulus et d'un training à l'imagerie par rapport à celle d'un groupe-témoin sans traitement. Vingt-sept recrues (voie de presse) d'un âge moyen de 57 ans ont été assignées au hasard, mais par sous-groupes de gravité de l'insomnie, à une condition d'expérimentation. Après avoir passé une semaine à déterminer leurs niveaux de base, les sujets suivaient quatre sessions hebdomadaires de thérapie d'une durée d'une heure et menées en groupes de trois à cinq personnes. Le contrôle par stimulus était de type conventionnel et le training à l'imagerie se conformait aux procédures de focalisation de l'attention décrites par Woolfolk et McNulty (1983). Morin et Azrin ont présenté des données graphiques relatives à la fréquence et la durée des réveils tout au long de la période d'étude.

Le contrôle par stimulus produisait une réduction de 35 % de la fréquence des réveils (20 % dans le groupe soumis au training à l'imagerie et pas de modification pour le groupe-témoin). Toutefois, on n'obtenait pas sur cette mesure de différences significatives entre les groupes. En ce qui concerne la durée des réveils, les sujets soumis au contrôle par stimulus voyaient la durée totale de leurs éveils après endormissement se réduire bien plus qu'aucun des autres groupes (voir tableau 24). La réduction de 65 % associée au contrôle par stimulus était beaucoup plus forte que les 16 et 25 % associés respectivement au training à l'imagerie et à l'absence de traitement. Au follow-up organisé douze mois après la fin du traitement, une légère baisse de l'amélioration dans le groupe soumis au contrôle par stimulus et une amélioration continue dans le groupe soumis au training à l'imagerie ont produit des valeurs finales presque identiques en ce qui concerne la durée des éveils après endormissement (25 minutes pour les deux groupes de traitement).

Morin et Azrin interprètent les résultats de leur première étude comme allant dans le sens de l'idée selon laquelle les procédures comportementales et cognitives peuvent amener des bénéfices substantiels en soulageant l'insomnie de maintien du sommeil chez les personnes plus âgées. Conclusion cohérente par rapport à celles tirées précédemment, le contrôle par stimulus produisait, chez les insomniaques plus jeunes présentant des difficultés d'endormissement, un impact plus important et plus rapide sur la durée des éveils que le training à l'imagerie. L'amélioration graduelle (du post-traitement au follow-up) obtenue avec le training à l'imagerie a toutefois mené Morin et Azrin à penser que les deux traitements pourraient être combinés de manière efficace afin de rendre maximales les améliorations en matière de sommeil.

La seconde étude de Morin et Azrin présentait un modèle similaire (Morin et Azrin, 1988). Un échantillon final constitué de 17 femmes et de 10 hommes (âge moyen : 67 ans) a été réparti au hasard en groupes de traitements identiques à ceux de l'étude précédente. Toutefois, parallèlement à la mesure donnée par l'agenda de sommeil, on a eu recours lors de cette seconde étude à une horloge activée par commutateur afin de faire des enregistrements objectifs de la durée des éveils nocturnes et des latences d'endormissement. Les conjoints et amis des sujets fournissaient également des évaluations de résultats indépendantes, cela afin de fournir une validation sociale et clinique des résultats de traitements.

Les résultats de cette étude indiquent que la durée des éveils diminuait dans le cas des deux traitements actifs; sous contrôle par stimulus on obtenait une augmentation significative de la durée totale du sommeil (augmentation moyenne : 65 minutes). Le tableau 24 présente des données résumées relatives à ces durées d'éveil qui illustrent cette amélioration du pré- au post-traitement sous contrôle par stimulus, et qui illustrent également l'amélioration évidente jusqu'au follow-up de ce groupe, 12 mois après la fin du traitement. Il convient toutefois de noter que les scores obtenus lors de ce follow-up étaient également beaucoup moins élevés que les valeurs de base pour le groupe soumis au training à l'imagerie; la différence entre les groupes était, d'autre part, non significative.

Morin et Azrin ont également rapporté des données relatives aux latences d'endormissement. Sous contrôle par stimulus, ces latences passaient d'une valeur moyenne de 56 minutes à 40 minutes au post-traitement et à 23 minutes au follow-up douze mois plus tard. Les sujets soumis au training à l'imagerie voyaient leurs latences d'endormissement passer de 38 à 26 minutes après le traitement, et à 25 minutes lors du follow-up. Toutefois, les membres du groupe-témoin présentaient également une réduction substantielle de leurs latences d'endormissement (52 à 31 minutes d'un bout à l'autre du traitement). Cette amélioration apparemment spontanée des latences d'endormissement présentait un contraste marqué avec l'absence, pour le groupe-témoin, de modification de la durée totale des éveils après endormissement.

Morin et Azrin ont combiné les données générées par les trois conditions d'expérimentation afin de calculer le niveau de correspondance entre les agendas de sommeil et les unités mécaniques d'enregistrement de données. On obtenait des corrélations moyennes de 0.91 pour les latences d'endormissement et de 0.81 pour la durée des réveils, bien que les auteurs admettent qu'on ne peut considérer ces ensembles de données comme véritablement indépendants, étant donné que le feed-back objectif quotidien peut avoir permis aux sujets d'améliorer leurs propres estimations. En ce qui concerne les évaluations réalisées par les conjoints et amis, l'analyse statistique a révélé que ces derniers percevaient les patients soumis au contrôle par stimulus comme s'étant améliorés de manière significative (par rapport aux niveaux d'avant le traitement) en termes de gravité, d'interférence et du caractère perceptible de leur problème de sommeil; les sujets soumis au training à l'imagerie et ceux qui n'avaient été soumis à aucun traitement n'étaient pas perçus comme s'étant améliorés. Cette conclusion est cohérente par rapport aux évaluations de résultats données par les sujets eux-mêmes; celles-ci indiquaient que les sujets soumis au contrôle par stimulus étaient significativement plus satisfaits par rapport aux progrès réalisés lors du traitement que les sujets des autres groupes.

ÉTUDES COMPARATIVES DE RÉSULTATS - RÉSUMÉ

Il n'est pas aisé de résumer les bénéfices comparatifs des divers traitements psychologiques de l'insomnie qui ont été étudiés. Certains rapports font état de résultats supérieurs obtenus par les procédures de contrôle par stimulus, tout particulièrement en ce qui concerne les réductions des scores obtenus sur la variable «latences d'endormissement». D'autres études, aussi bien contrôlées, n'ont pu démontrer de différences significatives entre les groupes soumis à divers traitements actifs, ce qui mène à la conclusion souvent exprimée selon laquelle un mécanisme commun peut être à la base de modifications induites par les traitements. Les chercheurs responsables des études les plus récentes sont d'accord pour dire que ce mécanisme opère vraisemblablement au niveau cognitif.

Ce qui semble être clair, c'est que l'absence de traitement des plaintes en matière de sommeil qui présentent une gravité clinique mène rarement à une rémission spontanée; les interventions-placebos sont rarement efficaces et, lorsqu'elles le sont, leurs effets ne se maintiennent pas. Comme on le verra au chapitre 10, la gestion du problème par médicaments offre des perspectives limitées en matière de résultats thérapeutiques dans la population des insomniaques chroniques. De nos jours, toutefois, les traitements cognitifs et comportementaux ont été étudiés en long et en large et à plusieurs reprises chez les populations souffrant d'insomnie chronique grave (y compris les personnes âgées), et aucun de ces facteurs (gravité, caractère chronique, âge) ne semble aller à l'encontre des bénéfices de traitement. De plus, on dispose de quelques preuves selon lesquelles ces bénéfices se maintiennent bien (moyen à long terme), ce qui est cohérent par rapport au modèle de restructuration de l'habitude /acquisition des skills.

Les procédures de contrôle par stimulus ont souvent produit des améliorations étonnantes et rapides des paramètres du sommeil, et elles n'ont jamais été associées à des effets néfastes. Le praticien peut donc avoir confiance, un avis sur les influences environnementales et temporelles en matière de sommeil se révélera utile dans la plupart des cas et sera parfois suffisant. Il est possible (facteur de limitation) que le contrôle par stimulus offre moins de bénéfices par rapport à la qualité du sommeil qu'au niveau des troubles du profil de sommeil. Des traitements plus stricts, mais qui présentent des similarités procédurales par rapport au contrôle par stimulus (comme la thérapie par restriction du sommeil) n'ont pas fait l'objet d'études aussi rigoureuses, et il convient de les traiter avec précaution en raison de possibles effets de privation de sommeil dans les premiers temps.

Il existe des méthodes de relaxation très diverses, mais on ne dispose pas de preuves substantielles permettant d'exprimer une préférence pour un mode particulier de traitement à base de relaxation. Des procédures aussi variées que la méditation, la relaxation progressive et le biofeedback EMG du frontalis tendent à présenter des équivalences fonctionnelles et des similarités de résultats. Les réductions proportionnelles obtenues sur des variables telles que les latences d'endormissement ou les réveils intermittents sont moins importantes dans le cas des traitements par relaxation que dans celui du contrôle par stimulus ; parfois, elles n'étaient pas très différentes de celles obtenues par le traitement-placebo. Cependant, la relaxation peut offrir des bénéfices plus généraux sous la forme d'une capacité pratique de contrer la tension et l'anxiété sur le cycle des 24 heures. Ceci peut être très apprécié de certaines insomniaques dont le fonctionnement diurne n'est pas optimal. Si on peut associer de manière fiable le contrôle par stimulus à des modifications quantitatives du modèle de sommeil, on peut compter sur la relaxation pour amener certains changements dans les aspects qualitatifs du fonctionnement. Il est un fait, c'est que les gens aiment les exercices de relaxation.

L'injonction paradoxale est apparue il y a relativement peu de temps dans la littérature consacrée aux traitements. Les rapports relatifs à l'efficacité de l'injonction paradoxale ont eu une nature beaucoup moins équivoque que dans le cas, disons, du traitement par contrôle du stimulus. Le paradoxe peut se révéler très efficace (peut-être pas immédiatement), et de nombreuses insomniaques font directement le rapport avec son modèle théorique, basé sur l'angoisse de performance. Il s'agit peut-être là de la thérapie «anti-catastrophe» par excellence. Lors de traitements par injonction paradoxale, on a rapporté des améliorations significatives à la fois du modèle de sommeil et de la qualité de ce sommeil. Toutefois, il convient de rester prudent, dans la mesure où plusieurs études ont révélé une exacerbation potentielle des problèmes de sommeil lors de traitements paradoxaux. Il est probable que cela pourrait se résoudre par une adaptation soigneuse du traitement aux caractéristiques des patientes et par un monitoring tout aussi soigneux de l'application aux patientes des procédures paradoxales. Ces domaines de recherche restent à explorer.

Il existe bien sûr plus de techniques cognitives à la disposition du praticien (voir chapitre 7). Peu d'entre elles ont été étudiées en détail, mais les rapports préliminaires ont généralement été favorables.

En guise de conclusion, nous rappelons au praticien qu'une intervention efficace se base sur une compréhension partagée par la patiente et le thérapeute des objectifs du traitement. Le stade «contractuel» de la thérapie revêt une importance cruciale (cf. chapitre 4, p. 120). L'information relative aux techniques de traitement et à leur efficacité, présentée aux chapitres 5 à 9, devrait aider le praticien à sélectionner les réponses thérapeutiques adaptées aux objectifs thérapeutiques définis en collaboration avec sa patiente.

Chapitre 10
Gestion pratique de l'insomniaque pharmacodépendante

Dans la littérature relative à la psychologie, il est typique de s'apercevoir que la recherche consacrée aux résultats de traitements a comparé un type de traitement psychologique avec un autre ou plusieurs autres, plutôt que de comparer les traitements psychologiques aux traitements pharmacologiques. On a donc comparé les traitements cognitifs aux traitements comportementaux, ou alors une intervention cognitive a été comparée à une autre intervention cognitive. Par exemple, ce n'est qu'assez récemment que la recherche contrôlée s'est intéressée aux efficacités comparées des thérapies psychologiques et des tranquillisants légers dans le traitement des troubles de l'anxiété généralisée (Lindsay et coll., 1987; Power et coll., 1990) après de nombreuses investigations préalables des traitements cognitivo-comportementaux en tant que tels. Les choses se passent à peu près de la même façon en ce qui concerne la recherche consacrée à l'insomnie. Il existe de nombreuses études pharmacologiques, et les chapitres 6 à 8 du présent ouvrage démontrent qu'il y a eu au cours des vingt dernières années un nombre considérable d'investigations psychologiques. Cependant, les comparaisons qui semblaient s'imposer ont rarement été réalisées, ce qui fait qu'il est difficile de répondre à la question de savoir si ce traitement psychologique bien précis va, pour cette patiente, se révéler plus efficace que les hypnotiques. Il nous semble dès lors approprié d'inclure un chapitre relatif à la gestion pharmacologique dans un ouvrage concerné en grande partie par le traitement cognitivo-comportemental de l'insomnie.

Le praticien en psychologie devrait bien connaître les effets des médicaments sur le sommeil, ainsi que les indications et les contre-indications reconnues du recours à ce type de médicaments. La plupart des insomniaques envoyées par leur médecin en vue d'un traitement psychologique ont eu recours aux somnifères et continuent d'y avoir recours au moment où elles se présentent devant le psychothérapeute. Dès lors, le travail consiste très souvent à substituer au traitement pharmacologique un traitement cognitif ou comportemental efficace, plutôt que de fournir simplement le traitement psychologique lui-même.

Ce chapitre poursuit deux objectifs principaux : tout d'abord passer en revue de la manière la plus complète possible les effets des hypnotiques sur le sommeil et présenter des lignes de conduite pour l'administration appropriée de ce type de médicaments ; en second lieu, guider le praticien dans la gestion clinique de l'insomniaque qui prend des somnifères, surtout si elle en prend régulièrement. Bien que le psychothérapeute ne soit pas responsable de la prescription du médicament, il est souvent étroitement associé au programme de sevrage et de remplacement du traitement pharmacologique par une gestion alternative du problème.

HYPNOTIQUES : EFFETS, EMPLOI ET LIMITES

Les sédatifs (auparavant les barbituriques et plus récemment les benzodiazépines) ont toujours constitué le traitement médical de choix pour l'insomnie. Le cadre de cet ouvrage ne permet pas d'expliquer en détail les effets des somnifères sur le sommeil, mais les renseignements qui suivent proviennent d'articles qui ont passé en revue les divers aspects du problème.

Hartmann (1978) a passé en revue plus de 150 études pharmacologiques couvrant 10 somnifères à base de barbituriques et 25 autres sans barbituriques. Sa conclusion est que lorsque ces somnifères sont administrés à des insomniaques aux doses cliniques habituelles, ils réduisent effectivement les latences d'endormissement et augmentent la durée du sommeil. Toutefois, ils produisent également des modifications indéniables du profil normal du sommeil. L'effet de distorsion le plus frappant qu'on rencontre invariablement est celui de la suppression du sommeil REM, bien qu'on rapporte que plusieurs médicaments ne présentent pas ce phénomène lorsqu'ils sont pris à faibles doses (Kales et coll., 1970). Hartmann fait également référence à la conclusion couramment citée selon laquelle les somnifères suppriment la phase 4 du sommeil, c'est-à-dire la portion la plus profonde du sommeil NREM.

Depuis de nombreuses années, les restrictions auxquelles sont soumises les prescriptions de barbituriques ont fait qu'on s'est intéressé de plus en plus aux benzodiazépines. Ces médicaments sont généralement, mais c'est assez arbitraire, divisés en deux sous-groupes sur base de leurs effets soit anxiolytiques soit sédatifs. L'article de Hayward, Wardle et Higgitt (1989) constituera pour le praticien une source utile permettant la comparaison et le contraste entre les benzodiazépines anxiolytiques et hypnotiques. Greenblatt et coll. (1982) ont souligné le caractère erroné de l'affirmation selon laquelle les hypnotiques et les anxiolytiques présentent des différences neuropharmacologiques importantes; ils déclarent que les effets de ces médicaments dépendent entièrement des doses administrées. A faibles doses, les benzodiazépines agissent en tant qu'agents anti-angoisse et, à fortes doses, en tant que somnifères. Ces chercheurs ont également passé en revue l'ensemble des médicaments disponibles, et ils sont arrivés à la conclusion selon laquelle bien que les benzodiazépines se révèlent très nettement supérieures aux autres catégories d'agents hypnotiques, que ce soit en termes de sécurité et peut-être aussi d'efficacité, les différences cliniquement significatives existant entre les diverses benzodiazépines sont souvent subtiles. Il convient de noter que d'autres pharmacothérapies de l'insomnie (à part les benzodiazépines et les barbituriques) ont également été étudiées. Parfois, on peut prescrire des antidépresseurs sédatifs et des hypnotiques autres que les benzodiazépines, comme le zopiclone (p. ex. Mendelson, 1987; Wheatley, 1986). Pour la suite de ce chapitre, toutefois, le terme «hypnotique» sera considéré comme étant synonyme de «hypnotique de la famille des benzodiazépines».

Bien que des études EEG aient démontré que les hypnotiques réduisent les latences d'endormissement et augmentent la durée totale du sommeil, la question-clé reste celle de savoir si les hypnotiques font que les insomniaques arrivent à bien dormir. Adam (1984) s'est penché sur cette question importante et rapporte une partie des travaux entrepris par un groupe de recherche d'Edimbourg. Ces chercheurs ont conclu qu'effectivement les personnes dormant mal faisaient état d'une amélioration qualitative de leur sommeil, amélioration qui se maintenait pendant les quelques mois d'une administration continuelle (Adam et Oswald, 1982; Oswald et coll., 1982). Toutefois, on sait depuis quelque temps que les hypnotiques deviennent inefficaces en cas d'administration de longue durée; non seulement les personnes qui y ont recours sont rendues encore plus insomniaques, mais elles deviennent également pharmacodépendantes (Kales et coll., 1974b). L'opinion qui prévaut, et l'avis exprimé aux médecins, est dès lors de ne prescrire de somnifères qu'en tant que thérapie de courte durée, afin d'évaluer soigneusement les facteurs d'importance étiologique qui ont joué dans le développement du problème de sommeil; il s'agit également d'être prudent en cas d'arrêt de l'administration de ces somnifères et de faire attention aux effets probables de sevrage. (Institute of Medicine, 1979; Lader, 1986; Council on Scientific Affairs, 1981; Kales et coll., 1983b; Kales et Kales, 1987; Rogers, 1987). Il convient d'examiner plus avant les inconvénients du recours aux somnifères pendant une période étendue, étant donné que l'insomnie chronique (qui constitue la plainte la plus courante débouchant sur une demande d'évaluation et de gestion psychologique) est fréquemment associée à une consommation de médicaments. Il semble qu'il existe cinq zones de problèmes.

Tout d'abord, Hartmann (1978) a observé tout simplement (mais c'est important) que la pression de travail à laquelle est soumis le médecin généraliste facilite souvent la prescription du somnifère en tant qu'*expédient* exceptionnel, minant ainsi l'exploration d'effets étiologiques potentiels. Il déclare (ce qui est également évident, mais très important) que les patientes souffrant de problèmes de sommeil auront beaucoup plus de chances de se voit prescrire un somnifère si leur médecin n'a que 10 minutes à leur consacrer plutôt que 30 ou 40. C'est souvent dans le contexte de ce temps de consultation limité, ou encore par la disponibilité de somnifères à l'hôpital pour les patientes en médecine ou en chirurgie, que ces personnes sont mises pour la première fois en contact avec les benzodiazépines. Il semblerait dès lors qu'il y ait une différence entre le champ d'application attesté des somnifères et une bonne proportion de la pratique médicale de routine.

Une seconde raison d'être prudent provient des preuves établissant qu'une *tolérance* se développe par rapport aux hypnotiques. Et en fait elle peut se développer très rapidement. On s'est aperçu que cette tolérance apparaît, pour la plupart des hypnotiques, avec une diminution de l'efficacité sur une période de deux à six semaines d'administration nocturne (Kales et coll., 1974b, 1975). Ceci pose moins de problèmes en cas de recours occasionnel au médicament, mais après un usage régulier les effets substantiels sur le sommeil tendent à diminuer. Toutefois, ces médicaments continuent de supprimer le sommeil REM ainsi que le sommeil de phase 4, et le pourcentage de sommeil REM va vraisemblablement être réduit par rapport à la durée totale du sommeil (Kales et coll., 1975). Donc, en l'espace de peu de temps, les benzodiazépines peuvent n'avoir que peu d'effets bénéfiques sur le sommeil, et l'insomniaque qui y a recours peut continuer de souffrir d'insomnie. C'est en raison de ces périodes relativement courtes d'efficacité que de nombreuses insomniaques chroniques ont eu recours à une gamme étendue d'hypnotiques. Dès lors, pour les cas de troubles persistants du sommeil il existe évidemment un danger de voir se développer un cercle vicieux qui part de la prescription d'un somnifère et de son utilisation régulière, passe par une demande de dosage plus conséquent, stade suivi à son tour de la prescription d'un somnifère alternatif. Il faudra faire particulièrement attention à la prescription de benzodiazépines aux personnes âgées qui dorment mal (Cooks, 1986). On sait en effet que ces dernières sont beaucoup plus sensibles aux effets de ces médicaments et qu'elles n'ont besoin que de doses plus faibles pour atteindre les effets hypnotiques.

En troisième lieu, on sait depuis quelque temps que certains hypnotiques produisent des *effets de report* tels que la somnolence matinale, les nausées ou les maux de tête (Oswald, 1968). Ces effets sont causés par l'accumulation du médicament lors de son administration chronique, déterminée principalement par la demi-vie d'élimination et le taux de dégagement métabolique du médicament (Greenblatt et Koch-Weser, 1975). Si la demi-vie d'un médicament est courte, il y aura une accumulation minimale et, inversement, si elle est longue, une certaine quantité du médicament précédent se trouve toujours dans le corps lorsque la dose suivante arrive. Dès lors, une demi-vie de longue durée implique que le médicament continuera de promouvoir la somnolence et la fatigue pendant la journée. Par exemple, le triazolam possède une demi-vie courte (2 à 4 heures), le témazépam quant à lui présente une demi-vie de longueur intermédiaire (10 à 15 heures). Toutefois, la durée d'action du flurazépam est beaucoup plus longue, car un de ses métabolites actifs présente une demi-vie d'élimination de 47 à 100 heures (Kales et Kales, 1987). Le triazolam, puisqu'il est éliminé rapidement, peut produire des réveils précoces, tandis que l'action plus longue du témazépam peut éventuellement mener à de la somnolence matinale. Les effets de report du flurazépam sont encore plus importants, et la somnolence diurne peut apparaître d'autant plus.

Il est clair que, dans la mesure où un hypnotique est prescrit pour améliorer le sommeil et qu'il doit améliorer le fonctionnement diurne qui suit ce sommeil, la dégradation de ce fonctionnement constitue un manquement grave. Dement, Seidel et Carskadon (1982) ont évoqué, en tant que parties de ce phénomène de report, l'apparition de micro-sommeils, de sommeil involontaire, ainsi que l'interruption du comportement et de la performance en vigueur. Plus prosaïquement, ils écrivent que les individus sont tout simplement plus susceptibles de s'endormir au volant ou pendant qu'ils assistent à une conférence, etc. O'Hanlon et Volkerts (1986) ont mené des études systématiques consacrées aux rapports existant entre les hypnotiques et la performance de conduite d'un véhicule. Leur conclusion est que les médicaments tels que le nitrazépam et le flurazépam «possèdent un potentiel réel d'effet négatif sur la sécurité de conduite». Les rapports de Hindmarch et Ott (1984) ont, entre beaucoup d'autres, identifié également des diminutions importantes de la performance psychomotrice, du temps de réaction et des niveaux d'éveil lors de l'utilisation régulière de ce type de médicaments.

En quatrième lieu, Kales et coll. (1983b) ont passé en revue l'ensemble de la littérature consacrée aux *sevrages* après exposition aux hypnotiques. Ils font remarquer que les médecins s'intéressent généralement au problème de l'efficacité et des effets secondaires lors de l'administration du médicament, mais qu'ils négligent de prêter l'attention qu'il convient aux modifications qui suivent éventuellement l'arrêt de cette administration. Dans la mesure où les hypnotiques-sédatifs sont au départ des dépresseurs du système nerveux central, ils sont capables de produire une dépendance ainsi qu'un syndrome de sevrage. Il faudrait également inclure l'alcool dans cette discussion, car il constitue d'une part un autre dépresseur du système nerveux central et d'autre part un agent hypnotique auto-prescrit (voir Pokorny, 1978, pour la similarité des effets de l'alcool et des médicaments prescrits). Ce syndrome de sevrage peut inclure des nausées, des états d'excitation, de l'agitation, une insomnie, des cauchemars et, bien sûr, en cas de réactions plus importantes (surtout dans le cas des barbituriques et de l'alcool), de graves troubles du comportement et de la perception. Parallèlement à ce syndrome général d'abstinence, une insomnie de sevrage peut apparaître avec de graves difficultés d'endormissement et, au cours du sommeil, une fragmentation et des interruptions du modèle du sommeil associées à une augmentation marquée du sommeil REM par rapport aux niveaux de base. Le terme *insomnie de rebond* semble décrire de manière appropriée le type de trouble du sommeil dû au sevrage qui suit éventuellement l'administration de benzodiazépines (Kales, Scharf et Kales, 1978).

Ces effets de rebond surviennent en particulier dans les cas d'administration de médicaments dont l'élimination est rapide; dans certains cas, on peut les observer à la suite d'une seule nuit d'administration (Kales et coll., 1983b). Lader et Lawson ont récemment passé en revue de manière critique la littérature de recherche existant en matière d'effets de rebond. Ils résument les preuves qu'ils ont dégagées et qui vont dans le sens de Kales et de ses collègues : l'insomnie de rebond apparaît de la manière la plus claire après l'arrêt de benzodiazépines qui s'éliminent rapidement (midazolam, triazolam, brotizolam). Dans ces cas-là, les effets de rebond peuvent être importants mais ont tendance à être de courte durée. Lader et Lawson déclarent également que l'arrêt d'hypnotiques à effets intermédiaires (loprazolam, lormetazépam, témazépam) peut également amener un rebond discernable, mais celui-ci peut être retardé de deux ou plusieurs nuits, être moins sévère mais de plus longue durée. Ceci s'applique également aux benzodiazépines d'action plus longue, telles que le nitrazépam et le flunitrazépam; les composés d'action très prolongée, comme le flurazépam et le quazépam n'engendrent d'insomnie de rebond que sur une base plus sporadique.

L'augmentation de la fréquence des périodes REM est également à mettre en relation avec un certain nombre d'autres troubles du sommeil comme les rêves et les cauchemars très intenses ainsi que les éveils fréquents. Dans le cas des médicaments d'action très courte, on peut également noter des réveils précoces. Dès lors, les problèmes cliniques posés par ces phénomènes de sevrage peuvent être considérables. Les défis associés à l'arrêt de l'administration d'hypnotiques peuvent toutefois être encore plus grands dans la mesure où les effets de rebond ne sont pas nécessairement de courte durée (voir plus haut). On a vu dans certains cas que des effets de sevrage pouvaient durer jusqu'à cinq semaines après l'arrêt total de la prise de médicaments (Oswald et Priest, 1965; Nicholson, 1980). Ceci explique peut-être pourquoi de nombreuses insomniaques n'arrivent pas à persévérer dans leur programme d'abstinence. De plus, les effets de rebond ne touchent pas seulement le profil de sommeil mais également les niveaux d'anxiété diurne, qui sont en augmentation (Kales, Scharf et Kales, 1978; Kales et coll., 1983b); on relève même parfois des comportements asociaux (Salzman, 1974; Oswald, 1982).

Arrivé à ce point, on peut dire, en guise de résumé, que les facteurs limitant le recours aux hypnotiques dans les cas d'insomnies chroniques sont : le caractère expéditif de leur prescription (par opposition à une appréciation plus détaillée des facteurs étiologiques et de maintien), le développement d'une tolérance après un usage régulier, le risque d'effets de report diurnes handicapant la performance, ainsi que les problèmes liés au sevrage (et parmi eux on peut citer, ce qui est plutôt paradoxal, de sérieux dérangements du sommeil). Bien qu'on dispose de bon nombre d'écrits sur le sujet, Kales et coll. (1979) ont démontré un manque de connaissances, chez de nombreux praticiens, des effets liés à ce type de médicaments : 42 % des médecins ne savaient pas que la plupart des somnifères perdent leurs effets après plusieurs semaines d'utilisation.

Enfin, certains effets psychologiques entrent également en ligne de compte dans le recours prolongé aux somnifères. Ribordy et Denney (1977) ont, dans leur examen des traitements comportementaux en tant qu'alternatives à une thérapie pharmacologique, souligné l'importance des *effets d'attribution* lors de l'administration des médicaments. Selon eux, l'insomniaque qui prend des somnifères va vraisemblablement attribuer au médicament le sommeil dont elle peut bénéficier, et s'attribuer le peu de capacité qu'elle a de s'endormir. De même, la suppression du médicament non seulement introduit des effets physiques de rebond, mais mène également à des craintes concernant la capacité que la personne a de s'endormir par elle-même. Ces craintes sont en grande partie confirmées par le syndrome de sevrage lui-même. En l'absence du médicament, la patiente est forcée de s'appuyer sur des méthodes de self-contrôle destinées à la faire s'endormir ou à maintenir son sommeil à un moment où justement son profil de sommeil est encore plus perturbé (parfois irrémédiablement). A moins que l'insomniaque ne comprenne très clairement les phénomènes de sevrage, l'expérience va vraisemblablement mener à un renforcement des auto-perceptions relatives à l'état d'«insomniaque» et d'«incapacité de contrôle». Il existe également des preuves selon lesquelles la surestimation du temps passé endormi (peut-être dû à un souvenir réduit de l'état de veille) lors des nuits passées sous somnifères, surestimation suivie d'une conscience rendue plus aiguë des déficits en sommeil lors de l'arrêt de l'administration de ces somnifères, est peut-être responsable des problèmes qui surviennent lorsque l'insomniaque tente d'arrêter d'en consommer (Schneider-Helmert, 1988). Donc, la combinaison éventuelle de perceptions et d'attributions erronées peut produire une dépendance psychologique très marquée (nous renvoyons également le lecteur à la discussion relative aux attributions et à l'efficacité personnelle, chapitre 2, p. 52-55).

Il est clair qu'il existe toute une série de limites sérieuses (d'ordre pratique, physique et psychologique) associées au traitement pharmacologique de l'insomnie chronique. Toutefois, les chercheurs sont d'accord pour reconnaître les bénéfices potentiels d'un recours sélectif aux hypnotiques dans les cas d'insomnies transitoires. Bien que le recours à ces médicaments puisse constituer une stratégie d'adaptation efficace, ils insistent sur la nécessité de leur administration dans le contexte d'un renforcement d'autres mécanismes d'adaptation (Dement, Seidel et Carskadon, 1984; Kales et Kales, 1984). De même, Oswald (1979) reprend l'idée déjà exprimée précédemment (Clift, 1972) qu'il faut amener les patientes à considérer les hypnotiques comme des expédients temporaires afin de minimiser l'usage à long terme. Selon Dement, Seidel et Carskadon, la question principale est celle de savoir si oui ou non une thérapie à base d'hypnotiques peut induire une rémission. Kales et Kales sont d'avis que l'objectif principal du recours à des hypnotiques dans le cadre du traitement de l'insomnie chronique est d'alléger le symptôme de manque de sommeil de manière que la psychothérapie puisse se dérouler de manière efficace.

Dès lors, dans les cas de troubles du sommeil graves et de longue durée, le recours régulier aux médicaments offre vraisemblablement une approche thérapeutique incomplète et peut représenter une mauvaise pratique clinique en raison de la probabilité d'inefficacité au terme de la thérapie et de conséquences négatives possibles de l'administration prolongée comme du sevrage. Toutefois, on peut considérer comme acceptable le recours aux hypnotiques afin d'induire une rémission, ou encore leur utilisation intermittente (ce qui empêche l'accoutumance). Avant de conclure ce sous-chapitre, il peut être utile de reproduire certaines des déclarations concertées de la NIMH Consensus Conference et relatives au recours à des médicaments en vue de favoriser le sommeil.

> L'insomnie constitue un symptôme ou une condition d'origine hétérogène. Il est donc nécessaire de mener une enquête de diagnostic soigneuse et systématique. Il convient d'identifier les causes primaires médicales, psychiatriques ou autres de l'insomnie, et de les traiter en conséquence. Le traitement de l'insomnie devrait commencer par l'évaluation et la correction nécessaires de l'hygiène de sommeil et des habitudes en matière de sommeil. Il faut considérer la psychothérapie, les approches comportementales et la pharmacothérapie (soit en tant qu'interventions uniques, soit en combinaison) dans la formulation d'un plan de traitement complet. Lorsque la pharmacothérapie se trouve la forme d'intervention la plus indiquée, il faut donner la préférence aux benzodiazépines. Les patients devraient recevoir des doses qui, tout en restant efficaces, sont les moins fortes possibles, et ce pendant la période la plus courte exigée par la nécessité clinique. Le choix d'un médicament spécifique devrait se baser sur ses propriétés pharmacologiques en conjonction avec la situation clinique particulière et les besoins du patient. Les médecins devraient éduquer et surveiller leurs patients afin d'évaluer et de réduire les risques de dépendance, les effets secondaires et les éventuels problèmes de sevrage (Consensus Conference, 1984).

LE TRAITEMENT PSYCHOLOGIQUE EN TANT QUE SUBSTITUT DU TRAITEMENT PHARMACOLOGIQUE

Après avoir considéré les effets des hypnotiques sur le sommeil, ainsi que les indications et contre-indications de la thérapie pharmacologique, il est à présent nécessaire d'examiner la gestion pratique de l'insomniaque qui a recours à ces hypnotiques et se présente à la consultation.

Il est bien sûr à conseiller au praticien qui se trouve devant une nouvelle patiente qu'on lui envoie (quel que soit le problème) de se poser la question «pourquoi cette personne particulière m'a-t-elle été envoyée à ce moment précis?». La recherche des raisons de ce renvoi constitue non seulement une information descriptive importante, mais également une information sur l'état de motivation. L'examen de cette question peut toutefois se révéler particulièrement important lorsqu'il s'agit d'essayer d'atteindre deux objectifs qui s'interpénètrent, à savoir éliminer le recours à un médicament, mais également y substituer un traitement psychologique. Il est clair que la participation active dans ces *deux* éléments de l'effort thérapeutique revêtira une nature critique. Bien que chaque cas soit unique et doive être jaugé de manière individuelle, il peut être utile de caractériser certains des facteurs communs qui induisent la recherche d'un traitement alternatif de l'insomnie.

Type A

Ce type d'insomniaque peut s'être déjà rendu chez un spécialiste mais ne s'être jamais vu prescrire des somnifères. Ceci peut être dû au désir de la personne elle-même d'éviter le recours à ces médicaments, ou alors à la réticence du médecin quant à leur administration. Dans ces circonstances, il peut y avoir eu avis de nature générale, mais médecin et patiente se sont vraisemblablement mis d'accord sur l'opportunité d'un traitement non pharmacologique plus spécialisé. Bien que de tels sujets soient généralement jeunes, il existe des insomniaques qui ont des problèmes de sommeil depuis des années sans avoir eu recours à des somnifères. Dans ce groupe, on retrouvera les personnes qui pensent avoir épuisé toutes les techniques de self-contrôle disponibles. Toutefois, leur scepticisme ne les empêche peut-être pas de penser qu'elles n'ont rien à perdre en se présentant à un rendez-vous.

Type B

Le deuxième type de sujets envoyés à la consultation présente certaines similarités avec les individus de type A. Cette insomniaque disposera de médicaments qui lui ont été prescrits, mais elle n'en fait qu'un usage raisonnable et occasionnel. Elle reconnaît vraisemblablement (peut-être parce qu'elle les a rencontrés) certains des problèmes associés aux hypnotiques et préfère peut-être en général les méthodes de self-contrôle dans la gestion des problèmes personnels. Autre possibilité, cette personne peut souffrir périodiquement d'accès d'insomnie et n'avoir recours aux médicaments qu'à ces moments-là. Il n'est pas rare de voir des insomniaques avoir recours occasionnellement aux somnifères pour trouver là un traitement supplémentaire qui renforcera la gestion autonome de leur problème de sommeil. Il se peut qu'elles espèrent ne pas avoir besoin du tout de somnifères.

Dès lors, certains sujets faisant partie de ce groupe seront heureux d'une nouvelle évaluation débouchant peut-être sur un traitement psychologique, mais certains considéreront ce renvoi devant un spécialiste comme une preuve de manque de confiance ou un changement de politique de prescription de la part de leur médecin. Il vaut la peine de noter que de nombreux individus trouvent très confortable de savoir qu'ils disposent de médicaments à la maison au cas où ils en auraient besoin. Cette connaissance et cette disponibilité revêtiront peut-être une importance plus grande que le recours lui-même au médicament, qui peut être très rare. Lorsque le renvoi devant un autre praticien en vue d'un traitement alternatif est envisagé comme une menace pour cette flexibilité, le praticien en question peut s'attendre à rencontrer quelque résistance.

Type C

Parallèlement à la prise de conscience par le public des limitations des benzodiazépines, de leur inefficacité en fin de compte à traiter l'insomnie chronique, et de certains problèmes inhérents à la fois à la consommation et à l'arrêt de ces médicaments, les insomniaques qui y ont eu recours peuvent se sentir concernées et demander elles-mêmes un renvoi devant un autre praticien. Pour ces personnes, c'est l'arrêt de la prise des médicaments qui sera en soi le résultat le plus espéré. La majorité de ces personnes sera peut-être traitée avec succès par le généraliste, étant donné que leur motivation vis-à-vis de l'arrêt de la consommation de médicaments est forte, ce qui fait qu'elles seront vraisemblablement plus susceptibles de s'accommoder d'effets de sevrage potentiellement déplaisants. Toutefois, beaucoup d'entre elles sont dirigées vers un autre type de consultation. Certaines auront échoué dans leur programme de sevrage; elles se sentiront frustrées, déçues comme d'autres dont, en dépit d'un sevrage réussi, le profil de sommeil sera toujours de mauvaise qualité; il y aura alors la tentation de revenir à la prise de médicaments. Ces personnes peuvent reconnaître le besoin d'une approche alternative. D'autres encore auront déjà repris les médicaments et se seront de nouveau aperçues qu'ils sont inefficaces étant donné la déshabituation qui a eu lieu lors de la période d'abstinence.

Type D

Il existe toutefois un quatrième groupe qu'on envoie souvent pour évaluation et gestion psychologique éventuelle de leur problème d'insomnie. Pour ce groupe, la motivation qui se trouve à la base du renvoi provient du fait que le praticien a une perception modifiée de ce qui convient à sa patiente, ce qui sera accepté ou pas par l'intéressée elle-même. Etant donné les lignes de conduite qui sont maintenant à la disposition du praticien (voir plus haut), il n'est pas très étonnant de voir moins souvent des prescriptions répétées de benzodiazépines hypnotiques. Le praticien peut donc prendre la décision, en ce qui concerne un individu particulier, de ne plus prescrire ces médicaments. Parfois, cela fait partie d'une «politique» adoptée par le médecin, ou d'une pratique de groupe, ce qui fait qu'il est plus facile pour lui de justifier et de soutenir un changement par rapport à la prescription de médicaments.

Une autre situation commune est celle de l'insomniaque qui a recours à des hypnotiques et qui revient devant son généraliste en continuant de se plaindre d'insomnie. Le traitement pharmacologique exigerait soit une augmentation de dosage du même médicament soit le recours à un médicament alternatif. Le médecin décide alors que trop, c'est trop. De nombreux individus décrits dans cette catégorie auront des sentiments partagés quant au traitement alternatif envisagé. Certains auraient été très heureux de continuer les somnifères. Certains autres auront peut-être été séparés de manière brutale de leurs hypnotiques et auront connu de graves symptômes de sevrage. D'autres craindront l'idée du sevrage en raison d'expériences antérieures qui n'ont pas été couronnées de succès. Bien sûr il y aura aussi les personnes qui reconnaissent l'importance qu'il y a de chercher une approche alternative, mais certaines d'entre elles craindront que cela ne marche pas dans leur cas.

L'auteur reconnaît que les descriptions qu'il vient de faire, si du moins elles tiennent debout, doivent plus leur cohérence à la caricature clinique qu'à l'analyse scientifique des caractéristiques relevées en consultation. Néanmoins, pour en revenir à un point déjà évoqué, les facteurs de motivation qui touchent au renvoi en consultation des insomniaques qui ont recours aux médicaments jouent un rôle fondamental dans l'établissement de ce qui sera bientôt un nouveau contrat thérapeutique (voir chapitre 4, p. 120). Dès lors, si ces descriptions servent de déclencheur permettant au praticien d'examiner les facteurs de motivation, leur objectif aura été atteint.

Le reste de ce chapitre est consacré à la description et à l'illustration de deux protocoles d'arrêt de l'administration d'hypnotiques et de sa substitution par un traitement psychologique alternatif. L'information présentée se base sur un article antérieur (Espie, Lindsay et Brooks, 1988), mais avec plus de détails relatifs aux processus de traitements. Nous pensons que ces modèles peuvent s'appliquer à la fois au travail clinique et aux études de recherche. En ce qui concerne ces dernières, les protocoles décrits permettent éventuellement l'inclusion, dans les études de recherches en matière de résultats de traitements, de sujets pharmacodépendants qui en auraient autrement été exclus pour des raisons de rigueur méthodologique. Selon nous, ces protocoles offrent une approche clinique et méthodologique valide, étant donné que les décisions de passer d'une phase de traitement (ou d'une phase d'expérimentation) à l'autre se basent sur la démonstration de scores stables sur une variable-cible.

Modèle A : protocole de sevrage avant traitement

Lorsque la motivation et le consentement de la patiente le permettent, il est préférable de suivre un programme de sevrage systématique avant de se lancer dans un traitement formel quelconque de type cognitivo-comportemental. Il existe toute une série de raisons pour préférer cette manière d'agir. Tout d'abord, l'arrêt d'un médicament peut constituer en lui-même un traitement suffisant de l'insomnie. Un soutien, une information et un avis de type général peuvent être nécessaires, mais la réapparition d'un profil de sommeil stable et naturel sans «traitement» supplémentaire constitue un résultat appréciable. En second lieu, la combinaison simultanée de l'arrêt de médicaments et d'une intervention psychologique peut mener à une confusion considérable dans l'interprétation des progrès d'une patiente. Si on recourait à cette approche, il ne serait pas possible de déterminer les facteurs critiques de succès ou d'échec. Par exemple, il n'est pas raisonnable de s'attendre à ce qu'un traitement comportemental pare aux effets de sevrage. L'apparition d'un problème de sommeil exacerbé (lors du sevrage) peut dès lors miner la confiance que le sujet accorde au traitement comportemental. De même, si on arrive à de bons résultats par un sevrage et un traitement comportemental simultanés, il peut ne pas être possible de déterminer quels ingrédients ont joué un rôle critique dans cette réussite. Ce type de renseignements est très important, étant donné les rechutes possibles : soit reprise des médicaments, soit sommeil perturbé.

Il est donc préférable de mener au préalable un programme d'arrêt de la prise de médicaments. Ce qui ne signifie pas qu'il suffit d'encourager l'insomniaque à arrêter sa consommation. Il faut mettre sur pied un programme structuré, et cela sur une base individuelle. Lorsque le thérapeute n'est pas un médecin qualifié, tout programme de sevrage doit faire l'objet d'un accord avec le médecin responsable. Le but, toutefois, devrait être de s'acheminer le plus rapidement possible vers une période d'arrêt total de la prise de médicaments sans compromettre le consentement de la patiente quant au maintien de cette situation et sans augmenter indûment le niveau des effets de sevrage présentés par le sujet. Il est généralement reconnu que la réduction graduelle de l'administration de médicaments constitue une solution appropriée, à savoir au taux d'une dose thérapeutique par semaine de sevrage (Kales et coll., 1974b).

Avant et pendant le programme de sevrage, l'insomniaque devrait tenir un agenda de sommeil qui permettra le monitoring des modifications subies par le profil de sommeil et associées au programme de sevrage; des rencontres régulières de suivi avec le thérapeute devraient permettre de discuter des progrès réalisés, de prendre certaines décisions relatives au stade suivant de la réduction prévue, mais également (ce qui est important) de fournir le soutien et l'information nécessaires afin d'atteindre l'objectif assigné, à savoir l'abstinence totale et maintenue. L'étude de cas présentée ci-dessous illustre ces caractéristiques du programme de sevrage et le remplacement ultérieur du traitement pharmacologique par le traitement psychologique. Toutefois, il peut être utile ici de donner des détails supplémentaires relatifs à la nature de l'information et du soutien requis dans le cadre du programme d'arrêt du recours à des médicaments.

Au début de ce chapitre, nous donnions des renseignements descriptifs relatifs aux effets des médicaments sur le sommeil et aux effets de sevrage sur la structure et le profil du sommeil. Il convient d'incorporer ces renseignements dans un package didactique visant à fournir une information correcte, à encourager des attributions exactes et à renforcer les comportements de sevrage. On trouvera au tableau 27 l'ensemble des renseignements fondamentaux dans un programme de sevrage réussi. On recommande que ces renseignements soient présentés à la patiente parallèlement à une information générale relative au sommeil telle que faisant partie du traitement non-spécifique de l'insomnie et décrite au chapitre 5.

L'examen du tableau 27 révèle que l'information à donner est très directe et ne cherche pas à rassurer faussement. Notre propre expérience nous a en fait montré qu'il est plus utile d'insister auprès de la patiente sur les problèmes qui peuvent être rencontrés et de lui dépeindre un scénario-catastrophe que de se montrer exagérément optimiste. Il existe deux raisons à cela. Tout d'abord, cela constitue un excellent test de motivation et de capacité de la personne de maintenir sa motivation au cours de la période nécessaire; en second lieu, les individus sont plus susceptibles d'être capables de faire état de succès même dans le cas de sevrages réussis moyennement (en rapport avec les attentes). Ceci peut être considéré comme une application du principe de l'injonction para-

L'influence que les hypnotiques (= les somnifères) ont sur votre sommeil
(1) Ils dépriment le système nerveux central pour favoriser le sommeil.
(2) Le sommeil sous somnifères n'est pas un sommeil normal.
(3) La phase la plus profonde du sommeil (appelée sommeil de phase 4), ainsi que le sommeil REM (mouvements oculaires rapides) sont tous deux supprimés.
(4) Certains médicaments causent une somnolence matinale.
(5) La prise régulière de médicaments fait que le corps s'y habitue (accoutumance) et que ceux-ci peuvent ne plus avoir d'effets après quelques semaines.

Ce qui se passe lorsque vous arrêtez d'en prendre
(1) Arrêter les somnifères peut être difficile. Il peut y avoir des effets de sevrage.
(2) Ces effets peuvent mener à une certaine agitation et à un sommeil moins satisfaisant.
(3) Etant donné que le sommeil REM a été supprimé pendant la prise de somnifères, leur arrêt peut amener une augmentation du sommeil REM, avec rêves agités ou même cauchemars.
(4) Le sevrage, dès lors, cause l'insomnie (appelée «insomnie de rebond»). Ceci est également associé à une augmentation de l'agitation et de l'anxiété diurnes.
(5) Ces effets de sevrage peuvent durer plusieurs semaines, ce qui est susceptible d'être décourageant.

Y arriverez-vous sans eux?
(1) Les effets de sevrage sont temporaires. Vous reviendrez à un profil de sommeil normal.
(2) Un programme structuré de sevrage, avec conseils et soutien, fournit une aide considérable.
(3) Une adaptation du programme afin qu'il corresponde à vos besoins, ainsi qu'un suivi précis de vos progrès réduisent au minimum les effets de sevrage.
(4) Les traitements psychologiques peuvent être très efficaces en cas de problèmes de sommeil.
(5) Les bénéfices à long terme dépassent de loin les désagréments à court terme.

Tableau 27 — *Renseignements à fournir aux patients insomniaques qui ont recours à des hypnotiques et qui envisagent de suivre un programme de sevrage.*

doxale (voir chapitre 7). A cet égard, l'extrait qui suit (et qui provient d'une consultation) est révélateur.

Patiente : Vous vous souvenez, la fois dernière, quand vous m'avez dit que cela pourrait me prendre deux à trois fois plus longtemps pour m'endormir après que j'aie arrêté de prendre mes somnifères?

Thérapeute : Oui, je pense que c'est exact, c'est à peu près la moyenne. Et chez vous?

Patiente : Eh bien, la semaine dernière, il y a eu un peu de changement, mais il m'a fallu à peu près 85 minutes pour m'endormir. Ce n'est que 30 minutes de plus que d'habitude.

Thérapeute : Qu'est-ce que vous en pensez?

Patiente : Ce n'est pas mal, non?

Thérapeute : Oui. Je me réjouis que vous vous accrochiez si bien, mais ne vous étonnez pas si la situation se dégrade. Beaucoup de gens trouvent la deuxième semaine très dure.

Le thérapeute doit s'assurer que le critère principal de réussite ou d'échec (des points de vue de la patiente et de son thérapeute) lors du programme de sevrage est le respect de ce programme et non les modifications du profil de sommeil en soi. Le fait de suivre le programme de sevrage constitue l'objectif unique, et il convient de féliciter la patiente uniquement par rapport au fait d'avoir atteint cet objectif. A ce stade, les modifications relatives aux variables touchant le sommeil devraient être attribuées directement au phénomène de sevrage et non à l'efficacité personnelle. Ces données doivent être soigneusement examinées avec la patiente afin d'arriver à un feed-back correct, mais il convient de faire des efforts afin de s'assurer que la patiente ne se sente pas responsable des modifications, qu'elles soient positives ou négatives. Il est particulièrement important que les patientes n'aient pas le sentiment que leurs problèmes de sommeil exacerbés (en fait l'insomnie due au sevrage) signifient une réapparition des problèmes de sommeil qui avaient été contrôlés avec succès par les médicaments. Nous avons trouvé utile de représenter de manière graphique les données provenant des agendas de sommeil afin de résumer les modifications du profil de sommeil tout au long de la période de sevrage. Ceci peut contribuer à expliquer à la patiente la nature des effets de sevrage et, par la suite, le développement de la stabilité du profil de sommeil qui apparaît souvent quatre ou cinq semaines après l'arrêt total des médicaments. Ce type de présentation visuelle contribue à renforcer l'idée selon laquelle il est justifié de suivre le protocole d'arrêt de l'administration de médicaments.

A ce niveau, il est utile de recourir à une illustration de cas.

Exemple de cas de sevrage préalable au traitement
C. est une femme de 53 ans que son généraliste a envoyée en consultation afin de soulager son insomnie chronique de la phase initiale du sommeil. C. se plaignait de troubles importants du sommeil depuis qu'elle avait 30 ans, et elle prenait régulièrement depuis 20 ans des somnifères (au départ des barbituriques). Lorsqu'elle s'est présentée à la consultation, elle prenait 80 mg. de Témazépam chaque nuit et semblait habituée à cette dose. Sa latence d'endormissement lors de la détermination des niveaux de base était de plus ou moins 60 minutes, et elle dormait à peu près cinq heures et demie par nuit (voir figure 9).

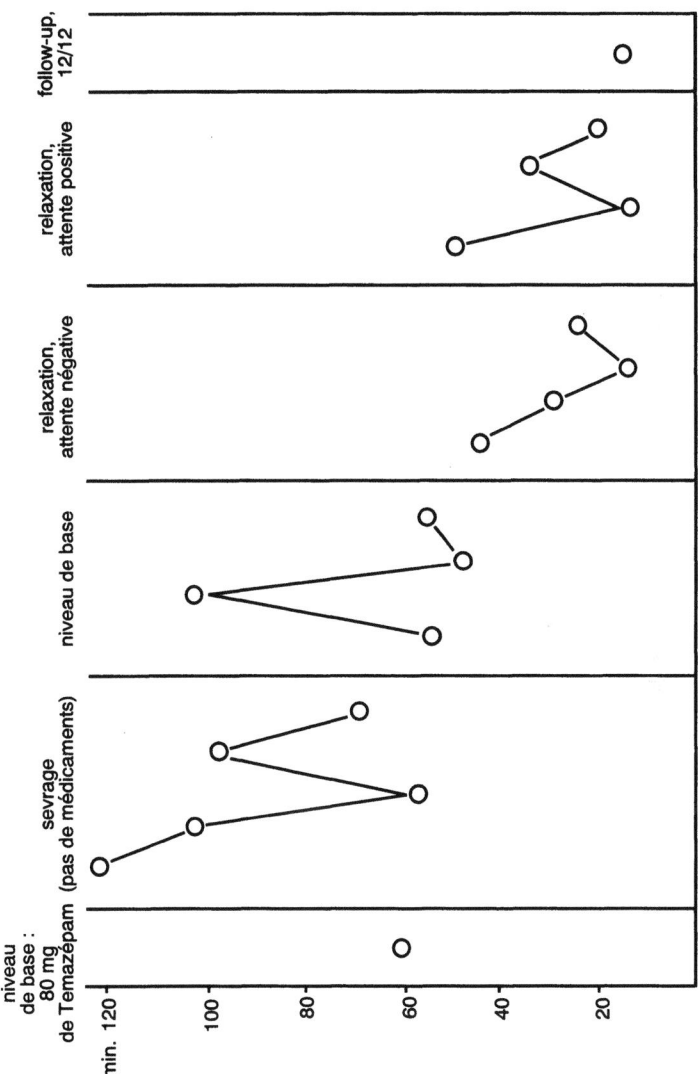

Fig. 9 — *Exemple de cas (C.) illustrant le protocole de sevrage préalable au traitement. Les données représentent les scores moyens hebdomadaires de latences d'endormissement en minutes.*

Malgré la très longue durée de ses problèmes de sommeil et sa dépendance vis-à-vis des hypnotiques, C. désirait très fortement arrêter ces médicaments et voulait commencer à le faire immédiatement. On a présenté à C. les renseignements et conseils décrits au tableau 27. Elle désirait toujours suivre son programme de sevrage. Dès lors, après une semaine de détermination des niveaux de base (agenda de sommeil), le programme a démarré et s'est poursuivi pendant cinq semaines. Pendant cette période, C. rencontrait régulièrement le thérapeute, qui lui prodiguait son soutien et ses encouragements. L'examen de la figure 9 indique que lors des deux premières semaines de sevrage, les latences d'endormissement ont augmenté considérablement et ont ensuite témoigné de variations importantes pendant un certain nombre de semaines.

Après le sevrage, un trouble important du sommeil subsistait. Une thérapie à base de relaxation aurait constitué, on le pressentait, un bénéfice. On a donc considéré une seconde phase destinée à la détermination des niveaux de base et qui s'est prolongée jusqu'à ce que le profil de sommeil de C. semble s'être stabilisé pendant deux semaines consécutives. La figure 9 indique que cela a en fait eu lieu lors des 8e et 9e semaines à partir du début du programme de sevrage. On a organisé un training de relaxation progressive pendant quatre semaines avec instruction d'attente négative, ceci afin de contrôler les effets d'attente (Steinmark et Borkovec, 1974). A la fin de cette phase d'attente négative, la latence d'endormissement était descendue à 22 minutes. Ces améliorations se sont généralement maintenues lors des quatre semaines suivantes, pendant lesquelles la patiente a été soumise à un training de relaxation en conditions d'attente positive. Lors du follow-up douze mois après la fin du traitement, C. ne prenait plus de médicaments et dormait bien (latence d'endormissement : 17 minutes).

C. était un des cinq cas présentés dans un rapport antérieur (Espie, Lindsay et Brooks, 1988) afin d'illustrer le protocole de sevrage avant traitement. Dans cet article, nous avons présenté des données groupées, car le modèle général des résultats était très similaire pour tous les individus concernés. Pour résumer ces données, on observait des effets de rebond sur les latences d'endormissement, en particulier lors des premières semaines qui suivaient l'arrêt des médicaments ; ensuite, il y avait un retour à des niveaux proches des niveaux de base. Toutefois, il subsistait un dérangement important du sommeil, et la mise en œuvre d'une thérapie psychologique (diverses méthodes) a mené à de substantielles réductions des latences d'endormissement, cela pour tous les sujets. Les follow-ups de ces cinq patients (entre 10 et 15 mois après la fin du traitement) ont révélé que dans quatre cas les bénéfices de traitement se maintenaient sans qu'on soit revenu à la consommation de médicaments. Toutefois, dans un des cas, le patient avait repris des hypnotiques.

Modèle B : protocole de sevrage après traitement

Chez certains patients, l'accoutumance se sera développée et on ne pourra arriver au sevrage sans la mise en œuvre immédiate d'une stratégie de traitement alternative et active (c'est-à-dire différente de l'intervention destinée à fournir un soutien et une éducation telle que décrite au chapitre 5). Si dans ce type de cas le thérapeute insistait sur l'opportunité d'un sevrage préalable au traitement, les patients (selon toute vraisemblance) ne se présenteraient pas à la clinique mais continueraient à la fois de souffrir d'insomnie et de constituer un défi thérapeutique pour le médecin. Il ne resterait plus à ce dernier que le choix d'augmenter les doses ou de remplacer le médicament par un autre hypnotique, reportant ainsi le problème de la dépendance à long terme des hypnotiques. Ce type d'insomniaques représente le «noyau dur» du groupe des personnes qui se présentent en consultation. Il est dès lors très important de tester sur ces cas graves (qui, généralement, ont été exclus des études de recherche en raison de problèmes de sevrage) l'efficacité ou l'inefficacité des traitements psychologiques. Nous nous sommes toutefois aperçus que cette exclusion n'est peut-être pas nécessaire et qu'il est possible d'inclure ces individus dans des recherches et d'arriver avec eux à de bons résultats cliniques. Il existe un protocole alternatif de sevrage après traitement.

Ce modèle requiert que l'administration de médicaments soit constante (niveau habituel) pendant l'enregistrement des niveaux de base et que la stabilité du profil de sommeil soit acquise. On peut alors mettre sur pied un traitement psychologique afin d'arriver à un changement thérapeutique qui peut être mesuré par rapport aux valeurs stables de départ. Si on arrive à démontrer ce changement, le résultat thérapeutique contribuera à renforcer la confiance de l'insomniaque et à restructurer des croyances jusqu'alors négatives concernant sa capacité de développer un certain self-contrôle relatif au sommeil. Ensuite, le traitement psychologique peut être utilisé afin de «sevrer» le patient au rythme prescrit.

Bien sûr, on peut s'attendre à ce que des effets de rebond apparaissent encore, et l'approche didactique (tableau 27) sera vraisemblablement requise dans ces cas également. Ce protocole de sevrage après traitement représente une procédure valable cliniquement et méthodologiquement, étant donné qu'on peut légitimement considérer les effets des hypnotiques comme constants si ceux-ci sont pris à doses égales après habituation. Dès lors, l'administration du médicament devient essentiellement une variable contrôlée; le contrôle est démontré par la stabilité des niveaux de base. Les effets du traitement peuvent alors être attribués à l'intervention psychologique en tant que telle, et on peut éliminer les hypnotiques au moyen d'un programme structuré de sevrage. Par l'application continue du traitement psychologique, toutefois, on peut s'attendre à ce qu'à la fin du programme complet le profil de sommeil soit revenu à des niveaux acceptables.

De nouveau, une illustration par étude de cas peut se révéler utile.

Exemple de cas de sevrage postérieur au traitement

D. est un homme de 51 ans envoyé par son généraliste; il souffre d'insomnie grave depuis huit ans. Au cours de cette période, D. avait pris toute une série de somnifères différents. Au moment où il s'est présenté à la consultation, il prenait chaque nuit 0,25 mg de Triazolam et 15 mg de Chlorazépate. Il faisait état d'une anxiété considérable en raison de son sommeil insatisfait qui, pensait-il, interférait gravement avec sa performance au travail. D. avait souffert de graves insomnies de rebond lors de ses tentatives précédentes d'arrêt des médicaments, et il avait été incapable de maintenir cet arrêt pendant plus de quelques nuits. Il convient de noter que le Triazolam est un hypnotique d'action particulièrement courte. Les médicaments dont la demi-vie est courte produisent généralement des effets de rebond plus importants (voir plus haut dans ce chapitre, p. 274-275).

Pendant une période de deux semaines, D. a tenu un agenda de sommeil destiné à établir ses niveaux de base. La figure 10 présente les données relatives à ses latences d'endormissement, et ce pour toutes les phases de sevrage et du programme de traitement. La latence d'endormissement était, pour les niveaux de base (prise de médicaments), de 75 minutes. On a donné à D. comme instruction de continuer à prendre ses médicaments comme prescrit, pendant qu'on mettait en œuvre un programme de traitement par contrôle du stimulus. Il était bien convenu que D. ne pouvait passer aucune pilule, même s'il sentait que son profil de sommeil s'améliorait. On l'avait assuré qu'on s'occuperait de son sevrage plus tard dans le programme. L'examen de la figure 10 indique que le traitement par contrôle du stimulus a produit une réduction de la latence d'endormissement présentée par D. en conditions d'attente négative, bien qu'il ait semblé dormir certaines semaines mieux que d'autres. A la fin des huit semaines du programme de traitement complet, il s'endormait très rapidement (latence d'endormissement : 15 minutes). Bien sûr, à ce stade, il prenait encore ses médicaments.

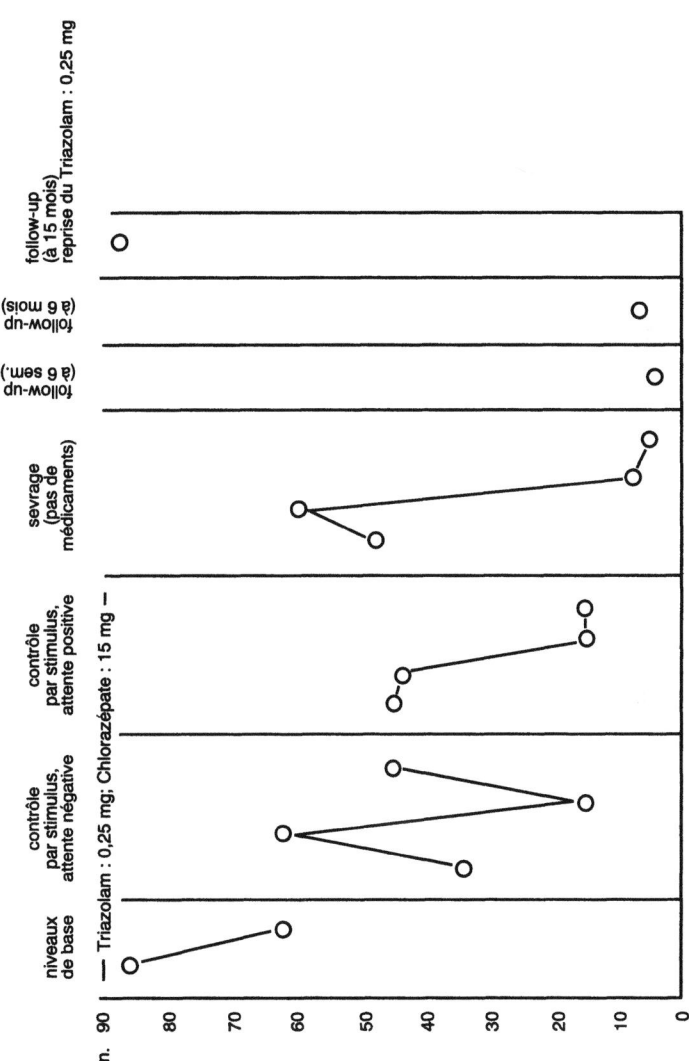

Fig. 10 — *Exemple de cas (D.) illustrant le protocole de sevrage postérieur au traitement. Les données représentées ont trait aux scores de latences d'endormissement moyennes hebdomadaires.*

Avant la phase de sevrage, on donna à D. une information relative aux effets probables du programme de sevrage et on lui dit qu'il était possible qu'un certain nombre de semaines soit nécessaire avant que son modèle de sommeil commence de nouveau à s'améliorer. Toutefois, il y avait maintenant des raisons de croire qu'il disposait d'un traitement alternatif efficace, et qu'une fois les effets de sevrage passés il serait capable de dormir raisonnablement bien en mettant uniquement en œuvre des stratégies d'autogestion. Comme on peut le voir dans la figure 10, D. a présenté des augmentations marquées de la latence d'endormissement par rapport aux niveaux du post-traitement, et ce pendant les deux premières semaines du sevrage. Cependant, aux troisième et quatrième semaines sans médicaments, les effets de sevrage avaient cessé, et D. ne présentait plus de problèmes importants relatifs aux latences d'endormissement. Lors de deux follow-ups (6 semaines et 6 mois), les résultats étaient encourageants : il n'y avait pas de détérioration des latences d'endormissement. Cependant, un follow-up à long terme (15 mois) a révélé que D. avait commencé de reprendre des somnifères à peu près un an après le dernier contact, qu'il en était revenu aux doses habituelles de Triazolam et qu'il présentait une insomnie importante de la phase initiale du sommeil.

Le cas de D., tout comme celui de C., provient de notre étude présentant des données groupées (Espie, Lindsay et Brooks, 1988). On a observé, et c'est intéressant, que trois des cinq sujets soumis dans cette étude au protocole de sevrage après traitement étaient revenus aux somnifères, ce qui représente un taux d'échec beaucoup plus élevé qu'avec le programme de sevrage avant traitement. On peut, sur base de notre expérience relative aux programmes de sevrage avant et après traitement, tenter de faire un certain nombre de commentaires.

Tout d'abord, on peut s'attendre à ce que les sujets incapables au départ d'arrêter les hypnotiques se présentent à la consultation avec des problèmes plus importants de latences d'endormissement et qu'ils puissent, en raison de cela, se sentir moins capables de faire face à l'exacerbation des problèmes de sommeil causés par les effets de rebond. En deuxième lieu, bien qu'on suggère un chiffre d'à peu près cinq semaines pour un sevrage, il ne peut être qu'approximatif. La longueur de la période de sevrage devrait, pour un individu donné, être déterminée par un monitoring du profil de sommeil et par l'identification du point auquel la stabilité réapparaît. En troisième lieu, la prédominance des rechutes du traitement psychologique vers le traitement pharmacologique indique le besoin d'une procédure de monitoring régulier, longtemps après que le programme formel de sevrage et le traitement alternatif se soient terminés. Ceci pourrait être considéré comme une forme de «thérapie turbo» destinée à rappeler à l'individu les principes et la pratique des traitements psychologiques. En quatrième lieu, il peut être nécessaire de répéter l'importance qu'il y a d'éviter le recours aux médicaments (même une fois) si on veut que ce recours ne redevienne habituel.

Le praticien doit être conscient du fait que de nombreux insomniaques gardent chez eux un stock d'hypnotiques «juste pour le cas où» ils s'avéreraient nécessaires dans le futur. Il est clair qu'il faut décourager les patients d'agir ainsi, étant donné que cette mise à disposition fournit une solution trop pratique si jamais un problème de sommeil réapparaît. Bien que les insomniaques sachent par expérience que les benzodiazépines ont tendance à être moins efficaces au terme d'un usage régulier, ils savent également qu'un somnifère peut produire un effet à la fois énorme et immédiat une nuit donnée. Ces bénéfices immédiats ne sont pas toujours disponibles par l'intermédiaire de techniques psychologiques, et ces techniques requièrent également une implication et une application plus importantes. Dès lors, si un individu a eu un profil de sommeil satisfaisant pendant un certain temps et qu'il n'a pas pratiqué régulièrement les techniques psychologiques qui lui ont été prescrites, la consommation d'une dose de somnifère peut se révéler l'option la plus attrayante pour aider cet individu à faire face à une période de stress et de sommeil de mauvaise qualité.

GESTION PRATIQUE DE L'INSOMNIAQUE PHARMACODÉPENDANTE – RÉSUMÉ

Ce chapitre a été inclus dans le présent ouvrage afin de fournir au clinicien une structure systématique dans laquelle il pourra approcher la gestion clinique de l'insomniaque qui a régulièrement recours aux hypnotiques. Pour résumer, il est toujours nécessaire de réaliser une mesure des niveaux de base du profil de sommeil pendant que l'individu est encore soumis aux médicaments, de manière à pouvoir évaluer de manière raisonnable le sevrage ultérieur et les phases d'intervention du traitement par rapport aux caractéristiques relevées en consultation. Il faut prendre une décision relative à la meilleure manière d'arriver à l'arrêt de la consommation de médicaments et à la façon de fournir à l'insomniaque l'aide nécessaire pour soutenir son sevrage et pour arriver à un profil de sommeil satisfaisant sans médicaments. Ici, motivation et respect des procédures constituent des facteurs majeurs. Lorsque c'est possible, l'option de choix devrait être l'arrêt immédiat de la prise de médicaments (réduction recommandée : une dose thérapeutique par semaine, ou autre selon l'avis du médecin responsable). Avant et pendant le sevrage, l'insomniaque aura besoin d'informations relatives à ce à quoi elle doit s'attendre, mais également d'une interprétation relative à ce qui se passe réellement. Il est utile de présenter cette intervention didactique dans un cadre paradoxal. Chez certains individus, l'arrêt des médicaments peut constituer un «traitement» suffisant, étant donné que le trouble du sommeil peut être induit au départ par ces médicaments. Par contre, certaines patientes trouveront impossible d'arrêter la prise de médicaments sans disposer d'une intervention thérapeutique active destinée à s'y substituer. Dans ces cas-là, on peut arriver à des modifications démontrables du profil de sommeil par la mise en œuvre d'un traitement psychologique pendant que la consommation de médicaments reste constante. On peut, dans ces cas, organiser un sevrage après traitement. Enfin, il convient de noter qu'on ne peut mesurer de manière satisfaisante, à la fin de la thérapie ou même six mois plus tard, les résultats de traitement des cas graves d'insomnie, surtout lorsqu'il y a eu recours prolongé aux hypnotiques. Une proportion importante de gens peut faire une rechute, même après un an ou encore plus tard. Il faut prévoir des contacts réguliers et une «thérapie turbo» afin d'assurer le maintien des bénéfices de traitement et l'adaptation appropriée aux périodes transitoires de sommeil de mauvaise qualité. Ces contacts et cette thérapie font, il faut le souligner, partie de l'expérience normale.

Index des sujets

Activation, échelle de prédisposition à l'-
Agendas de sommeil, 90-93, 101-109, 116, 157-158, 166-170, 196-197, 225, 236-240, 245-246, 248, 264-265, 282
  interprétation des -, 106-109
  fiabilité et validité des -, 30-33, 92
  procédures d'entraînement aux -, 91-92, 104-106
Alcool, 28, 35, 37, 56, 84, 127, 133, 221, 228, 274
Analogiques, échelles -, 113, 116-117
Anamnèse, 84
Antidépresseurs, 36-37, 271
Apnée du sommeil, 25, 37-38, 85
Articulatoire, suppression -, 73, 200-203
Anxiété, 28, 35-37, 46-48, 48, 65, 72-73, 79, 84, 98, 133, 172, 188, 249, 275
  Evaluation de l'-, 87-88, 162
  voir égal. : Performance, anxiété relative à la -
Arousability Predisposition Scale, 72
Attentes, caractéristiques des -, 79, 92, 105, 128, 159, 188, 192
  voir égal. : négative, instruction d'attente -
Attention sélective, 115-118
Attribution, processus relatifs à l'-, 28, 41, 52-55, 56-57, 69, 71, 93, 114, 118, 201, 243, 275-276, 282, 284
Autogène, training -, 141, 145-146, 151, 153, 156-158, 161, 168, 172

Barbituriques, 270, 284
Beck, inventaire de la dépression de -, 88
Benzodiazépines, 24, 27, 36, 56, 65, 117, 133, 270-275, 277
  Demi-vie d'élimination des -, 36-37, 273-274, 288
  voir égal. : pharmacologique, traitement -
Biofeedback, méthodes de -, 66, 70, 142, 147-149, 173
  – EEG thêta, 148, 151-152, 165-171
  – EMG, 63, 147-149, 151-154, 163-172, 232, 234-235, 259-260, 266
  – du rythme sensori-moteur, 63, 148, 152, 165-171
Blocage de la pensée, 74, 194, 197, 259
Brotizolam, 274
Bruit, effets du - sur le sommeil, 127, 135-136

Caféine, 36, 127, 132
Cauchemars, 37, 283
Chlorazépate, 288-289
Circadien, rythme -, 12, 51, 59, 63, 79
  voir égal. : veille-sommeil, cycle -
Classique, conditionnement -, 65, 151, 153, 155, 156
Clinique, signification - des effets de traitement, 106-109, 222, 227-228, 238, 251-258, 260
Cognitions
  – intrusives, 47, 60, 63, 69, 73, 88, 98,

114, 162, 166, 171, 175, 194-198, 200, 202-203, 226, 256
– apparaissant lors de la période antérieure au sommeil, 71-74, 98, 114, 145, 160-161, 175, 196, 202-203, 226, 259
Cognitif, éveil -
voir : étiologie de l'insomnie, facteurs cognitifs dans l'-
Cognitif, thérapie par contrôle -, 76-77, 195-196, 199-204
Cognitive, restructuration -, 73, 197-198, 202-204, 234, 253, 256, 259-260
Colère, gestion de la -, 198
Crédibilité, évaluation de la -, 139, 159, 190, 238, 245, 253
Croissance, hormone de -, 13

Décalage horaire, 12, 24
Delta, ondes -, 15, 157
Dépression, 27, 33, 46, 50, 72, 249
Évaluation de la -, 87-88
Déréflexion, 177
Désensibilisation
voir : systématique, désensibilisation -
Didactique, intervention -
voir : non spécifiques, traitements -
Distraction, techniques de -, 73, 77, 202, 203
voir égal. : imagerie, entraînement à l'-
Diurne, fonctionnement -
voir : évaluation du -; insomnie, séquelles diurnes de l'-

Electroencéphalogramme (EEG), 15, 16-17, 30-33, 50, 67, 92, 95-99, 109, 156-157, 159, 166
Comparaisons EEG - rapports faits par les sujets eux-mêmes, 30-33, 92, 97, 166
Biofeedback de l'onde thêta
voir : biofeedback, méthodes de -
Polysomnographie à domicile, 98-99
EEG et sommeil de l'insomniaque, 30-33
EEG et sommeil normal, 15, 16-17
Electromyogramme (EMG), 15, 17, 64-65, 96
voir égal. : biofeedback, méthodes de -
Electrooculogramme (EOG), 15, 17, 96
Elimination, demi-vie d'-
voir : benzodiazépines, demi-vie d'élimination des -
Enurésie, 24
Etat-Trait, inventaire de l'anxiété - (STAI)
Etiologie de l'insomnie, 59, 80
Facteurs situationnels dans l'-, 60-61, 74, 75-77, 205, 209-210, 213

Facteurs temporels dans l'-, 60-61, 78-79, 205, 213
Facteurs émotionnels dans l'-, 60-61, 67, 71-74
Facteurs cognitifs dans l'-, 59-60, 67-71, 80, 144-145, 158-162, 175-176, 201-204, 256-257
Facteurs relatifs au système nerveux autonome dans l'-, 59-60, 64-67, 144-145
Facteurs relatifs au système nerveux central dans l'-, 59-64
Evaluation
– du profil du sommeil, 89-90, 101-109
– de la qualité du sommeil, 89-90, 109-114
– du fonctionnement diurne, 89-90, 114-118
– facteurs historiques, 82-85
– méthodes des rapports par informateurs, 89-90, 93-95, 158
– de l'insomnie, 81-124
– méthodes objectives, 30-35, 90, 95-101, 245, 264-265
– prévisionnelle, 118-124
– facteurs en rapport avec l'état actuel, 85-89
– rapports faits par les sujets eux-mêmes, 90-93, 101-102, 166
Eveils, durée des - après endormissement (WASO), 20, 102, 103, 139, 198-199, 219, 225, 234, 257, 261, 263
Exercices, sommeil et -, 127, 130

Fatigue
voir : insomnie, séquelles diurnes de l'-
Flooding, 177
Flunitrazépam, 275
Flurazépam, 198, 273-275
Fuseaux, 15, 32, 148

Gamma-aminobutyrique, acide -, 18
General Health Questionnaire (GHQ), 87
Généralisée, angoisse -, 36, 269
voir égal. : anxiété ; personnalité, insomnie et variables relatives à la -

Hospital Anxiety and Depression Scale (HADS), 87
Humeur
voir : anxiété ; dépression ; psychopathologie
Hypersomnie, 51, 62
Hypersomnolence, 24
Hypnose, 146-147, 150, 151, 157, 172, 222
Hypnotiques
voir : benzodiazépines ; pharmacologique, traitement -

Imagerie, entraînement à l'-, 144-145, 154, 161-162, 194, 202-203, 233, 259, 263-265
Initiale, insomnie de la phase - du sommeil
voir : insomnie, - de la phase initiale du sommeil
Insomnie
évaluation de l'-, 81, 124
– et enfance, 25, 39
classification de l'-, 24-39
séquelles diurnes de l'-, 23, 48-51, 56, 73, 93-95, 109, 114-118, 185, 245, 249, 266
définitions de l'-, 11, 21-22, 29, 48, 120
différences entre - et sommeil normal, 21-22
– empirique, 25, 29
– de la phase initiale du sommeil, 25-26, 55-56, 70, 139, 194, 200, 222, 244, 261
– de maintien du sommeil, 25, 26-27, 55, 139, 194, 196-198, 200, 222, 224-226, 261-262
facteurs de personnalité et -
voir : personnalité, insomnie et variables relatives à la -
présence de l'-, 23-24
– primaire, 25, 28, 29-30
– psychophysiologique, 25, 29-30
– rebond, 243, 288, 290
voir égal. : rebond, insomnie de -
– secondaire, 25, 28, 33, 35-37, 134
– et différences de nature sexuelle, 11, 23
– spécifique, 25, 28-29
– de la phase terminale du sommeil, 25, 27
modèles théoriques de l'-, 29-80
voir égal. : étiologie de l'insomnie
Insomnoïde, état -, 48, 228
IPAT, échelle - de l'anxiété, 169

Jambes sans repos, syndrome des -, 25, 38-39

K-, complexe -, 15

Latence d'endormissement, 22, 26, 30-33, 36, 45, 54-55, 63, 70-71, 75-76, 92, 100, 106-109, 131, 149-173, 186-196, 200, 217-220, 231-241, 244-266, 271, 284-290
Lentes, sommeil à ondes -, 12-14, 20-21, 39, 109, 130
voir égal. : stades du sommeil
Libre, somnifères en vente -
Likert, échelles de -, 113, 116
Lit, confort du -, 135

Logothérapie, 177
Loprazolam, 275
Lormetazépam, 275
L-tryptophane, 134

Maintien, insomnie de - du sommeil
voir : insomnie de -
Mantra
voir : méditation
Massed practice (traitement des tics), 177
Maîtrise
voir : personnelle, efficacité -
Médical, état - et insomnie, 23, 33-35
voir égal. : insomnie secondaire
Médical, examen -, 85-86
Médicaments, tolérance vis-à-vis des -
voir égal. : pharmacologique, traitement -
Médicaments, protocoles de sevrage, 244-245, 277-292
Médication
voir : benzodiazépines; pharmacologique, traitement -
Méditation, 63, 139, 146, 154, 161, 172, 194, 223
Microsommeil, 273
Midazolam, 274
MMPI, 45-48
MMPI, échelle de dépression -, 87-88
Monotone, stimulation -, 62, 135-136
Multiple Sleep Latency Test (MSLT), 49-50, 65, 115-116

Narcolepsie, 24, 85
Négative, pratique -, 177
Négative, instruction d'attente -, 144, 158-162, 220, 234, 235, 240, 245-246, 284-287, 288-290
Nicotine, 133
Nitrazépam, 275
Nocturne, myoclonie -, 25, 38-39, 85
Nocturnes, terreurs -, 24, 38
Non spécifiques, traitements -, 125-140, 196-198, 201-204, 216, 233, 258, 282-284, 287-288, 291-292
accumulation de la connaissance, 128-129
habitudes comportementales, 130-134
efficacité des -, 137-140
planification environnementale, 134-137
voir égal. : sommeil, hygiène de -
Noradrénaline, 18, 62

Ondes alpha, 15, 32, 148
Orthodoxe, sommeil - (NREM)
voir : sommeil, stades du -

Paradoxal, sommeil - (REM), 13-19, 35-36, 39, 96, 102, 133, 216, 270, 274, 283

suppression du -, 14
effets de rebond liés au -, 14, 36-37, 274-275, 283
Paradoxale, injonction -, 72, 139, 147, 175-194, 202, 204, 231-267, 292
efficacité de l'-, 184-194, 231-267
recours à l'humour en -, 176, 181-182, 204
Parasomnie, 24
Pensée, processus de la -
voir : étiologie de l'insomnie, facteurs cognitifs dans l'-, facteurs émotionnels dans l'-; cognitions, - intrusives, – apparaissant lors de la période antérieure au sommeil
Performance, anxiété relative à la -, 72, 178, 182, 190-193, 267
Personnalité, insomnie et variables relatives à la -, 25, 35, 45-48, 52, 60, 72
Personnelle, efficacité -, 43, 44, 52-55, 60, 71, 198, 250, 260, 277
Pharmacologique, traitement -, 12, 23-24, 56, 66, 84-85, 89, 222, 228-229, 239, 242-243, 260, 265, 269-292
– et attribution, 53-54, 275-276, 283
effets de report, 36, 273-275, 283
effets sur le profil du sommeil, 36-37, 270-272, 283
effets relatifs à la tolérance, 36, 89, 272-273, 275, 283, 287-288
effets de sevrage, 36, 53-54, 56, 283, 287-288
Physiologique, activation -
voir : étiologie de l'insomnie, facteurs relatifs au système nerveux autonome dans l'-; facteurs relatifs au système nerveux central dans l'-
Pittsburgh Sleep Quality Index, 90
Placebos, 150-154, 157-158, 161-163, 168, 171-172, 189-190, 217-220, 221-222, 225, 231-236, 233-234, 239-240, 244-248, 253-255
Précoces, réveils -
voir : insomnie, - de la phase terminale
Pre-Sleep Arousal Scale, 70
Problèmes, techniques de résolution de -, 197-199
Profiles of Mood States, 51
Progressive, relaxation -, 65-67, 135-136, 138-139, 142-146, 149-173, 183, 189, 192-201, 217, 222, 231-267, 284-286
analyse des composantes de la -, 144-145, 162
procédures d'entraînement à la -, 142-145
Protéinique, synthèse -, 13

Psychiatrique, trouble -
voir : anxiété; dépression; psychopathologie
Psychopathologie, 23-24, 28, 35-36, 45-48, 60, 71-74, 93, 114-118, 249

Qualité du sommeil, 33, 39, 42-43, 55-56, 91-93, 99, 109-114, 158, 162, 169, 185-190, 220-224, 229, 239, 246-252, 259-260, 266
Quazépam, 275
Questionnaires relatifs au sommeil, 90-93

Rapports faits par les sujets eux-mêmes, comparaisons entre les mesures EEG et les -, 30-33, 92, 97, 166
voir égal. : évaluation, rapports faits par les sujets eux-mêmes
Rebond, insomnie de -
voir : insomnie -; paradoxal, effets de rebond liés au sommeil -; pharmacologique, traitement -, effets de sevrage
Régime, 127, 132, 133
Relaxation, traitements à base de -, 141-173
efficacité des -, 149-173
voir égal. : progressive, relaxation -
Réaction, inhibition de la -, 177
Report, effets de -
voir égal. : pharmacologique, traitement -
Repos, état de - après le sommeil
voir : sommeil, qualité du -
Restriction, thérapie par - de sommeil, 219, 226-230, 266
Réticulée, formation -, 18, 29, 60, 61-62, 135-136
Rêve, 18, 38, 283
Réveils intermittents, 21, 26, 35-37, 49, 55-56, 92, 94, 100, 102-103, 139, 155-164, 169, 185, 189, 193, 196, 200, 221, 223, 229, 238, 262-266
Ronflements
voir : apnée du sommeil

Saturation par stimulus, 177
Sensorimoteur, rythme - (SMR), 63
biofeedback du -, 63, 148, 152, 165-170
Sérotonine (5HT), 18, 63
Seuil, moment -, 208-209, 212, 229
voir égal. : stimulus, thérapie par contrôle du -
Sevrage, protocoles de - par rapport aux médicaments
voir égal. : pharmacologique, traitement -, effets de sevrage
Siestes, 22, 60, 61, 102, 103-104, 116, 207, 215-216

Sleep Assessment Device (SAD), 32, 34, 99-100, 245
Sleep Behaviour Self-Rating Scale, 210, 249
Sleep Disorders Centres, 96
Sleep Disturbance Questionnaire, 67-70, 76, 79, 253, 256
Sommeil
– alpha-delta, 39
effets de l'âge sur le -, 18-21, 42
fonctions du -, 12-14, 130
neurochimie du -, 18, 29-30, 61-62
variabilité du - d'une nuit à l'autre, 32-33, 44-45, 57, 79, 91, 106-108, 122-123, 215, 243, 248, 251
physiologie du -, 14-18
différences sexuelles en matière de -, 21
éducation au - : voir : non spécifiques, traitements -
efficacité du -, 26, 30, 44, 51, 63, 78, 100, 102, 103, 123, 140, 167-171, 193, 196-199, 226-228, 261-262
anamnèse du -, 82, 5
hygiène de -, 126-128, 137-139, 200, 214, 226, 262, 277
Sleep Hygiene Awareness and Practice Scale, 138
comportements incompatibles avec le -, 60, 75-77, 78, 136, 193, 206, 209-211
voir égal. : stimulus, thérapie par contrôle du -
information relative au -
voir : non spécifiques, traitements -
laboratoires de -, 33, 96-97, 166-171
Sommeil, compression du -, 219, 228, 229
Sommeil, privation de -, 13, 49, 227
Sommeil, durée totale du -, 30, 36, 48, 51, 56, 91-93, 100, 102, 131, 156-157, 158, 162, 169-171, 190, 193, 196, 223, 227, 235, 238, 245, 247, 249, 252, 259-261, 264, 271
Somnanbulisme, 24
Somnifères
voir : benzodiazépines ; pharmacologique, traitement -
Soucis, contrôle des -
voir : cognitif, thérapie par contrôle -
Stades du sommeil, 14-15, 16-21, 22, 31, 33-38, 68, 79, 96, 109, 130, 134, 148, 157, 167, 216, 250, 270, 272, 283
State-Trait Anxiety Inventory, 87-88

Stanford Sleepiness Scale, 116
Stimulus, contrôle par -
concept de -, 75, 98, 101, 118, 200, 205-206
thérapie par contrôle du -, 75-78, 139-140, 163-164, 189, 205-230, 288-290
analyse des composantes du -, 75-78
voir égal. : étiologie de l'insomnie, facteurs situationnels dans l'-, facteurs temporels dans l'-
Subjective, insomnie -
voir insomnie empirique
Systématique, désensibilisation -, 65, 77, 149-153, 155, 156, 158, 172, 184, 189

Taylor Manifest Anxiety Scale, 87
Temazépam, 273, 275
Température, effets de la - sur le sommeil, 127, 135-136
Temporel, contrôle -
voir : étiologie de l'insomnie, facteurs situationnels dans l'-; stimulus, thérapie par contrôle du -, analyse des composantes du -
Triazolam, 56, 273-274, 288-290
Trois systèmes, modèle dit «des -», 66
Troubles de l'endormissement et du maintien du sommeil (DIMS)
voir : insomnie, classification de l'-

Variabilité d'une nuit à l'autre, 32, 44-45, 50, 57, 79, 91, 106-109, 122-123, 214-215, 227, 243, 246-248, 251
Veille, état de -, 60, 102, 211-213, 226
Veille-sommeil, troubles du cycle -, 51
Veille-sommeil, cycle -, 12, 24, 39, 51, 61, 79, 136-137, 171, 213-215, 224-226
Vente libre, préparation en -, 84, 89, 133, 188
Vie, choses de la -, 47
Vingt-quatre heures, cycle de -
voir : veille-sommeil, cycle -

Zopiclone, 271
Zung
échelle d'anxiété de - (ZAS), 87, 249
échelle de dépression de - (ZDS), 88, 249

Index des auteurs

Adam, K., 3, 134, 271
Adams, A., 69
Agnew, H.W., 13-14, 31, 67, 98
Alperson, J., 218, 223
American Psychiatric Association, 24
Ancoli-Israel, S., 99
Ascher, L.M., 26, 72, 75-77, 92-94, 177-180, 183-192, 218, 221-222, 231, 232, 237-241, 251-252, 258
Aschoff, J., 63
Aserinsky, E., 15, 96
Association of Sleep Disorders Centers (ASDC), 24
Azrin, N.H., 100, 233, 263-264

Baddeley, A.D., 200
Baekeland, F., 26, 30, 130
Baker, B.L., 152, 156
Balter, M.B., 27, 35
Bandura, A., 43, 54, 250
Barlow, D.H., 38, 107, 180, 221
Baron, R., 52
Beary, J.F., 143
Beck, A.T., 73, 88, 253
Beck, J.T., 179
Bell, C., 101
Benson, H., 143
Berger, R., 13
Bergin, A., 107

Bernstein, D., 142
Bertelson, A.D., 46, 139
Besner, H.F., 168
Besset, A., 97
Biglan, A., 218, 223
Billiard, M., 97
Birrell, P.C., 26, 31
Bixler, E.O., 23, 27
Bliss, E.L., 153, 156
Bohlin, G., 62, 135
Bolton, S., 132
Bond, I.K., 151, 155
Bonnett, M.H., 21
Bootzin, R.R., 29, 49, 50, 52, 64, 75, 78, 91-94, 110, 132, 140, 145, 153, 157-158, 194, 206, 211-212, 213-219, 232, 235, 234, 261-262
Borkovec, T.D., 18, 30-31, 38, 46, 59, 62-66, 67-70, 73, 92, 136, 142-144, 150, 153, 155, 157-159, 175, 235, 286
Bornstein, P.H., 185, 186, 188
Boylan, M.B., 147, 153, 171
Boyle, G.J., 88
Brezinova, V., 132-134
Bricola, A., 62
Brockner, J., 52
Brooks, D.N., 66-69, 73, 75, 108, 243-244, 253, 254, 280, 286, 290
Browman, C., 64

Buchsbaum, M., 46, 62, 109
Budzynski, T.H., 147-148, 151, 165
Buysse, D., 90

Campbell, S.S, 20, 31, 36, 67
Carr-Kaffashan, L., 145, 151, 161
Carrol, M.D., 143
Carskadon, L.A., 20, 26, 30, 36, 48-49, 79, 91, 114-115, 273, 276
Cartwright, D., 23
Caruso, L.S., 226
Chambers, G.W., 136
Christensen, L., 257
Cirignotta, F., 23, 132
Clifford, R.E., 177-178
Clift, A.D., 276
Clouser, R.A., 151, 155
Coates, T.J., 20, 26, 31, 44, 54, 59, 64, 98, 196-198, 242
Coleman, M., 38
Colquhoun, W., 49
Consensus Conference (NIMH), 277
Cook, P.J., 273
Cooper, J., 24
Coren, S., 71
Council of Scientific Affairs, 272
Coursey, R.D., 46, 62, 66, 109, 147, 151, 168
Craske, M.G., 38
Cravens, J., 134
Csapo, K.G., 210, 249
Czeisler, C.A., 64

Danser, D.B., 179
Davidson, R.J., 143
Davison, G.C., 54
Davies, R., 224
De la Pena, A., 252
DeLuca, R.V., 218, 222
Dement, W.C., 14-18, 20, 36-37, 48-49, 79, 85, 114-115, 273-276
Denney, D.R., 52, 65, 275
Dewan, E.M., 14
Di Tomasso, R.A., 59, 233, 242, 252
Dubois, P., 176
Dunlap, K., 176
Dunnel, K., 23
Dyal, J.A., 186, 193

Edinger, J.D., 47
Edwards, R.S., 49
Efran, J., 72, 184, 185, 186
Emery, G., 253
Engel, R.R., 102
Engle-Friedman, M., 49, 91, 132-135, 140, 215, 235, 261
Eno, E.N., 154, 171
Erwin, C.W., 93-94

Espie, C.A., 26, 32, 34, 45, 54, 67-74, 75-77, 100, 106-108, 112, 119, 120, 180, 184, 187, 192, 199, 208, 212, 231, 233, 235, 241, 243-244, 247-248, 251-253, 254, 258, 280, 286, 290
Espie, L.C., 32, 100
Evans, D.R., 44, 151, 155
Evans, F.J., 91

Farley, T.W., 191
Feinstein, B., 148, 165
Feldman, D.A., 179
Fischer, S.M., 20, 59, 79, 108-110, 131, 146
Fletcher, D.J., 134-136
Fogle, D.O., 186, 193
Follette, W.C., 107, 257
Follingstad, D.R., 46, 64, 76
Fowles, D., 66, 150, 157
Frankel, B.L., 22, 27, 30, 39, 46, 62, 64, 109
Frankl, V.E., 176, 182
Franklin, J., 100
Franzen, M., 69
Freed, A., 24
Freedman, R., 46, 65, 91, 147, 151, 166, 175

Galliard, J.M., 22, 109
Ganguli, R., 36
Garnett, D., 49
Geer, H.J., 151, 155
Gering, R.C., 46
Gershman, L., 151, 155
Gerz, H.O., 180
Gibbons, R., 54
Gierz, M., 36
Giles, T., 233, 242, 252
Gillin, J.C., 18, 22, 27, 36, 39, 79
Gilman, A., 36, 132
Glaros, A.G., 54
Glenville, M., 49
Glovinsky, P.B., 226
Goldberg, D., 87
Golden, R.N., 136
Goldfried, M., 154, 156, 164
Good, R., 64
Goodman, W., 36, 132
Gorsuch, R.L., 87
Graham, K., 147, 151, 156-157
Gramling, S.E., 21
Greenblatt, D.J., 36, 271, 273
Gros-Louis, Y., 139, 233, 258
Gross, R.T., 68, 73
Gruszkos, J.R., 179
Guilleminault, C., 37-38, 85

Hammond, E.C., 23

Hartmann, E., 270, 272
Harvey, E.N., 15, 96
Hathaway, J.R., 88
Hauri, P., 31, 63, 66, 135-136, 148, 152, 166-171
Hawkins, D.R., 13
Haynes, S.N., 22, 30, 46, 50, 64-66, 69, 76, 152, 156-157, 163, 218, 220, 221
Hayward, P., 271
Hazlewood, L., 140, 262
Healey, E.S., 47
Heffler, D., 52, 66, 92, 152, 164
Hennings, B.L., 143, 150, 160
Herman, C., 52
Hersen, M., 221
Hicks, R.A., 46
Hiebert, D.E., 101
Higgitt, A., 271
Hindmarch, I., 274
Hinkle, J., 152, 155
Hobart, G.A., 15, 96
Hoch, C.L., 20
Hoddes, E., 116
Hodgson, R., 42
Hoelscher, T.J., 47
Holborn, S.W., 101
Hood, F.M., 45
Horne, J.A., 13-14, 130
Howe, M.G., 210, 249
Howe, R.C., 63, 148
Hoy, P., 26, 30
Hugdahl, K., 42
Hughes, H.H., 232, 236
Hughes, R.C., 232, 236
Hursch, C.J., 29

Institute of Medicine, 24, 133, 272

Jacobs, E.A., 97
Jacobsen, N.S., 107, 257
Jacobson, E., 142
Jalfre, M., 18
James, S.P., 136
Jencks, B., 153, 156
Johns, M.W., 30, 46, 64, 91
Johnson, L.C., 13
Jordan, J.B., 63

Kahn, M., 152, 156
Kales, A., 15, 18, 19, 22, 27, 33, 36, 37, 53, 62, 86, 89, 118, 133, 137, 146, 270-277, 282
Kales, J.D., 15, 18, 19, 33, 36, 37, 46, 62, 86, 96, 137, 146, 272-277
Kaloupek, D., 143, 150, 160
Kamgar-Parsi, D., 79
Kapuniai, L.E., 38
Karacan, I., 22, 29, 36, 79, 109

Katkin, A.S., 151, 155
Kazarian, S.S., 210, 249
Kazdin, A.E., 107
Kelley, J.E., 32, 99, 245
Kellogg, R., 52
Kennedy, S., 38
Kent, G., 54
Killen, J.D., 44, 54, 242
King, N.J., 143
Kleitman, N., 15, 18, 96
Knab, B., 102
Koch-Weser, J., 36, 273
Kolko, D.J., 180
Kramer, M., 24, 27, 44, 46, 242
Kumar, A., 46
Kupfer, D.J., 36, 93-94
Kwentus, M.D., 48, 110, 137, 194, 229

Lacks, P., 26, 46, 55, 59, 78, 83, 92-94, 129, 134-139, 184, 211, 214, 219, 225, 231, 232, 239-241, 251, 257
Ladouceur, R., 139, 233, 258
Lane, T.W., 18, 31, 38, 67
Lang, P.J., 42, 66
Lasky, R., 130
Last, C.G., 180
Lawrence, P., 76, 79, 217, 218, 232, 235
Lawson, C., 274
Levey, A.B., 136, 200, 203
Levin, D., 46
Levine, B.A., 186, 191
Levy, M., 36
Lichstein, K.L., 20, 32, 48, 59, 69, 73, 99, 108-110, 131, 146, 219, 228-229, 245
Lick, J.R., 66, 92, 152, 164
Liljenberg, B., 23
Lindsay, W.R., 32, 34, 45, 54, 68-74, 75-77, 100, 108, 187, 192, 199, 200, 241, 243-244, 251, 253, 254, 269, 280, 286, 290
Linnoila, M., 49
Lisman, S.A., 52, 76-78, 175, 217, 218, 223
List, S., 134
Lockwood, G., 66, 152, 163
Loomis, A.I., 15, 96
Loudon, J., 132
Lowe, J.D., 46
Lubin, A., 49
Lushene, R.E., 87
Luthe, W., 145
Lutker, E., 152, 155
Lutz, T., 24, 27, 44, 46, 242

McCabe, T.G., 147, 153, 171
MacDonald, L.R., 63, 148, 165
McGhie, A., 18-20, 23, 90
McGowan, W.J., 46, 64, 76

McKinlay, J.C., 88
MacKintosh, N.J., 206
McNulty, T.F., 144, 154, 162, 263
Magoun, H.W., 62
Mahoney, C., 73
Mahrer, A.R., 46
Mancio, M., 18
Marchini, E.J., 50, 131
Mariotti, M., 18
Marks, P.A., 46
Masters, J., 177
Mavissakalian, M., 180
Meichenbaum, D.H., 73
Mellinger, G.D., 27, 35
Mendelson, W.B., 18, 49-50, 271
Mendoza, J.L., 257
Michelson, L., 180
Milan, M.A., 180
Miles, L.E., 20
Mitchell, K.R., 73, 194-196
Mitler, M.M., 96
Monroe, L.J., 21-22, 46, 64-66, 73, 91, 109, 135
Montgomery, I., 23, 131
Morgan, K., 23
Morin, C.M., 21, 48, 100, 110, 137, 194, 229, 233, 263-265
Moruzzi, G., 18, 62
Mungas, D.M., 185, 186

Nau, S.D., 150, 155, 159
Nicassio, P.M., 29, 50, 52, 64, 70, 75, 78, 91-94, 110, 145, 147, 153, 157-158, 171, 194, 206, 217, 219, 234, 235
Nicholson, A.N., 37, 275
Nisbett, R., 52
Norton, G.R., 218, 222
Null, G., 132

O'Brien, G.T., 180
Ogilvie, R.D., 32, 100
O'Hanlon, J.F., 273
Olmstead, E., 31
Oswald, I., 13, 36, 86, 132, 271, 275-276
Ott, B.D., 186, 191
Ott, H., 274

Papsdorf, J., 66, 91, 147, 151, 165, 175
Passouant, P., 97
Patten, B.M., 39
Paxton, J.T., 131
Pellegrini, R.J., 46
Pendleton, L.R., 153, 156
Perkin, G., 23
Phelps, P.J., 63
Pokorny, A.D., 37, 133, 274
Porter, J.M., 130
Poulton, E.C., 149

Power, K.G., 269
Powlishta, T.A., 257
Price, M.G., 218, 220-221
Price, V.A., 23
Priest, R.G., 37, 275
Puca, F., 62
Puder, R., 219, 224

Rachman, S., 42
Rechtschaffen, A., 15, 46, 96, 98
Regestein, Q.R., 97, 132
Relinger, H., 185, 186, 188
Revensdorf, D., 107, 257
Reynolds, C.F., 20, 35-36
Ribordy, S.C., 52, 65, 275
Rice, D.G., 42, 66
Richardson, C., 115
Rimm, D., 177
Ritzler, B.A., 46
Roehrs, T., 46, 49, 115
Roffwarg, H., 38
Rosa, R.R., 21
Rosenthal, T.L., 69, 73
Rotert, M., 129, 138-139
Roth, T., 24, 27, 44, 46, 242
Russell, S.M., 18, 19, 20, 23, 90
Rutenfranz, J., 51

Salzman, C., 275
Sanavio, E., 70, 233-234, 253, 259-261
Sanchez, R., 135
Saskin, P., 219, 226-227
Sassin, J.F., 13, 96
Sattler, H.I., 65
Schaefer, A., 88
Scharf, M.B., 37, 274-275
Schneider-Helmert, D., 21-22, 31, 276
Schoen, L.S., 100
Schoicket, S.L., 139
Schoonover, S.C., 36
Schultz, J.H., 145
Schwartz, G.E., 143
Scott, J., 86
Seidel, W.G., 36, 48-49, 79, 114, 273, 276
Seltzer, L.F., 176, 179-180, 182
Shapiro, C., 208
Shealy, R.C., 46, 153, 163
Shepherd, M., 23
Shute, G.E., 70
Sides, H., 143, 152, 163
Simons, J.B., 220, 221
Slama, K.M., 31, 67, 143, 150, 160, 232, 235
Snaith, R.P., 87
Snyder, F., 93-94
Soldatos, C.R., 133
Solyom, L., 180
Spiegel, R., 20

Spielberger, C.D., 87
Spielman, A.J., 219, 226-227, 229
Spinweber, C., 134
Steinmark, S.W., 92, 150, 153, 155, 158-159, 286
Stekel, W., 176
Stepanski, E., 50, 65
Sterman, M.B., 63, 148, 165
Stern, J.A., 50
Sternbach, R.A., 42, 66
Storms, M., 52
Stout, A.L., 47
Stoyva, J., 148
Strong, S.R., 178-180
Strupp, H., 107
Sugarman, J.L., 50, 136
Swap, W.C., 52

Tasto, D.L., 153, 156
Taub, J.M., 13
Taylor, J.A., 87
Tepas, D., 64
Terrace, H.S., 206
Thoresen, C.E., 20, 59, 64, 85, 196-198, 242
Thorpy, M.J., 219, 226-227
Tokarz, T., 76, 79, 217, 218, 232, 235
Toler, H.C., 163-164
Torsvall, L., 130
Traub, A.C., 153, 156
Trinder, J., 29, 32, 131
Tsujimoto, R.N., 54
Turella, G., 62
Turner, R.M., 26, 59, 72, 75-77, 92-94, 178-179, 186, 189-190, 218, 221-222, 231, 232-233, 237-242, 251-252, 258

Uhlenhuth, E.H., 27, 35

Vaidya, A.K., 46
Van Egeren, L., 70
Van Oot, P.H., 18, 31, 38, 67
Vander Plate, C., 154, 171
Verdone, P., 98
Volkerts, E.R., 273

Walsh, J.K., 50, 136
Wardle, J., 271
Ware, J.C., 134
Webb, W.B., 13-14, 20, 21, 31, 67, 98, 216
Webster, J.B., 100
Weerts, T.C., 150, 159
Wehr, T.A., 79
Weil, G., 154, 156, 164
Weiss, J.M., 154, 156
Weissbluth, M., 225
West, S., 64
Wheatley, D., 271
White, J., 180
White, R.G., 73, 194
Wilkinson, R.T., 32, 100
Williams, H.L., 49
Williams, R.L., 14, 29, 98
Wise, G., 23
Wolpe, J., 142
Woolfolk, R.L., 144-146, 151, 154, 161, 263
Wyatt, J.R., 18, 93-94

Zarcone, V., 116
Zigmond, A.S., 87
Zodun, H.I., 179
Zung, W.W.K., 87-88, 93-94, 249
Zwart, C.A., 76-78, 175, 217-218, 223
Zylber-Katz, E., 36

Bibliographie

Adam, K. (1980a). Sleep as a restorative process and a theory to explain why. *Progress in Brain Research*, 53, 289-305.

Adam, K. (1980b). Dietary habit and sleep after bedtime food or drinks. *Sleep, 3*, 47-58.

Adam, K. (1984). Are poor sleepers changed into good sleepers by hypnotic drugs? *Psychopharmacology suppl., 1* , 44-55.

Adam, K. et Oswald, I. (1977). Sleep is for tissue restoration. *Journal of the Royal College of Physicians, 11*, 376-388.

Adam, K. et Oswald, I. (1979). One gram of L-Tryptophan fails to alter the time taken to fall asleep. *Neuropharmacology, 18 (12)*, 1025-1027.

Adam, K. et Oswald, I. (1982). A comparison of the effects of chlormezanone and nitrazepam on sleep. *British Journal of Clinical Pharmacology, 14*, 57-65.

Agnew, H.W. et Webb, W.B. (1972). Measurement of sleep-onset by EEG criteria. *American Journal of EEG technology, 12*,127-134.

Agnew, H.W., Webb, W.B. et Williams, R.L. (1967). Comparison of stage four and 1-REM sleep deprivation. *Perceptual and Motor Skills, 24*, 851-858.

Alperson, J. et Biglan, A. (1979). Self-administered treatment of sleep-onset insomnia and the importance of age. *Behaviour Therapy, 10*, 347-356.

American Psychiatric Association (1987). *Diagnostic and Statistical manual of mental disorders (DSM III-R)*. Washington D.C. : American Psychiatric Association.

Ancoli-Israel, S., Kripke, D.F., Mason, W. et Messin, S. (1981). Comparisons of home sleep recordings and polysomnograms in older adults with sleep disorder. *Sleep, 4*, 283-291.

Ascher, L.M. (1979). Paradoxical intention in the treatment of urinary retention. *Behaviour Research and Therapy, 17*, 267-270.

Ascher, L.M. (1980). Paradoxical intention. In : A. Goldstein et E.B. Foa, *Handbook of behavioural interventions*. New York : Wiley.

Ascher, L.M. (1981). Employing paradoxical intention in the treatment of agoraphobia. *Behaviour Research and Therapy, 19*, 533-542 .

Ascher, L.M. (1988). Paradoxical intention. Communication au World Congress of Behaviour Therapy, Université d'Edinbourg, Ecosse.

Ascher, L.M. et Clifford, R.E. (1977). Behaviour considerations in the treatment of sexual dysfunction. In : M. Hersen, R.M. Eisler et P.M. Miller, *Progress in behaviour modification (Volume 3)*. New York : Academic Press.

Ascher, L.M. et Efran, J. (1978). The use of paradoxical intention in cases of delayed sleep-onset insomnia. *Journal of Consulting and Clinical Psychology, 46*, 547-550.

Ascher, L.M. et Turner, R.M. (1979). Paradoxical intention and insomnia : An experimental investigation. *Behaviour Research and Therapy, 17*, 408-411.

Ascher, L.M et Turner, R.M. (1980). A comparison of two methods for the administration of paradoxical intention. *Behaviour Research and Therapy, 18*, 121-126.

Aschoff, J. (1965). Circadian rhythms in man. *Science, 148*, 1427-1432.

Aserinsky, E. et Kleitman, N. (1953). Regularly occurring periods of eye motility and concomitant phenomena during sleep. *Science, 118*, 273-274.

Association of Sleep Disorders Centers (1979). Diagnostic classification of sleep and arousal disorders (première édition). *Sleep, 2*, 21-57.

Baddeley, A.D. (1986). Working memory. Oxford Psychological Series, n° 11. Oxford : Clarendon Press.

Baekeland, F. et Hoy, P. (1971). Reported versus recorded sleep characteristics. *Archives of General Psychiatry, 24*, 548-551.

Baekeland, F. et Lasky, R. (1966). Exercice and sleep patterns in college athletes. *Perceptual and Motor Skills, 23*, 1203-1207.

Bandura, A. (1977). Self-efficacy : Toward a unifying theory of behaviour change. *Psychological Review, 84*, 192-215.

Bandura, A. (1986). *Social foundations of thought and action : A social cognitive theory*. Englewood Cliffs, N.J. : Prentice-Hall.

Bandura A. (1989). Self-efficacy mechanism in physiological activation and health promoting behaviour. In : J. Madden, S. Matthysse et J. Barchas. *Adaptation, learning and affect*. New York : Raven Press.

Barlow, D.H. (1981). On the relation of clinical research to clinical practice : Current issues, new directions. *Journal of Consulting and Clinical Psychology, 49*, 147-155.

Beck, A.T. (1976). *Cognitive therapy and the emotional disorders*. New York : International Universities Press.

Beck, A.T et Emery, G. (1979). Cognitive therapy of anxiety and phobic disorder. Manuel de traitement non publié. Philadelphia, Pa : Center for Cognitive Therapy.

Beck, A.T., Ward, C.H., Mendelson M., Mock, J. et Erbaugh, J. ((1961). An inventory for measuring depression. *Archives of General Psychiatry, 4*, 561-571.

Beck, J.T. et Strong, S.R. (1982). Stimulating therapeutic change with interpretations : A comparison of positive and negative connotation. *Journal of Counselling Psychology, 29*, 551-559.

Benson, H., Beary, J.F. et Carrol, M.D. (1974). The relaxation response. *Psychiatry, 37*, 37-46.

Bergin, A. et Strupp, H. (1972). *Changing frontiers in the science of psychotherapy*. Chicago : Aldine-Atherton.

Bernstein, D.A. et Borkovec, T.D. (1973). *Progressive relaxation training : A manual for the helping professions*. Champaign, Ill. : Research Press.

Besner, H.F. (1978). Biofeedback - possible placebo in treating chronic-onset insomnia. *Biofeeback and Self-Regulation, 3*, 208.

Beutler, L.E., Thornby, J.I. et Karacan, I. (1978). Psychological variables in the diagnosis of insomnia. In : I. Karacan et R.L. Williams, *Sleep disorders : Diagnosis and treatment*. New York : Wiley.

Billiard, M., Besset, A. et Passouant, P. (1981). The place of sleep disorders centers in the evaluation and treatment of chronic insomniacs. *International Journal of Neurology, 15*, 56-61.

Birrell, P.C. (1983). Behavioural, subjective and electroencephalographic indices of sleep-onset latency ans sleep duration. *Journal of Behavioural Assessment, 5*, 179-190.

Bixler, E.O., Kales, A., Soldatos, C.R., Kales, J.D. et Healey, S. (1979). Prevalence of sleep disorders in the Los Angeles Metropolitan Area. *American Journal of Psychiatry, 136*, 1257-1262.

Bohlin, G. (1971). Monotonous stimulation, sleep-onset and habituation of the orienting reaction. *Electroencephalography and clinical neurophysiology, 31*, 593-601.

Bohlin, G. (1972). Susceptibility to sleep during a habituation procedure as related to individual differences. *Journal of Experimental Research on Personality, 6*, 248-254.

Bohlin, G. (1973). Interaction of arousal and habituation in the development of sleep during monotonous stimulation. *Biological Psychology, 1*, 99-114.

Bolton, S. et Null, G. (1981). Caffeine : Psychological effects, use and abuse. *Journal of Orthomolecular Psychiatry, 10*, 202-211.

Bonnet, M.H. et Rosa, R.R. (1987). Sleep and performance in young adults and older normals and insomniacs during acute sleep loss and recovery. *Biological Psychology, 25*, 153-172.

Bootzin, R.R. (1972). Stimulus control treatment for insomnia. *Proceedings of the American Psychological Association, 7*, 395-396.

Bootzin, R.R. (1975). A comparison of stimulus control instructions and progressive relaxation training in the treatment of sleep-onset insomnia. Manuscrit non publié, North Western University, USA.

Bootzin, R.R. et Engle-Friedman, M. (1981). The assessment of insomnia. *Behavioural Assessment, 3*, 107-126.

Bootzin, R.R. et Engle-Friedman, M. (1987). Sleep disturbances. In : B.A. Edelstein et L.L. Cartensen. *Handbook of clinical gerontology*. New York : Pergamon Press.

Bootzin, R.R., Engle-Friedman, M. et Hazlewood, L. (1983). Insomnia. In : P.M. Lewinsohn et L. Teri, *Clinical Geropsychology : New directions in assessment and treatment*. New York : Pergamon Press.

Bootzin, R.R., Herman, C. et Nicassio, P.M. (1976). The power of suggestion : Another examination of misattribution and insomnia. *Journal of Personality and Social Psychology, 34*, 673-679.

Bootzin, R.R. et Nicassio, P.M. (1978). Behavioural treatments for insomnia. In : M. Hersen, R.M. Eisler et P.M. Miller, *Progress in behaviour modification* (volume 6). New York : Academic Press.

Borkovec, T.D. (1979). Pseudo-(experiential) insomnia and idiopathic (objective) insomnia : Theoretical and therapeutic issues. *Advances in Behaviour Research and Therapy, 2*, 27-55.

Borkovec, T.D. (1982). Insomnia. *Journal of Consulting and Clinical Psychology, 50*, 880-895.

Borkovec, T.D. et Fowles, D. (1973). Controlled investigation of the effects of progressive relaxation and hypnotic relaxation on insomnia. *Journal of Abnormal Psychology, 82*, 153-158.

Borkovec, T.D., Grayson, J.B., O'Brien, G.T. et Weerts, T.C. (1979). Relaxation treatment of pseudoinsomnia and idiopathic insomnia : An electroencephalographic evaluation. *Journal of Applied Behavioural Analysis, 12*, 37-54.

Borkovec, T.D. et Hennings, B.L. (1978). The role of physiological attention-focusing in the relaxation treatment of sleep disturbance, general tension and specific stress reaction. *Behaviour Research and Therapy, 16*, 7-20.

Borkovec, T.D., Kaloupek, D. et Slama, K. (1975). The facilitative effect of muscle tension release in the relaxation treatment of sleep disturbance. *Behaviour Therapy, 6*, 301-309.

Borkovec, T.D., Lane, T.W. et Van Oot, P.A. (1981). Phenomenology of sleep among insomniacs and good sleepers : Wakefulness experience when cortically asleep. *Journal of Abnormal Psychology, 90*, 607-609.

Borkovec, T.D. et Nau, S.D. (1972). Credibility of analogue therapy rationales. *Journal of Behaviour Therapy and Experimental Psychiatry, 3*, 257-260.

Borkovec, T.D. et Sides, J.K. (1979). Critical procedural variables related to the physiological effects of progressive relaxation : A review. *Behaviour Research and Therapy, 17*, 119-125.

Borkovec, T.D., Steinmark, S.W. et Nau, S.D. (1973). Relaxation training and single item desensitisation in the group treatment of insomnia. *Journal of Behaviour Therapy and Experimental Psychiatry, 4*, 401-410.

Borkovec, T.D. et Weerts, T. (1976). Effects of progressive relaxation on sleep disturbance : An electroencephalographic evaluation. *Psychosomatic Medicine, 38*, 173-180.

Boyle, G.J. (1985). Self-report measures of depression : Some psychometric considerations. *British Journal of Clinical Psychology, 24*, 45-59.

Brezinova, V. et Oswald, I. (1972). Sleep after a bedtime beverage. *British Medical Journal*, 431-433.

Brezinova, V., Oswald, I. et Loudon, J. (1975). Two types of insomnia : Too much waking and not enough sleep. *British Journal of Psychiatry, 126*, 439-445.

Brockner, J. et Swap, W.C. (1983). Resolving the relationships between placebos, misattribution and insomnia : An individual-differences perspective. *Journal of Personality and Social Psychology, 45*, 32-42.

Browman, C. et Tepas, D. (1976). The effects of pre-sleep activity on all-night sleep. *Psychophysiology, 13*, 536-540.

Budzynski, T.H. (1973). Biofeedback procedures in the clinic. *Seminars in Psychiatry, 5*, 537-547.

Buysse, D.J., Reynolds, C.F., Monk, T.H., Berman, S.R. et Kupfer, D.J. (1989). The Pittsburgh Sleep Quality Index : A new instrument for psychiatric practice and research. *Psychiatry Research, 28*, 193-213.

Campbell, S.S. et Webb, W.B. (1981). The perception of wakefulness within sleep. *Sleep, 4*, 177-183.

Carr-Kaffashan, L. et Woolfolk, R.L. (1979). Active and placebo effects in the treatment of moderate and severe insomnia. *Journal of Consulting and Clinical Psychology, 47*, 1072-1080.

Carskadon, M.A. et Dement, W.C. (1981). Cumulative effects of sleep restriction on daytime sleepiness. *Psychophysiology, 18*, 107-113.

Carskadon, M.A. et Dement, W.C. (1982). The Multiple-Sleep Latency Test : What does it measure? *Sleep, 5 (Suppl. 2)*, 67-72.

Carskadon, M.A., Dement, W.C., Mitler, M.M., Guilleminault, C., Zarcone, V.P. et Spiegel, R. (1976). Self-reports versus laboratory findings in 122 drug-free subjects with complaints of chronic insomnia. *American Journal of Psychiatry, 133*, 1382-1388.

Christensen, L. et Mendoza, J.L. (1986). A method of assessing change in a single subject : An alteration of the RC index. *Behaviour Therapy, 17*, 305-308.

Cirignotta, F., Mondini, S., Zucconi, M., Lenzi, P.L. et Lugaresi, E. (1985). Insomnia : An epidemiological survey. *Clinical Neuropharmacology, 8 (Suppl. 1)*, 49-54.

Clift, A.D. (1972). Factors leading to dependence on hypnotic drugs. *British Medical Journal, 3*, 614.

Coates, T.J., Killen, J.D., George, J., Marchini, E., Silverman, S. et Thoresen, C.E. (1982b). Estimating sleep parameters : A multitrait-multimethod analysis. *Journal of Consulting and Clinical Psychology, 50*, 345-352.

Coates, T.J., Killen, J.D., Marchini, E., Silverman, S., Hamilton, S. et Thoresen, C.E. (1982a). Discriminating good sleepers from insomniacs using all-night polysomnograms conducted at home. *Journal of Nervous and Mental Disease, 170*, 224-230.

Coates, T.J., Strossen, R.J., Rosekind, M.R. et Thoresen, C.E. (1978). Obtaining reliable all-night sleep recording data : How many nights are needed? *Sleep Research, 7*, 285.

Coates, T.J. et Thoresen, C.E. (1979). Treating arousals during sleep using behavioural self-management. *Journal of Consulting and Clinical Psychology, 47*, 603-605.

Coates, T.J. et Thoresen, C.E. (1980). Treating sleep disorders : Some answers, a few suggestions and many questions. In : S. Turner, H.E. Adams et K. Calhoun, *Handbook of clinical behaviour therapy*. New York : Wiley.

Coates, T.J. et Thoresen, C.E. (1984). Assessing daytime thoughts and behaviour associated with good and poor sleep : Two exploratory case studies. *Behavioural Assessment, 6*,153-167.

Coleman, M., Roffwarg, H. et Kennedy, S. (1982). Sleep-wake disorders based on a polysomnographic diagnosis - a national cooperative study. *Journal of the American Medical Association, 247*, 997-1003.

Consensus Conference (1984). Drugs and insomnia : The use of medication to promote sleep. *Journal of the American Medical Association, 251*, 2410-2414.

Cook, P.J. (1986). Benzodiazepine hypnotics in the elderly. *Acta Psychiatrica Scandinavica, 74*, 149-158.

Cooper, J.R. (1977). *Sedative-hypnotic drugs : Risks and benefits*. Rockville, Md. : National Institute of Drug Abuse.

Coren, S. (1988). Prediction of insomnia from arousability predisposition scores : Scale development ans cross-validation. *Behaviour Research and Therapy, 26*, 415-420.

Council on Scientific Affairs (1981). Hypnotic drugs and treatment of insomnia. *Journal of the American Medical Association, 245*, 749-750.

Coursey, R.D., Buchsbaum, M. et Frankel, B.L. (1975). Personality measures and evoked responses in chronic insomniacs. *Journal of Abnormal Psychology, 84*, 239-250.

Coursey, R.D., Frankel, B.L., Gaarder, K.R. et Mott, D.E. (1980). A comparison of relaxation techniques with electrosleep therapy for chronic, sleep-onset insomnia : A sleep-EEG study. *Biofeedback and self-Regulation, 5*, 57-73.

Craske, M.G. et Barlow, D.H. (1989). Nocturnal Panic. *Journal of Nervous and Mental Disease, 177*, 160-167.

Czeisler, C.A., Weitzman, E.D., Moore-Ede, M.C., Zimmerman, J.C. et Knauer, R.S. (1980). Human sleep : Its duration and organisation depend on its circadian phase. *Science, 210*, 1264-1267.

Davidson, R.J. et Schwartz, G.E. (1976). The psychobiology of relaxation and related states : A multiprocess theory. In : D.I. Mostofsky, *Behaviour control and modification of physiological activity*. Englewood-Cliffs, N.J. : Prentice-Hall.

Davies, R., Lacks, P., Storandt, M. et Bertelson, A.D. (1986). Countercontrol treatment of sleep maintenance insomnia in relation to age. *Psychology and aging, 1*, 233-238.

Davison, G.C., Tsujimoto, R.N. et Glaros, A.G. (1973). Attribution and the importance of behaviour change in falling asleep. *Journal of Abnormal Psychology, 82*, 124-133.

De la Pena, A. (1978). Toward a psychophipidogic conceptualisation of insomnia. In : I. Karacan et R.L. Williams, *Sleep disorders : Diagnosis and treatment*. New York : Wiley.

Dement, W.C. (1960). The effect of dream deprivation. *Science, 131*, 1705-1707.

Dement, W.C. (1986). Normal sleep, disturbed sleep, transient and persistent insomnia. *Acta Psychiatrica Scandinavica, 74*, 41-46.

Dement, W.C. et Kleitman, N. (1957). The relation of eye movements during sleep to dream activity : An objective method for the study of dreaming. *Journal of experimental Psychology, 53*, 339-346.

Dement, W.C., Miles, L.E. et Carskadon, M.A. (1982). « White paper » on sleep on aging. *Journal of the American Geriatric Society, 30*, 25-50.

Dement, W.C., Seidel, W. et Carskadon, M.A. (1982). Daytime alertness, insomnia and benzodiazepines. *Sleep, 5 (Suppl. 1)*, 28-45.

Dement, W.C., Seidel, W. et Carskadon, M.A. (1984). Issues in the diagnosis and treatment of insomnia. *Psychopharmacology Suppl., 1*, 12-43.

Dewan, E.M. (1970). The programming « p » hypothesis for REM sleep. In : E. Hartmann, *Sleep and dreaming*. International Psychiatry Clinic Series (Volume 7). Boston : Little, Brown.

Dubois, P. (1908). *Psychic treatment of nervous disorders*. New York, Funk and Wagnalls.

Dunlap, K. (1930). Repetition in the breaking of habits. *Science Monthly, 30*, 66-70.

Dunlap, K. (1942). The technique of negative practice. *American Journal of Psychology, 55*, 270-273.

Dunnell, K. et Cartwright, A. (1972). *Medicine takers, prescribers and hoarders*. Londres : Routledge and Kegan Paul.

Edinger, J.D. et Stout, A.L. (1985). Efficacy of an outpatient treatment program for insomnia : A preliminary report. *Professional Psychology : Research and Practice, 16*, 905-909.

Edinger, J.D., Stout, A.L. et Hoelscher, T.J. (1988). Cluster analysis of insomniacs' MMPI profiles : Relation of subtypes to sleep history and treatment outcome. *Psychosomatic Medicine, 50*, 77-87.

Engle-Friedman, M. (1985). *An evaluation of behavioral treatments for insomnia in the older adult*. Thèse de doctorat non publiée. Evanston, Ill. : North Western University.

Erwin, C.W. et Zung, W.W.K. (1970). Behavioural and EEG criteria of sleep in humans. *Archives of General Psychiatry, 23*, 375-377.

Espie, C.A. (1985). Treatment of excessive urinary urgency and frequency by retention control training and desensitisation : Three case studies. *Behaviour Research and Therapy, 23*, 205-210.

Espie, C.A. (1986). The group-treatment of obsessive-compulsive ritualisers : Behavioural management of identified patterns of relapse. *Behavioural Psychotherapy, 14*, 21-33.

Espie, C.A. (1989). What does « successful treatment » mean for the insomniac ? Communication à la Conférence Annuelle de la British Psychological Society, St. Andrews, Ecosse.

Espie, C.A., Brooks, D.N. et Lindsay, W.R. (1989). An evaluation of tailored psychological treatment of insomnia. *Journal of Behaviour Therapy and Experimental Psychiatry, 20*, 143-153.

Espie, C.A. et Lindsay, W.R. (1985). Paradoxical intention in the treatment of chronic insomnia : Six case studies illustrating variability in therapeutic response. *Behaviour Research and Therapy, 23*, 703-709.

Espie, C.A. et Lindsay, W.R. (1987). Cognitive strategies for the management of severe sleep-maintenance insomnia : A preliminary investigation. *Behavioural Psychotherapy, 15*, 388-395.

Espie, C.A., Lindsay, W.R. et Brooks, D.N. (1988). Substituting behavioural treatment for drugs in the treatment of insomnia : An exploratory study. *Journal of Behaviour Therapy and Experimental Psychiatry, 19*, 51-56.

Espie, C.A., Lindsay, W.R., Brooks, D.N., Hood, E.M. et Turvey, T. (1989). A controlled comparative investigation of psychological treatments for chronic sleep-onset insomnia. *Behaviour Research and Therapy, 27*, 79-88.

Espie, C.A., Lindsay, W.R. et Espie, L.C. (1989). Use of the Sleep Assessment Device (Kelley et Lichstein, 1980) to validate insomniacs' self-report of sleep pattern. *Journal of Psychopathology and Behavioral Assessment, 11*, 71-79.

Espie, C.A., Lindsay, W.R. et Hood, E.M. (1987). Analyzing the sleep data of insomniac patients : Sleep pattern variability before and after stimulus control treatment. Manuscrit non publié.

Espie, C.A., Monk, E., Hood, E.M. et Lindsay, W.R. (1988). Establishing clinical criteria for the treatment of chronic insomnia : A comparison of insomniac and control populations. *Health Bulletin, 46/6*, 318-326.

Espie, C.A. et Shapiro, C. (1991). The practical management of insomnia - behavioural and cognitive techniques. *British Medical Journal* (sous presse en 1991).

Espie, C.A. et White, J. (1986a). Clinical Psychology and general practice : A four year review. *Health Bulletin, 44/5*, 266-273.

Espie, C.A. et White, J. (1986b). The effectiveness of clinical intervention in primary care : A comparative analysis of outcome ratings. *Journal of the Royal College of General Practitioners, 36*, 310-312.

Evans, D.R. et Bond, I.K. (1969). Reciprocal inhibition therapy and classical conditioning in the treatment of insomnia. *Behaviour Research and Therapy, 7*, 323-325.

Evans, F.J. (1977). Subjective characteristics of sleep efficiency. *Journal of Abnormal Psychology, 86*, 561-564.

Feinstein, B., Sterman, M.B. et Macdonald, L.R. (1974). Effects of sensorimotor rhythm biofeedback training on sleep. *Sleep Research, 3*, 134.

Feldman, D.A., Strong, S.R. et Danser, D.B. (1982). A comparison of paradoxical and non-paradoxical interpretations and directives. *Journal of Counselling Psychology, 29*, 572-579.

Fletcher, D.J. (1986). Coping with insomnia : Helping patients manage sleeplessness without drugs. *Postgraduate Medicine, 79 (2)*, 265-274.

Fogle, D.O. et Dyal, J.A. (1983). Paradoxical giving up and the reduction of sleep performance anxiety in chronic insomniacs. *Psychotherapy : Theory, Research and Practice, 20*, 21-30.

Frankel, B.L., Buchbinder, R., Coursey, R.D. et Snyder, F. (1973). Sleep pattern and psychological test characteristics of chronic primary insomniacs. *Sleep Research, 2*, 149.

Frankel, B.L., Coursey, R.D., Buchbinder, R. et Snyder, F. (1976). Recorded and reported sleep in primary chronic insomnia. *Archives of General Psychiatry, 33*, 615-623.

Frankel, B.L., Patten, B.M. et Gillin, J.C. (1974). Restless legs syndrome : Sleep-electroencephalographic and neurologic findings. *Journal of the American Medical Association, 230*, 1302-1303.

Frankl, V.E. (1955). *The doctor and the soul : From psychotherapy to logotherapy*. New York : Knopf.

Frankl, V.E. (1960). Paradoxical intention : A logotherapeutic technique. *American Journal of Psychotherapy, 14*, 520-535.

Frankl, V.E. (1967). Logotherapy. *Israel Annals of Psychiatry and related disciplines, 5*, 142-155.

Frankl, V.E. (1975). Paradoxical intention and dereflection. *Psychotherapy : Theory, Research and Practice, 12*, 236-237.

Franklin, J. (1981). The measurement of sleep-onset latency in insomnia. *Behaviour Research and Therapy, 19*, 547-549.

Freed, A. (1976). Prescribing of tranquillisers and barbiturates by general practitioners. *British Medical Journal*, 1232.

Freedman, R. (1976). Psychological and physiological characteristics of sleep-onset insomnia. *Sleep Research, 1*, 253-277.

Freedman, R. (1987). Chronic insomniacs : Replication of Monroe's findings. *Psychophysiology, 24*, 721-722.

Freedman, R., Hauri, P., Coursey, R. et Frankel, B.L. (1978). Behavioural treatment of insomnia : A collaborative study. *Biofeedback and Self-Regulation, 3*, 208.

Freedman, R. et Papsdorf, J. (1976). Biofeedback and progressive relaxation treatment of sleep-onset insomnia : A controlled all-night investigation. *Biofeedback and Self-Regulation, 1*, 253-271.

Freedman, R. et Sattler, H.I. (1982). Physiological and psychological factors in sleep-onset insomnia. *Journal of Abnormal Psychology, 91*, 380-389.

Galliard, J.M. (1978). Chronic primary insomnia : Possible physiopathological involvement in slow-wave sleep deficiency. *Sleep, 1*, 133-147.

Ganguli, R., Reynolds, C.F. et Kupfer, D.J. (1987). EEG sleep in young, never medicated schizophrenic patients : A comparison with delusional and non-delusional depressives and with healthy controls. *Archives of General Psychiatry, 44*, 36-45.

Geer, H.J. et Katkin, E.S. (1966). Treatment of insomnia using a variant of desensitisation : A case report. *Journal of Abnormal Psychology, 71*, 161-164.

Gering, R.C. et Mahrer, A.R. (1972). Difficulty falling asleep. *Psychological Reports, 30*, 523-528.

Gershman, L. et Clouser, R.A. (1974). Treating insomnia with relaxation and desensitisation in a group setting by an automated approach. *Journal of Behaviour Therapy and experimental psychiatry, 5*, 31-35.

Gerz, H.O. (1966). Experience with the logotherapeutic technique of paradoxical intention in the treatment of phobic and obsessive-compulsive patients. *American Journal of Psychiatry, 123*, 548-553.

Gierz, M., Campbell, S.S. et Gillin, J.C. (1987). Sleep disturbances in various nonaffective psychiatric disorders. *Psychiatric clinics of North America, 10*, 565-581.

Gillin, J.C., Duncan, W.C., Murphy, D.L., Post, R.M., Wehr, T.A., Goodwin, F.K., Wyatt, R.J. et Bunney, W.E. (1981). Age-related changes in sleep in depressed and normal subjects. *Psychiatry Research, 4*, 73-78.

Gillin, J.C., Duncan, W.C., Pettigrew, K.D., Frankel, B.L. et Snyder, F. (1979). Successful separation of depressed, normal and insomniac subjects by EEG sleep data. *Archives of General Psychiatry, 36*, 85-90.

Glenville, M., Broughton, R., Wing, A.M. et Wilkinson, R.T. (1978). Effects of sleep deprivation on short duration performance measures compared to the Wilkinson Vigilance Task. *Sleep, 1*, 169-176.

Goldberg, D. (1978). *Manual of the General Health Questionnaire*. Windsor : NFER Publishing.

Golden, R.N. et James, S.P. (1988). Insomnia : Clinical assessment and management of the patient who can't sleep. *Postgraduate Medicine, 83 (4)*, 251-258.

Good, R. (1975). Frontalis muscle tension and sleep latency. *Psychophysiology, 12*, 465-467.

Goodman, W. et Gilman, A. (1969). *The pharmacological basis of therapeutics*. New York : MacMillan.

Graham, K., Wright, G. Toman, W. et Mark, C. (1975). Relaxation and hypnosis in the treatment of insomnia. *American Journal of Clinical Hypnosis, 18*, 39-42.

Greenblatt, D.J., Divoll, M., Abernethy, D.R. et Schader, R.I. (1982). Benzodiazepine hypnotics : Kinetic and therapeutic options. *Sleep, 5* (Suppl. 1), 518-527.

Greenblatt, D.J. et Koch-Weser, J. (1975). Clinical pharmacokinetics. *New England Medical Journal, 293*, 702-705, 964-970.

Griffiths, A.N., Tedeschi, G. et Richens, A. (1986). The effects of repeated doses of temazepam and nitrazepam on several measures of human performance. *Acta Psychiatrica Scandinavica, 74*, 119-126.

Gross, R.T. et Borkovec, T.D. (1982). The effects of a cognitive intrusion manipulation on the sleep-onset latency of good sleepers. *Behaviour Therapy, 13*, 112-116.

Guilleminault, C. (1987). Obstructive sleep apnea syndrome : A review. *Psychiatric Clinics of North America, 10*, 607-621.

Guilleminault, C. et Dement, W.C. (1977). Sleep apnoea syndromes and related disorders. In : R.L. Williams et I. Karacan, *Sleep disorders : Diagnosis and treatment*. New York, Wiley.

Guilleminault, C. et Dement, W.C. (1978). *Sleep apnoea syndromes*. New York : Allan R. Bliss, Inc.

Hammond, E.C. (1964). Some preliminary findings on physical complaints from a prospective study of 1,064,004 men and women. *American Journal of Public Health, 54*, 11-23.

Hartmann, E.L. (1978). *The sleeping pill*. Newhaven : Yale University Press.

Hartmann E., Cravens, J. et List, S. (1974). Hypnotic effects of L-tryptophan. *Archives of General Psychiatry, 31*, 394-397.

Hartmann, E., Spinweber, C. et Ware, J.C. (1983). Effect of amino acids on quantified sleepiness. *Nutrition and Behaviour, 1*, 179-183.

Hathaway, S.R. et McKinlay, J.C. (1942). A Multiphasic personality schedule (Minnesota) : III The measurement of symptomatic depression. *Journal of Psychology, 4*, 73-84.

Hauri, P. (1975). Psychology of sleep disorders : Their diagnosis and treatment. Communication présentée lors de la 83ème convention annuelle de l'American Psychological Association, Chicago.

Hauri, P. (1978). Biofeedback techniques in the treatment of chronic insomnia. In : R.L. Williams et I. Karacan, *Sleep disorders : diagnosis and treatment*. New York : Wiley.

Hauri, P. (1981). Treating psychophysiological insomnia with biofeedback. *Archives of General Psychiatry, 38*, 752-758.

Hauri, P. (1982). *The sleep disorders*. Kalamazoo, Mich. : Upjohn.

Hauri, P. et Olmstead, E. (1983). What is the moment of sleep-onset for insomniacs? *Sleep, 6*, 10-15.

Hauri, P., Percy, L., Hellekson, C., Hartmann, E.L. et Russ, D. (1982). The treatment of psychophysiologic insomnia with biofeedback : A replication study. *Biofeedback and Self-Regulation, 7*, 223-235.

Haynes, S.N., Adams, A. et Franzen, M. (1981). The effects of pre-sleep stress on sleep-onset insomnia. *Journal of Abnormal Psychology, 90*, 601-606.

Haynes, S.N., Adams, A.E., West, S., Kamens, L. et Safranek, R. (1982). The stimulus control paradigm in sleep-onset insomnia : A multimethod assessment. *Journal of Psychosomatic Research, 26*, 333-339.

Haynes, S.N., Fitzgerald, S.G., Shute, G.E. et Hall, M. (1985). The utility and validity of daytime naps in the assessment of sleep-onset insomnia. *Journal of Behavioural Medicine, 8*, 237-247.

Haynes, S.N., Follingstad, D.R. et McGowan, W.T. (1974). Insomnia : Sleep patterns and anxiety levels. *Journal of Psychosomatic Research, 18*, 69-74.

Haynes, S.N., Price, M.G. et Simons, J.B. (1975). Stimulus control treatment for insomnia. *Journal of Behaviour Therapy and experimental Psychiatry, 6*, 279-282.

Haynes, S.N., Sides, H. et Lockwood, G. (1977). Relaxation instructions and frontalis muscle electromyographic feedback intervention with sleep-onset insomnia. *Behaviour Therapy, 8*, 644-652.

Haynes, S.N., Woodward, S., Moran, R. et Alexander, D. (1974). Relaxation treatment of insomnia. *Behaviour Therapy, 5*, 555-558.

Hayward, P., Wardle, J. et Higgitt, A. (1989). Benzodiazepine research : Current findings and practical consequences. *British Journal of Clinical Psychology, 28*, 307-327.

Healey, E.S., Kales, A., Monroe, L.J., Bixler, E.O., Chamberlain, K. et Soldatos, C.R. (1981). Onset of insomnia : Role of life-stress events. *Psychosomatic Medicine, 43*, 439-451.

Heffler, D. et Lisman, S.A. (1978). Attribution and insomnia : A replication failure. *Psychological Record, 28*, 123-128.

Hersen, M. et Barlow, D.H. (1976). *Single case experimental designs.* New York : Pergamon Press.

Hicks, R.A. et Pellegrini, R.J. (1977). Anxiety levels of short and long sleepers. *Psychological Reports, 41*, 569-570.

Hindmarch, I. (1984). Psychological performance models as indicators of the effects of hypnotic drugs on sleep. *Psychopharmacology Suppl., 1*, 58-68.

Hindmarch, I. et Ott, H. (1984). Sleep, benzodiazepines and performance : Issues and comments. *Psychopharmacology Suppl., 1*, 194-202.

Hinkle, J. et Lutker, E. (1972). Insomnia : A new approach. *Psychotherapy : Theory, Research and Practice, 9*, 236-237.

Hoch, C.C., Reynolds, C.F., Kupfer, D.J., Berman, S.R., Houck, P.R. et Stack, J.A. (1987). Empirical note : Self-report versus recorded sleep in healthy seniors. *Psychophysiology, 24*, 293-299.

Hoddes, E., Dement, W.C. et Zarcone, V. (1972). The history and use of the Stanford Sleepiness Scale. *Psychophysiology, 9*, 150.

Hoddes, E., Zarcone, V., Smythe, H., Phillips, R. et Dement, W.C. (1973). Quantification of sleepiness : A new approach. *Psychophysiology, 10*, 431-436.

Holborn, S.W., Hiebert, D.E. et Bell, C.L. (1987). Computer-interfaced operant measurement in treating insomnia. *Journal of Behaviour Therapy and Experimental Psychiatry, 18*, 365-372.

Horne, J.A. (1983). Human sleep and tissue restoration : Some qualifications and doubts. *Clinical Science, 65*, 569-578.

Horne, J.A. (1988). *Why we sleep : Functions of sleep in humans and other animals.* Londres et New York : Oxford University Press.

Horne, J.A. et Porter, J.M. (1976). Time of day effects with standardised exercice upon sleep. *Electroencephalography and Clinical Neurophysiology, 40,* 178-184.

Hugdahl, K. (1981). The three systems model of fear and emotion - a critical examination. *Behaviour Research and Therapy, 19,* 75-85.

Hughes, R.C. et Hughes, H.H. (1978). Insomnia : Effects of EMG biofeedback, relaxation and stimulus control. *Behavioural Engineering, 5,* 67-72.

Institute of Medicine (1979). *Report of a study : Sleeping pills, insomnia and medical practice.* Washington, DC : National Academy of Sciences.

Jacobs, E.A., Reynolds, C.F., Kupfer, D.J., Lovin, P.A. et Ehrenpreis, A.B. (1988). The role of polysomnography in the differential diagnosis of chronic insomnia. *American Journal of Psychiatry, 145,* 346-349.

Jacobsen, N.S., Follette, W.C. et Revenstorf, D. (1984). Psychotherapy outcome research : Methods for reporting variability and evaluating clinical significance. *Behaviour Therapy, 15,* 336-352.

Jacobsen, N.S., Follette, W.C. et Revenstorf, D. (1986). Toward a standard definition of clinically significant change. *Behaviour Therapy, 17,* 308-311.

Jacobson, E. (1929). *Progressive relaxation.* Chicago, Ill. : University of Chicago Press.

Jacobson, E. (1970). *Modern treatments of tense patients.* Springfield, Ill. : Thomas.

Jalfre, M., Monachaon, M., Polk, P. et Haefely, W. (1972). A possible role of GABA in the control of PGO wave activity. In : W.P. Koella et P. Levin, *Sleep : physiology, psychology, pharmacology, clinical implications.* Bâle : S. Karger.

Johns, M.W. (1975). Factor analysis of subjectively reported sleep habits and the nature of insomnia. *Psychological Medicine, 5,* 83-88.

Johns, M.W., Gay, M.P., Masterton, J.P. et Bruce, D.W. (1971). Relationship between sleep habits, adrenocortical activity and personality. *Psychosomatic Medicine, 3,* 499-508.

Johnson, L.C. (1969). Psychological and physiological changes following total sleep deprivation. In : A. Kales, *Sleep, physiology and pathology.* Philadelphie, Pa. : Lippincott.

Johnson, L.C. (1973). Are stages of sleep related to waking behaviours? *American Scientist, 61,* 326-338.

Johnson, L.C., Church, M.W., Seales, D.M. et Rossiter, V.S. (1979). Auditory arousal thresholds of good sleepers and poor sleepers with and without flurazepam. *Sleep, 1,* 259-270.

Johnson, L.C., Colquhoun, W.P., Tepas, D.I. et Colligan, M.J. (1981). Biological rhythms, sleep and shift work. In : E.D. Weitzman, *Advances in sleep research* (Volume 7). New York : SP Medical and Scientific Books.

Jordan, J.B., Hauri, P. et Phelps, P.J. (1976). The sensorimotor rhythm (SMR) in insomnia. *Sleep Research, 5,* 175.

Kahn, M., Baker, B.L. et Weiss, J.M. (1968). Treatment of insomnia by relaxation training. *Journal of Abnormal Psychology, 73,* 556-558.

Kales, A., Allen, C., Scharf, M.B. et Kales, J.D. (1970). Hypnotic drugs and their effectiveness III : All night EEG studies of insomniac subjects. *Archives of General Psychiatry, 23,* 226-232.

Kales, A., Bixler, E.O., Leo, I., Healey, S. et Slye, E. (1974a). Incidence of insomnia in the Los Angeles Metropolitan Area. *Sleep Research, 4,* 139.

Kales, A., Bixler, E.O., Tan, T.-L., Scharf, M.B. et Kales, J.D. (1974b). Chronic hypnotic drug use : Ineffectiveness, drug withdrawal insomnia and dependence. *Journal of the American Medical Association, 227,* 513-517.

Kales, A., Bixler, E.O., Vela-Bueno, A., Cadieux, R.J., Soldatos, C.R. et Kales, J.D. (1984). Biopsychobehavioural correlates of insomnia III : Polygraphic findings of sleep difficulty and their relationship to psychopathology. *International Journal of Neurosciences, 23*, 43-56.

Kales, A., Caldwell, A.B., Preston, T.A., Healey, S. et Kales, J.D. (1976). Personality patterns in insomnia : Theoretical implications. *Archives of General Psychiatry, 33*, 1128-1134.

Kales, A., Caldwell, A.B., Soldatos, C.R., Bixler, E.O. et Kales, J.D. (1983a). Biopsychobehavioural correlates of insomnia II : Pattern specificity and consistency with the MMPI. *Psychosomatic Medicine, 45*, 341-356.

Kales, A. et Kales, J.D. (1984). *Evaluation and treatment of insomnia*. New York : Oxford University Press.

Kales, A., Kales, J.D., Bixler, E.O. et Scharf, M.B. (1975). Effectiveness of hypnotic drugs with prolonged use : Flurazepam and Pentobarbital. *Clinical Pharmacology and Therapeutics, 18*, 356-363.

Kales, A., Scharf, M.B. et Kales, J.D. (1978). Rebound insomnia : A new clinical syndrome. *Science, 201*, 1039-1041.

Kales, A., Soldatos, C.R., Bixler, E.O. et Kales, J.D. (1983b). Rebound insomnia and rebound anxiety : A review. *Pharmacology, 26*, 121-137.

Kales, J.D et Kales, A. (1987). Clinical selection of benzodiazepine hypnotics. *Psychiatric Medicine, 4*, 229-241.

Kales, J.D., Kales, A., Bixler, E.O. et Soldatos, C.R. (1979). Resource for managing sleep disorders. *Journal of the American Medical Association, 241*, 2413-2416.

Kales, J.D., Tan, T.-L., Swearingen, C. et Kales, A. (1971). Are over-the-counter sleep medications effective? All night EEG studies. *Current Therapeutic Research, 13*, 143-151.

Kamgar-Parsi, B., Wehr, T.A. et Gillin, J.C. (1983). Successful treatment of human non-24 hour sleep-wake syndrome. *Sleep, 6*, 257-264.

Kapuniai, L.E., Andrew, D.J., Crowell, D.H. et Pearce, J.W. (1988). Identifying sleep apnea from self-reports. *Sleep, 11*, 430-436.

Karacan, I., Thornby, J.I., Anch, A.M., Booth, G.H., Williams, R.L. et Salis, P.G. (1976). Dose-related sleep disturbances induced by coffee and caffeine. *Clinical Pharmacology and Therapeutics, 20*, 682-689.

Karacan, I., Williams, R.L., Finley, W.W., et Hursch, C.J. (1970). The effects of naps on nocturnal sleep : Influence on the need for stage I, REM and stage 4 sleep. *Biological Psychiatry, 2*, 391-399.

Karacan, I., Williams, R.L., Littel, R.C. et Salis, P.J. (1973). Insomniacs : Unpredictable and idiosyncratic sleepers. In : W.P. Koella et P. Levin, *Sleep*, Bâle : S. Karger.

Karacan, I., Williams, R.L., Salis, P.J. et Hursch, C.J. (1971). New approaches to the evaluation and treatment of insomnia. *Psychosomatics, 12*, 81-88.

Kazarian, S.S., Howe, M.G. et Csapo, K.G. (1979). Development of the Sleep Behaviour Self-Rating Scale. *Behaviour Therapy, 10*, 412-417.

Kadzin, A.E. (1977). Assessing the clinical or applied importance of behaviour change through social validation. *Behavioural Medicine, 1*, 427-452.

Kelley, J.E. et Lichstein, K.L. (1980). A sleep assessment device. *Behaviour Assessment, 2*, 135-146.

Kellogg, R. et Baron, R. (1975). Attribution theory, insomnia and the reverse placebo effect. *Journal of Personality and Social Psychology, 32*, 231-236.

Kent, G. et Gibbons, R. (1987). Self-efficacy and the control of anxious cognitions. *Journal of Behaviour Therapy and Experimental Psychiatry, 18*, 33-40.

Killen, J.D. et Coates, T.J. (1979). The complaint of insomnia : What is it and how do we treat it ? *Clinical Behaviour Therapy Review, 1*, 1-15.

King, N.J. (1980). The therapeutic utility of abbreviated progressive relaxation : A critical review with implications for clinical practice. In : M. Hersen, R.M. Eisler et P.M. Miller, *Progress in behaviour modification* (Volume 6). New York : Academic Press.

Knab, B. et Engel, R.R. (1988). Perception of waking and sleeping : Possible implications for the evaluation of insomnia. *Sleep, 11*, 265-272.

Kumar, A. et Vaidya, A.K. (1984). Anxiety as a personality dimension of short and long sleepers. *Journal of Clinical Psychology, 40*, 197-198.

Kupfer, D.J., Wyatt, R.J. et Snyder, F. (1970). Comparison between electroencephalographic and nursing observations of sleep in psychiatric patients. *Journal of Nervous and Mental Disease, 151*, 361-368.

Lacks, P. (1987). *Behavioural treatment for persistent insomnia.* New York : Pergamon Press.

Lacks, P., Bertelson, A.D., Gans, L. et Kunkel, J. (1983a). The effectiveness of three behavioural treatments for different degrees of sleep-onset insomnia. *Behaviour Therapy, 14*, 593-605.

Lacks, P., Bertelson, A.D., Sugerman, J. et Kunkel, J. (1983b). The treatment of sleep-maintenance insomnia with stimulus control techniques. *Behaviour Research and Therapy, 21*, 291-295.

Lacks, P. et Powlishta, T.A. (1989). Improvement following behavioural treatment for insomnia : Clinical significance, long-term maintenance and predictors of outcome. *Behaviour Therapy, 20*, 117-134.

Lacks, P. et Rotert, M. (1986). Knowledge and practice of sleep hygiene techniques in insomniacs and good sleepers. *Behaviour Research and Therapy, 24*, 365-368.

Lader, M. (1986). A practical guide to prescribing hypnotic benzodiazepines. *British Medical Journal*, 1048-1049.

Lader, M. et Lawson, C. (1987). Sleep studies and rebound insomnia : Methodological problems, laboratory findings and clinical implications. *Clinical Neuropharmacology, 10*, 291-312.

Ladouceur, R. et Gros-Louis, Y. (1986). Paradoxical intention vs stimulus control in the treatment of severe insomnia. *Journal of Behaviour Therapy and Experimental Psychiatry, 17*, 267-269.

Lang, P.J., Rice, D.G. et Sternbach, R.A. (1972). The psychophysiology of emotion. In : W.S. Greenfield et R.A. Sternbach, *Handbook of physiology*. New York : Holt, Rinehart and Winston.

Last, C.G., Barlow, D.H. et O'Brien, G.T. (1983). Comparison of two cognitive strategies in treatment of a patient with generalised anxiety disorder. *Psychological Reports, 53*, 19-26.

Lawrence, P.S. et Tokarz, T. (1976). A comparison of relaxation training and stimulus control. Communication présentée à l'Association for the Advancement of Behaviour Therapy, New York.

Leigh, T.J., Bird, H.A., Hindmarch, I., Constable, P.D.L. et Wright, V. (1988). Factor analysis of the St. Mary's Hospital Sleep Questionnaire. *Sleep, 11*, 448-453.

Levey, A.B., Aldaz, J.A., Watts, F.N. et Coyle, K. (1991). Articulatory suppression and the treatment of insomnia. *Behaviour Research and Therapy, 29*, 85-89.

Levin, D., Bertelson, A.D. et Lacks, P. (1984). MMPI differences among mild and severe insomniacs and good sleepers. *Journal of Personality Assessment, 48*, 126-129.

Levy, M. et Zylber-Katz, E. (1983). Caffeine, metabolism and coffee-attributed sleep disturbances. *Clinical Pharmacology and Therapeutics, 33*, 770-775.

Lichstein, K.L. (1980). Treatment of severe insomnia by manipulation of sleep schedule. Communication présentée à l'American Association for Behavior Therapy : New York.

Lichstein, K.L. (1984). Interventions and dependent measures tailored for insomnoid states in the elderly. In : S.N. Haynes (Prés.). *Sleep disorders in the elderly.* Philadelphie : symposium de l'AABT.

Lichstein, K.L. (1988). Sleep compression treatment of an insomnoid. *Behaviour Therapy, 19*, 625-632.

Lichstein, K.L. et Fischer, S.M. (1985). Insomnia. In : M. Hersen et A.S. Bellack, *Handbook of clinical behaviour therapy with adults.* New York et Londres : Plenum Press.

Lichstein, K.L., Hoelscher, T.J., Eakin, T.L. et Nickel, R. (1983). Empirical sleep assessment in the home : A convenient inexpensive approach. *Journal of Behavioral Assessment, 5*, 111-118.

Lichstein, K.L. et Kelley, J.E. (1979). Measuring sleep patterns in natural settings. *Behavioural Engineering, 5*, 95-100.

Lichstein, K.L., Nickel, R., Hoelscher, T.J. et Kelley, J.E. (1982). Clinical validation of a sleep assessment device. *Behaviour Research and Therapy, 20*, 292-298.

Lichstein, K.L. et Rosenthal, T.L. (1980). Insomniacs' perceptions of cognitive versus somatic determinance of sleep disturbance. *Journal of Abnormal Psychology, 89*, 105-107.

Lick, J.R. et Heffler, D. (1977). Relaxation training and attention placebo in the treatment of severe insomnia. *Journal of Consulting and Clinical Psychology 45*, 153-161.

Liljenberg, B., Almqvist, M., Hetta, J., Roos, B.-E. et Agren, H. (1988). The prevalence of insomnia : The importance of operationally defined criteria. *Annals of Clinical Research, 20*, 393-398.

Lindsay, W.R., Gamsu, C.V., McLaughlin, E., Hood, E.M. et Espie, C.A. (1987). A controlled trial of treatments for generalised anxiety. *British Journal of Clinical Psychology, 26*, 3-15.

Loomis, A.I., Harvey, E.N. et Hobart, G.A. (1937). Cerebral states during sleep as studied by human brain potentials. *Journal of Experimental Psychology, 21*, 127-144.

McGhie, A. et Russell, S.M. (1962). The subjective assessment of normal sleep. *Journal of Mental Science, 108*, 642-654.

Mackintosh, N.J. (1977). Stimulus control : Attentional factors. In : W.K. Honig et J.E.R. Staddon, *Handbook of operant behaviour.* Englewood Cliffs, N.J. : Prentice-Hall.

Mahoney, C. (1974). *Cognitive and behaviour modification.* Cambridge, Mass. : Ballinger.

Mancio, M. et Mariotti, M. (1985). Brain mechanisms of synchronous sleep. *Clinical Neuropharmacology, 8* (Suppl. 1), 41-48.

Marchini, E.J., Coates, T.J., Magistad, J. et Waldum, S.J. (1983). What do insomniacs do, think and feel during the day? *Sleep, 6*, 147-155.

Mavissakalian, M., Michelson, L., Greenwald, D., Kornblith, S. et Greenwald, M. (1983). Cognitive-behavioural treatment of agoraphobia : Paradoxical intention vs self-statement training. *Behaviour Research and Therapy, 21*, 75-86.

Meichenbaum, D.H. (1977). *Cognitive-behaviour modification : An integrative approach.* New York : Plenum.

Mellinger, G.D., Balter, M.B. et Uhlenhuth, E.H. (1985). Insomnia and its treatment. *Archives of General Psychiatry, 42*, 225-232.

Mendelson, W.B. (1987). Pharmacotherapy of insomnia. *Psychiatric Clinics of North America, 10*, 555-563.

Mendelson, W.B., Garnett, D., Gillin, J.C. et Weingartner, H. (1984). The experience of insomnia and daytime and night time functioning. *Psychiatry Research, 12*, 235-250.

Mendelson, W.B., Garnett, D. et Linnoila, M. (1984). Do insomniacs have impaired daytime functioning? *Biological Psychiatry, 19*, 1261-1264.

Mendelson, W.B., Gillin, J.C. et Wyatt, J.R. (1977). *Human sleep and its disorders*. New York : Plenum Press.

Michelson, L. et Ascher, L.M. (1984). Paradoxical intention in the treatment of agoraphobia and other anxiety disorders. *Journal of Behaviour Therapy and Experimental Psychiatry, 15*, 215-220.

Milan, M.A. et Kolko, D.J. (1984). Paradoxical intention in the treatment of obsessional flatulence ruminations. *Journal of Behaviour Therapy and Experimental Psychiatry, 15*, 167-172.

Mitchell, K.R. (1979). Behavioural treatment of pre-sleep tension and intrusive cognitions in patients with severe pre-dormital insomnia. *Journal of Behavioural Medicine, 2*, 57-69.

Mitchell, K.R. et White, R.G. (1977). Self-management of severe pre-dormital insomnia. *Journal of Behaviour Therapy and Experimental Psychiatry, 8*, 57-63.

Monroe, L.J. (1967). Psychological and physiological differences between good and poor sleepers. *Journal of Abnormal Psychology, 72*, 255-264.

Monroe, L.J. (1969). Transient changes in EEG sleep patterns of married good sleepers : The effects of altering sleep arrangements. *Psychophysiology, 6*, 330-337.

Monroe, L.J. et Marks, P.A. (1977). MMPI differences between adolescent poor and good sleepers. *Journal of Consulting and Clinical Psychology, 45*, 151-152.

Montgomery, I., Perkin, G. et Wise, G. (1975). A review of behavioural treatments for insomnia. *Journal of Behaviour Therapy and Experimental Psychiatry, 6*, 93-100.

Morgan, K., Dallosso, H., Ebrahim, S., Arie, T. et Fentem, P.H. (1988). Characteristics of subjective insomnia in the elderly living at home. *Age and Ageing, 17*, 1-7.

Morin, C.M. et Azrin, N.H. (1987). Stimulus control and imagery training in treating sleep-maintenance insomnia. *Journal of Consulting and Clinical Psychology, 55*, 260-262.

Morin, C.M. et Azrin, N.H. (1988). Behavioural and cognitive treatments of geriatric insomnia. *Journal of Consulting and Clinical Psychology, 56*, 748-753.

Morin, C.M. et Gramling, S.E. (1989). Sleep patterns and ageing : A comparison of older adults with and without insomnia complaints. *Psychology and Aging, 4*, 290-294.

Morin, C.M. et Kwentus, M.D. (1988). Area review : Sleep disorders - behavioural and pharmacological treatments for insomnia. *Annals of Behavioural Medicine, 10*, 91-100.

Morin, C.M. et Schoen, L.S. (1986). Validation of an electromechanical device to measure sleep/wake parameters. Communication présentée au congrès annuel de l'Association for Advancement of Behaviour Therapy, Chicago, Ill.

Moruzzi, G. (1964). Reticular influences on the EEG. *Electroencephalography and Clinical Neurophysiology, 16*, 2-17.

Moruzzi, G. et Magoun, H.W. (1949). Brainstem reticular formation and activation of the EEG. *Electroencephalography and Clinical Neurophysiology, 1*, 455-473.

Nicassio, P.M. et Bootzin, R.R. (1974). A comparison of progressive relaxation and autogenic training as treatments for insomnia. *Journal of Abnormal Psychology, 83*, 253-260.

Nicassio, P.M., Boylan, M.B. et McCabe, T.G. (1982). Progressive relaxation, EMG biofeedback and biofeedback placebo in the treatment of sleep-onset insomnia. *British Journal of Medical Psychology, 55*, 159-166.

Nicassio, P.M., Mendlowitz, D.R., Fussell, J.J. et Petras, L. (1985). The phenomenology of the pre-sleep state : The development of the Pre-Sleep Arousal Scale. *Behaviour Research and Therapy, 23*, 263-271.

Nicholson, A.N. (1980). Hypnotics : Rebound insomnia and residual sequelae. *British Journal of Clinical Pharmacology, 9*, 223-225.

Nicholson, A.N. et Stone, B.M. (1979). L-tryptophan and sleep in healthy man. *Electroencephalography and Clinical Neurophysiology, 47*, 539-545.

Norton, G.R. et De Luca, R.V. (1979). The use of stimulus control procedures to eliminate persistent awakenings. *Journal of Behaviour Therapy and Experimental Psychiatry, 10*, 65-68.

Ogilvie, R.D. et Wilkinson, R.T. (1984). The detection of sleep-onset : Behavioral and physiological convergence. *Psychophysiology, 21*, 510-520.

Ogilvie, R.D. et Wilkinson, R.T. (1988). Behavioral versus EEG-based monitoring of all-night sleep/wake patterns. *Sleep, 11*, 139-155.

O'Hanlon, J.F. et Volkerts, E.R. (1986). Hypnotics and actual driving performance. *Acta Psychiatrica Scandinavica, 74*, 95-104.

Oswald, I. (1968). Drugs and sleep. *Psychopharmacological Review, 20*, 273-303.

Oswald, I. (1979). The why and how of hypnotic drugs. *British Medical Journal*, 1167-1168.

Oswald, I. (1980). Sleep as a restorative process : Human clues. *Progress in Brain Research, 53*, 279-288.

Oswald, I. (1981). Assessment of insomnia. *British Medical Journal*, 874-875.

Oswald, I. (1982). The poor sleeper. *Psychiatry in Practice, 1*, 8-13.

Oswald, I., French, C., Adam, K. et Gilham, J. (1982). Benzodiazepine hypnotics remain effective for 24 weeks. *British Medical Journal*, 860-863.

Oswald, I. et Priest, R.G. (1965). Five weeks to escape the sleeping-pill habit. *British Medical Journal*, 1093-1095.

Ott, B.D., Levine, B.A. et Ascher, L.M. (1983). Manipulating the explicit demand of paradoxical intention instructions. *Behavioural Psychotherapy, 11*, 25-35.

Ott, B.D., Levine, B.A. et Farley, T.W. (1982). Reducing reactivity in sleep assessment. *Behavioural Engineering, 7*, 93-100.

Paxton, J.T., Trinder, J. et Montgomery, I. (1983). Does aerobic fitness affect sleep? *Psychophysiology, 20*, 320-324.

Pendleton, L.R. et Tasto, D.L. (1976). Effects of metronome-conditioned relaxation, metronome-induced relaxation and progressive muscle relaxation on insomnia. *Behaviour Research and Therapy, 14*, 165-166.

Pokorny, A.D. (1978). Sleep disturbances, alcohol and alcoholism : A review. In : R.L. Williams et I. Karacan, *Sleep disorders : Diagnosis and Treatment*. New York : Wiley.

Poulton, E.C., Edwards, R.S. et Colquhoun, W.P. (1974). The interaction of the loss of a night's sleep with mild heat : Task variables. *Ergonomics, 17*, 59-73.

Power, K.G., Simpson, R.J., Swanson, V. et Wallace, L.A. (1990). Controlled comparison of pharmacological and psychological treatment of generalised anxiety disorder in primary care. *British Journal of General Practice, 40*, 289-294.

Price, V.A., Coates, T.J., Thoresen, C.E. et Grinstead, O. (1978). The prevalence and correlates of poor sleep among adolescents. *American Journal of the Diseases of Children, 132*, 583-586.

Puca, F., Bricola, A. et Turella, G. (1973). Effect of L-Dopa or Amantadine therapy on sleep spindles in Parkinsonism. *Electroencephalography and Clinical Neurophysiology, 35*, 327-330.

Puder, R., Lacks, P., Bertelson, A.D. et Storandt, M. (1983). Short-term stimulus control treatment of insomnia in older adults. *Behaviour Therapy, 14*, 424-429.

Rachman, S. et Hodgson, R. (1974). Synchrony and desynchrony in fear and avoidance. *Behaviour Research and Therapy, 12*, 311-318.

Rechtschaffen, A. (1968). Polygraphic aspects of insomnia. In : A. Gastaut, *The Abnormalities of Sleep in Man*. Bologne, Italie : Aul. Gaggi Editore.

Rechtschaffen, A. et Kales, A. (1968). *A manual of standardised terminology, techniques and scoring system for sleep stages of human subjects*. USA : National Institute of Health.

Rechtschaffen, A. et Verdone, P. (1964). Amount of dreaming, effect of incentive, adaptation to laboratory and individual differences. *Perceptual and Motor Skills, 19*, 947-958.

Regestein, Q.R. (1983). Relationship between interview findings and insomnia pattern in sleep clinic patients. *Sleep Research, 12*, 248.

Regestein, Q.R. (1988). Polysomnography in the diagnosis of chronic insomnia. *American Journal of Psychiatry, 145*, 1483.

Relinger, H. et Bornstein, P.H. (1979). Treatment of sleep-onset insomnia by paradoxical intention : A multiple baseline design. *Behaviour modification, 3*, 203-222.

Relinger, H., Bornstein, P.H. et Mungas, D.M. (1978). Treatment of insomnia by paradoxical instruction : A time series analysis. *Behaviour Therapy, 9*, 955-959.

Reynolds, C.F. (1987). Sleep and affective disorders : A minireview. *Psychiatric Clinics of North America, 10*, 583-591.

Reynolds, C.F., Kupfer, D.J., Taska, L.S., Koch, C.C., Sewitch, D.E. et Spiker, D.G. (1985). The sleep of healthy seniors : a revisit. *Sleep, 8*, 20-29.

Ribordy, S.C. et Denney, D.R. (1977). The behavioural treatment of insomnia : An alternative to drug therapy. *Behaviour Research and Therapy, 15*, 39-50.

Richardson, G., Carskadon, M., Flagg, W., Van Den Hoed, J., Dement, W. et Mittler, M. (1978). Excessive daytime sleepiness in man : Multiple sleep latency measurement in narcoleptic and control subjects. *Electroencephalography and Clinical Neurophysiology, 45*, 621-622.

Rimm, D. et Masters, J. (1979). *Behaviour therapy : Techniques and empirical findings*. New York : Academic Press.

Roehrs, T., Lineback, W., Zorick, F. et Roth, T. (1982). Relationship of psychopathology to insomnia in the elderly. *Journal of the American Geriatric Society, 30*, 312-315.

Roehrs, T., Zorick, F., Sicklesteel, R., Wittig, R. et Roth, J. (1983). Excessive daytime sleepiness associated with insufficient sleep. *Sleep, 6*, 319-325.

Rogers, K.L. (1987). Rational use of sedative/hypnotics. *Primary Care, 14*, 785-801.

Roth, T., Kramer, M. et Lutz, T. (1976). The nature of insomnia : A descriptive summary of a sleep clinic population. *Comprehensive Psychiatry, 17*, 217-220.

Rutenfranz, J., Colquhoun, W.P., Knouth, P. et Ghata, J.N. (1977). Biomedical and psychosocial aspects of shift work. *Scandinavian Journal of Work, Environment and Health, 3*, 165-182.

Salzman, C. (1974). Chlordiazepoxide-induced hostility in a small group setting. *Archives of General Psychiatry, 31*, 401.

Sanavio, E. (1988). Pre-sleep cognitive intrusions and treatment of onset-insomnia. *Behaviour Research and Therapy, 26*, 451-459.

Sanavio, E., Vidotto, G., Bettinardi, O., Rolletto, T. et Zorzi, M. (1990). Behaviour therapy for DIMS : Comparison of three treatment procedures with follow-up. *Behavioural Psychotherapy, 18*, 151-167.

Sanchez, R. et Bootzin, R.R. (1985). A comparison of white noise and music : Effects of predictable and unpredictable sounds on sleep. *Sleep Research, 14*, 121.

Sassin, J.F. et Mitler, M.M. (1987). An historical perspective on sleep disorders medicine. *Psychiatric Clinics of North America, 10,* 517-523.

Sassin, J.F., Parker, D.C., Mace, J.W., Gotlin, R.W., Johnson, L.C. et Rossman, L.G. (1969). Human growth hormone release : Relation to slow-wave sleep and sleep-waking cycles. *Science, 165,* 513-515.

Schaefer, A., Brown, J., Watson, C.G., Piemel, D., De Motts, J., Howard, M.T., Petrik, N., Balleweg, B.J. et Anderson, D. (1983). Comparison of the validities of the Beck, Zung and MMPI Depression Scales. *Journal of Consulting and Clinical Psychology, 53,* 415-418.

Schneider-Helmert, D. (1987). Twenty-four hour sleep-wake function and personality patterns in chronic insomniacs and healthy controls. *Sleep, 10,* 452-462.

Schneider-Helmert, D. (1988). Why low-dose benzodiazepine-dependent insomniacs can't escape their sleeping pills. *Acta Psychiatrica Scandinavica, 78,* 706-711.

Schoicket, S.L., Bertelson, A.D. et Lacks, P. (1988). Is sleep hygiene a sufficient treatment for sleep-maintenance insomnia? *Behaviour Therapy, 19,* 183-190.

Schoonover, S.C. (1983). Depression. In : E.L. Bassuk, S.C. Schoonover et A.J. Gelenberg, *The practitioner's guide to psychoactive drugs.* New York : Plenum Medical Book Co.

Schultz, J.H. et Luthe, W. (1959). *Autogenic training : A psychophysiologic approach in psychotherapy.* New York : Grune and Statton.

Scott, J. (1979). Why are we killing clinical medicine? *Medicine World News, 20,* 6.

Seidel, W.F., Ball, S., Cohen, S., Patterson, N., Yost, O. et Dement, W.C. (1984). Daytime alertness in relation to mood, performance, and nocturnal sleep in chronic insomniacs and noncomplaining sleepers. *Sleep, 7,* 230-238.

Seltzer, L.F., (1986). *Paradoxical strategies in psychotherapy : A comprehensive overview and guidebook.* New York : John Wiley and Sons.

Semple, C.G., Gray, C.E., Borland, V., Espie, C.A. et Beastall, G.H. (1988). Endocrine effects of examination stress. *Clinical Science, 74,* 255-259.

Sewitch, D.E. (1984). The perceptual uncertainty of having slept : The inability to discriminate electroencephalographic sleep from wakefulness. *Psychophysiology, 21,* 243-259.

Shealy, R.C. (1979). The effectiveness of various treatment techniques on different degrees and durations of sleep-onset insomnia. *Behaviour Research and Therapy, 17,* 541-546.

Shealy, R.C., Lowe, J.D. et Ritzler, B.A. (1980). Sleep-onset insomnia : Personality characteristics and treatment outcome. *Journal of Consulting and Clinical Psychology, 48,* 659-661.

Shepherd, M., Cooper, B., Brown, A.C. et Katton, G. (1966). *Psychiatric illness in general practice.* Londres : Oxford University Press.

Shute, G.E., Fitzgerald, S.G. et Haynes, S.N. (1986). The relationship between internal attentional control and sleep-onset latency in elderly adults. *Journal of Gerontology, 41,* 770-773.

Slama, K.M. (1975). Thèse de Doctorat non publiée, University of Iowa, USA.

Slama, K.M. (1979). Discrepancy between self-report and EEG indications of sleep in good and poor slepers. Communication présentée au congrès de la Western Psychological Association, USA.

Soldatos, C.R., Kales, J.D., Scharf, M.B., Bixler, E.O. et Kales, A. (1980). Cigarette smoking associated with sleep difficulty. *Science, 207,* 551-553.

Solyom, L., Garza-Perez, J., Ledwidge, B.C. et Solyom, L.C. (1972). Paradoxical intention in the treatment of obsessive thoughts : A pilot study. *Comprehensive Psychiatry, 13,* 291-297.

Spiegel, R. (1981). Sleep and sleeplessness in advanced age. In : E.D. Weitzman, *Advances in sleep research* (Volume 5). New York : SP Medical and Scientific Books.

Spielberger, C.D., Gorsuch, R.L. et Lushene, R.E. (1970). *Manual for the State-Trait Anxiety Inventory*. Palo Alto, Calif. : Counselling Psychologist Press Inc.

Spielman, A.J., Caruso, L.S. et Glovinsky, P.B. (1987). A behavioural perspective on insomnia treatment. *Psychiatric Clinics of North America, 10*, 541-553.

Spielman, A.J., Saskin, P. et Thorpy, M.J. (1983). Sleep restriction : A new treatment of insomnia. *Sleep Research, 12*, 286.

Spielman, A.J., Saskin, P. et Thorpy, M.J. (1987). Treatment of chronic insomnia by restriction of time in bed. *Sleep, 10*, 45-56.

Steinmark, S.W. et Borkovec, T.D. (1974). Active and placebo treatment effects on moderate insomnia under counterdemand and positive demand instructions. *Journal of Abnormal Psychology, 83*, 157-163.

Stekel, W. (1920). *Die Impotenz des Mannes*. Vienne : Urban und Schwarzenberg.

Stepanski, E., Zorick, F., Roehrs, T., Young, D. et Roth, T. (1988). Daytime alertness in patients with chronic insomnia compared with asymptomatic control subjects. *Sleep, 11*, 54-60.

Sterman, M.B., Howe, R.C. et MacDonald, L.R. (1970). Facilitation of spindle-burst sleep by conditioning of electroencephalographic activity while awake. *Science, 167*, 1146-1148.

Storms, M. et Nisbett, R. (1970). Insomnia and the attribution process. *Journal of Personality and Social Psychology, 16*, 319-328.

Stoyva, J. et Budzynski, T. (1972). Biofeedback training in the self-induction of sleep. Rapport d'état de recherches à la San Diego State College Foundation.

Strong, S.R. (1984). Experimental studies in explicitly paradoxical interventions : Results and implications. *Journal of Behaviour Therapy and Experimental Psychiatry, 15*, 189-194.

Sugarman, J.L., Stern, J.A. et Walsh, J.K. (1985). Daytime alertness in subjective and objective insomnia : Some preliminary findings. *Biological Psychiatry, 20*, 741-750.

Taub, J.M. et Berger, R.J. (1973). Performance and mood following variations in the length and timing of sleep. *Psychophysiology, 10*, 559-570.

Taub, J.M. et Berger, R.J. (1976). The effects of changing the phase and duration of sleep. *Journal of Experimental Psychology (Human Perception), 2*, 30-41.

Taub, J.M. et Hawkins, D.R. (1979). Aspects of personality associated with irregular sleep habits in young adults. *Journal of Clinical Psychology, 35*, 296-304.

Taylor, J.A. (1953). A personality scale of manifest anxiety. *Journal of Abnormal Psychology, 48*, 285-290.

Terrace, H.S. (1966). Stimulus control. In : W.K. Honig, *Operant behaviour : Areas of research and application*. Englewood Cliffs, N.J. : Prentice-Hall.

Thoresen, C.E., Coates, T.J., Kirmil-Gray, K. et Rosekind, M.R. (1981). Behavioural self-management in treating sleep-maintenance insomnia. *Journal of Behavioural Medicine, 4*, 41-52.

Tokarz, T. et Lawrence, P. (1974). An analysis of temporal and stimulus control factors in the treatment of insomnia. Communication au congrès de l'Association for the Advancement of Behavior Therapy, Chicago.

Toler, H.C. (1978). The treatment of insomnia with relaxation and stimulus control instructions among incarcerated males. *Criminal Justice and Behaviour, 5*, 117-130.

Torsvall, L (1983). Sleep after exercice : A review. *Journal of Sports Medicine and Physical Fitness, 21*, 218-225.

Traub, A.C., Jencks, B. et Bliss, E.L. (1973). Effects of relaxation training on chronic insomnia. *Sleep Research, 3*, 164.

Trinder, J. (1988). Subjective insomnia without objective findings : A pseudodiagnostic classification? *Psychological Bulletin, 103*, 87-94.

Tune, G.S. (1969). Sleep and wakefulness in 509 normal human adults. *British Journal of Medical Psychology, 42*, 75-80.

Turner, R.M. et Ascher, L.M. (1979a). A controlled comparison of progressive relaxation, stimulus control and paradoxical intention therapies for insomnia. *Journal of Consulting and Clinical Psychology, 47*, 500-508.

Turner, R.M. et Ascher, L.M. (1979b). A within-subject analysis of stimulus control therapy with severe sleep-onset insomnia. *Behaviour Research and Therapy, 17*, 107-112.

Turner, R.M. et Di Tomasso, R.A. (1980). The behavioural treatment of insomnia : A review and methodological analysis of the evidence. *International Journal of Mental Health, 9*, 129-148.

Turner, R.M., Di Tomasso, R.A. et Giles, T. (1983). Failures in the treatment of insomnia : A plea for differential diagnosis. In : E.B. Foa et P.M.G. Emmelkamp, *Failures in behaviour therapy*. New York : Wiley.

Vander Plate, C. et Eno, E.N. (1983). Electromyograph biofeedback and sleep-onset insomnia : Comparison of treatment and placebo. *Behavioural Engineering, 8*, 146-153.

Van Egeren, L., Haynes, S.N., Franzen, M. et Hamilton, J. (1983). Presleep cognitions and attributions in sleep-onset insomnia. *Journal of Behavioural Medicine, 6*, 217-232.

Van Oot, P.H., Lane, T.W. et Borkovec, T.D. (1982). Sleep disturbances. In : P. Sutker et H. Adams, *Handbook of psychopathology*. New York : Plenum Press.

Walsh, J.K., Sugarman, J.L. et Chambers, G.W. (1986). Evaluation of insomnia. *American Family Physician, 33*, 185-194.

Webb, W.B. (1975). *Sleep : The gentle tyrant*. Englewood Cliffs, N.J. : Spectrum.

Webb, W.B. (1982). Sleep in older persons : Sleep structures of 50 to 60 year old men and women. *Journal of Gerontology, 37*, 581-586.

Webb, W.B. et Agnew, H.W. (1974). The effects of a chronic limitation of sleep length. *Psychophysiology, 11*, 265-274.

Webb, W.B. et Agnew, H.W. (1978). Effects of rapidly rotating shifts on sleep pattern and sleep structure. *Aviation, Space and Environmental Medicine, 49*, 384-389.

Webb, W.B. et Campbell, S.S. (1980). Awakenings and return to sleep in an older population. *Sleep, 3*, 41-46.

Webb, W.B. et Schneider-Helmert, D. (1984). A categorical approach to changes in latency, awakening and sleep length in older subjects. *Journal of Nervous and Mental Disease, 172*, 291-295.

Webster, J.B., Kripke, D.F., Messin, S., Mullaney, D.J. et Wyborney, G. (1982). An activity-based sleep monitor system for ambulatory use. *Sleep, 5*, 389-399.

Weil, G. et Godfried, M. (1973). Treatment of insomnia in an 11 year old child through self-relaxation. *Behaviour Therapy, 4*, 282-284.

Weissbluth, M. (1982). Modification of sleep schedule with reduction of night wakening : A case report. *Sleep, 5*, 262-266.

West, S., Safranek, R., Kamens, L., Dickson, S. et Haynes, S.N. (1977). Laboratory analysis of sleep-onset insomnia : Implications for behavioural intervention. Communication présentée au congrès de l'Association for Advancement of Behavior Therapy, Atlanta, USA.

Wheatley, D. (1986). Insomnia in general practice : The role of temazepam and a comparison with zopiclone. *Acta Psychiatrica Scandinavica, 74*, 142-148.

Williams, H.L. et Lubin, A. (1967). Speeded addition and sleep loss. *Journal of Experimental Psychology, 73*, 313-317.

Williams, R.L., Karacan, I. et Hursch, C. (1974). *Electroencephalography (EEG) of human sleep : Clinical applications.* New York : Wiley.

Wolpe, J. (1958). *Psychotherapy by reciprocal inhibition.* Stanford, Calif. : Stanford University Press.

Woolfolk, R.L. (1975). Psychophysiological correlates of meditation. *Archives of General Psychiatry, 32*, 1326-1333.

Woolfolk, R.L., Carr-Kaffashan, L., McNulty, T.F. et Lehrer, P.M. (1976). Meditation training as a treatment for insomnia. *Behaviour Therapy, 7*, 359-365.

Woolfolk, R.L. et McNulty, T.F. (1983). Relaxation treatment for insomnia : A component analysis. *Journal of Consulting and Clinical Psychology, 51*, 495-503.

Zigmond, A.S. et Snaith, R.P. (1983). The Hospital Anxiety and Depression Scale. *Acta Psychiatrica Scandinavica, 67*, 361-370.

Zodun, H.I., Gruszkos, J.R. et Strong, S.R. (1983). Attribution and the double bind in paradoxical interventions. Manuscrit non publié, Department of Psychology, Virginia Commonwealth University, USA.

Zung, W.W.K. (1965). A self-rating depression scale. *Archives of General Psychiatry, 12*, 63-70.

Zung, W.W.K. (1971). A rating instrument for anxiety disorders. *Psychosomatics, 12*, 371-379.

Zwart, C.A. et Lisman, S.A. (1979). Analysis of stimulus control treatment of sleep-onset insomnia. *Journal of Consulting and Clinical Psychology, 47*, 113-119.

Table des matières

PRÉFACE 5

LISTE DES ABRÉVIATIONS 9

Chapitre 1
INTRODUCTION AUX PROCESSUS ET TROUBLES DU SOMMEIL 11

Les fonctions du sommeil 12

Processus normaux du sommeil 14

Âge et modifications du profil du sommeil 18

Comparaisons entre insomniaques et dormeurs «normaux» 21

Présence de l'insomnie 23

Classification de l'insomnie 24
    Insomnie de la phase initiale du sommeil 26
    Insomnie de maintien du sommeil 26
    Insomnie de la phase terminale du sommeil 27
    L'insomnie, trouble primaire 28

L'insomnie, trouble secondaire.. 28
Les insomnies spécifiques 28
L'insomnie empirique 29
L'insomnie psychophysiologique 29
Insomnie associée à la maladie ou à d'autres états................................. 33
Insomnie associée à des troubles de nature psychiatrique 35
Insomnie associée à la toxicomanie et à l'alcool 36
Apnée du sommeil... 37
Myoclonie nocturne et syndrome des «jambes sans repos».................. 38
Insomnie trouvant ses racines dans l'enfance 39
Autres conditions 39

Chapitre 2
L'INSOMNIAQUE EN CONSULTATION 41

Expérience personnelle.. 42

Perceptions de la manière dont les autres dorment 43

Variabilité du modèle de sommeil 44

Variables de personnalité.. 45

Fonctionnement diurne 48

Attributions et efficacité.. 52

L'insomniaque en consultation... 55

Chapitre 3
MODÈLES THÉORIQUES DE L'INSOMNIE.. 59

Activation du système nerveux et insomnie... 61
Eveil central 61
Eveil autonome 64

Éveil psychologique et insomnie 67
Eveil cognitif.. 67
Eveil émotionnel 71

Facteurs environnementaux associés à l'éveil et à l'insomnie 74
Facteurs situationnels.. 75
Facteurs temporels 78

Les modèles de l'éveil - Résumé 80

Chapitre 4
L'ÉVALUATION DE L'INSOMNIE 81

Évaluation générale 82

Renseignements d'ordre historique 82
Renseignements relatifs à l'état actuel 85

Évaluation spécifique du sommeil 89

Rapports faits par les patientes elles-mêmes 90
Rapports d'informateurs/observateurs 93
Evaluation objective 95
L'évaluation du profil du sommeil 101
L'évaluation de la qualité du sommeil 109
Evaluation du fonctionnement diurne 114

Évaluation prévisionnelle 118

Choisir les objectifs de traitement 119
Analyse des objectifs de traitement 121
L'accord sur les objectifs de traitement 123
La réalisation des objectifs de traitement 123

Chapitre 5
**INFORMATION ET AVIS AUX PATIENTES INSOMNIAQUES
TRAITEMENTS NON-SPÉCIFIQUES** 125

Un ensemble de techniques de traitement non-spécifique 126

Assimiler la connaissance relative au sommeil 128
Autogestion des habitudes comportementales 130
Préparation environnementale 134

L'efficacité clinique du traitement non-spécifique de l'insomnie 137

Chapitre 6
INSOMNIE ET TRAITEMENTS À BASE DE RELAXATION 141

L'entraînement à la relaxation progressive 142

Training autogène 145

La méditation 146

L'hypnose 146

Le biofeedback 147

Efficacité des traitements basés sur la relaxation 149

Insomnie et traitements à base de relaxation - Résumé 172

Chapitre 7
TRAITEMENTS COGNITIFS DE L'INSOMNIE 175

L'injonction paradoxale 176
Traitement de l'insomnie par l'injonction paradoxale 180
L'efficacité du traitement de l'insomnie par l'injonction paradoxale 184

Autres stratégies cognitives dans le traitement de l'insomnie 194

Les traitements cognitifs de l'insomnie - Résumé 201

Chapitre 8
PROCÉDURES DE CONTRÔLE PAR LE STIMULUS ET GESTION DE L'INSOMNIE 205

Procédures de contrôle du stimulus 205

L'efficacité du traitement de l'insomnie par contrôle du stimulus 216

Procédures de contrôle par stimulus - Résumé 229

Chapitre 9
ÉTUDES COMPARATIVES DE RÉSULTATS DES TRAITEMENTS À BASE DE RELAXATION, D'INJONCTION PARADOXALE ET DE CONTRÔLE PAR STIMULUS 231

Études comparatives de résultats - Résumé 265

Chapitre 10
GESTION PRATIQUE DE L'INSOMNIAQUE PHARMACODÉPENDANTE 269

Hypnotiques : effets, emploi et limites 270

Le traitement psychologique en tant que substitut du traitement
pharmacologique 277
Type A 278
Type B 278
Type C 279

Type D 279
Modèle A : protocole de sevrage avant traitement 281
Modèle B : protocole de sevrage après traitement 287

Gestion pratique de l'insomniaque pharmacodépendante – Résumé .. 291

INDEX DES SUJETS 293

INDEX DES AUTEURS 299

BIBLIOGRAPHIE 305

CHEZ LE MÊME ÉDITEUR

PSYCHOLOGIE ET SCIENCES HUMAINES
collection publiée sous la direction de MARC RICHELLE

 1 Dr Paul Chauchard : LA MAITRISE DE SOI. 9e éd.
 7 Paul-A. Osterrieth : FAIRE DES ADULTES. 16e éd.
 9 Daniel Widlöcher : L'INTERPRETATION DES DESSINS D'ENFANTS. 9e éd.
11 Berthe Reymond-Rivier : LE DEVELOPPEMENT SOCIAL DE L'ENFANT ET DE L'ADOLESCENT. 9e éd.
22 H. T. Klinkhamer-Steketée : PSYCHOTHERAPIE PAR LE JEU. 3e éd.
24 Marc Richelle : POURQUOI LES PSYCHOLOGUES? 6e éd.
25 Lucien Israel : LE MEDECIN FACE AU MALADE. 5e éd.
26 Francine Robaye-Geelen : L'ENFANT AU CERVEAU BLESSE. 2e éd.
27 B.F. Skinner : LA REVOLUTION SCIENTIFIQUE DE L'ENSEIGNEMENT. 3e éd.
29 J.C. Ruwet : ETHOLOGIE : BIOLOGIE DU COMPORTEMENT. 3e éd.
38 B.-F. Skinner : L'ANALYSE EXPERIMENTALE DU COMPORTEMENT. 2e éd.
40 R. Droz et M. Rahmy : LIRE PIAGET. 3e éd.
42 Denis Szabo, Denis Gagné, Alice Parizeau : L'ADOLESCENT ET LA SOCIETE. 2e éd.
43 Pierre Oléron : LANGAGE ET DEVELOPPEMENT MENTAL. 2e éd.
45 Gertrud L. Wyatt : LA RELATION MERE-ENFANT ET L'ACQUISITION DU LANGAGE. 2e éd.
49 T. Ayllon et N. Azrin : TRAITEMENT COMPORTEMENTAL EN INSTITUTION PSYCHIATRIQUE
52 G. Kellens : BANQUEROUTE ET BANQUEROUTIERS
55 Alain Lieury : LA MEMOIRE
58 Jean-Marie Paisse : L'UNIVERS SYMBOLIQUE DE L'ENFANT ARRIERE MENTAL
59 Jacques Van Rillaer : L'AGRESSIVITE HUMAINE
61 Jérôme Kagan : COMPRENDRE L'ENFANT
62 Michel S. Gazzaniga : LE CERVEAU DEDOUBLE
64 X. Seron, J.L. Lambert, M. Van der Linden : LA MODIFICATION DU COMPORTEMENT
65 W. Huber : INTRODUCTION A LA PSYCHOLOGIE DE LA PERSONNALITE. 2e éd.
66 Emile Meurice : PSYCHIATRIE ET VIE SOCIALE
67 J. Château, H. Gratiot-Alphandéry, R. Doron et P. Cazayus : LES GRANDES PSYCHOLOGIES MODERNES
68 P. Sifnéos : PSYCHOTHERAPIE BREVE ET CRISE EMOTIONNELLE
69 Marc Richelle : B.F. SKINNER OU LE PERIL BEHAVIORISTE
70 J.P. Bronckart : THEORIES DU LANGAGE
71 Anika Lemaire : JACQUES LACAN. 2e éd. revue et augmentée.
72 J.L. Lambert : INTRODUCTION A L'ARRIERATION MENTALE
73 T.G.R. Bower : DEVELOPPEMENT PSYCHOLOGIQUE DE LA PREMIERE ENFANCE
74 J. Rondal : LANGAGE ET EDUCATION
75 Sheila Kitzinger : PREPARER A L'ACCOUCHEMENT
76 Ovide Fontaine : INTRODUCTION AUX THERAPIES COMPORTEMENTALES
77 Jacques-Philippe Leyens : PSYCHOLOGIE SOCIALE. 2e éd.
78 Jean Rondal : VOTRE ENFANT APPREND A PARLER
79 Michel Legrand : LE TEST DE SZONDI
80 H.J. Eysenck : LA NEVROSE ET VOUS
81 Albert Demaret : ETHOLOGIE ET PSYCHIATRIE
82 Jean-Luc Lambert et Jean A. Rondal : LE MONGOLISME
83 Albert Bandura : L'APPRENTISSAGE SOCIAL
84 Xavier Seron : APHASIE ET NEUROPSYCHOLOGIE
85 Roger Rondeau : LES GROUPES EN CRISE?

86 J. Danset-Léger : L'ENFANT ET LES IMAGES DE LA LITTERATURE ENFANTINE
87 Herbert S. Terrace : NIM. UN CHIMPANZE QUI A APPRIS LE LANGAGE GESTUEL
88 Roger Gilbert : BON POUR ENSEIGNER?
89 Wing, Cooper et Sartorius : GUIDE POUR UN EXAMEN PSYCHIATRIQUE
90 Jean Costermans : PSYCHOLOGIE DU LANGAGE
91 Françoise Macar : LE TEMPS, PERSPECTIVES PSYCHOPHYSIOLOGIQUES
92 Jacques Van Rillaer : LES ILLUSIONS DE LA PSYCHANALYSE. 2ᵉ éd.
93 Alain Lieury : LES PROCEDES MNEMOTECHNIQUES
94 Georges Thinès : PHENOMENOLOGIE ET SCIENCE DU COMPORTEMENT
95 Rudolph Schaffer : COMPORTEMENT MATERNEL
96 Daniel Stern : MERE ET ENFANT, LES PREMIERES RELATIONS
97 R. Kempe & C. Kempe : L'ENFANCE TORTUREE
98 Jean-Luc Lambert : ENSEIGNEMENT SPECIAL ET HANDICAP MENTAL
99 Jean Morval : INTRODUCTION A LA PSYCHOLOGIE DE L'ENVIRONNEMENT
100 Pierre Oleron et al. : SAVOIRS ET SAVOIR-FAIRE PSYCHOLOGIQUES CHEZ L'ENFANT
101 Bernard I. Murstein : STYLES DE VIE INTIME
102 Rondal/Lambert/Chipman : PSYCHOLINGUISTIQUE ET HANDICAP MENTAL
103 Brédart/Rondal : L'ANALYSE DU LANGAGE CHEZ L'ENFANT
104 David Malan : PSYCHODYNAMIQUE ET PSYCHOTHERAPIE INDIVIDUELLE
105 Philippe Muller : WAGNER PAR SES REVES
106 John Eccles : LE MYSTERE HUMAIN
107 Xavier Seron : REEDUQUER LE CERVEAU
108 Moreau/Richelle : L'ACQUISITION DU LANGAGE
109 Georges Nizard : ANALYSE TRANSACTIONNELLE ET SOIN INFIRMIER
110 Howard Gardner : GRIBOUILLAGES ET DESSINS D'ENFANTS, LEUR SIGNIFICATION
111 Wilson/Otto : LA FEMME MODERNE ET L'ALCOOL
112 Edwards : DESSINER GRACE AU CERVEAU DROIT
113 Rondal : L'INTERACTION ADULTE-ENFANT
114 Blancheteau : L'APPRENTISSAGE CHEZ L'ANIMAL
115 Boutin : FORMATION ET DEVELOPPEMENTS
116 Húsen : L'ECOLE EN QUESTION
117 Ferrero/Besse : L'ENFANT ET SES COMPLEXES
118 R. Bruyer : LE VISAGE ET L'EXPRESSION FACIALE
119 J.P. Leyens : SOMMES-NOUS TOUS DES PSYCHOLOGUES?
120 J. Château : L'INTELLIGENCE OU LES INTELLIGENCES?
121 M. Claes : L'EXPERIENCE ADOLESCENTE
122 J. Hayes et P. Nutman : COMPRENDRE LES CHOMEURS
123 S. Sturdivant : LES FEMMES ET LA PSYCHOTHERAPIE
124 A. Pomerleau et G. Malcuit : L'ENFANT ET SON ENVIRONNEMENT
125 A. Van Hout et X. Seron : L'APHASIE DE L'ENFANT
126 A. Vergote : RELIGION, FOI, INCROYANCE
127 Sivadon/Fernandez-Zoïla : TEMPS DE TRAVAIL, TEMPS DE VIVRE
128 Born : JEUNES DEVIANTS OU DELINQUANTS JUVENILES?
129 Hamers/Blanc : BILINGUALITE ET BILINGUISME
130 Legrand : PSYCHANALYSE, SCIENCE, SOCIETE
131 Le Camus : PRATIQUES PSYCHOMOTRICES
132 Lars Fredén : ASPECTS PSYCHOSOCIAUX DE LA DEPRESSION
133 Mount : LA FAMILLE SUBVERSIVE
134 Magerotte : MANUEL D'EDUCATION COMPORTEMENTALE CLINIQUE
135 Dailly/Moscato : LATERALISATION ET LATERALITE CHEZ L'ENFANT
136 Bonnet/Tamine-Gardes : QUAND L'ENFANT PARLE DU LANGAGE
137 Bruyer : LES SCIENCES HUMAINES ET LES DROITS DE L'HOMME

138 Taulelle : L'ENFANT A LA RENCONTRE DU LANGAGE
139 de Boucaud : PSYCHOLOGIE DE L'ENFANT ASTHMATIQUE
140 Duruz : NARCISSE EN QUETE DE SOI
141 Feyereisen/de Lannoy : PSYCHOLOGIE DU GESTE
142 Florin et al. : LE LANGAGE A L'ECOLE MATERNELLE
143 Debuyst : MODELE ETHOLOGIQUE ET CRIMINOLOGIE
144 Ashton/Stepney : FUMER
145 Winkel et al. : L'IMAGE DE LA FEMME DANS LES LIVRES SCOLAIRES
146 Bideau/Richelle : PSYCHOLOGIE DEVELOPPEMENTALE
147 Schmid-Kitsikis : THEORIE CLINIQUE ET FONCTIONNEMENT MENTAL
148 Guggenbühl/Craig : POUVOIR ET RELATION D'AIDE
149 Rondal : LANGAGE ET COMMUNICATION CHEZ LES HANDICAPES MENTAUX
150 Moscato et al. : FONCTIONNEMENT COGNITIF ET INDIVIDUALITE
151 Château : L'HUMANISATION OU LES PREMIERS PAS DES VALEURS HUMAINES
152 Avery/Litwack : NEE TROP TOT
153 Rondal : LE DEVELOPPEMENT DU LANGAGE CHEZ L'ENFANT TRISOMIQUE 21
154 Kellens : QU'AS-TU FAIT DE TON FRERE?
155 Rondal/Henrot : LE LANGAGE DES SIGNES
156 Lafontaine : LE PARTI PRIS DES MOTS
157 Bonnet/Hoc/Tiberghien : AUTOMATIQUE, INTELLIGENCE ARTIFICIELLE ET PSYCHOLOGIE
158 Giovannini et al. : PSYCHOLOGIE ET SANTE
159 Wilmotte et al. : LE SUICIDE
160 Giurgea : L'HERITAGE DE PAVLOV
161 Ionescu : MANUEL D'INTERVENTION EN DEFICIENCE MENTALE N° 1
162 Ionescu : MANUEL D'INTERVENTION EN DEFICIENCE MENTALE N° 2
163 Pieraut-Le Bonniec : CONNAITRE ET LE DIRE
164 Huber : PSYCHOLOGIE CLINIQUE AUJOURD'HUI
165 Rondal et al. : PROBLEMES DE PSYCHOLINGUISTIQUE
166 Slukin : LE LIEN MATERNEL
167 Baudour : L'AMOUR CONDAMNE
168 Wilwerth : VISAGES DE LA LITTERATURE FEMININE
169 Edwards : VISION, DESSIN, CREATIVITE
170 Lutte : LIBERER L'ADOLESCENCE
171 Defays : L'ESPRIT EN FRICHE
172 Broome Walace : PSYCHOLOGIE ET PROBLEMES GYNECOLOGIQUES
173 Aimard : LES BEBES DE L'HUMOUR
174 Perruchet : LES AUTOMATISMES COGNITIFS
175 Bawin-Legros : FAMILLES, MARIAGE, DIVORCE
176 Pourtois/Desmet : EPISTEMOLOGIE ET INSTRUMENTATION EN SCIENCES HUMAINES
177 Sloboda : L'ESPRIT MUSICIEN
178 Fraisse : POUR LA PSYCHOLOGIE SCIENTIFIQUE
179 Ruffiot : PSYCHOLOGIE DU SIDA
180 McAdams/Deliège : LA MUSIQUE ET LES SCIENCES COGNITIVES
181 Argentin : QUAND FAIRE C'EST DIRE...
182 Van der Linden : LES TROUBLES DE LA MEMOIRE
183 Lecuyer : BEBES ASTRONOMES, BEBES PSYCHOLOGUES : L'INTELLIGENCE DE LA 1re ANNEE
184 Immelmann : DICTIONNAIRE DE L'ETHOLOGIE
185 Collectif : ACTEUR SOCIAL ET DELINQUANCE
186 Fontana : GERER LE STRESS
187 Bouchard : DE LA PHENOMENOLOGIE A LA PSYCHANALYSE
188 Chanceaulme : MOURIR, ULTIME TENDRESSE
189 Rivière : LA PSYCHOLOGIE DE VYGOTSKY

190 Lecoq : APPRENTISSAGE DE LA LECTURE ET DYSLEXIE
191 de Montmolin/Amalberti/Theureau : MODÈLES DE L'ANALYSE DU TRAVAIL
192 Minary : MODÈLES SYSTÉMIQUES ET PSYCHOLOGIE
193 Grégoire : ÉVALUER L'INTELLIGENCE DE L'ENFANT
194 Gommers/van den Bosch/de Aguilar : POUR UNE VIEILLESSE AUTONOME
195 Van Rillaer : LA GESTION DE SOI
196 Lecas : L'ATTENTION VISUELLE
197 Macquet : TOXICOMANIES ET FORMES DE LA VIE QUOTIDIENNE
198 Giurgea : LE VIEILLISSEMENT CÉRÉBRAL
199 Pillon : LA MÉMOIRE DES MOTS
200 Pouthas/Jouen : LES COMPORTEMENTS DU BÉBÉ : EXPRESSION DE SON SAVOIR ?
201 Montangero/Maurice-Naville : PIAGET OU L'INTELLIGENCE EN MARCHE
202 Colin A. Epsie : LE TRAITEMENT PSYCHOLOGIQUE DE L'INSOMNIE
203 Samalin-Amboise : VIVRE À DEUX

Manuels et Traités

Droz-Richelle : MANUEL DE PSYCHOLOGIE
Hurtig-Rondal : MANUEL DE PSYCHOLOGIE DE L'ENFANT (Tome 1)
Hurtig-Rondal : MANUEL DE PSYCHOLOGIE DE L'ENFANT (Tome 2)
Hurtig-Rondal : MANUEL DE PSYCHOLOGIE DE L'ENFANT (Tome 3)
Rondal-Seron : LES TROUBLES DU LANGAGE (DIAGNOSTIC ET REEDUCATION)
Fontaine/Cottraux/Ladouceur : CLINIQUES DE THERAPIE COMPORTEMENTALE
Godefroid : LES CHEMINS DE LA PSYCHOLOGIE